Gerhard Pilgram | Wilhelm Berger | Werner Koroschitz

TIEFER GEHEN

Wandern und Einkehren im Karst und an der Küste

Herausgeber: Universitätskulturzentrum UNIKUM Klagenfurt
Kulturni center univerze v Celovcu

DRAVA

TIEFER GEHEN ist ein Projekt des Universitätskulturzentrums UNIKUM Klagenfurt/Celovec im Rahmen des Programmzyklus VERTIEFUNG | GLOBINA | DEPRESSIONE 2011.

Projektkoordination: Emil Krištof, Gerhard Pilgram

Für die finanzielle Unterstützung dankt das UNIKUM:
dem Bundesministerium für Unterricht, Kunst und Kultur
der Kulturabteilung der Stadt Klagenfurt/Celovec
der Alpen-Adria-Universität Klagenfurt/Celovec

Kontakt:
Universitätskulturzentrum UNIKUM
Kulturni center univerze v Celovcu
Universitätsstraße 65–67 | A-9020 Klagenfurt/Celovec
+43 463 2700 9712, 9713
unikum@uni-klu.ac.at | www.unikum.ac.at

Titelbild: In Podpeč am Kraški rob, Slowenien

2. Auflage 2012

Drava Verlag/Založba Drava, Klagenfurt–Wien/Celovec–Dunaj
www.drava.at
Druck: Tiskarna/Druckerei Drava, Klagenfurt/Celovec
ISBN 978-3-85435-654-7

UNIKUM

Bei Škocjan (Wanderung XIII)

INHALT

VORWORT UND GEBRAUCHSANWEISUNG

Dass der Karst karg sei, abweisend und öde, ist ein Klischee des 19. Jahrhunderts, das bis heute die Erwartungshaltung vieler Reisender beeinflusst. Das Gegenteil trifft zu. Er ist so üppig wie einladend und von solcher Vielfalt, dass man sich fragt, warum es für *Karst* (nicht nur im Deutschen) keinen Plural gibt. Wie immer man ihn beschreibt, wird man ihm nur teilweise gerecht und bleiben wesentliche Aspekte ausgeblendet. Das entspricht der Morphologie des Karsts, der in seiner Vielschichtigkeit Rätsel aufgibt und unter der Oberfläche so manches Geheimnis verbirgt. Der Buchtitel *Tiefer gehen* verweist auf den Versuch, auch die weniger bekannten Seiten dieser Landschaft zu ergründen. Wenn dabei auch ihre Schattenseiten angesprochen werden, entspricht dies der Absicht, bei aller Begeisterung für die Schönheit des Karsts einen kritischen Blick zu bewahren. Der Anspruch auf Objektivität wird nicht erhoben.

Das gilt bereits für die geografische Eingrenzung, die sich kaum eindeutig vornehmen lässt: Als geologisches Phänomen ist der Karst überall zu finden, wo wasserlösliches Kalkgestein vorherrscht, und als Toponym taucht er in den unterschiedlichsten Regionen Sloweniens und Italiens auf. Fest steht lediglich, dass der »klassische« Karst im Triestiner Hinterland, bekannt als Kras und Carso, nur einen Bruchteil (nicht einmal den schönsten) dieser Landschaft umfasst und vor allem sein slowenischer Teil bedeutend größer ist. In diesem Buch »beginnt« der Karst daher südöstlich von Ljubljana, erstreckt sich über Ilirska Bistra bis Koper und »endet« an der Küste bei Monfalcone und Triest. Die entsprechenden Gebietsbezeichnungen lauten Notranjski kras (Krainer oder Tiefer Karst), Kraški rob (Karstrand), Slovenska Istra (Slowenisch Istrien), Trnovski gozd (Ternowaner Wald) und, wie erwähnt, Kras und Carso Triestino. Auch diese Namen spiegeln die Vielfalt des Karsts nur unzulänglich. Alle paar Kilometer können sich seine Gestalt, die Vegetation, das Klima, die Kulturlandschaft und

« Hochplateau bei Črnica (Wanderung XVII)

die Ortsbilder ändern. Ganz zu schweigen von den kulturellen und sprachlichen Unterschieden, die ebenfalls oft kleinräumig und trotzdem grenzüberschreitend sind.

Um diese Landschaft in ihrer Vielgestalt und Schönheit mit allen Sinnen zu erfassen, ist das Wandern – wie fast überall – die beste und beglückendste Methode. Die von uns vorgeschlagenen Routen erschließen jeweils ein besonderes Gebiet, sind von unterschiedlichem Charakter und haben stets ihre eigenen »Themen«. Sie verstehen sich als Reisen von Dorf zu Dorf, führen durch alte Kulturlandschaften und verknüpfen das Naturerlebnis mit Einblicken in die Alltagskultur, Geschichte und Politik der jeweiligen Gegend. Ein wiederkehrendes Element sind historische Kulturwege und Saumpfade – sie stellen die Grundvoraussetzung für eine angenehme Wanderung dar –, die verschiedenste Kultur- und Naturdenkmäler miteinander verbinden. Viele dieser Orte sind »Entdeckungen«, die in gängigen Reiseführern keine Rolle spielen und selbst Einheimische kaum beachten. Aufgesucht werden aber auch prominente Sehenswürdigkeiten des Karsts, darunter sogar Ziele des Massentourismus wie Postojna, Lipica oder Duino. Aus der Perspektive des Wanderers erscheinen selbst diese in neuem Licht.

Ungewöhnlich mögen für manche Leser auch die zwei- und dreisprachigen Ortsbezeichnungen sein. Nach Abwägung aller Argumente haben wir uns dafür entschieden, neben den gebräuchlichen Ortsnamen auch die veralteten deutschen sowie die zum Teil aus der Zeit des Faschismus stammenden italienischen Namen anzuführen. Es ist uns bewusst, dass erstere von den Nationalsozialisten zur Rechtfertigung territorialer Ansprüche missbraucht wurden und letztere einer rücksichtslosen Italianisierung der slowenischen Bevölkerung dienten. Wir halten es aber zugleich für wissenswert, welche Herrschaftsnamen einst in Verwendung waren. Politisch inkorrekt sind zweifellos die nicht geschlechterspezifischen Formulierungen in diesem Buch. So ist in unseren Texten meist von »man« und »Wanderern« u. ä. die Rede, allerdings nur aus Gründen sprachlicher Einfachheit und keinesfalls in Geringschätzung der weiblichen Leserschaft.

Wer mit offenen Augen im Karst unterwegs ist, wird feststellen, dass seine landschaftliche Schönheit nicht ungebrochen ist. Zum einen wird die Region von mehreren Autobahnen durchschnitten (was eine ansprechende mehrtägige Weitwanderung fast unmöglich macht), zum anderen schreitet die Zersiedelung allenthalben fort. Betrüblich ist vor allem die zunehmende Ortsbildzerstörung durch hässliche Neubauten und »Verschönerung« des alten Bestands. Die Herausforderungen für diesen Wanderführer bestanden darin, Routen zu gestalten, die trotz allem das Bedürfnis nach landschaftlicher Harmonie befriedigen, ohne ausschließlich in unversehrte Natur abseits der Ortschaften auszuweichen. Wer im Karst wandert, darf sich keine heile Welt erwarten, sondern eine Landschaft, die ihren Reiz nicht zuletzt aus ihren Brüchen und Widersprüchen bezieht.

*

Ein unschätzbarer Vorzug des Karsts besteht darin, dass man ihn zu jeder Jahreszeit bewandern kann. So sind im Sommer, von besonders heißen Tagen abgesehen, fast alle Routen machbar und empfehlen sich im Winter, der manchmal geradezu frühlingshafte Tage hat, vor allem die Touren in Küstennähe. Konkurrenzlos schön, ob im Norden oder Süden, ist die Landschaft im Frühjahr, der Zeit der blühenden Wiesen; eine Explosion der Farben erlebt man bei den Wanderungen im Herbst. Ein Kapitel für sich ist die stürmische Bora, der Karstwind, der Wanderer fast umzuwerfen vermag, aber oft für eine wunderbare Fernsicht sorgt.

So oder so sollte man, um die Wanderungen uneingeschränkt genießen zu können, auf die richtige Ausrüstung achten. Zwar bewegt man sich kaum im Gebirge, festes Schuhwerk, lange Hosen, Wind- und Regenschutz sollten aber selbstverständlich sein. Unerlässlich ist auch die Mitnahme von genügend Trinkwasser, finden sich doch im Karst nur selten Trinkwasserquellen und zugängliche Brunnen. Verzichten kann man auf einen Kompass, da man sich größtenteils im Offenen oder in der Nähe von Ortschaften bewegt und ein Gutteil der Wanderwege markiert ist. Wer die detaillierten Wegbeschreibungen befolgt und die beigefügten Kartenausschnitte zu deuten weiß, sollte mit der Orientierung keine Probleme haben. Auch die angegebenen Gehzeiten sind, sofern man ein durchschnittliches Tempo einhält, gut zu bewältigen. Hinzuzurechnen sind jedoch die Rastpausen und Ortsbesichtigungen, die – je nach eigenem Bedürfnis und im Fall von Einkehrmöglichkeiten – bis zu drei Stunden ausmachen können. Die entsprechenden gastronomischen Tipps verstehen sich als Momentaufnahmen und nicht als Empfehlungen für verwöhnte Gourmets. Nicht immer bieten die am Wege liegenden Gaststätten ungetrübte Gaumenfreuden, auch die Unterkünfte lassen gelegentlich zu wünschen übrig. Nur auf den Wein (mit dem man z. B. auf das Wohl der Autoren dieser Zeilen anstoßen kann) ist fast überall Verlass.

Gerhard Pilgram, Wilhelm Berger und Werner Koroschitz

PS: Aktualisierungen, ergänzende Texte und Leserreaktionen sind unter www.unikum.ac.at abrufbar. Die Autoren freuen sich über jede Rückmeldung: unikum@uni-klu.ac.at

I. AM ANFANG ZUM ENDE
Wanderung von Verd bei Vrhnika nach Borovnica

Sechsmal ändert der Fluss seinen Namen und ebenso oft verschwindet er vom Erdboden, ehe er zwischen Logatec und Borovnica ein letztes Mal einen Berg unterquert, um endlich als Ljubljanica der slowenischen Hauptstadt entgegenzufließen. Sein siebenter »Ursprung«, die Quellen bei Vrhnika, ist Ausgangspunkt dieser ausgedehnten Wanderung, bei der man nicht nur spannende Einblicke in den Wasserhaushalt des Karsts gewinnt, sondern auch unterschiedlichste Landschafts- und Siedlungsformen erlebt.

Von Verd, wo sich die Ljubljanica mit Getöse in die Ebene ergießt, gelangt man auf Waldwegen nach Bistra, das zu den interessantesten Sehenswürdigkeiten des slowenischen Karsts gehört. Wie unter Hochdruck quillt hier der Fluss unter dem Felsen hervor, um sofort in Kanäle gezwängt und auf Wasserräder gelenkt zu werden. Als malerische Kulisse dienen ein altes Kloster und die angeschlossenen historischen Industrieanlagen, die zugleich ein wundersames technisches Museum beherbergen. Weniger aufregend ist der Aufstieg zum Mali Trebelnik, wofür man aber mit einem prächtigen Panorama und einem unerwarteten Szenenwechsel entschädigt wird. Bucklige Almböden fallen sanft zwischen Dolinen und Obststreuwiesen nach Zavrh ab, einem Kuhdorf im besten Sinne des Wortes. Das gilt auch für Pokojišče, von wo ein halsbrecherischer Klettersteig in die dramatische Pekel-Schlucht hinabführt. Ebenso teuflisch sind die Verlockungen der Gastwirtschaft am Talgrund. Im letzten Abschnitt durchmisst man die abgelegenste »Bucht« des Laibacher Moors, Ljubljansko barje. Ziel ist Borovnica, ein sympathisch verwahrloster Industrieort, der noch heute realsozialistische Züge aufweist. Nostalgische Gefühle kommen auch bei der Rückkehr zum Ausgangspunkt auf: Sie erfolgt mit der Karstbahn, die hier seit 150 Jahren ihren Dienst versieht.

In der Pekel-Schlucht

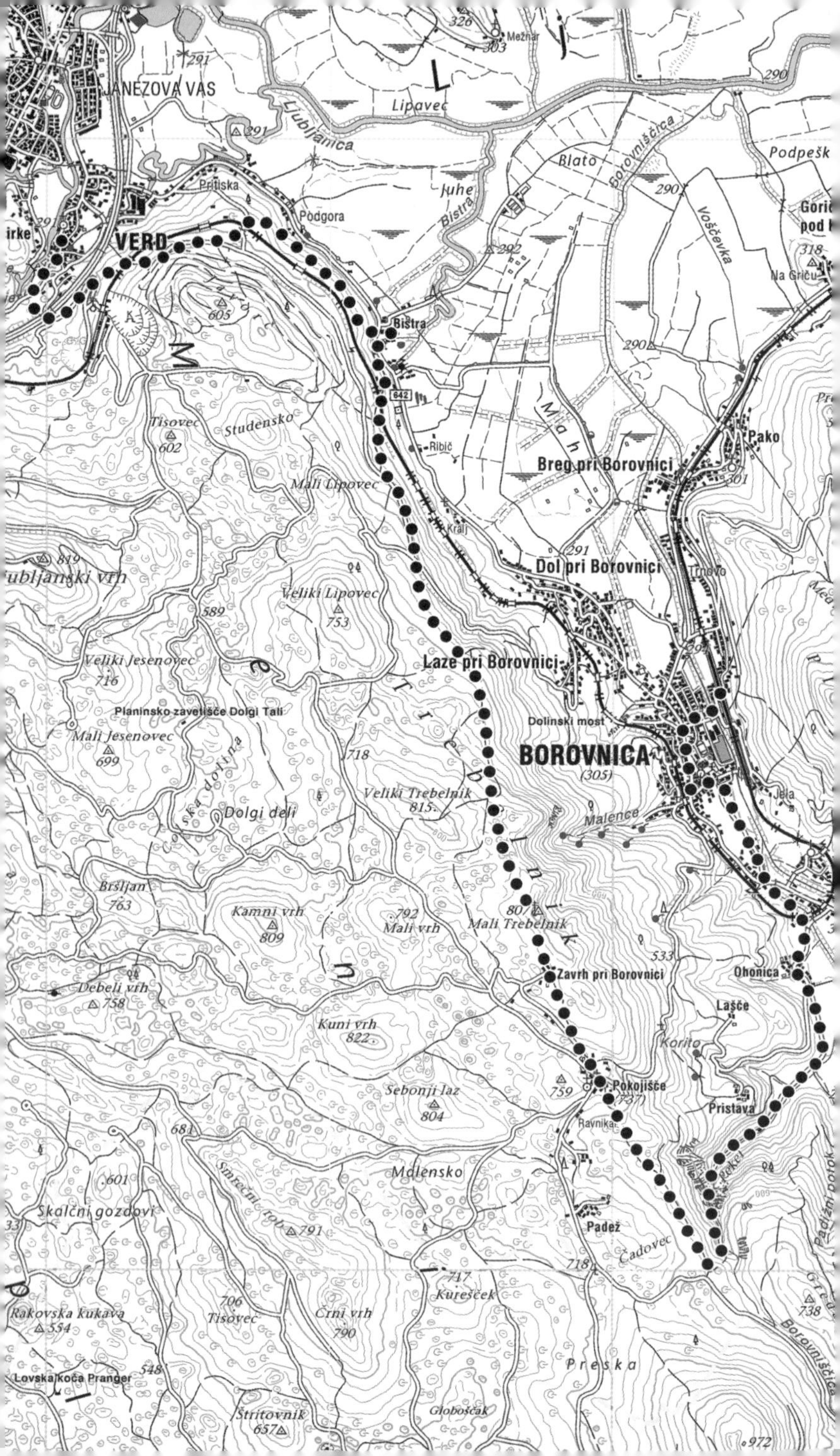

JANEZOVA VAS
Ljubljanica
Lipavec
Mežnar
VERD
Pritiska
Podgora
Juhe
Bistra
Blato
Borovniščica
Podpešk
Voščevka
Na Griču
Tisovec
602
Studensko
Mali Lipovec
Ribič
Kralj
Breg pri Borovnici
Pako
Dol pri Borovnici
Trnovo
Veliki Lipovec
753
Laze pri Borovnici
Veliki Jesenovec
716
Planinsko zavetišče Dolgi Tali
Mali Jesenovec
699
Dolinski most
BOROVNICA
(305)
Veliki Trebelnik
815
Dolgi deli
Malence
Jela
Bršljan
763
Kamni vrh
809
Mali vrh
792
Mali Trebelnik
807
Zavrh pri Borovnici
Ohonica
Debeli vrh
758
Kuni vrh
822
Lašče
Korito
Pokojišče
(737)
Sebonji laz
804
Pristava
Ravnik
Mlensko
Skalčni gozdovi
Padež
Čadovec
Rakovska kukava
554
Tisovec
706
Črni vrh
790
Kureščec
717
Preska
Lovska koča Pranger
Štritovnik
657
Globoščak
Padežni potok
Borovniščica
738
972

HINWEISE ZUR WANDERUNG

LÄNGE: 24 km
HÖHENDIFFERENZ: 500 m ↑ ↓
GEHZEIT: 6:15 Std.
ANFORDERUNGEN: sehr gute Trittfestigkeit und Schwindelfreiheit
ORIENTIERUNG: einfach
KARTE: Izletniška karta »Notranjski kras«, 1:50.000, Geodetski zavod Slovenije
EINKEHRMÖGLICHKEITEN: Bistra, Pekel, Borovnica
BAHNVERBINDUNG: Regionalzug von Borovnica nach Verd
ANMERKUNG: Wer sich den ermüdenden Aufstieg zum Mali Trebelnik und den nicht ungefährlichen Klettersteig durch die Pekelschlucht ersparen möchte, hat folgende Möglichkeit: Anreise mit dem PKW, Besichtigung der Ljubljanica-Quellen bei Verd; Weiterfahrt nach Bistra, Besuch des Museums; Weiterfahrt nach Pekel, Spaziergang in die Schlucht bis zum Beginn des Klettersteigs. So oder so empfiehlt es sich, den Ausflug nach längeren Regenfällen zu unternehmen.
ANFAHRT: Man nimmt auf der slowenischen A1 die Autobahnabfahrt »Vrhnika«, von dort bis zur ersten geregelten Kreuzung; auf dieser nach links. Bei der darauffolgenden Kreuzung wieder links (Wegweiser »Bistra«). Nach 1 km biegt man nach rechts (Wegweiser »Žel. Postaja«), bei der darauffolgenden Gabelung wieder rechts (Wegweiser »Pokopališče«) bis zur Kirche Sv. Anton der Ortschaft Verd.

WEGBESCHREIBUNG

Man geht von der **Kirche** Sv. Anton in **Verd** auf einem Sträßchen entlang der **Ljubljanica** flussaufwärts, trifft nach 300 m, nachdem die Straße nach links gebogen ist (rechts ein schöner Platz am Ufer), auf eine Querstraße und wendet sich nach rechts. Gleich darauf nimmt man eine Abzweigung nach rechts. Der Asphalt endet; geradeaus weiter auf bequemem Fußweg, vorbei an einem kleinen Sportplatz sowie zwei **Ljubljanica-Quellen** bis zu einer **Holzbrücke**. Unmittelbar davor wendet man sich nach links in einen ansteigenden Weg (**Markierung**). Anstieg im Wald bis zu einem breiten geschotterten Fahrweg; auf diesem scharf nach links. Nach 30 m wendet man sich nach rechts in einen untergeordneten Weg und folgt der Markierung bergauf bis zu einer **Straße**; auf dieser nach rechts. Man unterquert die **Autobahn** und folgt der Straße 500 m bergauf bis zu einer Spitzkehre. Hier geht man, die Straße verlassend, geradeaus (**Wegweiser »Bistra«**). 10 Min. auf markiertem Weg bergauf bis zur **Eisenbahntrasse**, welche man unterquert. Weiter auf breitem Forstweg (und begleitet vom Autobahnlärm) oberhalb der Bahn, welche man nach 15 Min. auf einer **Brücke** überquert. Der Lärm verebbt. Weiter der Markierung folgend im bewaldeten Hang bis zu einem **Wehrturm** oberhalb von Bistra. Abstieg über einen Treppenweg zur Straße; auf dieser nach links bis zum Eingang des **Technischen Museums** von **Bistra** (1:15 Std.). Besichtigung und Einkehr.

Vom Museum zurück zur Weggabelung oberhalb des **Wehrturmes**, wo man dem **Wegweiser »Pokojišče«** folgt. 10minütiger Anstieg auf markiertem Weg im Wald bis zur **Bahntrasse**, welche man überquert. Weiter bergauf bis zu einem breiten Querweg; auf diesem nach links. Bequemer Anstieg bis zu einer breiten Forststraße; man geht links (Markierung). Steter Anstieg mit gelegentlichen Blicken auf das Laibacher Feld bis zu einer **Kreuzung** (Tafel »Občina Borovnica«); man geht geradeaus. 45 Min. weiter im Wald bergauf, stets der Markierung folgend. Die Vegetation lichtet sich, und man wandert, erst eine Weide durchschreitend, dann entlang der Geländekante, bis zu einem **Aussichtspunkt** unterhalb des Gipfels des **Mali Trebelnik** (2:45 Std.).

Ein letzter Anstieg, dann über almige Wiesen bergab bis **Zavrh** (3:00 Std.). Beim ersten Quersträßchen rechts; dann sofort nach links (Markierung). Der Asphalt endet, und man steigt in offenem Gelände bis zu einer asphaltierten Straße ab, auf dieser nach links. Vorbei an einem Spielplatz bis zu einer weiteren Querstraße; man geht wieder links und erreicht **Pokojišče** (3:15 Std.).

Bei der **Straßenkreuzung** in der Ortsmitte geradeaus (Wegweiser »Borovnica«) [zuvor empfiehlt sich ein Abstecher nach rechts zur Dorfkirche]. Man folgt der Straße bergab bis zur ersten **Linkskurve** und biegt unmittelbar danach scharf nach rechts (**Wegweiser »Pekel«**). Abstieg auf markiertem Weg im Wald bis zu einem Querweg; auf diesem nach rechts (**Wegweiser »Pekel«**).

Angenehmer (markierter) Weg, der nach 20 Min. auf eine **Forststraße** trifft; auf dieser nach links (Wegweiser). Nach weiteren 5 Min. folgt man der Markierung, den Hauptweg verlassend, scharf nach links (Wegweiser). Abstieg bis zu einem Querweg; man geht links (**Wegweiser »Hudičev zob«**). Schmaler Pfad im Steilhang hoch über der Schlucht. Nach 10 Min. steiler Abstieg bis zu einem markanten **Felsbrocken**. Sehr steiler Abstieg auf einem **Klettersteig** bis zu einem Querpfad; auf diesem nach links (Wegweiser »V. Pekel«). Weiter über Klettersteige talwärts bis zum »Slap 3« (**Wasserfall**) und von dort ein weiteres Mal sehr steil bergab bis zum »Slap 2«. Von hier folgt man der Markierung talauswärts bis zum **Gostišče Pekel** (4:45 Std.).

Von der Gaststätte auf der **Asphaltstraße** 20 Min. talauswärts bis **Ohonica**, wo man sich in der Ortsmitte nach rechts wendet (Wegweiser »Borovnica«). Weiter auf der Straße bis zu einer **Brücke**, vor welcher man sich nach links wendet, um auf einem Pfad links eines Baches die **Bahntrasse** zu unterqueren. Weiter entlang des Baches, bis man wieder auf die Straße trifft. Man geht geradeaus (LKW-Fahrverbot) und wandert zwischen verstreuten Eigenheimen bis ins **Zentrum** von **Borovnica**, wo die Straße nach links biegt und zu einer Kreuzung führt. Hier geht man rechts, passiert die **Kirche** und gelangt zur **Gostilna Godec** (5:45 Std). Einkehr.

Vom Gasthaus weiter bis zur »Hauptstraße«, auf dieser nach rechts. Man gelangt zum **Pfeiler** des alten Eisenbahnviadukts und wendet sich nach rechts. Man passiert eine Fabrik und biegt nach links zum **Bahnhof von Borovnica** (6:00 Std.).

Rückfahrt nach Verd/Vrhnika mit der Eisenbahn.

RÜCKWEG VOM BAHNHOF:
Man geht vom **Bahnsteig** über die Geleise zum Waldrand, wo man auf undeutlichem Pfad zur **Straße** absteigt; auf dieser nach rechts. Nach 50 m wendet man sich nach links in einen Pfad und steigt zur **Autobahnunterführung** ab. Nach der Unterquerung nach links in einen Pfad (Wegweiser »Vrhnika«). Rückkehr zum Ausgangspunkt auf bereits bekanntem Wege (6:15 Std.).

AM WEGE

Vrhnika | Oberlaibach | Nauporto

Er hieß Jason, raubte das Goldene Vlies, segelte mit seinen 50 Begleitern vom Schwarzen Meer donauaufwärts, bog dreimal links ab und landete – in Vrhnika. So lautet zumindest die Argonautensage in der Version des römischen Historikers Plinius. Dass

Ljubljanica-Quellen bei Vrhnika: Anlegestelle der Argonauten

sich die Elite der griechischen Sagenhelden ausgerechnet hierher verirrt haben soll (um sich dann auf dem Landweg zurück zum Mittelmeer durchzuschlagen), scheint an der Haaren herbeigezogen, enthält aber ein Körnchen Wahrheit. Denn *Auportus*, wie der Ort im Altertum hieß, war damals tatsächlich ein wichtiger Hafen. Bereits die Römer verluden hier verschiedene Waren, die von der Küste über den Karst gekarrt wurden, auf Schiffe, welche die Fracht über die Ljubljanica nach *Labacum*, dem heutigen Ljubljana, bzw. über die Save weitertransportierten. Umgekehrt wurden Güter, die man mittels großer Kähne herbeischaffte, auf Saumtiere gepackt und auf der Römerstraße Richtung Süden gebracht. Gleichzeitig diente *Auportus* als militärischer Stützpunkt zur Sicherung eines 10 km langen Grenzwalles, der Teil der Claustra Alpinum Iuliarum war, eines Limes, der von Friaul über die Voralpen bis Istrien reichte. Die Festung befand sich auf dem namensgebenen Vrh, d. h. Hügel, südlich des heutigen Zentrums.

Im 1. Jahrhundert n. Chr. von aufständischen Legionären zerstört, später von den Hunnen erneut verwüstet, erlangte der Ort als Hafen erst im Mittelalter wieder Bedeutung. Auch der Laibacher Gelehrte Johann Weichard von Valvasor, slow. Janez

Vajkard Valvasor, berichtete von Getreidetransporten aus Ungarn sowie Weinlieferungen aus dem Vipavatal, die hier jeweils von Schiffen ab- bzw. auf diese umgeladen wurden. Nach wie vor war der Laibach, wie die Ljubljanica damals hieß, der Hauptverkehrsweg in die Hauptstadt, da es keine sichere Landverbindung über das Laibacher Moor (das erst im 18. Jahrhundert trockengelegt wurde) gab und dessen Umgehung auf Saumpfaden zu umständlich war. Als Warenumschlagplatz und Mautstelle brachte es Vrhnika zu einigem Wohlstand. Mit den Händlern, Fuhrleuten und Beamten siedelten sich Wirte, Schmiede und andere Handwerker an, deren Manufakturen den Grundstein für die Entwicklung zum Industriestandort legten. Aus Gerbereien wurden allmählich Lederfabriken; Schmieden und Wagnereien fanden im 20. Jahrhundert in einer eigenen, wenn auch bescheidenen Fahrzeugproduktion ihre Entsprechung. Dazu kam die Lebensmittelindustrie, die noch heute eine Rolle spielt.

Als Flusshafen hatte Vrhnika aber spätestens mit der Fertigstellung der Fernstraße Wien–Triest Anfang des 19. Jahrhunderts ausgedient. Ein weiterer wirtschaftlicher Einbruch erfolgte mit dem Bau der Karstbahn im Jahr 1857, die – zwar in Sichtweite, aber in unerreichbarer Höhe – am Ort vorbeiführte und diesen damit ins Abseits rückte, woran auch die Errichtung einer eigenen Lokalbahn nichts zu ändern vermochte. Ähnliche Folgen hatte die 1972 eröffnete *avtocesta* zwischen Ljubljana und Postojna, die erste Autobahn Jugoslawiens, in deren Schatten Vrhnika, trotz guter Anbindung, heute liegt. LKW-, Pendler- und Urlauberverkehr brausen Tag und Nacht vorbei; Betriebe, die einst vom Transit lebten, liegen darnieder, sofern sie nicht längst geschlossen werden mussten. Entsprechend durchwachsen ist das Ortsbild mit Zeugnissen des Niedergangs, vor allem entlang der Hauptstraße, der einstigen Lebensader der Kleinstadt. Unübersehbar aber auch die Zeichen von Modernisierung und Verschönerung mit zweifelhaften ästhetischen Ergebnissen.

So liegt es nicht nur am dichten Nebel, der sich in diesem Teil des Laibacher Beckens an manchen Tagen besonders hartnäckig hält, dass den meisten Reisenden verborgen bleibt, was Vrhnika bei aller Tristesse auch an Sehenswürdigkeiten zu bieten hat. Allen voran ist dies der Ursprung der Ljubljanica, die im

Vrhnika: Ivan Cankar am Straßenrand

Süden der Stadt gleich an zwölf verschiedenen Stellen zu Tage tritt und nur einen Steinwurf abseits der Durchzugsstraßen ein faszinierendes Naturschauspiel bietet. Am beeindruckendsten sind die Močilnik- und Okence-Quellen unter zum Teil überhängenden Felsen, wo das Tosen des Wassers jeden Verkehrslärm übertönt und man sich schlagartig in eine andere Welt versetzt fühlt. Es ist nicht zuletzt der Umstand, dass hier ein kaum erforschtes unterirdisches Flusssystem mit direkten Verbindungen zum Zirknitzer See und zum Planinsko polje zu Tage tritt, der dem Ort eine geheimnisvolle Aura verleiht. Zwar sind die Quellen mit Wanderwegen gut erschlossen; eine gezielte Vermarktung des Naturwunders ist jedoch nicht auszumachen. Das erstaunt, denn immerhin vollzieht hier der legendäre »Fluss der sieben Namen« seine letzte Metamorphose. Auch scheinen die Quellen nicht einmal unter besonderem Schutz zu stehen. Wie sonst ist zu erklären, dass man erst 2011 in unmittelbarer Nähe eine kleine Sportarena errichten konnte?

Wer sich vom ersten Eindruck nicht abschrecken lässt, wird auch im alten Stadtzentrum – trotz arger architektonischer Flurschäden

– ein paar Kulturdenkmäler entdecken. Prominenteste Beispiele sind das renovierte Gerichtsgebäude aus dem 16. und die *Alte Post* aus dem 17. Jahrhundert. Dazu kommen einige barocke Bürgerhäuser entlang der Stara cesta, deren verdichtete Bauweise sogar ein wenig Charme aufblitzen lässt. Lohnend ist auch der kurze Aufstieg zur Dreifaltigkeitskirche auf dem Hügel Tičnica, die mit schönen Arkadenbögen an den Längsseiten und einem bilderlosen Kreuzweg aufwarten kann. Sehenswert ist weiters das Geburtshaus Ivan Cankars (1876–1918) im Ortsteil Klanec, das ein kleines Museum mit Exponaten aus dem Leben des großen Dichters beherbergt. Cankar wuchs hier als Sohn des verarmten Dorfschneiders auf, konnte aber mit Unterstützung der Gemeinde das Gymnasium besuchen, um nach der Matura in Wien zu studieren und sich nach seiner Rückkehr nach Slowenien als sozialkritischer Autor einen Namen zu machen. Ein Bronzedenkmal des Schriftstellers kann auf dem Cankarjev trg besichtigt werden, und auch die nach ihm benannte Stadtbibliothek verdient als Beispiel gelungener zeitgenössischer Architekur Beachtung. Schräg vis-à-vis wartet eine vergammelte Gründerzeit-Villa mit Jugendstil-Elementen auf eine fachgerechte Renovierung.

EINKEHR:

Hotel Mantova. Die erste Adresse an der belebtesten Kreuzung Vrhnikas. Wer hier absteigt, sollte unbedingt ein straßenabgewandtes Zimmer nehmen und beim Frühstückskaffee auf das Schlimmste gefasst sein. Hungrige Wanderer kommen im angeschlossenen Restaurant auf ihre Kosten. 00386 1 7557524, www.mantova.si

BISTRA | FREUDENTHAL

Der Reiz des Ortes besteht in der eigentümlichen Mischung aus dichtem Wald und gepflegter Parklandschaft, ehemaligem Kloster und historischen Industrieanlagen, die gemeinsam die Aura des Verwunschenen und fast Unwirklichen haben. Zur atmosphärischen Dichte trägt der namensgebende Fluss bei, der, direkt vom Zirknitzer See kommend, an fünf Stellen gleichzeitig und mit beachtlichem Druck aus dem Berg strömt. An seinem Grunde von gelben und dunklen Algenschleiern umweht und an den Rändern von grasgrünen, polsterartigen Wasserpflanzen besiedelt, mischt sich in ihm das Blau des Himmels, als hätte jemand einen Eimer türkiser Dispersion ins Wasser geschüttet. Als schwarzbraunes Passepartout dienen fünf überdachte Schleusen, eine Holzbrücke und der Schatten des Klosters, in dem sich die Nacht bis zum späten Vormittag hält.

Der große burgähnliche Bau geht auf eine Abtei zurück, die um 1220 von Kartäusermönchen gegründet wurde und im Laufe der Jahrhunderte etliche Erweiterungen und Metamorphosen durchmachte. Die verschiedenen Epochen spiegeln sich in einem gotischen Kreuzgang, einer barocken Kapelle und einem Eingangsportal aus dem Rokoko wider. Zweigeschoßige Arkadengänge gliedern den verwinkelten Innenhof, vereinzelte Säulen und Ziersteine die verwitterte Fassade. Seit 1951 ist hier das *Tehniški muzej Slovenije* untergebracht, eine profane Zweckentfremdung, die den ehrwürdigen Mauern durchaus gut getan hat. Denn wer sich unter diesem Museum eine nüchterne Sammlung von technischen Geräten oder ein Übermaß an Multimedia und anderen Errungenschaften moderner Didaktik vorstellt, wird hier eines Besseren belehrt. Den Besucher erwartet ein durch und durch sinnliches Erlebnis, selbst wenn er für technische Belange kein gesteigertes Interesse empfindet.

Bemerkenswert ist nicht zuletzt der enorme Umfang der Ausstellung. Sie umfasst mehrere historische Anlagen wie eine alte Mühle und ein museales Sägewerk sowie nicht weniger als neun thematische Abteilungen, wovon die Sammlung zur Geschichte der Holzindustrie die vielfältigste ist. Hier gibt es neben allerlei Werkzeug, Maschinen und Möbeln zahlreiche aufwändige Holzbaumodelle, darunter kunstvolle Doppelharpfen oder das Modell des ersten Laibacher Sportstadions, zu besichtigen. Eine Etage höher kommen vor allem Kinder auf ihre Rechnung. Hier befindet sich das Jagd- und Forstmuseum mit einer unglaublichen Fülle ausgestopfter und zum Teil noch nie gesehener Wildtiere, die man zu mehr oder weniger »naturnahen« Szenen drapiert hat. Hervorzuheben sind auch der Schauraum zur Elektrifizierung Sloweniens mit einem altertümlichen Dampfgenerator, weiters eine Furnierwerkstatt aus dem 18. Jahrhundert sowie die Sammlung landwirtschaftlicher Maschinen einschließlich selbstfahrender Dampfmaschinen.

Bistra: Kloster, Schloss und Technisches Museum

Den kuriosen Höhepunkt der Ausstellung stellt die Abteilung für Verkehrswesen dar. Auf einer Fläche von 2.500 Quadratmetern vermeint man fast ebenso viele Fahrzeuge zu sehen. Vom Tretroller über das Fahr- und Motorrad, vom Oldtimer über das Feuerwehrauto bis zur Straßenbahn sind fast alle erdenklichen Gattungen zu sehen, wobei die meisten Modelle – und das ist das Erstaunliche – im ehemaligen Jugoslawien produziert wurden. So gibt es ein fröhliches Wiedersehen mit dem legendären *Zastava* und dem unverwüstlichen *Yugo* in den unterschiedlichsten Ausführungen. Absolutes Juwel ist die Kollektion von Titos Staatskarossen, darunter, nebst manchem dicken *Mercedes* und übergewichtigen *Rolls Royce*, mehrere amerikanische Schlitten sowie kostbare Gastgeschenke anderer Staatsmänner wie eine gepanzerte Limousine von Nikita Chruschtschow.

EINKEHR:

Gostilna Bistra. Die gepflegte Einrichtung und die umfangreiche Speisekarte versprechen einiges; was auf den Tisch kommt, ist jedoch eine Zumutung: eine in Öl ertränkte Forelle und hoffnungslos versalzene Pommes. 00386 1 7505743, www.gostilna-bistra.com

Almboden bei Zavrh

Zavrh pri Borovnici und Pokojišče

Keine 20 km von der Hauptstadt entfernt, aber 500 Höhenmeter höher gelegen als diese, bietet Zavrh ein seltenes Bild der Idylle. Kleine Bauernhäuser mit parallel ausgerichteten Satteldächern gruppieren sich zum malerischen Bergdorf, das von einer Bilderbuchlandschaft, bestehend aus sanft geneigten Weidegründen, gemähten Wiesen und bewirtschafteten Dolinen, umgeben ist. Als Draufgabe genießen die Bewohner ein wunderbares Panorama, einschließlich der Sicht auf das Nebelmeer des Ljubljansko barje, des Laibacher Moors. Dass sich dafür ihr Lebensstandard kaum mit dem der Leute im Tal messen kann, ist die Kehrseite der Medaille. So wirkt das Dorf, weil die Bauern auf ein Nebeneinkommen angewiesen sind und ins Tal pendeln, an Werktagen nahezu menschenleer. Das trifft auch auf das benachbarte Kirchdorf Pokojišče zu, auf dessen Wiesen sich umso mehr Kühe, Ziegen und Schafe tummeln, während glückliche Hühner selbstbewusst auf der Straße herumspazieren. Weil die aber kaum Bier konsumieren, hat das Dorfgasthaus mangels Kundschaft seine Pforten geschlossen.

Pekel | Höllenklamm

Fünf Wasserfälle mit einer Fallhöhe zwischen drei und 27 Metern bilden die Stationen auf dem Weg durch die Schlucht im Süden Borovnicas, die ihren Namen nicht zu Unrecht trägt. Bei starken Regenfällen verwandelt sich das vielbesuchte Naturdenkmal tatsächlich in eine tosende Wasserhölle, deren Durchquerung lebensgefährlich werden kann. Auch im Winter, wenn der Sturzbach zu Eiskaskaden erstarrt, ist der Durchstieg ein riskantes Unterfangen und nur mit spezieller Ausrüstung möglich. Selbst bei günstiger Witterung setzt die Begehung etwas Mut und Kraft voraus, sind dabei doch einige Klettersteige und Höhenmeter zu überwinden, wobei der Abstieg besonders heikel ist.

Dass sich das Abenteuer lohnt, wird aber schon nach wenigen Schritten klar: wild und ungestüm springt der kristallklare Bach von Stufe zu Stufe, und immer drohender schieben sich die Felsen hoch über dem Kopf zusammen. Spalten und Risse zeugen von lebhaften tektonischen Störungen, die für die Entstehung der Klamm verantwortlich sind. Den spektakulären Schlusspunkt setzt der Hudičev zob, der Teufelszahn, ein bizarrer Felsturm am oberen Ende der Schlucht.

Touristisch genützt wurde die Pekel bereits vor über 100 Jahren, wobei der oberste Abschnitt erst in den 1930er Jahren erschlossen wurde. Die eigentlichen Pioniere waren aber arme Köhler, die sich im 17. und 18. Jahrhundert auf der Suche nach »herrenlosem« Holz immer tiefer in die Schlucht hineinwagten.

EINKEHR:

Gostišče Pekel. Beliebte und ganzjährig geöffnete Einkehr am Eingang der Schlucht, die für guten Wein und ausgezeichnete Gerichte bekannt ist. Nicht zu verachten sind die »hausgemachten« Forellen, immer eine Sünde wert die Flusskrebse in Weißweinsauce. 00386 1 7546124

Borovnica | Franzdorf

Wahrzeichen des Ortes ist der phallusförmige Torso eines mächtigen Eisenbahnviadukts, der einst den südlichsten Teil des Laibacher Moors überspannte und im Zweiten Weltkrieg von den Alliierten zerbombt wurde. Das 560 m lange und fast 40 m hohe Bauwerk bestand aus einer zweistöckigen gemauerten Bogenreihe mit 25 Pfeilern, für die rund fünf Millionen Quader verarbeitet wurden. Als Fundament dienten 4000 Eichenpiloten, die man in den weichen Untergrund getrieben hatte und die stellenweise noch heute intakt sind. Der Viadukt von Borovnica galt lange Zeit als längste und schönste Steinbrücke Europas. In einem Bahnreiseführer aus dem Jahr 1858 liest sich das so: »Niemand wird die Brücke ohne Überraschung sehen und was man auch davon gelesen oder gehört haben mag, der Anblick dieses prachtvollen Baues wird alle Erwartungen übertreffen. Imposant durch Länge und Höhe, dem Auge schmeichelnd durch edle Form, ist die herrliche Bogenreihe über das weite Thal hingeworfen.«

Nach dem Krieg wurde die Bahnstrecke zur Überwindung des entsprechenden Höhenunterschiedes in einem weiten Bogen umgeleitet, weshalb Borovnica heute von der Eisenbahn förmlich eingeschnürt zu sein scheint. Die Verlegung der Trasse bescherte dem Ort aber auch eine neue Bahnstation, die 1947 von einer Brigade der kommunistischen Jugend errichtet wurde, woran eine Gedenktafel am Bahnhofsgebäude erinnert.

Zeugnisse der sozialistischen Ära finden sich auch im Ortszentrum, wie etwa die schäbige Fassade des Vereinshauses des Turnerbundes *Partizan* oder die Büste des kommunistischen Autors Ivan Korošec. 1913 als Sohn eines Eisenbahners geboren, wurde er 1935 der geplanten Sabotage an der Eisenbahnbrücke verdächtigt und verhaftet. Im Frühjahr 1942 schloss er sich den Partisanen an, was er schon zwei Monate später mit dem Leben bezahlte. Sein schmales literarisches Werk, eine Sammlung von rund 50 Gedichten, wurde vergraben und verrottete in der Erde. So blieb neben einigen Briefen lediglich ein einziges Gedicht erhalten. Es wurde unter dem Titel *Romanca* vertont und fand Aufnahme ins populäre Liederbuch der Partisanen:

Pfeiler des zerstörten Eisenbahnviadukts in Borovnica

»Hier, zwischen Bajonetten und Gewehren / muss ich an unsere weiße Birke denken. / Dort lagen wir zu zweit in einer Senke / ganz still und flüsterten vor Glück. // Die Bienen tranken ringsum süßen Nektar / ein Käfer brummte über uns hinweg / Ameisen liefen über deinen Nacken / ein Falter küsste dein Gesicht. // Heut' Nacht, im Traum und unter freiem Himmel / sah ich die weiße Birke wieder stehen / dort lag ein junger Krieger in der Senke / und leuchtet' rot ein Tropfen Blut.«*

EINKEHR:

Gostilna Godec. beliebte Stammkneipe im Ortszentrum, in der auch Fremde schnell Anschluss finden. Täglich geöffnet.

*Nachdichtung: G. P.

II. HINTEN HERUM
Wanderung bei Idrija

Von den vielen Gesichtern des slowenischen Karsts ist der Trnovski gozd, Ternowaner Wald, vielleicht das bärtigste. Es handelt sich dabei um das größte und einsamste Waldgebiet der Notranjska, die dem sogenannten tiefen Karst zugerechnet wird. Wo sich die Braunbären tummeln, kommt auch der Wanderer auf seine Kosten, vor allem an den besiedelten Rändern des lebhaft gegliederten Hochplateaus. Gut erschlossen ist der Naturpark Zgornja Idrijca bei Idrija, der alten Bergwerksstadt im Nordosten des Gebietes.

Von deren Zentrum sind es nur ein paar Schritte zur Antoni-Zeche, dem ersten einer Reihe von Industriedenkmälern am Wege. Entlang der Idrijca und begleitet von einem alten Werkskanal wandert man unter ehrwürdigen Erlen bequem taleinwärts. Dort wird unter hohen Felswänden der Divje jezero, Wilde See, seinem Namen gerecht. Aus unterirdischen Quellen gespeist, bildet er einen heftig brodelnden Strudel, ehe er über seinen Kraterrand tritt und sich als kürzester Fluss Sloweniens in die Idrijca ergießt. Bei einem alten Wehr, wo sich diese zum türkisgrünen See verbreitert, beginnt der Aufstieg nach Čekovnik. Im schönen Mischwald und zwischen weißem Blockgestein rasch an Höhe gewinnend, findet man sich plötzlich in alpinem Gelände wieder. Almige Böden und rustikal behübschte Häuser muten fast kärntnerisch an. Über einen schönen Hügelkamm mit Blick auf das Kirchlein von Hleviše führt der Weg erneut in den Wald, um von dort zur Hleviška planina anzusteigen. Weite Blicke über den zerfurchten Trnovski gozd erlaubt die kleine Erhebung oberhalb der bewirtschafteten Hütte. Nur kurz währt von hier der Abstieg ins Tal. Zurück in der Stadt, bleibt genügend Zeit für einen Rundgang im historischen Kern und den Besuch des Stadtmuseums, womit man aber nur einen Bruchteil der Sehenswürdigkeiten Idrijas in Augenschein genommen hat.

Im Stadtmuseum von Idrija

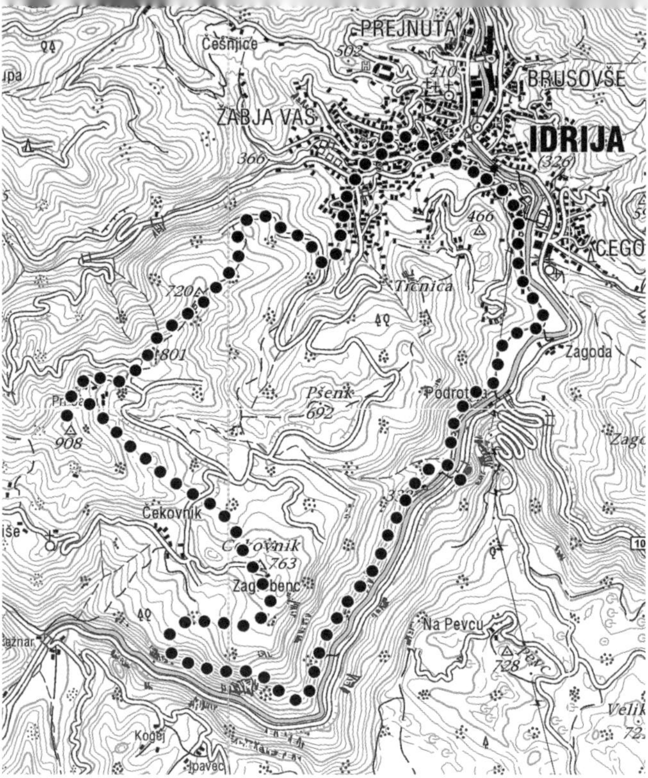

HINWEISE ZUR WANDERUNG

LÄNGE: 14 km

HÖHENDIFFERENZ: 600 m ↑↓

GEHZEIT: 5:30 Std.

ANFORDERUNGEN: mittel

ORIENTIERUNG: einfach

KARTE: »Nanos, Trnovski gozd, Idrijsko in Cerkljansko hribovje«, 1:50.000, Geodetski zavod Slovenije

EINKEHRMÖGLICHKEITEN: Idrija

ANFAHRT: Man nimmt auf der slowenischen A1 die Autobahnabfahrt »Logatec«; von dort 30 km auf der Straße Nr. 102 bis Idrija.

WEGBESCHREIBUNG

Ausgangspunkt ist der Hauptplatz von Idrija, **Mestni trg**, den man in östlicher Richtung überquert, um sich bei der NLB-Bank nach rechts zu wenden und das Tor des Hauses **Ulica Sv. Barbare Nr. 5** zu durchschreiten. Man passiert das historische **Kino**, geht über ein **Brücklein** und wendet sich auf einer Querstraße nach links. 200 m entlang eines Kanals bis zu einer Querstraße; auf dieser nach rechts. Nach 200 m geht man, die zentrale **Busstation** passierend, halbrechts (Markierung). Weiter auf der **Vodnikova ulica** bis zu einer Gabelung am Ortsrand; man hält sich rechts und gelangt auf einem ansteigenden Sträßchen zur alten **Pumpstation** unterhalb des stillgelegten Bergwerks. Ab hier auf markiertem Weg entlang des **Rak-Kanals** taleinwärts. Schöne Promenade im Laubwald oberhalb der Idrijca. Nach einer Stunde (man hat kurz davor ein **Wächterhäuschen** passiert) verlässt man den Hauptweg nach links und quert den Fluss mittels **Hängebrücke**. Man betritt eine Straße, geht links und gelangt zu einer Straßenbrücke. Unmittelbar davor wendet man sich nach rechts in einen Treppenweg und folgt diesem bis zum **Divje jezero** (1:15 Std.). Umrundung des Sees, sofern dies der Wasserstand erlaubt.

Zurück zum **Wanderweg** rechts des Flusses; auf diesem nach links. 30 Min. weiter taleinwärts bis zu einer **Wehranlage**. Der markierte Weg steigt oberhalb des Flusses an. Eine markierte Abzweigung nach links bergab wird ignoriert. Kurz darauf folgt man der **Markierung** scharf nach rechts. Heftiger Anstieg im Wald, erst in Serpentinen, dann den Steilhang in nordwestlicher Richtung schneidend bis zu einem **Aussichtspunkt** (2:30 Std.). Weiter auf fast ebenem Pfad bis zu einem Querweg; auf diesem scharf nach rechts. Der Weg steigt zwischen Dolinen und Blockgestein weiter an und führt nach 15 Min. bei einem **Bauernhaus**, das man rechts umgeht, ins Freie. Weiter bergauf bis zum **Gipfel** eines kleinen Hügels; von dort den Kamm entlang, erst über Wiesen, dann über eine Weide bergab (undeutliche Markierung). Man gelangt zu einer Straße, welche man quert, um der Markierung wieder bergauf zu folgen. Kurzer steiler Anstieg bis zu einer Wegkreuzung. Man geht geradeaus (**Wegweiser »Hleviše«**) und kreuzt kurz darauf einen geschotterten Fahrweg. 15 Min. etwa eintönig bis zur **Hlevška koča** (3:15 Std.). Einkehr.

15minütiger Aufstieg zum **Aussichtspunkt** oberhalb der Hütte (Wegweiser »Vrh planine«). Schöner Rastplatz.

Zurück zur **Hütte** und von dort in östlicher Richtung auf markiertem Weg (Wegweiser »Idrija«) bergab. Kurz darauf eine **Gabelung**; man nimmt den linken Weg. Wenige Schritte auf einem breiten Fahrweg bergauf; dann nach rechts in einen untergeordneten Weg (Markierung). Anfänglich den bewaldeten Kamm entlang, dann steil

Verwinkelte Altstadt von Idrija

bergab bis zu einer **Forststraße**. Auf dieser 15 Min. talwärts bis zur Vereinigung mit einer weiteren Forststraße von rechts. Man geht links und steigt zum Ortsrand von Idrija ab. Weiter der Schwerkraft nach bis ins **Stadtzentrum** (5:30 Std.).

AM WEGE

Idrija | Idria | Idria

Wer bei stillgelegten Zechen und zwangspensionierten Kumpeln an halbverlassene Siedlungen und heruntergekommene Industrieanlagen denkt, wird in Idrija eines Besseren belehrt. Schon auf den ersten Blick präsentiert sich die älteste Bergwerkssiedlung Sloweniens überraschend vital und adrett, und das, obwohl sie im hintersten Winkel des Landes liegt. 2011 zur Alpenstadt des Jahres ernannt, unternimmt Idrija große Anstrengungen, um dieser Auszeichnung gerecht zu werden. Davon profitieren nicht zuletzt die Besucher, die man mit einer Fülle von Angeboten anzulocken versucht. Eine schmucke Altstadt mit Einkaufsmöglichkeiten, mehrere Museen, Kulturveranstaltungen, interessante Themenwanderwege und die gute Gastronomie lohnen selbst einen mehrtägigen Aufenthalt.

1860 bot sich Peter Hitzinger, dem Pfarrer von Postojna, ein vergleichbares Bild: »Die Häuser stehen meist einzeln und sind mit kleinen Gärten umgeben; mit ihrem weißen Anstriche und reinlichen Äußern, mitten zwischen grünem Gelände, geben sie der Stadt von Weitem ein sehr freundliches Ansehen«. Es war dies rund 300 Jahre nach der Entdeckung von Quecksilber durch einen Fassbinder im Idrija-Becken. »Mag die Gegend zuvor wohl überhaupt einem einsamen wilden Thale ähnlich gewesen sein« (Hitzinger), siedelten sich in der Folge immer mehr friulanische und deutschsprachige Knappen an, um im Bergbau zu arbeiten. Befand sich die Grube zu Beginn im Besitz venezianischer und kärntnerischer Gesellschaften, wurde sie schon 1575 von den Habsburgern verstaatlicht und in der Folge ständig erweitert und modernisiert. Dank reicher Quecksilbervorräte und steigender Nachfrage sowie mit steuerlichen Privilegien und dem Selbstverwaltungsrecht ausgestattet, konnte sich der Ort bald entfalten.

Weniger rosig war die Lage der Bergknappen, die Hitzinger, einen Bericht aus dem 17. Jahrhunderts zitierend, folgendermaßen beschrieb: »Die schwere Arbeit in den oft sehr warmen Gruben, die Hitze beim Brennen der Erze, dann die schädlichen Quecksilberdämpfe, verursachten häufige Krankheiten wie Gicht, Auszehrung, Zittern der Glieder, und verkürzte ihnen oft das Leben.« Nur wenige Bergleute hielten es länger als drei Jahre in den Gruben aus, sofern sie nicht schon früher eines Arbeitsunfalles wegen das Zeitliche segneten. Die durchschnittliche Lebenserwartung lag bei 35 Jahren. Dennoch, so der Chronist, »war das Knappenvolk gutmütig, wie auch zur Fröhlichkeit geneigt« und waren Unruhen unter den Arbeitern eine Seltenheit. Dokumentiert sind allerdings häufige Diebstähle von Quecksilber zur Aufbesserung des kargen, ertragsabhängigen Lohns, die mit hohen Strafen belegt wurden. Im übrigen verstanden sich die Bergleute nicht als homogene »Klasse«, sondern als streng hierarchischer Stand, der vom Bergmeister über den Hutmeister und Steiger bis zum Hauer, Huntstößer und Klauberbuben reichte und an die 30 verschiedene Ränge kannte.

Quecksilber wird in der Regel in einem speziellen Brenn- und Scheideverfahren aus Zinnobererz herausgelöst, wofür in Idrija große Mengen an Holz benötigt wurden. Auch der Stollenbau erforderte ständigen Nachschub. Das hatte zur Folge, dass allmählich alle Wälder im Umkreis abgeholzt waren und die Transportwege immer länger wurden. Befördert wurden die Baumstämme auf der Idrijca und ihren Nebenflüssen, und zwar mit Hilfe von *klavže*, kunstvoll gemauerten, bis zu 20 Meter hohen Schleusen. Es sind kühne Bauwerke von wuchtiger Schönheit, die die Jahrhunderte überdauert haben und auf einem bequemen Weg »erwandert« werden können.

Anfang des 18. Jahrhunderts hatte sich Idrija, damals auch Deutsch-Idria genannt, mit etwa 3.600 Einwohnern zur zweitgrößten Stadt des Herzogtums Krain entwickelt. Das Quecksilber wurde hauptsächlich zur Gewinnung von Edelmetallen benötigt und wurde sogar nach Südamerika exportiert. Mit dem wirtschaftlichen Erfolg hielt die Aufklärung Einzug, namentlich in Gestalt berühmter Ärzte und Naturwissenschaftler wie Giovanni Antonio Scopoli oder Belsazar Hacquet. Glaubt man den Historikern, besaß die Stadt bald das beste und modernste Gesundheitswesen Sloweniens; auch als Zentrum naturwissenschaftlicher Forschung und Kultur genoss Idrija internationales Ansehen. Architektonische Zeugen dieser Epoche finden sich im Stadtzentrum, etwa die historischen Schulgebäude oder das alte Theater, das heute noch als Kino dient.

An sozialen Errungenschaften vermerkt die Ortschronik ein Armeninstitut sowie die *Bruderlade*, eine Art selbstverwaltete Sozialversicherung und Firmenpension, und, nicht zu vergessen, die *Weincasse*: »Dieselbe versieht die Bergleute mit guten und billigen Weinen, welche in eigenen Wirtshäusern ausgeschenkt werden, und sie erhält sich eben aus dem bei dem Verkauf gemachten Gewinne.«

Dass chronische Berufskrankheiten – »Tremor, erschwertes Atmen, trockener Husten, Wechselfieber und Durchfälle« – merklich nachließen, war vor allem dem Umstand zu verdanken, dass auf Anraten der Ärzte die Gruben und Brennöfen besser belüftet und die Arbeitsplätze häufiger gewechselt wurden. An den mörderischen Arbeitszeitregelungen änderte sich

Im Stadtmuseum von Idrija

wenig. Nur für Grubenarbeiter galt (sechsmal pro Woche) der Acht-Stunden-Tag, ober Tag musste bis zu 12 Stunden täglich geschuftet werden, und für »Kunststeiger«, die für die Entwässerung der Stollen zuständig waren sowie für »Heizer«, die in der Verhüttung arbeiteten, gab es lediglich vier volle Feiertage im Jahr. Wie ein Hohn klingt schließlich die zeitgenössische Schilderung eines Arbeitstages der Frauen: »Unterdessen geht es daher im wohnlichen Hause rührig zu; hier hat die Schicht weniger feste Stunden, und dauert häufig vom Morgen bis in die tiefe Nacht hinein. Man sieht die Arbeiterinnen einzeln oder am liebsten im geselligen Vereine munter mit ihrer Aufgabe beschäftigt, dem emsigen Klöppeln. Mag auch ihre Entlohnung gering sein, kaum die Hälfte von jener des geringeren Scheid- oder Schlemmjungen, die Arbeiterin klöppelt fleißig und unverdrossen fort, im Stillen des kleinen Gewinnes sich freuend.«

Dank Elektrifizierung und moderner Maschinen erreichte die Quecksilberproduktion im Jahr 1913 mit 1.300 Beschäftigten die Rekordmarke von 820 Tonnen. Zum Vergleich: In den Anfängen des Bergwerkes wurden jährlich nicht mehr als ein paar hundert Zentner Quecksilber gefördert.

Im 1. Weltkrieg und während der italienischen Besatzung zwischen 1918 und 1943 erlebte Idrija eine Zeit des Niedergangs, die mit der Gewaltherrschaft der Nazis und den Luftangriffen der Alliierten ihre Fortsetzung fand. Bekamen schon die italienischen Faschisten die Ablehnung der Arbeiterschaft zu spüren, stießen die deutschen Okkupatoren bald auf bewaffneten Widerstand. Immer mehr Bergleute schlossen sich den Partisanen an, die im weitläufigen und unübersichtlichen Trnovski gozd ein ideales Rückzugsgebiet fanden.

So wurde 1943 in der Tiefe der Wälder das Partisanenlazarett *Pavla* errichtet, wo ein Team von über 100 Ärzten und Sanitätern beiderlei Geschlechts rund 1.600 Verwundete versorgten. Wie dieses Krankenhaus blieb auch die 1944 eingerichtete Partisanendruckerei *Slovenija* bis zum Kriegsende unentdeckt. Sie befand sich in einer unzugänglichen Hangfurche 10 km nordwestlich von Idrija, bestand aus mehreren Baracken und besaß eine große elektrische Druckmaschine, die in Mailand angeschafft und unter größten Mühen in ihr Versteck gebracht worden war. Der hier produzierte *Partizanski dnevnik* hatte bis zu 50 Mitarbeiter, erschien in einer Auflage zwischen 3.000 und 7.000 Exemplaren und war die einzige Tageszeitung im besetzten Europa, die von einer Widerstandsbewegung herausgegeben wurde. Entsprechend groß war der propagandistische Erfolg. 1947 zum Kulturdenkmal erklärt, kann die gut erhaltene Druckerei noch heute besichtigt werden.

Das letzte Kapitel der Quecksilbermine wurde nach der Befreiung vom Nationalsozialismus geschrieben. Von den Arbeitern in unzähligen Sonderschichten instand gesetzt, wurden die Anlagen verstaatlicht und mit moderneren Maschinen ausgestattet, woraufhin die Produktion – trotz allmählich schwindender Erzvorräte neuerlich auf 500 Tonnen pro Jahr gesteigert werden konnte. Als verdiente Widerstandskämpfer, »klassische« Pro-

Am Stadtrand von Idrija

letarier und Elite der Arbeiterklasse genossen die Kumpel (im sonst weitgehend bäuerlich geprägten Slowenien) hohes Prestige; auch die Löhne waren überdurchschnittlich hoch. Mit dem steigenden Lebensstandard änderte sich auch das Ortsbild. Die Familien übersiedelten aus den beengten Knappenhäusern in geräumigere Werkswohnungen, und an der Peripherie entstanden – Sozialimus hin oder her – mehr und mehr Eigenheime nach kleinbürgerlichem Vorbild, während die historischen Arbeiterunterkünfte allmählich von der Bildfläche verschwanden. Dass besserer Wohnkomfort nicht immer mit ästhetischem Gewinn einherging, steht auf einem anderen Blatt. Einen etwas romantisierenden Eindruck von den einstigen Wohnverhältnissen vermittelt eines der letzten erhaltenen Knappenhäuser aus dem 19. Jahrhundert unweit des Franziska-Schachtes. Obwohl von fast burgähnlichem Charakter handelt es sich um ein (vergipstes und gekalktes) Holzgebäude mit vielen kleinen Fenstern und einem auffallend steilen Satteldach. In ihm wurde ein kleines Museum eingerichtet, das den entbehrungsreichen, aber auch stark gemeinschaftlich ausgerichteten Alltag der Bergleute und ihrer Familien dokumentiert.

In Idrija

Als man sich in den 1970er Jahren in der Industrie, Medizin und Zahntechnik zunehmend auf umweltfreundlichere Materialien verlegte und in der Folge die Weltmarktpreise für Quecksilber verfielen, waren auch die Tage der Minen von Idrija gezählt. Ihre endgültige Schließung erfolgte 1987, vier Jahre vor der Unabhängigkeitserklärung Sloweniens und der Abkehr vom Sozialismus. Dass der Ort dennoch nicht in Agonie versank, grenzt an ein Wunder. Grund ist die zeitgerechte Ansiedlung großer moderner Betriebe, die u. a. Elektromotoren oder Bauteile für Klimaanlagen produzieren, sowie beträchtliche Investitionen in Bildungseinrichtungen und den Tourismus. Offiziellen Angaben zufolge beträgt die Arbeitslosenquote in der Gemeinde heute null Prozent.

Dank eines professionellen Marketings hat Idrija einen radikalen Imagewandel von der proletarischen Bergbausiedlung zur umweltfreundlichen Hightech- und Kulturstadt vollzogen. Das ist eingedenk des Umstands, dass hier noch vor 20 Jahren in den Böden rund um die Stadt das 400fache der (damals in Deutschland) zulässigen Menge an Quecksilber-Rückständen gemessen wurde und sämtliche Gemüsegärten hochgradig kontaminiert waren, keine geringe Leistung. Wohin aber all das Gift in der Zwischenzeit verschwunden sein soll, darüber wird der Tourist im Unklaren gelassen. Aber vielleicht will er es in Anbetracht der schönen Seiten, die die Stadt sonst zu bieten hat, auch gar nicht wissen.

Zu den Besonderheiten Idrijas gehört eine Reihe von Industriedenkmälern wie das *kamšt*, ein riesiges Holzwasserrad und Herzstück einer 1790 errichteten Pumpstation, sowie das Schaubergwerk Idrija, bestehend aus dem Eingangshaus »Šelštev«, dem Antonius-Stollen und einer unterirdischen Kapelle aus dem 18. Jahrhundert. Das Bergwerk wurde 1997 mit einem renommierten Museumspreis ausgezeichnet und besitzt nicht zuletzt für Kinder einen hohen Erlebniswert. Weniger zeitaufwändig ist die Besichtigung des Maschinenmuseums beim Frančiška-Schacht mit der ehrwürdigen Kley-Pumpe, der größten erhaltenen Dampfmaschine Mitteleuropas, und allerlei seltsamen Schienenfahrzeugen, die einst unter Tag eingesetzt wurden.

Viel zu entdecken gibt es auch im historischen Stadtzentrum, etwa das sakral anmutende älteste Theatergebäude Sloweniens, heute ein Kino, oder den herrschaftlichen barocken Kornspeicher, beide aus dem 18. Jahrhundert. Atmosphärisch noch reizvoller sind aber die verwinkelten Seitengassen rund um den Hauptplatz mit manchem architektonischen Kleinod, seien es kunstvoll verzierte Fenstersimse oder schmiedeeiserne Verbindungsbrücken zwischen den Häusern mit Anflügen von Jugendstil.

Keinesfalls entgehen lassen sollte man sich das Stadtmuseum im Schloss Gewerkenegg oberhalb der Altstadt. Zwar haben die dilettantischen Fassadenmalereien an den Laubengängen eine fast abschreckende Wirkung, doch eröffnet sich beim Eintritt sofort ein fantastisches Panoptikum der Stadtgeschichte. Da sind zunächst die Schauräume zum Thema Bergbau, in denen man das Kunststück zustande gebracht hat, selbst die obligate Mineraliensammlung spannend zu präsentieren. Dazu kommen, neben einer Fülle interessanter Objekte und Dokumente von den Anfängen der Quecksilbergewinnung bis zur Neuzeit, eine erlesene Sammlung historischer Fotografien sowie ein Quader aus 400 kg reinem Quecksilber, der geheimnisvoll schimmernd über dem Marmorboden schwebt. Zweiter Schwerpunkt ist die Darstellung der Klöppelei und der Spitzenerzeugung in Idrija, die selbst Skeptiker vom Kunstpotenzial dieses unter Kitschverdacht stehenden Handwerks zu überzeugen vermag. Der jüngeren Geschichte widmet sich die dritte große Abteilung. Sie dokumentiert die Zeit des faschistischen und nationalsozialistischen Terrors sowie den Partisanenkampf bei Idrija und scheint dabei ganz der sozialistischen Idee verpflichtet. Leise Zweifel lassen sich, wenn überhaupt, in den Augen einer lebensgroßen Puppe in Partisanenuniform ablesen. Umso apodiktischer ist die Würdigung der Widerstandskämpfer in Form einer Installation aus 40 Grubenhelmen und einer Plastik aus Hammer und Sichel, die vom Boden bis zur Decke reicht und den knallroten Schlusspunkt der Ausstellung setzt.

EINKEHR:

Bar Galerija. In einer Seitengasse des *Mestni trg* gelegen, empfiehlt sich das Café mit ausgezeichnetem Cappucchino und mediterraner Atmosphäre.

Gostilna pri Škafarju. Beliebtes Gasthaus in der Altstadt, dessen Portal ein riesiger Holzklöppel ziert. Im Schankraum gibt es historische Fotografien von Musikkapellen zu besichtigen, im ersten Stock sogar richtige Kunst. Zu empfehlen sind die tadellosen Steaks sowie der Wein aus dem Vipavatal, der so gut ist, dass ihm – nach eigenen Angaben – auch das freundliche Personal verfallen ist. Moderate Preise, angenehme Fremdenzimmer. 00386 5 3773240, www.skafar.si

Club Avalon. Szenetreff nordwestlich des Hauptplatzes mit großem Getränkeangebot. Im kleinen Sitzgarten unter einer Böschung kann man den Kids beim Tarockieren (!) zusehen. www.avalon-club.si

Hängebrücke zum Divje jezero

Divje jezero | Wilder See

In Trockenzeiten ein trüber Tümpel, läuft der See, der eigentlich eine große Karstquelle ist, nach starken Regenfällen zur Hochform auf. Fast eruptiv füllt sich der kleine Talkessel mit klarem Wasser aus den Tiefen des Gesteins und formt sich an der Oberfläche ein sprudelnder Kegel. Verstärkt wird die dramatische Wirkung durch 100 Meter hohe Kalkwände, von denen das Rauschen der Fontäne widerhallt. Die vollständige Erforschung des unterirdischen Syphons lässt immer noch auf sich warten. Schon Balsazar Hacquet und sein Kollege Giovanni Antonio Scopoli, beide Ärzte und Naturforscher im Idrija des 18. Jahrhunderts, waren hier mit ihrem Latein am Ende. Exakt vermessen ist nur der Ablauf namens Jezernica, der mit 55 Metern als kürzester Fluss Sloweniens gilt.

III. WO DER FLUSS SICH VERLIERT
Rundwanderung bei Planina

Das Planinsko polje, Karstfeld von Planina, ist ein enger Verwandter des Cerkniško polje, aber nicht annähernd so bekannt, obwohl er diesem in punkto landschaftlicher Schönheit kaum nachsteht. Da wie dort mäandert ein Fluss über ein riesiges Feld, um schließlich wieder vom Erdboden verschluckt zu werden. Und da wie dort bilden sich zu bestimmten Jahreszeiten temporäre Seen, die sich in Trockenzeiten in prächtige Wiesen verwandeln.

Im ersten Abschnitt dieser langen, aber nur im Mittelteil anstrengenden Wanderung folgt man der stillen Unica, stets in Ufernähe und im weiten Bogen, bis zu ihrem Ursprung. Er verbirgt sich hinter dem mittelalterlichen Ravbarturm, wo sich gewaltige Wassermassen aus der Planinska jama ergießen. Nächste Station ist das langgestreckte Planina, dessen stolze Bürgerhäuser von der einstigen Bedeutung des Straßendorfes zeugen. Es folgt ein einstündiger Aufstieg zur Kirche Sveta Marija und weiter zur Grmada, wo einem das Planinsko polje malerisch zu Füßen liegt und der Blick bis zum Zirknitzer See reicht. Auf Holzwegen lässt man sich nach Podgora fallen, um von dort über schöne Weidegründe zu einer Furt zu gelangen, die bei niedrigem Wasserstand eine Durchquerung der Unica erlaubt. Keine nassen Füße holt man sich in Jakovica, das sich vor dem Fluss auf einen Hügel zurückgezogen hat und so dem Wanderer einen letzten Perspektivenwechsel beschert.

HINWEISE ZUR WANDERUNG
LÄNGE: 25 km [17 km]
HÖHENDIFFERENZ: 410 m ↑↓
GEHZEIT: 6:30 Std. [4:30 Std.]
ANFORDERUNGEN: Ausdauer
ORIENTIERUNG: Schwierig [Variante: einfach]

Planinsko polje im Winter

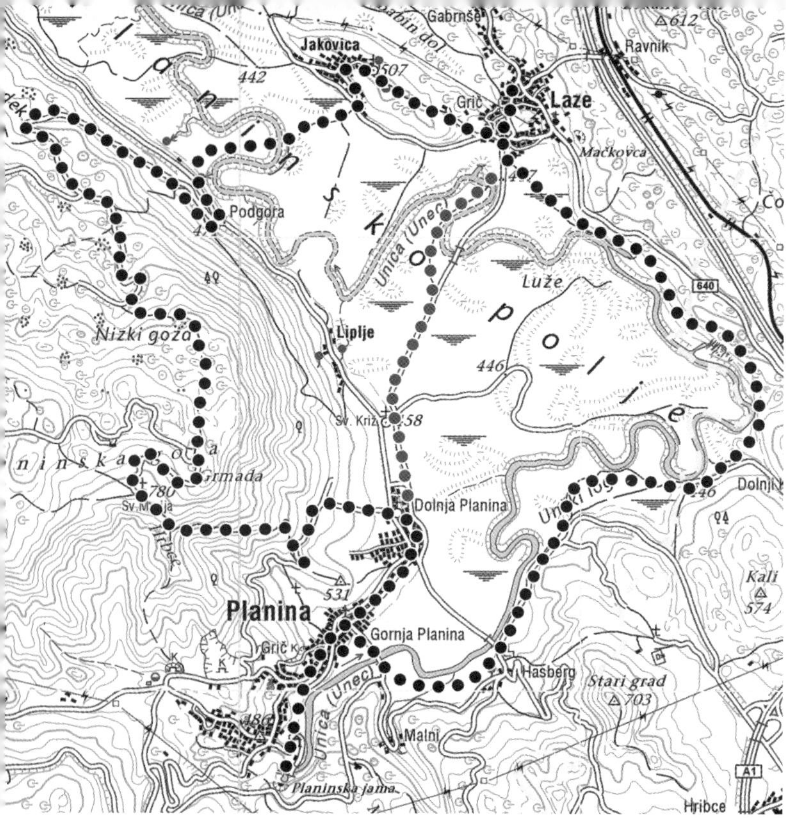

KARTE: »Notranjski kras«, 1:50.000, Geodetski zavod Slovenije
EINKEHRMÖGLICHKEITEN: Planina, Laze
ANFAHRT: Man nimmt auf der slowenischen A1 die Autobahnabfahrt »Logatec«; von dort auf der Straße Nr. 102 bis zum ersten Kreisverkehr in Logatec, wo man die Ausfahrt Richtung »Rakek« nimmt. 9 km in südlicher Richtung bis Laze.

WEGBESCHREIBUNG

Ausgangspunkt ist die **Gostilna Oaza** im Ortskern (Straßengabelung) von **Laze**. Man geht rechts der Gaststätte in ein Sträßchen (Wegweiser »Planina«), das sich bald senkt und gabelt. Man hält sich links, geht bei der darauffolgenden Gabelung am **Ortsende** wieder links und betritt damit das **Planinsko Polje**. Nach knapp hundert Metern wendet man sich, die Straße verlassend, nach links und folgt einem **Feldweg**, der sich nach etwa 1 km dem mäandernden **Fluss** Unica nähert. Weiter am Waldrand bzw. in **Ufernähe**. Der Weg wird allmählich undeutlicher und gabelt sich; man hält sich rechts. Der Weg verjüngt sich zum Pfad und führt zu einer weiteren Gabelung; man geht wieder rechts und folgt dem sich nun wieder verbreiternden Weg bis zu einer **Kreuzung**. Man geht scharf rechts und folgt einem schönen Feldweg über Wiesen bis zum **Flussufer**. Hier wendet man sich nach links und wandert auf undeutlichem Pfad bis zu einem breiten Querweg; auf diesem nach rechts. Bei der darauffolgenden Gabelung geht man rechts. Der Weg beschreibt eine große Linkskurve und nähert sich der **Straße**. Kurz davor begibt man sich zu einem **Rastplatz** rechter Hand und folgt von dort einem undeutlichen Pfad flussaufwärts (bei hohem Wasserstand bzw. tiefem Boden wandert man auf der Straße weiter). Der Pfad führt nach 500 m erneut zur **Straße**; auf dieser nach rechts. 500 m Asphalt bis zu einer **Steinbrücke**. Man überquert den Fluss und wendet sich sofort nach links in einen Feldweg. Links des Ufers flussaufwärts bis zu einem **Quersträßchen.** Man geht geradeaus in eine Fahrspur, weiter den Fluss entlang. Der Weg wird undeutlicher und verjüngt sich zum Pfad, der schließlich in einen Karrenweg oberhalb des Flussufers mündet. Man geht links und folgt einem schönen **Uferweg** bis zu einem Quersträßchen unterhalb der **Burgruine Mali grad** (2:00 Std.).

Man geht rechts und steigt zum **Wehrturm** an, von wo man auf einem Treppenweg zum Eingang der **Planinska jama** unter einer hohen Felswand absteigt. Besichtigung der Höhle nur mit Führung möglich.

Zurück zum **Uferweg**, dem man, im letzten Abschnitt kurz ansteigend, bis zur Hauptstraße von **Planina** folgt; auf dieser nach rechts. Man passiert das Postamt und erreicht die **Bar Demšar** (3:15 Std.).

Von der Bar geht man rechts eines **Denkmals** in ein Sträßchen. 15 Min. Asphalt auf wenig befahrener Straße unterhalb der Hauptstraße. Man erreicht den nördlichen Ortsteil von Planina, wendet sich vor dem **Haus Nr. 30** nach links und begibt sich zur **Kirche Sv. Marjeta**.

ALTERNATIVE: Man erreicht den nördlichen Ortsteil von Planina und wendet sich vor dem **Haus Nr. 30** nach rechts. Man trifft auf eine breite Straße; auf dieser geradeaus. Nach 100 m folgt man dem **Wegweiser »Laze«** nach rechts und wandert auf einem wenig befahrenen **Sträßchen** über das Planinsko polje. Nach 1,5 km biegt man nach links in einen **Feldweg**, der nach 15 Min. über eine **Furt** und dann zur Straße zurückführt. Auf dieser nach links bis zum Ausgangspunkt (4:30 Std.).

Von der **Kirche** zur **Hauptstraße**; auf dieser wenige Schritte nach rechts, dann nach links in einen geschotterten Feldweg. 10minütiger steiler Aufstieg zwischen Wiesen und Feldern. Man gelangt in den Wald und wendet sich auf einer breiten **Forststraße** nach links. Nach gut 5 Min. eine **Mehrfachkreuzung**; man wendet sich scharf nach rechts und steigt auf breitem Wege an, der nach 500 m eine scharfe Linkskurve beschreibt (nicht geradeaus gehen!). Gleich darauf wird eine weitere Abzweigung nach rechts ignoriert. 20 Min. auf bequemem Hangweg stets bergauf bis zu einem Querweg am bewaldeten **Hügelkamm**; auf diesem scharf nach rechts. 10 Min. weiter bergwärts bis zur **Kirche Sveta Marija** (4:15 Std.).

Von der **Kirche** wandert man, die Abzweigung nach links Richtung »Studeno« ignorierend, auf einem breiten **Fahrweg** weiter bergauf. Nach gut 10 Min. wendet man sich nach rechts, betritt eine große **Lichtung** und folgt einer Fahrspur ca. 100 m bis zu einer **Geländekante.** Schöner **Rastplatz** mit Blick auf das Planinsko polje und Cerkniško polje im Südosten (4:30 Std.).

Zurück zur **Forststraße**; auf dieser nach rechts. Gleich darauf nimmt man eine Abzweigung nach rechts (**Wegweiser »Grčarevec«**). [Zuvor empfiehlt sich der kurze Aufstieg zur unbewaldeten Hügelkuppe rechts der Forststraße mit schöner Aussicht Richtung Süden.] Man betritt damit wieder die große **Lichtung** und passiert einen **Hochsitz**. Man gelangt in den Wald und ignoriert sofort eine undeutliche Abzweigung nach rechts sowie nach knapp 100 m eine ebenso undeutliche Abzweigung nach links. Der Weg senkt sich. Man ignoriert nach etwa 70 m eine weitere undeutliche Abzweigung nach rechts und passiert nach 30 m den **Wegweiser »Planina gora«** in der Gegenrichtung. 100 m danach eine Gabelung; man geht rechts (**weißer Markierungspfeil**). 70 m danach eine weitere Gabelung; man hält sich links (**weißer Markierungspfeil**). 70 m danach wieder eine Gabelung; man hält sich rechts. Der Weg vereinigt sich kurz darauf mit einem von links kommenden und führt durch eine kleine Fichtenkultur, wo man einen zweiten **Wegweiser »Planina gora«** in Gegenrichtung passiert. Man geht geradeaus, der Weg senkt sich stärker und führt bald an einer **Höhle** linker Hand vorbei. Kurz darauf eine Einmündung von links. Weiter steil talwärts, nun wieder auf deutlichem Weg, bis man erneut auf die **Forststraße** trifft; auf dieser geradeaus bergab. Bei einer Gabelung hält man

Eisschollen am Planinsko polje

sich rechts und folgt der **Forststraße** (die bald nach rechts dreht) etwas eintönig bergab bis zur **Häusergruppe Podgora** (»Galerija Ševic«) an der **Straße** oberhalb des Planinsko polje (5:30 Std.).

Auf der Straße nach links. Nach 50 m wendet man sich nach rechts in einen **Karrenweg**, der sich, eine Linkskurve beschreibend, in den Talboden senkt und bei einer **Quellfassung** endet. Weglos weiter auf den **Kirchenhügel** von Jakovica am gegenüberliegenden Rand des Planinsko polje zuhaltend. Man trifft nach 500 m auf eine Fahrspur, die bald deutlicher wird und zum **Ufer** der Unica führt, welche man barfuß in einer **Furt** durchschreitet. Weiter auf schönem Feldweg bis zu einer Kreuzung unterhalb von **Jakovica**. Man geht halb links und steigt auf der Straße zum **Dorf** an, wo man sich auf einem Quersträßchen nach rechts wendet. Auf diesem, der Markierung folgend, bis zur **Kirche Sv. Mihael** am Hügel östlich der Ortschaft (6:00 Std.). Schönes Panorama. Weiter auf geschottertem Fahrweg, der sich bald senkt und auf ein Quersträßchen trifft. Man geht links, hält sich bei der nächsten Gabelung wieder links und gelangt, **Laze** durchschreitend, zum Ausgangspunkt der Wanderung (6:20 Std.).

Hausfassade in Planina

AM WEGE

Planinsko polje

Mäandernde Flüsse, die aus Höhlen hervortreten, um an anderer Stelle im Erdboden zu verschwinden, und blühende Wiesen, die sich von Zeit zu Zeit in Seen verwandeln, ehe sie wieder verlanden, sind häufige Karsterscheinungen, die nicht nur am Planinsko polje mit großer landschaftlicher Schönheit einhergehen. Das wurde nicht immer so gesehen. So schrieb Johann Georg Seume, der 1801 das Gebiet bereiste: »Der Weg von Laibach bis Oberlaibach hat noch ziemlich viel Kultur; aber von da wird er wild und rauh, und man trifft außer den Stationen bis nach Adelsberg wenig Häuser an. Hier in Planina hatte das Wasser wieder Unfug angerichtet. Es dringt überall aus den Bergen hervor und hat das ganz schöne Tal zu einer außerordentlichen Höhe überschwemmt, so dass die Eichen desselben bis an die Äste im Wasser stehen.« Auch die Einheimischen waren über die ständigen Überschwemmungen, die einerseits für fruchtbare Böden sorgten, andererseits zerstörerisch wirkten, geteilter Meinung. Bereits im 19. Jahrhundert unternahm man

Anstrengungen zur rascheren Ableitung der Hochwässer durch Flussregulierungen und Reinigung der mit Schlamm verlegten Sickerlöcher, allerdings ohne nachhaltige Wirkung. Also versuchte man den umgekehrten Weg und fasste den Plan, den gesamten Talgrund mit Lehm abzudichten und so einen ständigen See zu schaffen, der als Trinkwasserreservoir für Ljubljana dienen sollte. Das Vorhaben erwies sich als ebenso undurchführbar wie das in den 1960er Jahren angedachte Projekt eines Speichersees am Planinsko polje zur Speisung eines Kraftwerks. Auch die kühne Idee, das Wasser von hier in die Save abzuleiten und so zur Kühlung des Kernkraftwerks Krško zu nützen, wurde verworfen.

Von einem kurzen Kraftwerkskanal an ihrem Ursprung abgesehen, ergießt sich die Unica nach wie vor unbehelligt in das rund 6 km lange und 3 km breite Feld von Planina, um es in dutzenden Flussschleifen zu durchqueren und sich in über 100 Schwundlöchern zu verlieren. Durchschnittlich 60 Tage im Jahr – nach der Schneeschmelze oder starken Regenfällen – tritt das Wasser über die Ufer und bildet einen bis zu 11 km^2 großen See, der in Extremfällen eine Tiefe von 10 m erreichen kann. Dann sind die Straßen unpassierbar, und Felder und Bäume versinken im Wasser, was im Winter, wenn der See zufriert, spektakuläre Folgen haben kann. Denn sobald der Wasserstand unter der Eisdecke sinkt, stürzt diese in die entstandenen Hohlräume ein und liegen die Eisschollen wie in der Arktis kreuz und quer. Dann tragen die Bäume glitzernde Halskrausen und verwandeln sich die Sträucher in schwere Luster aus gläsernen Scherben.

Als vorletzte Station des »Flusses der sieben Namen« ist das Planinsko polje unterirdisch sowohl mit der Karstschlucht Rakov Škocjan (siehe IV. Wanderung) als auch mit der Höhle von Postojna verbunden. Der Zusammenfluss von Pivka und Rak verbirgt sich 500 m tief im Berg und kann – sofern man sich einem Führer anvertraut – auf einem gesicherten Weg erreicht werden. Mutige, die mit einer Taschenlampe ausgerüstet sind, können sich auch auf eigene Faust durchschlagen und damit ein unvergessliches Abenteuer erleben. Vom monumentalen Höhleneingang führt der Weg unter Tropfstein-Baldachinen und an

Alte Dorfstraße von Planina

kristallklaren Seen, Steinernen Hexen und Riesen vorbei bis zum tosenden Wasserfall an der Mündung der Rak. Wer sich noch weiter vorwagt, wofür ein Schlauchboot nötig ist, landet, so oder so, im *paradiž*.

Planina | Alben | Planina alla Grotta

Wenn ein Ort die Bezeichnung Straßendorf verdient, dann ist es dieser, und das seit 2.000 Jahren. Bereits im Altertum führte hier, an der Postojnska vrata, der »Pforte nach Adelsberg«, eine wichtige Römerstraße vorbei – Vorläuferin einer bis zum Bau der Autobahn stark frequentierten Transitroute. Im frühen Mittelalter Mautstation, die dem Grafen von Görz ein üppiges Nebeneinkommen bescherte (und zeitweise von einem Geschlecht mit dem bezeichnenden Namen Rauber bewacht wurde), entwickelte sich Planina bald zum Marktplatz, um ab dem 17. Jahrhundert eine Hochburg der Frächter zu werden.

Zeitgenössischen Berichten zufolge stauten sich hier Kolonnen von Fuhrwerken und enthielt fast jedes zweite Haus eine Schenke oder Herberge. Erhalten geblieben sind aus dieser Zeit eine ganze Reihe von Herrenhäusern mit weit vorspringenden Dächern entlang der alten Hauptstraße, allesamt einst im Besitz reicher Wirte, Fuhrunternehmer oder Pferdezüchter. Aufgrund der guten Infrastruktur und der schönen Lage hielt auch der Fremdenverkehr frühen Einzug: »Auf der Höhe zeigt sich eine überraschende und malerische Ansicht des von der Unz durchströmten Kesselthales von Planina. Der Markt zählt an die 1500 Einwohner und liegt hübsch zwischen Wiesen und Felsen. Er ist Standpunkt zu mehreren höchst interessanten Ausflügen. In dem Gasthofe Adler findet man gute Unterkunft und alle Nachweisungen und Unterstützungen«, heißt es in einem Reiseführer aus dem Jahr 1858.

Neue Erwerbsmöglichkeiten ergaben sich für die Ortsbevölkerung nach dem 1. Weltkrieg, als die streng bewachte Staatsgrenze zwischen dem SHS-Staat und dem Königreich Italien plötzlich quer durch Planina verlief. Während sich ein Teil der Bewohner als (bestechliche) Gendarmen oder Grenzbeamte in den Staatsdienst begab, verlegte sich der andere auf den Schleichhandel. Geschmuggelt wurden in erster Linie Pferde und Schweine (die in Italien bedeutend teurer waren), aber auch Genussmittel wie Kaffee, Zigaretten, Zucker und Saccharin, die in eigens präparierten Fuhrwerken versteckt wurden. Einige Familien sollen es auf diese Weise zu beträchtlichem Vermögen gebracht haben.

Heute, da die großen Verkehrsströme längst anderswo fließen, weiß Planina nur noch wenig mit sich anzufangen. Wer früher vom Durchzugsverkehr lebte, musste sich anderswo Arbeit suchen, lediglich zwei Wirte, ein Greißler, die Postangestellten und eine Handvoll Bauern finden vor Ort ihr Auskommen. So ist die Bevölkerungszahl innerhalb weniger Jahrzehnte auf rund 500 gesunken – weniger als ein Drittel des Bestands zur Zeit der Hochblüte des Ortes.

Von einem kümmerlichen Kiosk am Eingang der Planinska jama abgesehen, gibt es kaum touristische Angebote. Anstrengungen, die schöne Landschaft mittels Wander- oder Radwegen

In Laze

zu erschließen, sind mit freiem Auge kaum auszumachen, selbst der Weg zum ehemals beliebten Aussichtsberg Grmada ist nicht ausgeschildert. Kein Wunder, dass (bis auf ein paar Angler) die Gäste ausbleiben. Dabei hat das Dorf – eigentlich eine fast 3 km lange Häuserkette, mit je einem »Zentrum« an den beiden Enden – doch ein paar Sehenswürdigkeiten zu bieten. Es sind dies neben den bereits genannten Herrenhäusern, darunter ein barockes Gehöft mit einem Storchennest auf dem Kamin, die benachbarte Kirche Sv. Marjeta mit ihrem gewaltigen Campanile sowie ein aufwändig renovierter Gutshof gegenüber. Noch reizvoller ist vielleicht die Galerie geflickter Fassaden entlang der »unteren« alten Hauptstraße, mit einer Reihe alter Steinportale, windschiefen Fensterläden und gelegentlichem Freskenschmuck, oder die hübschen Gemüsegärten und schmalen Beete am flachen »Ufer« des Planinsko polje. An Denkmälern sind eine Büste des 1918 in Planina geborenen Dichters und Komponisten Miroslav Vilhar zu nennen sowie das überlebensgroße Abbild eines Partisanen, der gerade von einer Kugel getroffen wurde und sein Leben mit theatralischer Geste aushaucht. Bleibt noch der Hinweis auf die große Wallfahrtskirche Sv. Marija oberhalb der Ortschaft, in deren Umkreis sich mehrere Aussichtspunkte mit Blick bis zum Zirknitzer See befinden. Die ursprüngliche Holzkapelle wurde im Mittelalter errichtet und bald von Vertretern der katholischen Lehre niedergebrannt. Erbauer waren radikale Christen, die ihre Sünden durch Selbstgeißelungen und ekstatisches Umherspringen zu tilgen trachteten. Ob letzteres zielführend ist, konnte theologisch bis heute nicht geklärt werden.

Laze

Das Dorf ist vielleicht nicht sonderlich hübsch, aber sympathisch bescheiden und bäuerlich geprägt. Bei Hochwasser bildet sich mitten im Ort ein See. Davon unberührt bleibt die erhöht gelegene *Lekanova hiša*, das wuchtigste und größte Bauernhaus des Dorfes. Es stammt aus dem 16. Jahrhundert und wurde, obwohl als Kulturdenkmal ausgewiesen, dem Verfall preisgegeben. In der *Tršarjeva domačija* hat die Keramikkünstlerin Nataša Prestor ein kleines Museum eingerichtet, das neben einer ethnologischen Sammlung eine sehenswerte Schmetterlingskollektion enthält. Naive Kunst zeigt die angeschlossene Galerie.

EINKEHR:

Die *Gostilna Oaza* hat offiziell nur abends geöffnet; wer tagsüber an die Tür klopft, hat trotzdem gute Chancen auf ein kühles Bier.

REISEN IM KARST (I)

Im Postkutschen-Zeitalter durcheilten die meisten Reisenden den Karst so schnell wie möglich. Die Verkehrsverbindungen befanden sich in einem miserablen Zustand und es gab nur wenige Straßen, die von den Kutschen einigermaßen sicher befahren werden konnten. Der Kaiserstaat Österreich unterhielt eine Haupt-Poststraße, die von Wien über Graz und Laibach nach Triest führte und die hauptsächlich von Adeligen, Geschäftsleuten und Staatsdienern befahren wurde. Dringende Geschäfte hielten die meisten von ihnen davon ab, die Sehenswürdigkeiten entlang der Reiseroute aufzusuchen. Bis weit ins 18. Jahrhundert war das Reisen ein Privileg der Obrigkeit und Wohlhabenden gewesen, unter denen sich auch wissbegierige Gelehrte befanden.

Neben den Karsthöhlen weckten die Eigentümlichkeiten des Zirknitzer Sees, Cerkniško jezero, schon früh das Interesse der Bildungsreisenden. Der Regensburger Student und Untertan der in Krain mehrfach begüterten Freisinger Bischöfe, Georg Leonberger, verfasste über den »Wundersee« 1537 eine in lateinischen Versen gehaltene Hymne. Während der junge Akademiker voll Überschwang die Schönheiten des Sees pries, sah der Wiener Topograf Adalbert Krickel 1828 »nichts als einige Lacken«.

Begünstigt durch die Gründung der Royal Society in London im Jahre 1660 entwickelte sich das wissenschaftliche Interesse an der Natur. Zum Weltruhm der »Karstwunder« hatte der englische Physiker Edward Brown beigetragen. Das angesehene Mitglied der britischen Gelehrtengesellschaft bereiste von 1668 bis 1673 den europäischen Kontinent und besuchte dabei die Höhlen in Adelsberg, die Quecksilberminen in Idrija sowie den Zirknitzer See. Die Publikation seines Europatrips war derart populär, dass sie in vier Sprachen erschien und vielen späteren Besuchern des Karsts als Reiseanleitung diente. Wenige Jahre später wurde der Universalgelehrte Valvasor aufgrund seiner hydrologischen Untersuchungen des Cerkniško jezero in die Londoner Königliche Gesellschaft aufgenommen. Der Polyhistor beschäftigte sich auch eingehend mit den Sitten und Gebräuchen der Karstbevölkerung. Demnach trugen die Männer »breite Pump-Hosen von dickem groben Tuch, Wämser und große aus Filz gemachte Kappen«. Valvasor beschrieb sie als »grob, wilden und widerlichen Anblicks« sowie »schwarz-braun von der Sonnen«. »Schön weiß und recht sauber« erschienen ihm die »Weiber«, deren Schönheit nur von der »Kleider-Tracht verstellet wird«. Eine andere Meinung vertrat Johann Georg Keyßler, der das »hiesige weibliche Geschlecht derart beschaffen« sah, dass es keine »großen Liebesgluten entzünden« konnte. Keyßler, deutsches Mitglied der Royal Society, reiste in den Jahren 1729 bis 1731 als Erzieher mit zwei adeligen Studenten durch Europa, wobei sie mehrere Tropfsteinhöhlen, aber auch Idrija und Cerknica aufsuchten. Mit seinen ins Englische (1760) und später auch ins Slowenische (1889) übersetzten Reisebriefen hatte Keyßler maßgeblich zur Popularität der Karstregion beigetragen.

Joseph Kreils 1817 niedergeschriebene Karsteindrücke waren hingegen durchdrungen von Angst und Schrecken, ein Umstand, der mehr auf die geistige Verfasstheit des Autors als auf das tatsächlich Gesehene schließen lässt. Auf seinem Weg von Gorizia nach Triest sah er sich alsbald inmitten einer »ungeheuren Steppe, deren halbverwitterte Felstrümmer sich gleich Todtenknochen aufthürmen«. Selbst die »wenigen Sterblichen, die das Gepräge ihrer Umgebung tragen« sowie die zahlreichen Bettler betrachtete er mit Schaudern: »Gelbe, ausgehungerte mit Lumpen bedeckte Gestalten, kranke verkrüppelte Figuren, denen man Geisteslosigkeit und faules Elend beym ersten Blicke ansieht, lagern an der Straße und laufen dem langsamen Wagen große Strecken hindurch mit einem barbarischen und unverständlichen Geschrey nach.«

Der steirische Bergbauingenieur Benedikt Franz Hermann besuchte im Sommer 1780 Idrija, von wo er über Razdrto und Sežana nach Triest weiterreiste. Seine Wahrnehmung der Karsthochebene bei Triest fiel nicht weniger stereotyp aus: »Der Karst ist das lebhafteste Bild der Verwüstung, das alle Vorstellung übertrifft. Eine Fläche von wenigstens zwey bis drey Meilen im Umkreise, mit den nackendsten Kalksteinen begränzt, enthält nichts denn Millionen Steine, als die Ueberbleibsel der zurückgetretenen Fluth. Einige sehen aus, als ob sie einst als Steinmörser gebraucht worden wären. Überall, wo man hinblickt, ist Zerstörung, nur hie und da hat der Fleiß des armen Landmannes mit großer Mühe ein Plätzchen ausgeräumt, um Weizen oder Roggen darauf zu bauen, den er mit den nämlichen Steinen wie mit Bollwerken umzäunt hat.« Hermann wusste aber auch über die Vorzüge des Karsts zu berichten: »Die Hammel und Ziegen des Karstes haben ein besonders schmackhaftes Fleisch, welches sie aus dem Genuße so vieler tausend Alpenpflanzen erhalten. Die Lämmer davon werden fast alle nach Venedig geschickt, und dort um einen erstaunlich hohen Preis bezahlt. Auch das wenige Getreide, welches der Karst liefert, hat seine Vorzüge: es ist dünnschaliger und mehlreicher, als das übrige, und wird folglich auch teuer verkauft.«

Die klassische Reiseliteratur des 17. und 18. Jahrhunderts bot kaum sachliche Informationen über Poststationen, Zoll- und Währungsvorschriften, Wegstrecken oder Übernachtungsmöglichkeiten. Ein radikaler Wandel des Genres fand um die Mitte des 19. Jahrhunderts mit dem Erscheinen der ersten Reiseführer statt. Das 1837 von der Londoner Verlagsbuchhandlung John Murray herausgegebene Reisehandbuch bot dem Karstbesucher, insbesondere dem Höhlenliebhaber, erstmals praktische Reisehinweise. Die rot gebundenen Reisetaschenbücher von John Murray entwickelten sich rasch zur unerlässlichen »Reisebibel«, die Herbergs- und Beförderungstarife ebenso beinhaltete wie Eintrittsgebühren für die Sehenswürdigkeiten des Karstes, die je nach Bedeutung mit ein oder mehreren Sternen versehen waren. Als ein einheimischer Höhlenführer das rote Büchlein in den Händen eines englischen Touristen erblickte, kommentierte er dieses auf weltgewandte Weise: »Herr Murray? All Englishmen bring him. Read him. Very good.« Konkurrenz erwuchs John Murray im wenig später auf den Markt drängenden Baedeker-Reiseführer, dessen 1851 erschienene Österreich-Ausgabe u. a. Nützliches über den Karst bzw. dessen mittlerweile weltberühmte Höhlen enthielt. Der Koblenzer Buchhändler Karl Baedeker bereiste und erwanderte die Länder ständig neu und erzielte so eine Genauigkeit und Aktualität, wie sie bei Büchern dieser Art bis dahin völlig unbekannt waren. Er erhob den Anspruch »die

Unabhängigkeit des Reisenden so viel als möglich zu befördern, und ihn vor der kostspieligen und lästigen Begleitung der Lohnbediensteten zu befreien und dem Reisenden eine Anleitung zu geben, mit möglichst geringem Zeit- und Geldaufwande dasjenige rasch zu überblicken, was seine besondere Aufmerksamkeit verdient«. Die Baedeker-Handbücher enthielten Routenvorschläge sowie allgemeine Hinweise über Reisezeit, Kleidung und Ausrüstung, Reisekosten und Währungsvergleiche, Pass und Zoll, über Eisenbahnen, Postwagen, Lohnkutschen und Schiffe, Hotels, Pensionen und Restaurants. Ebenso waren ihnen detaillierte Warnungen vor betrügerischen Wirten oder Lohndienern zu entnehmen.

Immer wieder sahen sich die Fremden mit Sprachproblemen konfrontiert. Nicht nur Briten und Amerikaner, sondern auch deutschsprachige Touristen hatten ihre Verständigungsschwierigkeiten. Der deutsche Reiseautor Johann Georg Kohl sah in den Grenzgegenden des Karstes das »Italienische, Deutsche und Slawische wie den Sand- und Kalkstein der Region ineinander vermischt«. Zur Ermutigung seiner Leser fügte er sogleich hinzu, dass die Hauptsprache der Bewohner zwar das Slawische sei, wenn man aber Glück hat, so trifft man auf eine einigermaßen gebildete Person, die einen »Schulcursus« in Deutsch oder Italienisch absolviert hat. Der Schweizer Politiker Georg Baumberger beobachtete um 1900, dass auf der Eisenbahnfahrt nach Triest auch die »Rucksack- und Lodenmenschen« immer weniger werden und stattdessen bei den mitreisenden Damen und Herren der »leichte, elegante Sommeranzug des Südens« immer mehr hervortritt. Gleichzeitig »verschwindet das deutsche Element mehr und mehr, und neben slovenischen Lauten klingen zusehends häufiger italienische ins Ohr.«

Werner Koroschitz

IV. IM KREBSGANG
Rundwanderung bei Rakov Škocjan

Neben der Adelsberger Grotte, den Höhlen von St. Kanzian und dem Zirknitzer See gehört die Schlucht von Rakov Škocjan zu den eindrucksvollsten Naturspektakeln im slowenischen Karst. Bei letzterer hält sich die touristische Vermarktung aber in Grenzen und ist die Erschließung kaum massentauglich. Das hat für den Wanderer den Vorteil, dass er das kleine Naturschutzgebiet meist für sich allein hat und seine entrückte Schönheit weitgehend ungestört genießen kann.

Den ersten Teil der Wanderung legt man auf einem Naturlehrpfad zurück, der alle Sehenswürdigkeiten der Schlucht miteinander verbindet. Felsentore und Höhlen, Hungerquellen und Flussschwinden zeugen von den verschlungenen Wegen, die der Rak und seine Zuflüsse im Kalkgestein genommen haben. Wendepunkt ist die Ruine der Kirche Škocjan auf dem Scheitel einer riesigen Naturbrücke, dem Wahrzeichen des Ortes und Überbleibsel einer vor Menschengedenken eingestürzten Grotte. Auf dem Rückweg wechselt man auf die andere Talseite und kommt dort dem Wasser ständig näher. Über sumpfige Wiesen und zwischen entwurzelten Bäumen führt ein schmaler Pfad flussaufwärts. Wie im Urwald raschelt es im Unterholz und kreischt es im Geäst. Für eine Schrecksekunde sorgt ein aufgescheuchtes Wildschwein, umso beruhigender klingt der ausdauernde Ruf des Kuckucks. Da klatschen die Forellen und setzen ein paar Unken mittels zeitversetztem Kopfsprung den passenden Schlussakkord.

HINWEISE ZUR WANDERUNG
LÄNGE: 8 km
ANSTIEGE: 150 m
GEHZEIT: 3:00 Std.
ANFORDERUNGEN: Trittfestigkeit
ORIENTIERUNG: mittel

Rakov Škocjan: Mali naravni most

KARTE: Izletniška karta »Notranjski kras«, 1:50.000, Geodetski zavod Slovenije

ANMERKUNG: Bei der Unterquerung der kleinen Naturbrücke sowie beim Abstieg in die *Tkalca jama* ist aufgrund des glatten Untergrunds erhöhte Vorsicht geboten. Bei Hochwasser müssen einige Wegstücke großräumig umgangen werden.

ANFAHRT: Man nimmt auf der slowenischen A1 die Abfahrt »Unec« und folgt den Wegweisern »Rakov Škocjan« bis zum gleichnamigen Hotel.

WEGBESCHREIBUNG

Ausgangspunkt ist das **Hotel Rakov Škocjan** an der Südseite der Schlucht. Man wendet sich, das Hotel verlassend, auf einer **Schotterstraße** nach links und folgt dieser 1 km in östlicher Richtung bis zu einer Gabelung. Man hält sich rechts und wendet sich nach 100 m, die Straße verlassend, nach links in einen blaurot markierten Weg (**Wegweiser** »Naravoslovna pot«, d. h. Naturlehrpfad). Gleich darauf eine **Informationstafel**; man geht geradeaus (die undeutliche blaurote Markierung weist nach links) und gelangt kurz darauf zu einem Aussichtspunkt oberhalb der **Kleinen Naturbrücke** (1. Točka, Mali naravni most). Steiler Abstieg nach rechts zu einem **Felsentor**, das man bei niedrigem Wasserstand durchschreitet. Weiter über eine kleine Steinbrücke, dann nach links durch ein weiteres Felsentor. Imposanter Blick vom Talgrund nach oben. Man kehrt zur **Informationstafel** zurück und folgt nun der blauroten Markierung nach rechts. Der Weg senkt sich, quert bald einen geschotterten **Fahrweg**, passiert eine 200jährige Tanne (2. Texttafel) und führt zur **Quelle** des Rak sowie den Überresten eines Sägewerks (3. Texttafel). Kurzer Abstecher zum **Flussufer**. Weiter auf dem markierten Weg, vorbei an den Texttafeln 4 und 5, bis zu einem **Holzsteg** (0:45 Std.).

Man überquert den **Fluss** und wendet sich, den Hauptweg verlassend, sofort nach links in einen Steig (undeutliche Markierung). Kurzer steiler Anstieg bis zu einem bewaldeten Plateau in Sichtweite des **Hotels**, welches man rechts umgeht. Man erreicht den Rand einer Wiese und folgt der undeutlichen Markierung halbrechts bergab. Nach wenigen Schritten eine Gabelung; man hält sich links. Schöner Weg entlang der **Böschung** links des Flusses. Man passiert eine alte Stieleiche (6. Texttafel) und gelangt zur Tafel Nr. 7. Weiter auf markiertem Weg in **Ufernähe** bis zur Tafel Nr. 8a, wo man die Straße überquert und der Markierung bis zu einem tiefen **Quelltrichter** folgt (Tafel Nr. 8b). Auf markiertem Pfad, die Straße neuerlich überquerend, zurück ins Tal. Bei einer Wegkreuzung geht man links, um kurz darauf die Tafel Nr. 9 zu erreichen. Von hier geradeaus und weglos über eine **Lichtung**, an deren hinterster Ecke man wieder eine Markierung findet. Weiter im Wald, dann vorbei an der **Tafel Nr. 10**, wo man sich nach rechts wendet und eine weitere **Lichtung** fast weglos überquert. Vorbei an der Tafel Nr. 11 bis zur **Großen Naturbrücke** (12. Texttafel) am westlichen Ende des Naturschutzgebietes. Man steigt links des Felsentors zur **Straße** auf und folgt dieser 400 m nach rechts bis zur **Tkalca jama** (13. Tafel). Abstieg auf seilgesichertem Steig in den Karsttrichter und Durchschreitung der Höhle bis zur Schlucht, sofern dies der Wasserstand erlaubt. Zurück zur **Straße**; auf dieser nach links. Nach 300 m wendet man sich nach links und steigt zur **Kirchenruine** am Scheitel der Großen Naturbrücke an (2:00 Std.)].

Zurück zur **Straße**; auf dieser nach links. Nach etwa 100 m zweigt von der Straße ein rotweiß markierter Weg nach rechts ab. Bereits 10 m davor wendet man sich nach rechts in einen kaum sichtbaren Pfad und steigt sehr steil und mühselig zu einem Querpfad am **Flussufer** unterhalb des Felsentores ab; auf diesem nach links.

Am Ufer des Rak

VARIANTE: Man nimmt den markierten Weg und folgt diesem bis zu einem geschotterten Fahrweg; auf diesem nach rechts, die Markierung verlassend. Bald darauf wendet man sich nach rechts in die Zufahrt zu einer **Lichtung**. Man durchschreitet einen Schranken und folgt einer Traktorspur Richtung Fluss. Fortsetzung siehe unten.

Schöner Weg, der sich bald vom Fluss entfernt und zu einem geschotterten Fahrweg ansteigt. Hier wendet man sich sofort nach rechts, durchschreitet eine Absperrung und folgt einer Traktorspur über eine große **Lichtung** Richtung Fluss. Teils über Wiesen, teils im Auwald und stets in Ufernähe bis zu dem bereits bekannten **Holzsteg**. Man quert den Fluss und kehrt zum Ausgangspunkt zurück (3:00 Std.).

AM WEGE

Rakov Škocjan | Rakbachtal

Er nannte es einen »recht seltenen und sonderbaren Ort« und widmete ihm fast sieben Seiten seines Buches zur »Ehre des Herzogthums Crains«. Die Rede ist – einmal mehr – von Johann Weichard Valvasor, der »San Canziani, so man sonst gemeinhin Kozian oder Kazian nennt«, vor 350 Jahren besuchte und die Schlucht zu seinen Füßen in allen Details beschrieb. Zwar sind vom genannten Dorf, das einst sogar zwei Kirchen besaß, heute nur noch wenige Mauerreste vorhanden, doch als Naturschauspiel hat Rakov Škocjan nichts von seiner Faszination verloren. Es gibt nur wenige Gegenden in Slowenien, die so viele spektakuläre Karsterscheinungen auf engstem Raum aufweisen, und keine andere, die sich zugleich abseits aller Siedlungen befindet. Dass sie in *Winnetou II* als Landschaftskulisse zu Ehren kam, kommt nicht von ungefähr.

Wer mit »Karst« noch immer karge Steinwüsten assoziiert, wird spätestens hier eines Besseren belehrt. Rakov Škocjan befindet sich inmitten üppiger Wälder und Wiesen, die Valvasor noch als »unendliche Wildnis voller Wölfe« beschrieb, und liegt so gut versteckt, dass man es erst im letzten Moment erblickt. Die knapp drei Kilometer lange Schlucht ist nichts anderes als eine teilweise eingestürzte Grotte und gibt auf diese Weise einen Blick auf die unterirdischen Wasserläufe des Karsts frei. Man kann hier eine Höhle gewissermaßen ober Tag »befahren«. Namensgebend ist der Fluss Rak, d. h. Krebs, benannt nach jenem Tier, das seine Ufer einst zuhauf bewohnte und seit 1976 durch Verunreinigung des Wassers mit Formaldehyd fast ausgerottet wurde. Nur in den Nebenbächen haben die Flusskrebse überlebt.

Seinen ersten Auftritt hat der Fluss im Osten des Canyons am Grunde eines 40 m tiefen, fast senkrechten Einbruchs der Zelške jame, einem verwirrenden Höhlensystem mit insgesamt acht Einsturzdolinen. Hier beginnt auch ein sympathisch verwahrloster Naturlehrpfad, der den Wanderer auf verschlungenem Weg bis zum Ende der Rak-Schlucht geleitet. Vom Abgrund führt ein natürlicher Tunnel in einen zweiten Schlund, wo sich – kaum zu glauben – einst ein Sägewerk befand. Ein weiterer Durchstieg, und man befindet sich im dritten Trichter über den sich in schwindelnder Höhe der Mali naravni most, die Kleine Naturbrücke, wölbt. Als hätte ein Meteorit den Felsen durchschlagen, wirkt das kreisrunde Loch in der überhängenden Wand. Es ist exakt die Stelle, an der 1962 der Häuptling der Apachen zum »Labyrinth des Todes« schlich.

Kaum 300 m flussabwärts wird die Unübersichtlichkeit der Rak-Schlucht ein weiteres Mal deutlich, denn erst hier, am Ausgang der Rakovska jama, befindet sich die eigentliche »Quelle« des Flusses. Bis zu zehn Kubikmeter Wasser pro Sekunde ergießen sich aus der Grotte, ein Umstand, der bis Mitte des 19. Jahrhunderts zur Energiegewinnung genutzt wurde. Noch gewaltiger sind die Wassermengen, die der größte Seitenbach des Rak nach starken Regenfällen ausspuckt. Er quillt aus den Einsturztrichtern *kotliči* und *kotel*, d. h. Kesselchen und Kessel, hervor und kann gar 30 Kubikmeter Wasser pro Sekunde führen. Dann kommt es vor, dass die beiden Mulden »übergehen« und sich das Wasser oberirdisch seinen Weg bahnt. Anders stellt sich die Situation in Trockenzeiten dar, in denen sich der wilde Fluss in ein träges Rinnsal verwandelt oder gänzlich versickert. So bietet Rakov Škocjan immer wieder ein neues Bild, wozu auch der jahreszeitlich bedingte Wechsel der Vegetation maßgeblich beiträgt.

Dass die Schlucht in der Vergangenheit teilweise bewirtschaftet war, wird im unteren Drittel deutlich. Ist man zuvor durch den Wald (mit himmelhohen Tannen und uralten Stieleichen) gewandert, trifft man hier auf saftige Wiesen entlang der Ufer, die einst – wie Flurnamen bezeugen – beackert und später beweidet wurden. Eigentümer war die österreichische Adelsfamilie Windischgrätz, die hauptsächlich an der Jagd interessiert war und nach der Enteignung durch die Kommunisten sogar entschädigt wurde. Heute sind die Wiesen an Bauern verpachtet, die die jährliche Mahd erledigen.

Von hier ist es nicht mehr weit zum Veliki naravni most, der großen Naturbrücke von Rakov Škocjan, die früher *velb* genannt wurde und ein gewaltiges Bild bietet. Scheint es erst, als müsste der Rak vor einer 50 m hohen »Staumauer« kapitulieren, tut sich beim Näherkommen ein großes Felsentor auf, durch das der Fluss gemächlich verschwindet. Zu Fuß ist die Unterquerung

Wasserstandsanzeiger im Rak-Tal

der Naturbrücke nur bei sehr niedrigem Wasserstand möglich, andernfalls ist man auf ein Boot angewiesen. Bereits Valvasor wagte diese »wunderliche Schifffahrt durch einen Berg« und fand sie »gut und unverdrießlich, weil es auch nicht zu finster drin war«. Schon »nach einem guten Musketen-Schuss« gelangt man zum Ausgang der Wasserhöhle, die von einem riesigen Torbogen überspannt wird. Hier gelang es Winnetou, die Häuptlingstochter Ribanna aus der Hand des Schurken Forrester zu befreien. Ein Blick hinauf zum Kraterrand bestätigt den Eindruck, dass man der Unterwelt nahe gekommen ist. Ihre Pforte heißt Tkalca jama, Weberhöhle, benannt nach eigentümlichen Tropfsteinformen, die »das einfältige Bauern-Volck« (Valvasor) für einen versteinerten Weber hielt, der das Gebot des arbeitsfreien Sonntags übertreten hatte. Hier verschwindet der Rak von der Bildfläche, um sich über einen unterirdischen Wasserfall Richtung Planinsko polje davon zu machen.

Blick aus der Tkalca jama

Seinen Abschluss findet der Naturlehrpfad bei der Ruine der Kirche von Škocjan oberhalb einer großen Naturbrücke. Es sind dies die letzten Reste eines Dorfes, das Valvasor auf einem Kupferstich mit zwei Kirchen und mehreren Häusern dargestellt hat. Wann und von wem es gegründet wurde, weiß niemand, sicher ist nur, dass es bald nach den Josefinischen Reformen um 1870 in Trümmer fiel. Damit blieb Rakov Škocjan bis Mitte des 20. Jahrhunderts – von Jägern und Holzfällern abgesehen – unbewohnt. Zur Zeit der italienischen Okkupation, als die Staatsgrenze in unmittelbarer Nähe verlief, war Zivilisten der Zutritt vorboten, und so war es der kommunistischen Regierung vorbehalten, das Gebiet 1949 zum Naturpark zu erklären und für Touristen zu öffnen. Heute kommen manche Besucher nicht wegen seiner landschaftlichen Schönheit, sondern aufgrund der besonderen »Strahlung«, die Parawissenschafter just bei der Kirchenruine gemessen haben wollen. Auf die heilsame Wirkung des »Kraftortes« hoffend, verharren diese Leute mit geschlossenen Augen zwischen dem Gemäuer, stumm und reglos, als warteten sie darauf, selbst vom Efeu überwuchert zu werden. Was denkt sich da wohl Manitu und würde Tito dazu sagen?

EINKEHR:

Hotel *Rakov Škocjan*. Ruhig gelegenes und freundlich geführtes Haus, dem man seine Herkunft als italienische Kaserne kaum noch ansieht. Angenehme Zimmer, aber mittelmäßige »jugoslawische« Küche. 00386 1 7071464 oder 00386 41 693124

V. EIN UND KEIN WEG ZUM SEE
Spaziergang und Wanderung am Cerkniško jezero

Geheimnisvoll und von den Dichtern besungen, ist der Cerkniško jezero ein verlockendes Reiseziel. Für den Wanderer hat der größte temporäre Karstsee der Welt aber auch seine Tücken. Einerseits ist sein Becken schlicht zu groß, um es an einem Tag zu Fuß zu umrunden, andererseits endet innerhalb der Umfahrungsstraßen fast jeder Pfad früher oder später im Sumpf, was eine Durchschreitung selbst in Trockenzeiten nahezu unmöglich macht. Es empfiehlt sich daher, für die Erkundung dieser außergewöhnlichen Landschaft wenigstens zwei Tage einzuplanen und so den Zirknitzer See aus verschiedenen Blickwinkeln zu erleben.

Eine erste Stichprobe nimmt man am besten bei Dolenje jezero, einer kleinen Siedlung am Übergang zwischen Weideland und Überschwemmungsgebiet. Mehrere Wege führen von hier zum Ufer des Sees oder aber – je nach Wasserstand – zu seinen Zuflüssen und Schwundlöchern. Vor allem südöstlich des Dorfes, zwischen Segge und Binse, genießt man das Gefühl von Weite und Menschenleere. Unzählige Schmetterlinge und Libellen leisten dabei Gesellschaft.

Ganz anders geartet ist die Rundwanderung, die sich bei Cerknica, dem Hauptort des Gebietes, unternehmen lässt. Sie führt, anfänglich in dichter Vegetation, dann über einen unbewaldeten Rücken, auf den Aussichtsberg Slivnica, von wo man die gesamte Zirknitzer Senke überblickt. Erst aus der Vogelperspektive offenbart sich ihre grafische Schönheit, die sie der bunten Schraffierung durch schmale Feldstreifen sowie der verspielten Kalligrafie mäandernder Flüsse verdankt. Nach einer Stärkung im Gipfelhaus steht ein einstündiger Leidensweg in Form des steilen Abstiegs nach Grahovo bevor. Wie in der Pallavicinirinne rutscht man im Wald zu Tal, und wie ein Trugbild steht das romantisch verfallene Kirchlein Sveti Nikolaj auf halber Höhe. Keinerlei Mühe macht hingegen die Ebene

Zirknitzer See bei Trockenheit

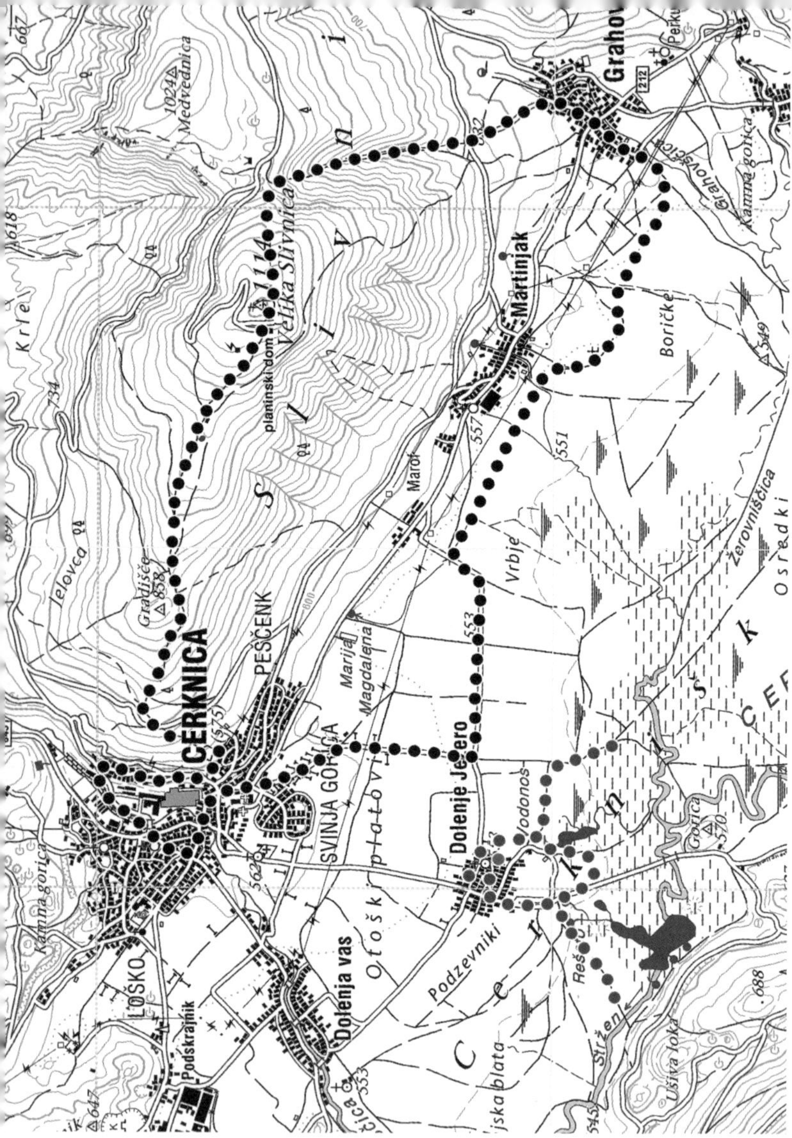

im letzten Drittel, das man auf bequemen Feldwegen und unter hohem Himmel zurücklegt. Pferdeweiden, Kartoffeläcker und Vogelscheuchen ziehen in Zeitlupe vorüber, ehe sich im Gegenlicht des Nachmittags ein Ensemble historischer Heuharpfen zum scherenschnittartigen Schlussbild fügt.

HINWEISE ZU DEN WANDERUNGEN

LÄNGE: 6 km [22 km]

ANSTIEGE: 10 m [600 m]

GEHZEIT: 3:00 Std. [6:15 Std.]

ANFORDERUNGEN: Keine [Ausdauer]

ORIENTIERUNG: Einfach (Wegbeschreibung I), schwierig (Wegbeschreibung II)

EINKEHRMÖGLICHKEITEN: Dolenje jezero, Cerknica, Grahovo j

KARTE: Izletniška karta »Notranjski kras«, 1:50.000, Geodetski zavod Slovenije

ANFAHRT: Man nimmt auf der slowenischen A1 die Autobahnabfahrt »Unec« und folgt den Wegweisern 8 km bis Cerknica. Von hier 2 km südwärts bis Dolenje jezero.

WEGBESCHREIBUNG I

Ausgangspunkt ist der »Jezerski hram« in **Dolenje Jezero**. Man geht vom Museum links an der **Kirche** vorbei, wendet sich nach rechts, trifft auf eine Querstraße und geht auf dieser in westlicher Richtung nach rechts. Vorbei an etlichen Häusern und Scheunen bis zu einer breiten **Querstraße**; auf dieser nach links. 500 m Asphalt bis zu einem **Parkplatz** am südlichen Ortsrand. Nach weiteren 100 m (Infotafeln) wendet man sich in einen breiten Weg nach rechts (Fahrverbot). Man folgt dem Hauptweg ca. 20 Min. in westlicher Richtung, wobei man – je nach Wasserstand – auf diverse Fahrspuren nach links ausweicht, um das **Seeufer** zu erreichen. Man gelangt schließlich zu einer Furt, wo man umdreht, um zur **Straße** zurückzukehren; auf dieser nach rechts (1:30 Std.).

Nach gut 300 m wendet man sich nach links in eine Fahrspur, welche sich kurz darauf verzweigt. Man gelangt zum **Ufer** und geht links, stets möglichst nahe am Wasser. Der Weg trifft nach 500 m auf einen geschotterten Fahrweg; auf diesem nach rechts bis zum ersten Haus am südöstlichen Rand von **Dolenje Jezero**. Hier wendet man sich in einen breiten Querweg nach rechts. Geschotterter Fahrweg, der kurz darauf an einer Weide samt **Stallgebäude** vorbeiführt. Nach 500 m ein Querweg; man geht rechts und nimmt bei der darauffolgenden Dreifachgabelung den mittleren Weg. Deutliche Traktorspur, die sich früher oder später im Sumpf verliert. Zurück zum **Stallgebäude** und von dort auf bekanntem zum Ausgangspunkt (3:00 Std.).

WEGBESCHREIBUNG II

Ausgangspunkt ist das antifaschistische **Denkmal** auf der Höhe des Hauses Nr. 51 an der Cesta 4. maja, der Hauptstraße in **Cerknica**. Man geht von hier auf der ansteigenden Partizanska cesta Richtung **Kirche**, geht rechts an dieser vorbei und wendet sich beim Haus Tabor Nr. 42 nach rechts in ein abwärts führendes Gässchen. Gleich darauf eine kleine Kreuzung; man geht geradeaus, wendet sich auf einer Querstraße nach links und geht sofort nach rechts über eine Brücke. Die Straße dreht nach links und umgeht ein **Fabriksgelände**. Kurz darauf biegt man nach rechts in ein ansteigendes Sträßchen (Fahrverbot); bei der darauffolgenden Querstraße rechts. Vorbei an etlichen **Einfamilienhäusern** bis zu einer Gabelung; man hält sich links und gelangt am **Waldrand** zur Einmündung eines Sträßleins von links. Man quert die Straße und betritt einen eben verlaufenden **Waldweg**.

Man unterquert eine **Stromleitung**, der Weg steigt an, und man gelangt bald darauf zu einer **Quellfassung**, wo man sich nach links in einen ansteigenden Weg wendet. Steiler Anstieg zwischen Kiefern bis zu einem breiten **Forstweg**, welchen man kreuzt. Weiter bergauf auf geschottertem Weg. Bei einer schräg versetzten Wegkreuzung hält man sich rechts. Schmaler, tunnelartig verwachsener Steig, der sich nach einiger Zeit wieder mit dem Hauptweg vereinigt und sofort wieder gabelt; man nimmt den rechten Weg. Kurz darauf mündet ein **markierter Wanderweg** von rechts ein. Weiter bergauf, nunmehr auf breiterem Weg. Allmählich lichtet sich die Vegetation. Weite Blicke. Stets der Markierung folgend bis zu einer **Pferdeweide**, welche man mittels Durchstieg betritt und am oberen Ende auf dieselbe Weise wieder verlässt. Kurzer Schlussanstieg bis zum **Gipfelhaus** der Slivnica (2:00 Std.). Einkehr. Lohnender Abstecher zum **Aussichtspunkt** südöstlich der Hütte (Wegweiser »Jama«).

Von der **Hütte** weiter auf markiertem Weg bergauf bis zu den **Sendemasten** am Gipfel. Man geht links am höchsten Masten vorbei und folgt einem abwärts führenden Pfad bis zu einem breiten Querweg. Man geht wenige Meter nach rechts und biegt sofort nach links (undeutliche Markierung). Schöner Weg (der mehrmals diverse Traktorspuren kreuzt) zwischen Buchen und über kleine Lichtungen, dann sehr steil bergab zwischen dürren Fichten bis zu einer **Wegkreuzung** in Sichtweite eines Fahrweges (ein Baum ist mit »Grahovo« beschriftet). Man wendet sich scharf nach rechts (undeutliche blaugelbe Markierung) und steigt ca. 100 m zu einer **Kirchenruine** ab (2:30 Std.).

Rechts an dieser vorbei, dann weiter sehr steil im Wald bergab, stets der **blaugelben Markierung** folgend. Man erreicht nach rund 30 Min. eine Lichtung, geht rechts daran vorbei und wendet sich bei einer **Quellfassung** nach links. Der Weg senkt sich zu einer kleinen **Kapelle**, wo man einen geschotterten Fahrweg kreuzt. Weiter auf breitem Weg bergab. Der Weg führt ins Freie und auf Grahovo zu. Man erreicht den Ortsrand und folgt einem **Asphaltsträßchen**, alle Abzweigungen nach links ignorierend, bis zur **Kirche**, wo man die **Hauptstraße** überquert (3:15 Std.). Einkehrmöglichkeit in der Dorfbar.

Geradeaus weiter, vorbei an etlichen Häusern, bis zu einer Kreuzung am südwestlichen **Ortsrand**. Man geht rechts; der Asphalt endet nach knapp 100 m und geht in einen **Feldweg** über, der sich (nach einer Hauszufahrt rechter Hand) gabelt; man nimmt den linken Weg. Man unterquert kurz darauf eine **Stromleitung** und ignoriert eine Abzweigung nach links. Der Feldweg geht in eine Traktorspur über, die bald nach rechts dreht und nach einiger Zeit, nachdem sie einen verwachsenen **Bach** überquert hat, auf einen Querweg trifft. Man wendet sich nach links. Der Weg beschreibt zwischen Wiesen und Feldern einen großen Bogen nach rechts und führt zum Ortsrand von **Martinjak**. Bei den ersten Häusern geradeaus bis zu einem **Quersträßchen**; man geht links und gelangt zur **Hauptstraße** (4:15 Std.); auf dieser nach links (100 m rechts eine Dorfkneipe).

Auf der Hauptstraße 500 m bis zum nordwestlichen Ortsrand. Man passiert ein **Fabriksgelände** sowie die Kirche und wendet sich nach 100 m nach links in einen Feldweg. Angenehmer Weg zwischen Weiden und Feldern bis zu einem geschotterten Quersträßchen, auf diesem nach links. Vorbei an einem Landeplatz für Paraglider. Nach 200 m biegt die Straße nach rechts. Gut 1 km schnurgerade Richtung Westen bis zu einem großen **Wegkreuz**; man geht rechts in einen Feldweg.

Nach 500 m eine Wegkreuzung; man geht geradeaus. Der Weg trifft bald auf einen geschotterten Fahrweg; auf diesem nach rechts. Vorbei an einigen **Heuharpfen** bis zu einer Straßenkreuzung am Ortsrand von **Cerknica**; man geht rechts, gelangt zur Hauptstraße; auf dieser nach links bis zum Ausgangspunkt (5:30 Std.).

AM WEGE

Cerkniško jezero | Zirknitzer See | Lago di Circonio

In unzähligen Publikationen als Naturwunder gepriesen, weckt der Zirknitzer See Erwartungen, die sich beim ersten Augenschein nicht immer erfüllen. Bei »Flut« unterscheidet er sich, oberflächlich betrachtet, kaum von gewöhnlichen Seen, und bei »Ebbe« tritt stellenweise eine Mondlandschaft zutage, die nicht jedermanns Sache ist. Auch sind die umliegenden Dörfer, von wenigen Ausnahmen abgesehen, so reizlos und hässlich, dass es einem fast den Aufenthalt verleidet. Kein Wunder, dass es viele Touristen bei einem Blitzbesuch bewenden lassen und schnell das Interesse verlieren. »Kaum verdient er es, besucht zu werden, denn er zeichnet sich weder durch seinen Umfang noch durch Schönheit aus«, urteilte der Reiseschriftsteller John Russell 1825.

Um sich mit dem Cerkniško jezero anzufreunden, sind organisierte Kutschenfahrten oder Umrundungen mit dem Fahrrad, wie sie den Gästen empfohlen werden, wenig hilfreich. Denn seine Schönheit offenbart sich erst in seinem »Inneren«, also abseits der befestigten Uferstraßen. Das setzt voraus, dass man sich unsicheren Pfaden anvertraut, die in keiner Karte verzeichnet sind und sich irgendwann im Schilf oder Sumpf verlieren. Auch die breiten, von den Bauern genützten Wege enden oft auf diese Weise – das Scheitern und Kehrtmachen übt sich am Zirknitzer See besonders gut. Angesichts seines ständig wechselnden Erscheinungsbildes zweifelte schon der griechische Gelehrte Strabon, geb. 63 v. Chr., an seinem Verstand. Aber »dieser See bedunckt mich der Mühe wol werth zu seyn, die ich Seinethalben so vielmalige übernommen«, schrieb J. W. Valvasor, der insgesamt 16 »Operationen« unternahm, um das Phänomen des periodisch schwankenden Wasserspiegels zu erforschen. Für die präzise Beschreibung der Sickervorgänge und seine Erklärungsversuche wurde er zum Ehrenmitglied der Londoner Royal Society ernannt. Manche seiner Schlussfolgerungen sind noch heute gültig. Etwas einfacher machte es sich Immanuel Kant 1746, als er den See wie folgt charakterisierte: »Er hat in seinem Boden einige Löcher.«

Überfluteter Feldweg am Zirknitzer See

Innezuhalten und einem Feldweg nachzublicken, der schnurgerade ins Wasser und unter der Oberfläche weiterführt, gehört zu den Erfahrungen, die das Wesen des Sees vielleicht am besten vermitteln. Es ist, als würde nicht der Wasserspiegel periodisch steigen und fallen, sondern – zwar unendlich langsam aber spürbar – der Boden sich senken und heben, gewissermaßen atmen. »Am See hebt plötzlich das Lied der Ewigkeit an«, schreibt der slowenische Biologe Peter Skoberne in fast religiöser Ergriffenheit, »weil man den zu einem Jahr verdichteten Rhythmus des Universums spürt«. Profaner ausgedrückt, fühlt man am Cerkniško jezero den Puls eines großen unterirdischen Organismus, in dessen Adern Wasser fließt.

Dass er Teil eines komplizierten Fluss- und Höhlensystems ist, das in Kroatien seinen Anfang nimmt und nach etlichen Stationen am Laibacher Feld endet, ahnten bereits die alten Römer; bis ins Letzte erforscht sind die Verbindungen bis heute nicht. Seit jeher rätselhaft, nährte er die kühnsten Spekulationen. »Aus solcher Obscuritaet ist der Wahn entstanden, als ob dieser See mit dem Meer eine unterirdische Correspondenz hette, und sich Flut oder Rück-Flut desselben anhengig machte«, mokier-

Morgentau am Zirknitzer See

te sich Valvasor über einige seiner Kollegen. Noch Anfang des 19. Jahrhunderts behauptete John Russell im Buch über seine *Reise durch Deutschland und einige südliche Provinzen Österreichs*: »Die Idria, die Wippach und der Timavo – sie alle sind Ausflüsse des Zirknitzer Sees.«

Zur Faszination des Sees trug auch bei, dass er zu den Menschen »sprach«. Aus seinen Schwundlöchern soll unheimliches Donnergrollen, aber auch Flüstern und Heulen zu hören gewesen sein – Geräusche, die man allerlei Fabelwesen oder dem Leibhaftigen höchstpersönlich zuordnete. Auch Erasmus Francisci, Mitautor Valvasors, war überzeugt, dass in den Hohlräumen unter dem See Gespenster umgehen. Vielleicht waren es die Seelen jener armen Leute, die in Trockenzeiten auf der Suche nach Fischen in die unterirdischen Siphone abstiegen und von dort nie mehr zurückgekehrt waren. An manchen Tagen kann man ihr Gemurmel noch heute vernehmen. Dass es hier nicht mit rechten Dingen zugeht, beweist schon der Umstand, dass einige dieser Öffnungen sowohl Quellen als auch Abflüsse sind und gelegentlich sogar ausgewachsene Hechte ausspucken.

Mit seiner berühmten Schilderung des Fischfangs soll Valvasor abermals zu Wort kommen: »Wenn dann das Wasser anhebt zu fallen [...], lassen de Leute im Felde die Arbeit stehen, und laufen zusammen mit Fischpern [Netzen, Anm.], werffen ihre Kleider von sich samt aller Schaam, und eilen gantz nackt und blos, wie sie von Mutterleibe auf die Welt gekommen, dem See zu. Alles menget sich ohn einzige Entblödung und gantz unverschämt mutternackt durcheinander, Junge und Alte, Männer und Weiber, Verheiratete und Unverheiratete. Keines bekümmert sich um Feigen-Blätter, weil auch keines Augen auf Menschen, sondern auf Fische gerichtet seynd, denen sie eyfrig nachstellen.«

Dass der Zirknitzer See den Anwohnern nicht nur als Fischgrund dient, sondern – je nach Wasserstand – auch als Jagdrevier, Ackerland und Weidegrund, ist ein vielstrapaziertes Klischee, das der Wirklichkeit nur noch teilweise standhält. Denn auch hier befindet sich die Landwirtschaft auf dem Rückzug. Noch knüpfen die Bauern Jahr für Jahr einen Fleckerlteppich aus Wiesenstreifen und schmalen Feldern, doch häufen sich die Webfehler in Form brachliegender Flächen. Auch das Binsengras am Übergang zwischen festem Untergrund und tiefem Boden wird nicht mehr überall gemäht. Dabei ist es gerade das enge Zusammenspiel von Kulturlandschaft und unberührter Natur, das den hohen ästhetischen Reiz des Gebietes ausmacht. Freveltaten, wie die Befestigung von Traktorpisten mit Bauschutt oder die Aufschüttung von Dämmen unter Zuhilfenahme von Kunststofffolien und Beton zur Verlangsamung des Wasserabflusses, stören da umso mehr. So war es 2005 höchste Zeit, das Gebiet unter verstärkten Schutz zu stellen, und bleibt die Hoffnung, dass sich das geplante neue Informationszentrum architektonisch in die Landschaft fügen wird. Der bereits fertiggestellte, brutal in die Gegend asphaltierte Besucherparkplatz lässt allerdings Schlimmes befürchten.

Als größter Sickersee Europas ist der Cerkniško jezero ein wahres Vogelparadies. Der Wanderer wird allerdings nur einen Bruchteil der rund 90 hier nistenden Vogelarten zu Gesicht bekommen. Ausnahmen sind das schwarze Moorhuhn, das Großmut-

Kirche Sv. Lovrenc bei Dolenja vas

ter noch zu Braten in Weinsauce zu verarbeiten wusste, oder der Storch, dem man gelegentlich auf den frisch gemähten Wiesen begegnet. Die meisten Vögel verbergen sich aber im unzugänglichen Schilfgürtel und sind, wenn überhaupt, nur akustisch wahrnehmbar. Einer von ihnen ist der kleine Sumpfrohrsänger, der als besonders talentierter Stimmenimitator gilt und sogar die Gesänge afrikanischer Kollegen im Repertoire hat. Sein charakteristisches »Spotten« ist tagsüber fast ununterbrochen zu hören. Stundenlang erschallt auch das knarrende Rerrp-rerrp des streng geschützten Wachtelkönigs, lat. *Crex crex*, jedoch nur nachts und im Morgengrauen.

Den Zirknitzer See in Allerherrgottsfrühe aufzusuchen empfiehlt sich vor allem im Sommer, geht doch von ihm um diese Zeit ein ganz besonderer Zauber aus. Von Reisegruppen unbehelligt, kann man da unter tintenblauem Himmel die Nebelschleier beobachten, wie sie sich langsam verflüchtigen und den Blick vielleicht auf ein gestrandetes Boot freigeben, auf dessen Messing-Rudergabel beim Näherkommen die ersten Libellen ihre Rotoren anwerfen. Oder einen Teppich von Seerosen betrachten, die, eine nach der anderen, ihre dottergelben Blüten öffnen und die Hummeln zum Frühstück bitten. Wenn dann noch die Goldkäfer den Tau von den Binsen trinken und in den Wiesen abertausende Spinnennetze im Gegenlicht glitzern, ist man mit dem mitunter so »schwierigen« See wohl endgültig versöhnt.

Dolenje Jezero

Drei Parallelstraßen bilden den Raster für eine Siedlung aus ungewöhnlich eng stehenden Bauernhöfen, bei denen Wohnhaus, Stall und Scheune stirnseitig aneinandergereiht sind oder zumindest in einer Flucht errichtet wurden. So ist zwar kaum noch ein Haus schön oder malerisch zu nennen, ganz im Gegenteil, hat aber die eigentümliche Anordnung der Gebäude ihren Reiz. Die platzsparende Siedlungsform ist der Insellage des Dorfes geschuldet, die keine weitere Ausdehnung erlaubt.

Sofern sie nicht mit Thermoputz verklebt und gefärbelt wurden, verraten einige Fassaden mit alten Aufschriften oder Ornamenten städtische Vorbilder aus der Zeit vor dem 1. Weltkrieg. Glasziegel, Kunststoffjalousien und Alu-Fensterrahmen sind Spuren der 1970er Jahre, Thujenhecken und Carports die Errungenschaften der Gegenwart. So sind von den Gebäuden nur noch ein paar Scheunen und Harpfen in ihrer ursprünglichen Form erhalten geblieben. Die ehemalige Gostilna und Fremdenpension mit der Nummer 14 galt als erstes Haus im Dorf und war für seine rauschenden Feste bekannt.

Vis-à-vis der Kirche, der man einen hässlichen Sattel aus Blech verpasst hat, befindet sich der *Jezerski hram*, ein ehemaliger Bauernhof, der als Museum eingerichtet wurde. Hauptattraktion ist ein planschbeckengroßes Relief des Cerkniško polje, das auf Knopfdruck und im Zeitraffer die »Gezeiten« des Zirknitzer Sees demonstriert. Das langgestreckte Nebengebäude enthält eine schöne Sammlung historischer Werkzeuge und Gerätschaften zur Bewirtschaftung des Sees. Dazu gehören mehrere »Einbäume« – flache lange Boote, die aus dicken Eichenstämmen gehauen wurden – sowie allerlei Fahrzeuge, die das Fortkommen im Winter erleichterten. Der Mantel des Schweigens sei über die »Multivision« gebreitet, die im ersten Stock geboten wird.

Heuharpfe bei Cerknica

EINKEHR:

Jezerski hram. Neben der unregelmäßig geöffneten Ausstellung bietet das ethnografische Museum auch Getränke und Imbisse sowie günstige Zimmer an. 00386 41 561870, www.jezerski-hram.si

Cerknica | Zirknitz | Circonio

Die kleine Stadt am nördlichen Rand des Cerkniško polje brannte im 2. Weltkrieg zur Hälfte nieder, weshalb vom erhöht gelegenen historischen Kern nur noch Fragmente existieren. Zu den ältesten Gebäuden zählen zwei wuchtige Wehrtürme, die man im 15. Jahrhundert zum Schutz gegen die Türken errichtet hat. Die ursprüngliche Kirche wurde zerstört und später durch einen neugotischen Bau ersetzt. Unweit des *Mercator* hat man dem legendären Volkshelden Martin Krpan ein kurioses Denkmal gesetzt, jenem »starken und mächtigen Menschen«, so die Inschrift, der einst sein erschöpftes Pferd auf Händen trug. Etwas weiter östlich verteidigt ein Handgranaten schleudernder Widerstandskämpfer den Schanigarten einer Gastwirtschaft gegen die faschistischen Okkupatoren.

EINKEHR:
Der erwähnte Gastgarten gehört zur *Okrepčevalnica Valvasorjev hram*, die sogenannte bodenständige Küche bietet und vor allem wegen der prominenten Adresse empfehlenswert ist: Partizanska cesta Nr. 1.

Grahovo

Das Straßendorf am Fuße der Slivnica ist Geburtsort des Dichters France Balantič, der im 2. Weltkrieg auf der Seite der faschistischen Domobranci kämpfte und bei einem Angriff der Partisanen auf die Poststation ums Leben kam. Für die Literaturwissenschaftlerin Marija Mitrovič »steht Balantič durch seine Neigung zur klassischen, melodisch harmonischen dichterischen Form den Symbolisten nahe, doch die Macht der atemberaubenden Leidenschaften, der Wille und die Energie, die vom Dunkel und Wahnsinn des Krieges vernichtet werden, erinnern an expressionistischen Zwang und dessen Bipolarität der Bilder«.

EINKEHR:
Bar Bazar. Haarsträubend renovierte Straßenkneipe mit zuckerlrosa Fassade. Gekühlte Getränke gibt's auch im Lebensmittelgeschäft nebenan.

Slivnica

Der beliebte Aussichtsberg (1.100 m) und Startplatz der Paraglider ist zugleich ein Ort des Grauens. Noch vor 350 Jahren wurden hier Hexenverbrennungen in hoher Zahl durchgeführt. Ihre Wiedergeburt erleben die Hexen im Fasching, der in Cerknica eine Woche lang gefeiert wird. Traditionsträger sind die *Cerkljanski laufarji*, angeblich eine der ursprünglichsten Maskengruppen in Slowenien.

EINKEHR:
Die Hütte *Dom na Slivnici* ist kein Ruhmesblatt der Architektur, aber wunderschön gelegen. Im Juli und August täglich, im Winter nur sonntags, sonst Samstag und Sonntag geöffnet. 00386 41 518108

VI. TIEFGANG
Rundwanderung bei Postojna

Vom Transitverkehr geplagt und einem hässlichen Gewerbegürtel umgeben, ist Postojna eine Stadt, die man als Wanderer möglichst rasch hinter sich lassen möchte. Wer die Flucht Richtung Westen ergreift, findet unweit der Peripherie eine Landschaft vor, die nicht nur überraschend harmonisch, sondern auch ausgesprochen vielfältig ist. Das Besondere der Wanderung besteht aber darin, dass man einen Teil der Wegstrecke unterirdisch zurücklegt.

Vom Eingang der Adelsberger Grotte ist es nur ein Katzensprung bis Veliki Otok am Rande der Postojnska kotlina, einem typischen Karstbecken von ständig wechselnder Gestalt. Wie ein aufgetrennter Wollfaden schlängelt sich die Nanonščica nach Mali Otok; teils über Wiesen, teils über sumpfiges Terrain führt der Weg nach Zagon. Froh, das Dorf erreicht und wieder festen Boden unter den Füßen zu haben, wechselt man in den Wald und wandert zwischen Dolinen und verstreuten Felsen nach Nordosten. Dort wartet mit der Pivka jama ein wenig bekannter Abschnitt des Höhlensystems von Postojna. Begleitet von einem Führer taucht man in eine bizarre, von Tropfsteinen geprägte Unterwelt ein, um sie erst nach einer Stunde durch die Črna jama wieder zu verlassen. Nach all den steinernen Stufen unter Tag erweist sich der letzte Abschnitt als Wohltat für die Füße. Er verläuft abermals im Blockwald, der hier einen dicken Teppich aus Moos und Blättern ausgerollt hat. Entsprechend ausgeruht erreicht man den Ausgangspunkt, wo sich als Zugabe eine Fahrt mit der berühmten Grottenbahn empfiehlt.

HINWEISE ZUR WANDERUNG
LÄNGE: 14 km
ANSTIEGE: 200 m [150 m]
GEHZEIT: 4:30 Std. [4:00 Std.]
ANFORDERUNGEN: mittel

Postojna: Am Titov trg

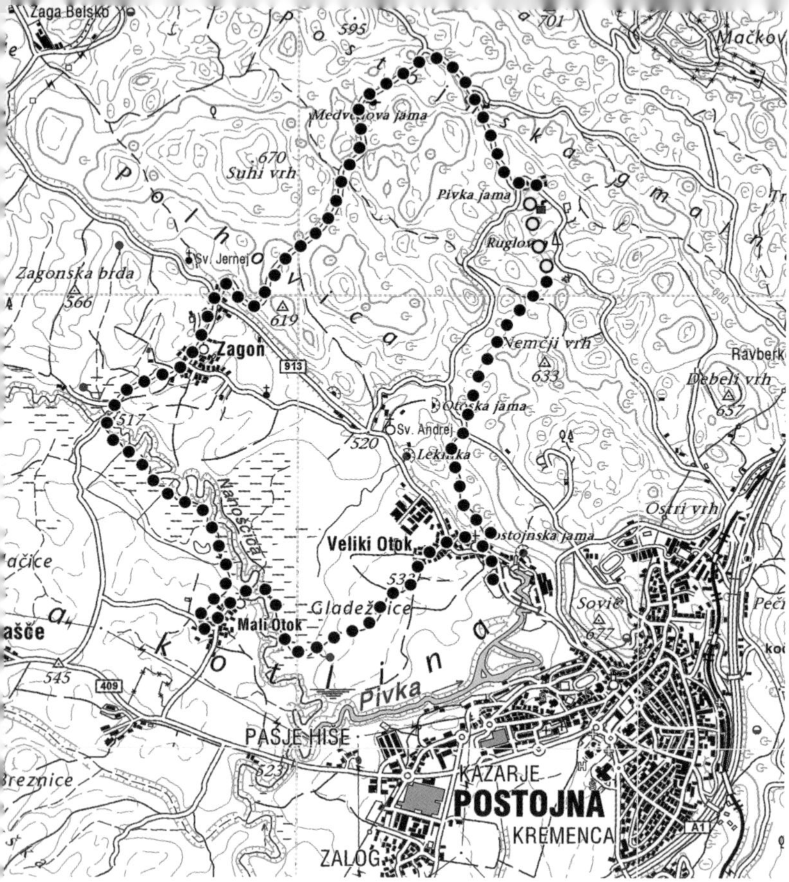

ORIENTIERUNG: schwierig

KARTE: Izletniška karta »Notranjski kras«, 1:50.000, Geodetski zavod Slovenije

EINKEHRMÖGLICHKEITEN: Pivka jama, Postojna

ANMERKUNGEN: Die Wanderung ist nur in Kombination mit der Führung durch die Pivka-Höhle zu empfehlen. Besichtigungstermine: 9.00, 12.00 und 15.00 Uhr, Juli und August täglich, Juni und September nur Sa und So, 00386 5 7265382. Man vergewissere sich, ob die Führungen tatsächlich stattfinden. Bei Hochwasser sind der Weg bei Veliki Otok und die Pivka jama unpassierbar.

ANFAHRT: Man nimmt auf der slowenischen A1 die Ausfahrt »Postojna« und folgt den Wegweisern »Postojnska jama« bis zum Besucherparkplatz.

WEGBESCHREIBUNG:
Man begibt sich vom Gelände der **Postojnska jama** zur **Hauptstraße**, wandert auf dieser in nordwestlicher Richtung und erreicht nach 300 m **Veliki Otok** (0:05 Min.). Man passiert die Ortstafel und wendet sich nach 50 m in einen Treppenweg nach rechts. Aufstieg bis zu einem Quersträßchen; auf diesem nach links, die **Kirche** passierend. Die Straße steigt an und dreht am höchsten Punkt der Ortschaft nach links. Man gelangt zu einer **Kreuzung** (Verkehrsspiegel), und geht, die Hauptstraße überquerend, geradeaus.

Die Straße gabelt sich sofort; man hält sich links. Man durchschreitet eine Siedlung und geht bei der Gabelung am **Ortsrand** links. Weiter auf einem **Feldweg**, der sich kurz darauf gabelt; man hält sich rechts. Schöner Weg zwischen Wiesen, Feldern und Bauerngärten. Bei einer Gabelung unterhalb einer **Stromleitung** geht man rechts. Der Weg verläuft nun unweit der mäandernden (und stark verwachsenen) **Nanonščica** linker Hand. Man bleibt auf dem **Hauptweg**, der, nachdem man eine Abzweigung nach rechts ignoriert hat, nach links dreht und nun links des Baches weiterführt. Man erreicht kurz darauf eine **Furt**, welche man durchschreitet. Kurzer Anstieg bis **Mali Otok** (0:50 Std.).

Man durchschreitet die Ortschaft bis zum **Haus Nr. 8**, wo man sich nach rechts in ein Sträßchen wendet. Bei den letzten Häusern eine **Gabelung**; man nimmt den rechten Weg. Der Weg senkt sich wieder Richtung **Nanoščica** und geht bald in eine undeutliche Traktorspur über, welcher man, stets in der Nähe des mäandernden **Baches** rechter Hand, folgt. Nach gut 1 km wird eine Abzweigung nach rechts, die zu einem schmalen Brücklein führt, ignoriert. 15 Min. später trifft man auf ein **Schottersträßchen** und wendet sich auf diesem nach rechts. Man überquert kurz darauf den Bach, ignoriert eine Abzweigung nach links und steigt 10 Min. bis **Zagon** an (1:45 Std.).

Bei den ersten Häusern eine **Querstraße**; man geht links. 500 m Asphalt bis zur **Hauptstraße**, welche man überquert, um einer ansteigenden **Forststraße** in den Wald zu folgen. 10minütiger Anstieg, dann fast eben im Laubwald zwischen Dolinen und Blockgestein. Man bleibt stets auf dem bequemen **Hauptweg** und ignoriert nach einer guten halbe Stunde eine fast gleichwertige Abzweigung nach links. Bei der darauffolgenden Gabelung hält man sich rechts (Radweg Nr. 2). Weiter auf bequemem Weg bis zu einem Quersträßchen;

auf diesem nach links. Man betritt die **Turistično naselje Pivka jama** (2:45 Std.). Einkehr.

Man begibt sich zum Eingang der **Pivka-Grotte** und setzt die Wanderung unterirdisch fort (geführte Tour). Nach 1 Std. tritt man beim Ausgang der **Črna jama** wieder ins Freie (3:45 Std.).

VARIANTE: Man passiert den Eingang der **Pivka-Grotte** rechter Hand, durchschreitet, die Richtung beibehaltend, einen **Campingplatz** und verlässt das Areal, einen Schranken durchschreitend. Weiter auf einem Asphaltsträßchen bis zur **Črna jama** (15 Min.).

Man steigt von der Höhle zur **Straße** hoch und wendet sich bei einem **Denkmal** sofort nach links. Kurzer Anstieg auf einem Waldweg rechts der Höhle. Weiter in leichtem Auf und Ab auf etwas verwachsenem, aber nicht zu verfehlendem Weg. Nach 5 Min. wird der Weg deutlicher, um sich gleich darauf zu gabeln; man hält sich links. Nach 20 m eine **Wegkreuzung**; man geht geradeaus. Kurz danach vereinigt sich der Weg mit einem von rechts kommenden und steigt an. Bei der darauffolgenden Gabelung hält man sich rechts; der Weg senkt sich. Deutlicher Weg in schönem Blockwald. Eine ansteigende (undeutliche) Abzweigung nach links wird ignoriert. Der Weg wird breiter und vereinigt sich mit einem von rechts kommenden. Man geht geradeaus und trifft gleich darauf auf einen geschotterten **Fahrweg**; auf diesem links bergauf. Nach knapp 100 m wendet man sich nach rechts in einen Waldweg. Nach weiteren 50 m eine Kreuzung; man geht geradeaus. Angenehmer, fast ebener Weg. Nach 10 Min. wird eine Abzweigung nach rechts (unmittelbar vor einer **Stromleitung**) ignoriert. Weiter auf schönem Pfad, der schließlich oberhalb von **Veliki Otok** ins Freie führt. Man wendet sich nach rechts und steigt zum Dorf ab, wo man sich zur **Hauptstraße** begibt und dieser nach links zum Ausgangspunkt folgt (4:30 Std.).

Postojnska kotlina: Feuchtgebiet vor der Haustür der Stadt

AM WEGE

Postojna | Adelsberg | Postumia

Die Eckdaten der Ortsgeschichte sind am Brunnen im Stadtzentrum verewigt: 1226 erstmalige urkundliche Erwähnung; 1818 Vorstoß ins Innere der Tropfsteinhöhle; 1819 Erschließung der Grotte; 1872 Bau der ersten Höhlenbahn; 1900 Besuch des österreichischen Kaisers; 1947 Gründung des Speläologischen Instituts; 1986 Papstvisite usw. Die (unwesentlich gekürzte) Liste belegt, dass die Stadt ihre Bedeutung nichts anderem als einem unterirdischen Hohlraum zu verdanken hat – der Postojnska jama, deren deutscher Name Adelsberger Grotte bis heute gebräuchlich ist. Vor der Entdeckung der Tropfsteinhöhlen ein unwichtiger Markt, lebt Postojna seit zwei Jahrhunderten fast ausschließlich vom Tourismus; auch der Anschluss an die Karstbahn im Jahr 1857 und die Anbindung an das Autobahnnetz 1972 sind auf die *jame* zurückzuführen. Schnell hin und schnell weg, scheint seither das Motto der meisten Besucher zu sein. Nur wenige bleiben länger als ein paar Stunden und finden nach dem Höhlenbesuch noch Zeit zur Besichtigung der Stadt.

Tatsächlich ist Postojna alles andere als einladend. Das Übermaß an traurigen Gebäuden und das hässliche Gesamtbild lassen sich kaum schönreden, sogar in der Selbstdarstellung der Gemeinde fehlen Hinweise auf kulturelle Sehenswürdigkeiten. Entlang der Hauptachse Titova cesta stehen zwar einige historistische Villen und Amtsgebäude, in Relation zu den schäbigen Fassaden vis-à-vis wirken sie aber weniger mondän als wichtigtuerisch. Der andernorts oft reizvollen Mischung aus altösterreichischem Bestand und realsozialistischen Elementen fehlt hier, vielleicht mangels historischer Substanz, die Würze.

Weniger seelenlos, weil vom Alltagsleben geprägt, ist die parallel verlaufende Tržaška cesta. Hier wurde das stilistische Chaos auf die skurrile Spitze getrieben und vermitteln ein paar Straßencafés, eine winzige Papierhandlung sowie ein bunter Gemüsestand etwas kleinstädtisches Flair. Beim Aufgang zur barocken Pfarrkirche feuert ein gusseiserner Partisan über die Köpfe der Katholiken hinweg. Den Platz vor der Bücherei hat ein ehrgeiziger Architekt zur möblierten Freilichtbühne umfunktioniert. Darsteller sind zwei Jugendliche mit Kampfhund und eine Alkoholikerin, die mit sich selbst in Streit geraten ist.

Wohler fühlt man sich am zentralen Titov trg, dem – wie man sich anhand der historischen Fotos am Infostand überzeugen kann – die jüngste Neugestaltung sichtlich gut getan hat. Er wird vom *Hotel Kras*, dem eleganten Remake einer ehemals jugoslawischen Bettenburg, und dem *Inštitut za raziskovanje krasa*, Institut für Karstforschung, begrenzt. Letzteres ist in einem aufwändig restaurierten Habsburgerpalais aus dem 17. Jahrhundert untergebracht, dem einzigen nennenswerten Kulturdenkmal der Stadt. Ein Grottenolm von der Größe eines Krokodils klettert die Wand über dem herrschaftlichen Stiegenaufgang entlang. Wie ein Reptil schlängelt sich auch die eingangs erwähnte Brunnenskulptur ins Blickfeld. Sie stellt eine Art Zeitschleife dar und wird von Kindern gerne als Klettergerüst genützt. Ein Raster aus hellgrauen und weißen Steinplatten gibt dem Platz Halt und Struktur; für Bewegung sorgen die unermüdlichen Skater und ein taubenfütternder Rentner. Wer hier länger verweilt, wird vielleicht von einem freundlichen (und auffallend gepflegten) Obdachlosen angesprochen, der sich als ausgebildeter Ingenieur erweist, mindestens

An der Titova cesta in Postojna

zehn verschiedene Sprachen beherrscht und seine Aufgabe darin sieht, »ratlosen Touristen zu helfen«. Als Slowene mit italienischer Staatsbürgerschaft und deutsch-österreichischen Wurzeln, der irgendwann in Postojna gestrandet ist, weiß er die unglaublichsten Geschichten zu erzählen. Und plötzlich bekommt der Titov trg trotz seiner Größe etwas Intimes und lässt die Stadt der Grotten am Ende doch noch etwas Charme aufblitzen.

EINKEHR:

Restavracija Proteus. Gutes Speiselokal mit angenehmem Sitzgarten und Blick auf den Titov trg. Den Gastraum hat man mit Vorhängen aus Perlschnüren in ein albtraumartiges Labyrinth verwandelt.
Hotel Kras. Noble Absteige mit scheinbar verwackelter Fassade. 00386 5 7002300, www.hotel-kras.si
Jazzy. Leicht verruchte Rockkneipe in den Räumlichkeiten des ehemaligen Bahnhofsrestaurants – sehenswert!

Am Eingang der Črna jama

Pivka jama | Poikhöhle

Die wenig bekannte Höhle ist Teil des weit verzweigten Höhlensystems von Postojna und wurde vor etwa einer Million Jahren vom »Fluss der sieben Namen«, der sich in diesem Abschnitt Pivka nennt, aus dem Berg gespült. Sie wurde erst Mitte des 19. Jahrhunderts näher erforscht und führte neben der Postojnska jama und der Črna jama, mit denen sie durch Syphone und Schächte verbunden ist, stets ein Schattendasein. Adolf Schmidl, der sie 1854 erstmals ausführlich beschrieb, hielt sie aber für einen »Glancpunkt der Krainer Höhlenwelt«. Und tatsächlich steht die Höhle ihren »Nachbarinnen« hinsichtlich Schönheit und Formenvielfalt kaum nach. Ein Vorzug besteht darin, dass man sich bei der Besichtigung meist in überschaubarer Gesellschaft befindet und von einem besonders freundlichen und sachkundigen Führer begleitet wird. Der zweiten Abschnitt der Begehung findet in der Črna jama, Schwarzen Höhle, statt, die ihren Namen dem Ruß verdankt, mit dem die Tropfsteine infolge eines verheerenden Waldbrandes überzogen sind. Dass das Ereignis rund 600 Jahre zurückliegt, erkennt man an den neu gebildeten Stalagmiten, die wie weiße Kerzenstummel aus den schwarzen Felsen wachsen und so der Höhle einen unverwechselbaren Charakter geben.

Mitte des 19. Jahrhunderts empfahlen österreichische Ingenieure, die Grotten für einen Eisenbahntunnel zu nutzen, was jedoch bald wieder verworfen wurde. Stattdessen bohrte die italienische Besatzungsarmee nach dem 1. Weltkrieg einen begehbaren Verbindungsstollen, um von hier aus unbemerkt zur Planinska jama an der Grenze zum SHS-Staat vorzustoßen. Doch auch dieser Plan schlug fehl. 1944 nutzten die Partisanen die unterirdischen Schleichwege für einen spektakulären Anschlag auf ein Treibstoffdepot der deutschen Wehrmacht.

EINKEHR:

Restavracija Pivka jama. Überdimensionierte Gastwirtschaft am Eingang der Höhle, in der sich die Wartezeit mit heißem Kaffee oder eiskaltem Bier überbrücken lässt.

R SHOP
MAGNETS
POSTOJNSKA
JAMA
4c
2c

HOHLWELTREISE

Die Landschaft des Karstes erstreckt sich tief ins Erdinnere, wo weitverzweigte Höhlen, pittoreske Tropfsteingebilde und unterirdische Wasserläufe dem Betrachter ein bizarres Naturschauspiel bieten. Über Jahrhunderte hinweg blieben die Karsthöhlen geheimnisvolle Orte, die Phantasie und Aberglauben des Volkes gleichermaßen anregten.

Als einer der ersten Höhlenforscher mag der slowenische Historiker und Topograph Valvasor gelten, der Mitte des 17. Jahrhunderts über 70 Höhlen des Karstes erkundete. Seiner Beschreibung der Adelsberger Grotte (Postojnska jama) entnehmen wir, dass die Höhle bereits damals zahlreiche Besucher anlockte, ein Umstand, den er auf den Reiz des »Scheußlichen und Schrecklichen« zurückführte. Valvasors Behauptung, dass er mehrere Kilometer in die Tiefen des Berges vorgedrungen sei, erklärte sich der Gelehrte Franz Hohenwart zu Beginn des 19. Jahrhunderts folgendermaßen: »Wenn man die Epoche berücksichtigt, in welcher Valvasor lebte, und die Geistergeschichten, die er anführt, lieset, so wird man wohl gestehen müssen, dass die von Gespensterfurcht aufgeregte Seele, den wahrscheinlich kurzen Weg für einen langen hielt.« Einer der meistgelesenen deutschsprachigen Reiseschriftsteller des 19. Jahrhunderts, Johann Georg Kohl, glaubte, dass Valvasor »in dieser Grotte weniger ein untersuchungswürdiges Naturgebilde, als vielmehr einen Sitz von ›gräulichen Todes-Gespenstern‹ sah.« Anschließend stellte sich der Autor die Frage, was in den Köpfen des Volkes wohl vorgegangen sein mag, wenn selbst die Gelehrten solche Schauergeschichten ernsthaft vertraten. Seinem Dafürhalten nach hatte erst das Vordringen mutiger Forschergeister »die Höhlengespenster aus der Grotte vertrieben«. Tatsächlich standen am Beginn der Erschließung aufgeklärte Naturforscher, die im 18. Jahrhundert die Unterwelt systematisch zu erkunden und vermessen begannen.

Nachdem Kaiser Franz I. seinen Hofmathematiker Joseph Anton Nagel mit der Untersuchung der »Natur-Raritäten« Krains beauftragt hatte, gelangte die Höhlenforschung in ein neues Stadium. 1748 übergab Nagel seinem Auftraggeber einen umfassenden, mit Tuschezeichnungen illustrierten Bericht, in dem auch die Grotte von Adelsberg (Postojna), dokumentiert war. Das Höhlensystem bei Postojna besteht aus der Postojnska jama (Adelsberger Grotte), in welche der Fluss Pivka eintritt, der Otoška jama (Otoker Grotte) und Črna jama (Magdalenen-Grotte), durch welche die Pivka hindurchfließt, und der Planinska jama (Planina-Höhle), wo der Fluss wieder an die Oberfläche tritt. Alle diese Höhlen haben separate Eingänge und wurden immer wieder von Reisenden aufgesucht.

Während die Gäste um 1800 über die »nicht sehr reinlichen Wirtshäuser« und »schmutzigen Straßen« von Adelsberg Klage führten, bot der Ort Jahrzehnte später alle erdenklichen Annehmlichkeiten. Ausschlaggebend für die Entwicklung zum aufstrebenden Fremdenverkehrsort war ein zufälliges, aber folgenschweres Ereignis: Nachdem Kaiser Franz I. 1816 zutiefst beeindruckt die Adelsberger Grotte besichtigt hatte, plante er zwei Jahre später eine neuerliche Höhlenvisite. Anlässlich des bevorstehenden kaiserlichen Besuches sollte die Adelsberger Grotte in Festbeleuchtung erstrahlen. Mit den nötigen Vorarbeiten wurden im Frühjahr 1818 drei heimische Keuschler beauftragt. Einer von ihnen, Lukas Čeč, erkletterte für die notwendigen Adaptierungsarbeiten den oberen Rand des Großen Domes (Veliki dom) und entdeckte dabei die weiterführenden Höhlenräume. Begeistert von der Pracht des bis dahin unbekannten Tropfsteinschmuckes schien es ihm, geradewegs das Paradies betreten zu haben. Unmittelbar danach begann unter der Leitung des österreichischen Beamten Joseph von Löwengreif die touristische Erschließung der Grotte. Wege wurden geebnet und gesichert, Stufen angelegt und Brücken errichtet.

Konnten die Besucher vor der Aufschließung gerade einmal 360 m ins Innere der Grotte, bis zum Großen Dom, vordringen, erweiterte sich die Besichtigungstour innerhalb weniger Jahre auf zwei Kilometer, die trockenen Fußes entlang großzügig angelegter Promenadenwege zurückgelegt werden konnten. Ein 1830 erschienener Grottenführer versicherte, dass selbst »Frauenzimmer mit leichten Schuhen ohne Furcht vor Nässe im Hauptgange der Höhle einige Stunden umherwandeln« könnten.

Vor der Professionalisierung des Besucherbetriebes führten meist Einheimische die Reisenden gegen Bezahlung in die unterirdische Höhlenwelt. Auf seiner 1802 unternommenen Fußreise nach Sizilien inspizierte Johann Gottfried Seume die Magdalenen-Grotte. Probleme bereitete ihm die Suche nach einem geeigneten Führer: »Es ward mir schwer einen Menschen zu finden, der mich begleiten wollte. Endlich ging ein Mensch mit mir, kaufte Fackel und Licht, und führte mich weit vor den Ort hinaus, durch den tiefsten Schnee, immer waldeinwärts. Das ging eine halbe Stunde so fort, und der Mensch wußte sodann nicht mehr wo er war. Du begreifst, daß es mir etwas bedenklich ward, mit einem wildfremden, baumstarken Kerl so allein in den Schluchten herumzukriechen und in Krain eine Höhle zu suchen.«

Jahrzehnte später stolzierten Damen mit weiten Kleidern, wippenden Hüten und Sonnenschirmen neben modisch ausstaffierten Herren in den Schauhöhlen umher, begleitet von einheimischen Führern. Peter Turnbull beschrieb 1836 seinen Begleiter als waschechten Wenden, bekleidet mit einem kurzen Rock aus grobem Leinen, weiten Hosen und einem Gürtel, von dem Axt, Messer und Tabakbeutel herunterhingen. Mit seinen schwarzen, schulterlangen Haaren und dem dunkelbraunem Gesicht erinnerte er den Engländer eher an einen Banditen als an einen Touristenführer. Der Amerikaner Henry Bellows verglich die schwarze, von Rauch, Ruß und Fett verschmierte Kleidung seines Führers mit einem Putzlappen, der zuvor zum Reinigen einer Kanone verwendet worden war.

Die unterirdischen Wasserströme weckten schon früh die Neugierde der Naturforscher, die über Jahrhunderte hinweg, zum Teil unter Zuhilfenahme kleiner Boote, die Höhlengewässer verfolgten, um deren rätselhafte Flussverläufe zu erkunden. Gerne wurden Höhlenforscher mit den Gipfelstürmern ihrer Zeit verglichen. Johann Georg Kohl begeisterte sich in den 1850er Jahren für die waghalsigen Unterweltexpeditionen: »Gerade jetzt sind unsere Naturforscher wieder eifriger als je daran, die Schluchten zu erforschen. Auf einer 9 Monate langen Reise sind sie, Leitern bauend, Stufen hauend und schmale Löcher aufsprengend, in die Grotte hinabgedrungen. Leichte Höhlenboote construierend,

Stalaktyten wegsprengend, haben sie unterirdische Schifffahrten auf diesen Höhlenflüssen unternommen, wobei sie mehrere Tage lang unter der Erde blieben und sich dabei verproviantierten wie bei einer Reise auf den Montblanc.«

Nachdem der Adelsberger Kreis-Ingenieur Aloys Schaffenrath 1821 den ersten Höhlenplan entworfen hatte, erstellten Grubenvermesser aus Idrija weitere Kartographien. Gleichzeitig wurden die bis dahin unbekannten Räume und Gänge, aber auch die darin vorgefundenen Tropfsteingebilde, mit Namen versehen. Die Formenvielfalt der Stalaktiten, Stalagmiten und Kalksinterbildungen rief beim Betrachter vielfältige Assoziationen hervor, die sich in mehr oder weniger originellen Namensgebungen widerspiegelten. Mit griffbereiten Reiseführern in ihren Jackentaschen durchschritten die Besucher den von der Natur geschaffenen Skulpturenpark. Darin konnten sie jederzeit nachlesen, dass sie gerade die Speckschwarte, den Karfiol, Papagei, Maiskolben oder Zwerg passierten. Staunend standen sie vor dem Mailänder Dom, dem Turm von Pisa, dem Kalvarienberg, dem Beichtstuhl, der Arche Noah oder dem Antlitz der heiligen Madonna. Schließlich gelangten sie zum vielbewunderten Vorhang, dem Höhepunkt früher Höhlenwanderungen. Dabei handelt es sich um eine zwei Meter lange und acht Millimeter dicke Sinterschicht in Form eines gefalteten Vorhangs, dessen Beleuchtung mit Fackeln und Kerzenlicht eindrucksvolle Effekte erzielte. Noch zu Kaisers Zeiten soll ein englischer Tourist 800 Dukaten für das »kostbarste Flachgebilde der ganzen bekannten Unterwelt des Karst« geboten haben.

Johann Georg Kohl wurde der Tropfsteine bald überdrüssig: »Nachdem man drei oder vier Stunden zwischen lauter buntgestalteten Stalaktyten gewandert ist, so kommt es einem vor, als hätte man Nichts als lauter Confect gegessen, oder noch schlimmer, als hätte man Stroh gedroschen. Diese Kalksinter-Kakteen und Spargel-, Melonen- und Blumenkohlstauden, diese Steinteppiche und Shawls, Thronsessel und Kanzeln, diese Stalaktyten-Löwen, Schlangen und Meerschildkröten, die blos curios sind, bekommt man bald satt.«

1835 verewigte die Ungarin Polixéna Wesselényi ihren Namen am steinernen Vorhang, eine Sitte, die lange gebräuchlich war. Überzogen von einer feinen Sinterschicht blieben die mit Holzkohle oder roter Kreide geschriebenen Inschriften über Jahrhunderte erhalten. Bis 1818 war der Große Dom der einzig bekannte Höhlenraum, der offensichtlich bereits im 13. Jahrhundert Besucher angelockt hatte. In einer Nebengrotte wurden in die Wand gehauene Namen und Jahreszahlen von 1213 und späteren Datums entdeckt. Während Graffitis längere Zeit toleriert wurden, wandte sich die Höhlenverwaltung von Postonja gegen die Unsitte, abgebrochene Tropfsteinteile als Erinnerungsstücke davonzutragen. Ein Ansinnen, das anscheinend nur halbherzig durchgesetzt werden konnte, da die Höhlenführer und Bewohner von Postojna mit dem Verkauf von Stalaktiten und Stalagmiten ein florierendes Nebengewerbe betrieben. Angesichts der vorm Höhleneingang in ungeheuren Mengen feilgebotenen Tropfsteinexemplare mutmaßte die amerikanische Schriftstellerin Marie Pitman, dass die Grotte innerhalb weniger Monate leergeräumt sein würde.

Neben den »alten Steingewächsen« wurde den Touristen auch Lebendiges aus der Unterwelt zum Verkauf angeboten: der Grottenolm, *Proteus anguinus* genannt und im Jahr 1768 vom Wiener Arzt Joseph Nicolaus Laurenti zum ersten Mal beschrieben. Über 200 Jahre später kamen sowohl der Name des Grottenolms als auch jener des Gelehrten zu literarischen Ehren: Commissario Proteo Laurenti ermittelt in den Triestiner Kriminalromanen von Veit Heinichen. Ebenso findet sich der blinde, fleischfarbene, gegenüber Licht und Wärme äußerst empfindliche Schwanzlurch im Wappen Postojnas wieder. Das Tier erreicht eine Größe von rund 30 cm, kann angeblich bis zu 100 Jahre alt werden und sechs Jahre ohne Nahrung auskommen. Es hat Arme und Beine, weshalb es im Slowenischen *človeška ribica*, Menschenfischchen, genannt wird.

Mit dem offiziellen Beginn des Schaubetriebes im Jahr 1819 wurde die im Staatseigentum befindliche Höhle einer eigenen Grottenkommission zur Verwaltung übergeben. Diese bezahlte die Führer und setzte die Eintrittspreise fest, die wiederum zur

Erhaltung und Erweiterung der Grotte verwendet wurden. Die Höhe der Besichtigungsgebühr errechnete sich aus dem Eintrittsgeld, den Tarifen für Führer und Fackelträger, der Verweildauer und der Art der Beleuchtung, d. h. der Besucher konnte sich aussuchen, ob er die Höhle mit 156, 410 oder 1.800 Kerzen ausgeleuchtet haben wollte. Später forcierte die Verwaltung den Einsatz von Öllampen, über die es aber häufig Klagen wegen deren geringer Leuchtkraft gab. Ab Mitte des 19. Jahrhunderts begann sich die Beleuchtung mit Kerzen durchzusetzen, bis das Innere der Grotte im Mai 1884 erstmals im elektrischen Licht erstrahlte.

Ab 1820 fand im sogenannten Tanzsaal im Höhleninneren alljährlich am Pfingstmontag das Grottenfest statt. Der Literat Angelo Arboit, der als Garibaldi-Soldat für die Einheit Italiens gekämpft hatte, besuchte 1869 die berühmte Ballveranstaltung. Seinem Bericht zufolge versammelten sich im Tanzsaal über tausend Menschen, hauptsächlich Slowenen, Deutsche und Italiener, um zur Musik des Orchesters zu tanzen. Angesichts des Gedränges riet er seinen Leserinnen, bei einem Besuch des ausgelassenen Festes, strapazierfähige Kleidung nach Vorbild der englischen Ladies zu tragen. Die Szenerie der in einer verrauchten Grotte zu Polkatakten herumwirbelnden Menschenmenge erschien ihm würdig, von einem Rembrandt gemalt zu werden.

Mit der Eröffnung der durchgehenden Eisenbahnlinie Wien–Triest im Jahre 1857 stieg auch die Zahl der Höhlenbesucher in Postojna. Jacob Heer beschrieb zu dieser Zeit Adelsberg als blühenden Touristenort, dessen Einwohner vornehmlich vom Fremdenverkehr lebten. »Um [am Bahnhof] der Zudringlichkeit der Führer und Hotelwerber ein rasches Ende zu bereiten«, vertraute sich der Schweizer, statt den wartenden Gästekutschen, dem »eleganten Omnibus des Adelsberger Hofes« an. Im ersten Jahr nach Inbetriebnahme der Eisenbahnstrecke verdoppelte sich die jährliche Besucherzahl auf über 4.000. Ab 1860 verkehrten sogar Sonderzüge zum Grottenfest. »Von allen Weltgegenden«, schrieb Alfred Zett, »strömen über 6.000 Menschen herbei. Aus Wien kamen sie mit ihrer Urgemüthlichkeit daher, in breitem Wiener Dialect schwatzend, laut und heiter lachend, ja sogar einige leichte, unternehmende Mädchen waren mitgekommen, um hier ihre Libellenkunst an den Mann zu bringen, aus Italien elegante, geräuschlose Grandezza, während die Züge aus localer Gegend unter Paukenschlag und lauten Juchezern ihrer Krainer und Steirer Insassen ankamen. Da stand ich nun inmitten der Menschenlawine, die sich nur stoßweise gegen den Grotteneingang bewegte. Nun hieß es die Röcke zuknöpfen, denn überall warnten Affichen vor Taschendieben.« Am Pfingstmontag des Jahres 1909 wurden im eigens eingerichteten k. k. Grotten-Postamt nicht weniger als 37.000 Ansichtskarten aufgegeben.

Neue Maßstäbe für den Tourismus setzten die organisierten Reisetouren des Engländers Thomas Cook. Im Zuge einer 1868 durchgeführten Europatour besuchte er mit 14 betuchten Touristen auch die Adelsberger Grotte. Anlässlich der Visite empfahl er den Bau einer unterirdischen Höhlenbahn, ein Vorschlag, der aber erst in den 1920er Jahren verwirklicht wurde. Stattdessen installierte die Grottenkommission 1872 eine Höhlenschiebebahn, bei der ein gepolsterter Sessel auf Schienen anderthalb Kilometer ins Innere der Grotte geschoben wurde. 1873 benützten 485 Gäste die neuartige Attraktion, die wenig später zu einem Doppelsitzer umgebaut wurde. Vor Einführung der Schiebebahn konnten sich die Besucher in einer Sänfte durch die Grotte tragen lassen. Sechs dieser Traggestelle wurden anlässlich des Besuches des österreichischen Kaiserpaares im März 1857 angefertigt. Nachdem Kaiserin Elisabeth es vorzog, die Höhlentour zu Fuß zu bewältigen, wollte auch keiner der 2.539 geladenen Gäste die Hilfe der Sänftenträger in Anspruch nehmen.

Während sich bis dahin alle Höhlenbesucher in ein Gästebuch aus dem Jahr 1819 eingetragen hatten, wurde nun ein zweites, eigens für Kaiser und Könige aufgelegt. Das prunkvoll gestaltete »Goldene Buch der Herrscher« beginnt mit der Unterschrift Kaiser Franz Josephs und endet mit Titos Eintragung im Mai 1945. In den Gästebüchern finden sich die Signaturen von Reisenden aller Kontinente, darunter von Vertretern zahlreicher europäischer Herrscherhäuser, aber auch die des brasilianischen Kaisers, eines indischen Maharajas und japanischer Prinzen.

Der letzte Besuch eines österreichischen Kaisers in Postojna fand im Juni 1917 statt, als Kaiser Karl I. im »Adelsberger Hof« an einer Lagebesprechung der Armeeführung zur Isonzofront teilnahm. Nach dem 1. Weltkrieg lag Postojna auf italienischem Staatsgebiet. Bereits im März 1919 stattete Italiens König Viktor Emanuel III. der Grotta di Postumia eine Visite ab, und vier Jahre später wurde im Tanzsaal die Büste des »königlichen italienischen Freiheitskämpfers« enthüllt. Aufgrund der nahen Staatsgrenze zum Königreich Jugoslawien begann das italienische Militär, Stollen anzulegen und einzelne Höhlen miteinander zu verbinden. Um sich einen unterirdischen Zugang zu jugoslawischem Territorium zu verschaffen, wurde auch der Versuch unternommen, einen Tunnel zur Höhle von Planina zu graben. Technische Schwierigkeiten brachten das Unternehmen zum Scheitern. Währenddessen herrschte in der Grotta di Postumia reger Besucherverkehr, unter den sich etliche Adelige der Apenninhalbinsel mischten. Im September 1938 kam der *Duce* höchstpersönlich nach Postumia. Dabei legte er den Grundstein für die *Casa del Fascio*, in der heute die Stadtbibliothek untergebracht ist. Ins besagte »Goldene Buch« schrieb er als Jahreszahl seines Besuches nicht 1938, sondern XVI. Dies entsprach der faschistischen Gewohnheit, die Jahre von 1922 an, der Machtübernahme Mussolinis, zu zählen. 1922 besuchte die italienische Prinzessin Mafalda die Schauhöhle. Nachdem Viktor Emanuel im Juli 1943 Benito Mussolini all seiner Ämter enthoben und sich selbst in den Schutz der Alliierten begeben hatte, deportierten die Nazis Mafalda aus Rache ins KZ-Buchenwald, wo sie im Sommer 1944 verstarb.

Die deutschen Okkupanten hatten beim Höhleneingang ein Treibstofflager angelegt, um es so vor alliierten Luftangriffen zu schützen. Am 23. April 1944 drangen Partisanen mit Unterstützung einheimischer Helfer aus einer benachbarten Höhle bis zum Eingang der Grotte vor und setzten das Benzindepot in Brand. Durch die starke Hitze fielen im Eingangsbereich sowie in Teilen des Großen Doms sämtliche Tropfsteine ab. In Erinnerung an diesen Sabotageakt feiert Postojna alljährlich am 23. April seinen Gemeindefeiertag. Nach dem 2. Weltkrieg wurde Postojna Teil des neuen Jugoslawiens. Nun belebten vor allem heimische Gäste den darniederliegenden Höhlentourismus. Ab den 1960er Jahren stieg auch die Besucherkurve ausländischer Touristen steil an, sodass in den 1980er Jahren die Höhle jährlich rund eine Million Gäste zählte. Während des Jugoslawienkonflikts brach der Höhlentourismus vorübergehend zusammen. Mittlerweile haben die Besucherzahlen wieder ihr früheres Niveau erreicht. So wurde der touristische hot spot Sloweniens bis heute von mehr als 34 Millionen Gästen besichtigt.

Werner Koroschitz

VII. SANFTES LAND, WILDE BURG
Rundwanderung bei Predjama

Predjamski grad, prominentes Höhlenschloss in der Nachbarschaft von Postojna, steht im Mittelpunkt dieser bequemen und facettenreichen Wanderung. Wer sich dem beliebten Ausflugsziel zu Fuß annähert, lernt nicht nur ein sehenswertes Kulturdenkmal kennen, sondern mit der Postojnska kotlina auch einen ungewöhnlich fruchtbaren und lieblichen Abschnitt des slowenischen Karsts. Den ästhetischen Kontrapunkt setzen grotesk verschandelte Bauerndörfer wie Strane oder Šmihel, die dem Landschaftserlebnis eine fast unterhaltsame Note hinzufügen.

Ein Großteil der Strecke wird auf angenehmen Feldwegen zurückgelegt, nur im Schlussteil ist man auf eine kaum befahrene Landstraße angewiesen. Stets bewegt man sich in sanft gewelltem Gefilde aus Wiesen und Feldern, die selbst die armseligen Siedlungen fast malerisch erscheinen lassen. Denn trotz der traurigen Ortsbilder mangelt es nicht an kitschverdächtigen Motiven: Sei es das weithin sichtbare Kirchlein Sveti Jurij, sei es die hübsche Steinbrücke über die Nanoščica oder so manch anrührender Bildstock am Wege.

HINWEISE ZUR WANDERUNG

LÄNGE: 18 km

HÖHENDIFFERENZ: 150 m ↑ ↓

GEHZEIT: knapp 5:00 Std.

ANFORDERUNGEN: gering

ORIENTIERUNG: Einfach

KARTE: Izletniška karta »Nanos«, 1:50.000, Geodetski zavod Slovenije

EINKEHRMÖGLICHKEIT: Predjamski grad

ANFAHRT: Man nimmt auf der slowenischen A1 die Autobahnabfahrt »Razdrto« und folgt vom gleichnamigen Ort dem Wegweiser bis Veliko Ubeljsko. Von dort weiter nach Malo Ubeljsko, wo man nach links abbiegt, um kurz darauf Strane zu erreichen.

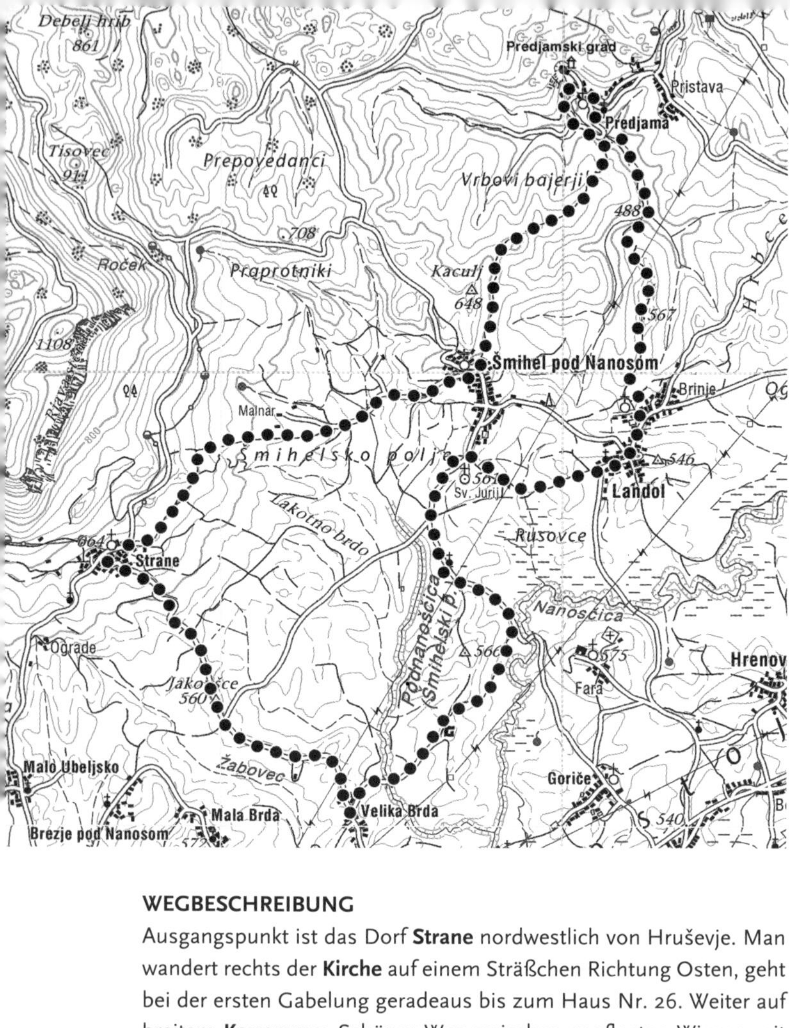

WEGBESCHREIBUNG

Ausgangspunkt ist das Dorf **Strane** nordwestlich von Hruševje. Man wandert rechts der **Kirche** auf einem Sträßchen Richtung Osten, geht bei der ersten Gabelung geradeaus bis zum Haus Nr. 26. Weiter auf breitem **Karrenweg.** Schöner Weg zwischen gepflegten Wiesen mit Blick auf die Dörfer in der Ebene. Nach 15 Min. trifft man bei einem Hochsitz auf den **Wegweiser »Predjama«** und folgt ab hier der Markierung. Der Weg durchquert einen **Wald**, man tritt ins Freie, geradeaus weiter bis **Šmihel** (1:00 Std.).

Man folgt der Straße unterhalb der **Kirche** bis zum Haus Nr. 43, biegt nach links und geht bei der nächsten Kreuzung geradeaus (**Wegweiser »Predjama«**; Radweg Nr. 3). Schöner Hangweg, der bald in den **Wald** führt. 20 Min. der Markierung bzw. den Wegweisern folgend. **Predjamski grad** wird sichtbar. Kurzer steiler Abstieg bis zu einem Querweg; auf diesem nach links. Man überquert gleich darauf einen

Bach und geht auf einem geschotterten Querweg nach rechts. Man quert eine weitere **Brücke** und verlässt nach 50 m den Fahrweg nach links. Anstieg auf schmalem Pfad bis zur **Burg** (1:45 Std.). Besichtigung.

Von der Burg auf dem Zufahrtsweg bergab zur **Kirche**; links an dieser vorbei in einen Fahrweg (**Wegweiser »Strane«**). Kurzer Abstieg zum **Bach**, welchen man überquert, um sich, die Markierung verlassend, nach links zu wenden. Man wandert nun rechts eines mäandernden **Baches** in ein kleines Tal, wo der Weg beim **Zusammenfluss** eines weiteren Baches nach rechts dreht und ansteigt. 10 Min. im Wald bergauf. Zwei Abzweigungen nach rechts werden ignoriert. Die Vegetation lichtet sich. Weiter auf bequemem **Kammweg** bis **Landol** (2:45 Std.).

Man passiert die **Kirche**, trifft auf eine Querstraße und geht rechts. Am »**Dorfplatz**« (Kirche, Partisanendenkmal) geht man geradeaus. Am **Ortsrand** biegt die Straße nach links; man geht geradeaus in einen geschotterten **Fahrweg**. Der Weg endet kurz darauf vor einer **Weide**, welche man rechts, die Richtung beibehaltend und ein Bächlein querend, umgeht. Man trifft auf einen Feldweg, nimmt gleich darauf eine Abzweigung nach rechts und steigt zum **Kirchlein Sv. Jurij** am nahen Wiesenhügel an (3:15 Std.).

Vom Kirchlein auf dem **Zufahrtsweg** Richtung Šmartno. Nach 100 m wendet man sich nach links in einen **Güterweg**. Nach 300 m eine Wegkreuzung; man geht geradeaus. Vorbei an einem großen **Bildstock** und stets dem Hauptweg folgend bis zu einer neu errichteten **Steinbrücke**. 50 m davor wendet man sich nach rechts in einen undeutlichen Feldweg. Man folgt der Fahrspur auf einen **Hügelkamm** und wendet sich auf einem Querweg nach links. Vorbei an einem großen **Gehöft**; von dort auf geschottertem Fahrweg nach rechts. Man gelangt nach **Velika Brda** (4:00 Std.).

Bei der ersten Querstraße scharf nach rechts. Man verlässt den Ort und wandert auf kaum befahrenem Sträßchen nach **Strane** (4:45 Std.).

Bei Strane am Rande der Postojnska kotlina

AM WEGE

Strane | Strane

Am schönsten ist der Ort von Weitem betrachtet. Wie er sich da unter den Felsen des Nanos in der Morgensonne räkelt und sich die Makadam-Straße elegant emporschlängelt, fühlt man sich sofort zu ihm hingezogen. Aus der Nähe erweisen sich aber die meisten Häuser als verfallen oder auf das Hässlichste adaptiert; nur neben der Kirche, die fast mit einem Bauernhof zusammengewachsen ist, entwickelt das Dorf ein wenig Charme. Als Naturdenkmal ausgewiesen ist die »tausendjährige« Eibe, in deren Schatten bereits der heilige Hieronymus in Begleitung seines zahmen Löwen gepredigt haben soll. Auch Kyrill und Method, die einst die wilden Slawen christianisierten, waren hier auf der Durchreise.

Predjamski grad | Burg Luegg | Castel Lueghi

Groß ist der Andrang, geschmalzen der Preis: Neun Euro kostet die Besichtigung der Höhlenburg, deren Inneres mit ihrem äußeren Erscheinungsbild (das zweifellos überwältigend und kostenlos zu haben ist) beim besten Willen nicht mithalten kann. Bei 80.000 Besuchern im Jahr wirft das, unter Einrechnung diverser Ermäßigungen, rund 500.000 Euro an Eintrittseinnahmen ab – einen Teil davon in die Qualität des Interieurs zu investieren, wäre angebracht. Vielleicht möchten die Betreiber aber an die Tradition der mittelalterlichen Burgherren anknüpfen, die, der Überlieferung zufolge, nichts anderes als Wegelagerer und Raubritter waren.

Einer von ihnen war Friedrich von Zobelsberg, der Ende des 14. Jahrhunderts Raubzüge nach Cividale unternahm, unterwegs reiche Bürger entführte und hohe Lösegelder kassierte; ein anderer, Nikolaus von Luegg, der 1462 einen Aufstand der Triestiner grausam niederschlug und die Stadt plünderte. Während ersterer gegen den Patriarchen von Aquleia aufbegehrte, also eine Art Rebell war, mordete letzterer im Auftrag des Kaisers, bis er schließlich selbst in Ungnade fiel. Sein Nachfolger Erasmus, ebenfalls Habsburger-Vasall und Abkömmling der Lienzer Familie von Luegg, war als Bauernschinder gefürchtet und besserte sein Einkommen mit Überfällen auf Handelsreisende auf. Dass er trotzdem als Volksheld und literarische Figur, der die Wohlhabenden angeblich bestahl, um die Armen zu beschenken, in die Geschichte einging, ist den Umständen seines Todes zu verdanken, die zur Legendenbildung wie geschaffen waren:

Erasmus hatte 1483 im Zorn am Wiener Hof einen kaiserlichen Verwandten erschlagen und sich, um der Verurteilung zu entgehen, mit seinen Getreuen in die Höhlenburg zurückgezogen. Von Kaisertreuen mehrere Monate belagert, litt er dennoch keinen Mangel, war doch die Versorgung mit Lebensmitteln durch einen unterirdischen Geheimgang sichergestellt. So konnte er – wie bei solchen Anlässen anscheinend üblich – seine Widersacher demütigen, indem er ihnen regelmäßig Extrarationen Fleisch oder Fisch und sogar frisches Obst zukommen ließ. Erst die Heimtücke eines Dieners sollte Erasmus das Leben kosten: der nämlich verriet den Belagerern, wann und wo sein Herr täglich die große Notdurft verrichtete, worauf diese den betreffenden Ort zum richtigen Zeitpunkt beschossen und der edle Ritter »beym scheyssen« den Heldentod fand.

Wie »diese romantische Begebenheit«, so ein Fremdenverkehrsprospekt, zahlreichen Literaten als Vorlage diente, ging auch die Burg selbst in die Kunstgeschichte ein. Neben unzähligen Kupferstichen und Gemälden erlangte eine Lithographie von Karl Friedrich Schinkel aus dem Jahr 1816 Berühmtheit, die die Burg spiegelverkehrt darstellt und auf dem internationalen Antiquitätenmarkt Fantasiepreise erzielte. Eine andere optische Täuschung findet sich in seinem Tagebuch: »Nichts ist abenteuerlicher als der Anblick eines aus turmähnlichen Gebäuden sonderbar gruppierten Schlosses, welches, unter das finstere Gewölbe dieser Grotte eingebaut, seines hohen Daches nicht bedürfte, da die dunkle Höhle ihre Massen weit über dasselbe hinausstreckt.«

Dass Predjamski grad vor Regen geschützt ist, war ein Irrtum, wie bereits mit freiem Auge festgestellt werden kann. Denn, »im Gegentheile ist das von den Felsen kommende Tropfwasser ein eigenthümlicher sehr lästiger Plagegeist der Bewohner, und alle Felsenwände sind mit eingemeisselten Rinnen versehen, um dieses bei Regenwetter überhand nehmende Wasser abzuleiten«, schrieb Adolf Schmidl anno 1854. Der angesehene Wiener Geograf bemängelte aber nicht nur die Feuchtigkeit, sondern vor allem, »dass das Schloss trotz seiner imposanten Fronte keine Tiefe und überhaupt wenig Gelass« enthalte. Auch der Reisende Heinrich Costa fand »nichts weniger als viel Wohnung darin, es sey denn, daß man die Burgverließe und derlei Gemächer, die kaum von Hunden bewohnt werden, zu Zimmern zählen wollte.«

Der Mangel an Komfort und Wohnraum verwundert umso mehr, als die »Räuberhöhle« 100 Jahre nach Erasmus zum Stammsitz des Kärntner Adelsgeschlechtes Kobenzl auserkoren wurde, das gleich mehrere einflussreiche Staatsmänner hervorbrachte. Es waren dies u. a. Johannes Kobenzl, der es Ende des 16. Jahrhunderts zum Hofkanzler bei Erzherzog Karl und Landeshauptmann von Krain brachte, ferner Johann Ludwig, der 1800 zum österreichischen Außenminister ernannt wurde, sowie Johann Philipp, Diplomat und persönlicher Freund von Josef II. Die Grafen wären hier nicht weiter erwähnenswert, hätte sie nicht eine besondere Affinität zur slowenischen Kultur von anderen Burgherren »deutschen Blutes« unterschieden. So »slowenisierten« sie ihre Namen selbst in deutschsprachigen

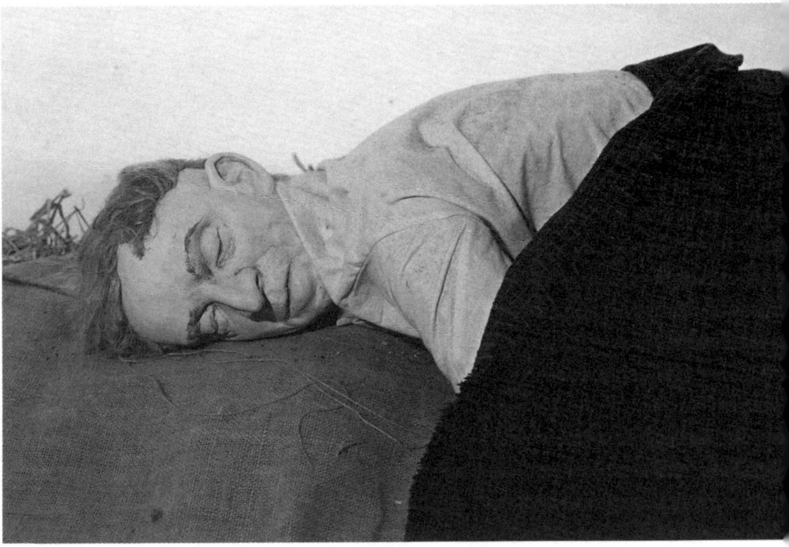

Müder Bauer in Predjamski grad

Dokumenten und beherrschten die Sprache ihrer Untertanen so gut, dass sie manchmal selbst für Slowenen gehalten wurden. Das komplexe Wappen der Familie ziert noch heute die Fassade sowie das Eingangsportal der Burg.

Wer sich trotz des stolzen Eintrittspreises zur Besichtigung von Predjamski grad entschließt, darf sich kein ernstzunehmendes Museum erwarten, sondern sollte sich einfach auf die starke räumliche Wirkung der alten Gemäuer einlassen. Sie bilden ein dreidimensionales Labyrinth, das sich über mindestens sechs Ebenen erstreckt und im oberen Abschnitt ins Innere des Berges führt, wo sich einst Erasmus versteckt haben soll. Die verwinkelten Gemächer und der ständige Wechsel von engen Kammern, Felsnischen, Treppen und Höhlen haben durchaus etwas Theatralisches, und zwar im Sinne einer Provinzbühne: Die ausgestellten Requisiten wirken wie Überbleibsel aus einem falschen Stück, wie etwa der Sarkophag des Fürsten Windischgrätz, der erst im 20. Jahrhundert herbeigeschafft wurde und nie in Verwendung kam. Oder die Möblierung, die man größtenteils auf dem Flohmarkt erstanden haben dürfte. Authentischer sind da noch die Laiendarstel-

Sv. Jurij bei Landol

ler in Form lebensgroßer Holzpuppen, die in schlecht sitzenden Kostümen Mittelalter spielen und dabei kein Klischee auslassen; sei es das stickende Burgfräulein, der dicke Mönch oder Abraham Lincoln, der den gestrengen Richter mimt. Als Fehlbesetzung muss auch der Burggraf in Strumpfhosen bezeichnet werden, der in einer Faschingsgilde wohl besser aufgehoben wäre. Sein Ausnahmetalent stellt dafür ein grauhaariger Knecht unter Beweis, der sich gerade auf einem Strohsack zur Ruhe legt – so erschöpft und tieftraurig, dass es einem das Herz brechen könnte. Vielleicht vermittelt das mehr über das einstige Leben auf Predjamski grad als die gesamte Ausstellung, und vielleicht ist es dieses Bild, das dem Besucher am längsten im Gedächtnis bleibt.

EINKEHR:

Gostilna Požar. Sie hat das Zeug zur Touristenfalle, bietet aber an ruhigeren Tagen ordentliche Grill- und Fischgerichte. Angenehme Übernachtungsmöglichkeit. 00386 5 7515252

Grajska taberna. Untergebracht in einem historischen Getreidespeicher, bedient sie laut Eigendefinition die »Geschmäcker des Mittelalters«.

Landol | Landolo | Lahntal

Eine alte Straßenwaage und ein paar historische Steinportale erinnern an bessere Zeiten: Wie Planina (siehe Wanderung Nr. III) lebte auch Landol jahrhundertelang von Transit und Mauteinnahmen, um heute vom Verkehr links liegengelassen zu werden. Wer an der Straßenkreuzung in der Ortsmitte eine Rast einlegt, kann vor seinem inneren Auge die langen Masten vorbeiziehen lassen, die einst von hier auf Spezialfuhrwerken zum Schiffsbau nach Venedig transportiert wurden. Oder sich die schöne Inschrift des Partisanendenkmals zu Gemüte führen, die in deutscher Übersetzung lautet: »Selbst der Nanos ist ergraut / als er sah, was ihr durchlitten…« Bemerkenswert ist auch Landols Lage an einer europäischen Wasserscheide: Während die hier entspringende Nanoščica dem Schwarzen Meer zustrebt, fließt die ebenfalls bei Landol hervortretende Lokva Richtung Mittelmeer.

VIII. BERG NASE
Rundwanderung auf dem Nanos

Unverwechselbar von Gestalt und exponiert wie kaum ein anderer, ist der Nanos *der* Berg des slowenischen Karsts. Und weil er nicht nur eine phänomenale Aussicht zu bieten hat, sondern auch in natur- und kulturgeschichtlichem Hinblick höchst interessant ist, darf er in diesem Buch nicht fehlen. Vorgeschlagen wird eine Route, die von oben betrachtet ein ungleichseitiges Dreieck darstellt und mithin die passende Form einer Nase hat.

Ihren Ausgang nimmt die Wanderung am Rande des Hochplateaus, von wo man sich ohne große Anstrengung entlang einer markanten Abbruchkante gipfelwärts bewegt. Kaum über der Waldgrenze, die hier unter 1000 m liegt, fühlt man sich wie im Hochgebirge. Windgekämmtes Gras und eine Vielzahl von Almblumen, dazwischen verstreute Baumkrüppel und weiße Felszacken, bestimmen das Bild. Eine romanische Kirche auf halber Höhe und der futuristische Fernsehsender unter dem Gipfel setzen architektonische Akzente. Wahrlich atemberaubend ist das Panorama, das man bei klarem Wetter während des gesamten Aufstiegs genießt. Fast senkrecht fällt der Berg ins schöne Vipava-Tal hinab, dahinter reiht sich – von unberührten Wäldern über kahle Hügelketten bis zum Meer – eine Landschaftskulisse an die andere.

Nach soviel Weitblick gilt das Augenmerk beim Abstieg dem Detail. Eine nie gesehene Blüte da, ein seltener Schmetterling dort sind die Höhepunkte auf dem sonst unspektakulären Weg zur Ortschaft Nanos. Die Siedlung selbst bezieht ihren Reiz aus der weltabgewandten Lage und ihrem Ruf als Widerstandsnest. Von der einstigen Bewirtschaftung durch Hirten und Bauern zeugt die Senke, die man im letzten Abschnitt durchwandert. Kleinteilig gegliedert und durch eine historische Landstraße sanft erschlossen, rundet sie ein großes Landschaftserlebnis auf angenehmste Weise ab.

Morgennebel am Nanos

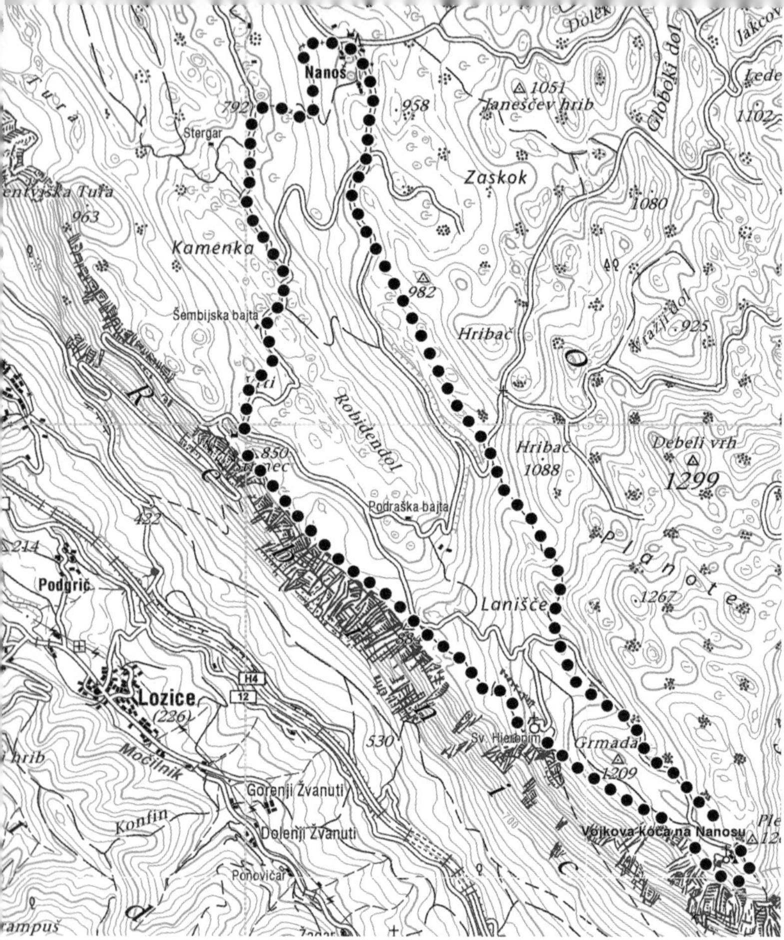

HINWEISE ZUR WANDERUNG

LÄNGE: 16 km

HÖHENDIFFERENZ: 500 m ↑ ↓

GEHZEIT: 5:00 Std.

ANFORDERUNGEN: mittel

ORIENTIERUNG: mittel

KARTE: Izletniška karta »Nanos«, 1:50.000, Geodetski zavod Slovenije

ANFAHRT: Man nimmt auf der slowenischen A1 die Autobahnabfahrt »Razdrto« und folgt der Straße Nr. 12 bergab ins Vipavatal. Nach 7 km (kurz vor Podnanos) nimmt man eine Abzweigung nach rechts Richtung »Nanos« (Wegweiser). Von hier über etliche Kehren bergwärts bis zur Geländekante des Nanos-Plateaus.

WEGBESCHREIBUNG

Ausgangspunkt ist die **Okrepčevalnica Lovska Koča Vojkovo** an der Bergstraße von Podnanos nach Nanos. Man folgt dem **Wegweiser »Vojkova K.«** bzw. **»Sv. Hieronim«** in südöstlicher Richtung. Kurzer Anstieg im Kiefernwald auf markiertem Pfad, der bald ins Freie führt. Weiter bergauf, stets in größtmöglicher Nähe zur **Geländekante** (der markierte Weg verläuft teilweise etwas weiter links). Tiefe Blicke. Nach einer guten Stunde gabelt sich der Weg unterhalb der **Kirche Sv. Hieronim**. Man hält sich links und steigt zur **Kirche** an (1:15 Std.).

Von der Kirche 200 m weiter bergauf bis zu einem **Wegweiser**; man geht links Richtung »Vojkova koča«. 15 Min. steil, dann etwas moderater bergauf, wieder möglichst nahe am **Abgrund**. Schönes Panorama. Man erreicht die **Sendeanlagen** unterhalb des Gipfels, welche man gegen den Uhrzeigersinn umrundet, um sofort nach links zur **Vojkova koča** abzusteigen (2:00 Std.). Einkehr.

Von der **Hütte** folgt man dem **Wegweiser »Abram«** über eine Wiese. Der Weg gabelt sich; man geht links (**Markierter Wanderweg Nr. 1, Wegweiser »Abram«**). Kurzer Abstieg durch einen Buchenwald bis zu einer **Schotterstraße**; auf dieser nach rechts bergab. Nach etwa 10 Min. folgt man der Markierung und damit den Hauptweg verlassend nach links. Der Weg kreuzt bald darauf die Straße (Wegweiser), um dann zu einem kleinen **Sattel** anzusteigen und sich zu gabeln. Man geht links (undeutliche Markierung) und taucht neuerlich in den Wald ein. Steiniger Weg, der bald wieder ins Offene und nach einiger Zeit auf eine **Schotterstraße** trifft. Man geht rechts (**Wegweiser »Abram«**). Kurz darauf folgt man dem markierten Weg nach links. Kurzes Waldstück, dann über eine verbuschte Alm bis zu einem **Weidezaun**. Der Weg gabelt sich; man geht geradeaus und gelangt zu Straße. Auf dieser nach rechts bis zur kleinen **Streusiedlung Nanos**. Man ignoriert bei den ersten Häusern eine Abzweigung nach links und passiert ein **Partisanendenkmal**. Kurz darauf biegt man nach 150 m scharf nach links und erreicht die **Turistična kmetija Abram** (3:45 Std.). Einkehr.

Man verlässt die Gastwirtschaft, wendet sich auf der **Straße** nach links und biegt sofort in einen markierten Weg nach links (**Wegweiser »Vipava«**, *nicht* den in den Wald führenden breiten Weg nehmen!). Kurzer Abstieg im Wald rechts einer großen Wiese, dann an deren unterem Rand (Steinmauer) nach links bis zu einem **Durchstieg**. Von hier über eine Weide vertikal bergab (undeutliche Markierung) bis zu einem weiteren **Durchstieg**. Weiter bergab auf einer Traktorspur bis zu einem geschotterten Fahrweg; auf diesem nach links. Nach 70 m ignoriert man die Abzweigung des markierten Weges Richtung »Podnanos« nach rechts. Weiter auf dem Fahrweg bis zu einem **Haus**; man geht links (**Wegweiser »Podnanos«**). Bei der darauffolgenden Gabelung hält man sich rechts. Historische Landstraße, die bald an der **Šembiška bajta** vorbeiführt und bald darauf nach rechts dreht. Kurzer Anstieg, dann in einen markierten Weg nach rechts. Man trifft auf eine **Asphaltstraße**, geht rechts und gelangt nach wenigen Schritten zum Ausgangspunkt (5:00 Std.).

AM WEGE

Nanos | Monte Nanos

»W DUCE, W RE, MORTE RIBELLI« (Es lebe der Duce, es lebe der König, Tod den Rebellen), lautet die Inschrift auf einer Rotbuche unweit der Ortschaft Nanos auf dem gleichnamigen Berg. Sie stammt von italienischen Soldaten und gibt Zeugnis von einem erbitterten Gefecht zwischen einheimischen Slowenen und italienischen Truppen am 18. April 1942. Eine Gruppe von 54 bewaffneten Widerstandskämpfern stand dabei einer Übermacht von 800 (manche Quellen sprechen sogar von 2.000) Soldaten und Polizisten gegenüber. Der Kampf dauerte fast acht Stunden und war die erste größere militärische Auseinandersetzung zwischen den faschistischen Besatzern und der Befreiungsfront in der Primorska, dem Küstenland. Er endete mit dem Tod von zehn Partisanen, elf weitere wurden gefangen genommen und später füsiliert, der Rest konnte entkommen. Ein pyramidenförmiges Denkmal in der Ortsmitte erinnert an die Gefallenen; das Gipfelhaus *Vojkova koča* wurde nach ihrem Kommandanten Janko Premrl Vojko benannt.

Ein weiteres Monument ist dem Geheimbund TIGR (die Abkürzung für Trst, Istra, Gorica, Reka) gewidmet, der 1927 in den Wäldern des Nanos ins Leben gerufen wurde und als erste antifaschistische Organisation Europas gilt. Gründer waren junge slowenische und kroatische Patrioten, die sich gegen die brutale Italianisierung durch den faschistischen Staat zur Wehr

Nanos, Wiege der Bora

setzten. Schon 1923 war in den von den Italienern okkupierten Gebieten Jugoslawiens die Verwendung der slowenischen und kroatischen Sprache in allen Behörden und öffentlichen Verkehrsmitteln verboten worden. Zwei Jahre später wurden sämtliche Ortsnamen italianisiert und bald darauf alle slowenischen und kroatischen Vereine aufgelöst bzw. Kultureinrichtungen geschlossen. Gleichzeitig setzte ein systematischer Terror gegen ihre Funktionäre ein, der bisweilen pogromartige Ausmaße annahm. Hunderte wurden interniert, Tausende in die Emigration getrieben.

TIGR reagierte auf diese Politik mit Anschlägen auf Kindergärten und Schulen sowie der Ermordung von faschistischen Kadern und Kollaborateuren. Einen spektakulären Erfolg verzeichnete die Gruppe mit einem Bombenattentat auf die Redaktion des faschistischen *Il Popolo di Trieste* im Jahre 1930. Die Staatsgewalt beantwortete den Anschlag mit einem Schauprozess gegen 18 »slawische Terroristen«, von denen vier zum Tode verurteilt wurden. 1938 plante TIGR sogar ein Attentat auf Mussolini in Kobarid, das damals Caporetto hieß. Die Aktion musste jedoch auf Betreiben des britischen Geheimdienstes abgeblasen werden, da der Duce gerade in die Verhandlungen über das Münchner Abkommen eingebunden war. 1941 erfolgte die Zerschlagung der letzten TIGR-Zellen durch die italienische Geheimpolizei, woraufhin sich viele Aktivisten den Partisanen anschlossen. Trotz (oder wegen) ihrer Pionierleistung fanden die TIGR-Veteranen im sozialistischen Jugoslawien keine Anerkennung, nicht wenige wurden sogar politisch verfolgt. Erst in den 1980ern begann man die Verdienste der Widerstandsgruppe neu zu bewerten, um TIGR 1997 schließlich mit dem Goldenen Ehrenzeichen der Republik zu würdigen.

Wenn der Nanos heute als »Zuflucht der Rebellen« vermarktet wird, mag dies zwar etwas übertrieben wirken, aber zugleich ein Ansporn sein, sich zu Fuß auf den Weg zum Gipfel zu machen. Die Mühe lohnt sich allerdings auch ohne historische Bezüge, denn ein schönerer Aussichtsberg findet sich in der ganzen Primorska nicht. Es ist weniger der Meeresblick, den man ja auch andernorts hat, sondern vielmehr die phänomenale, fast senkrechte Draufsicht auf das Vipava-Tal und die Vipavska brda, die ihn so einzigartig macht. Sogar die kürzlich fertiggestellte Autobahn nach Nova Gorica stört dieses Bild nur unwesentlich. Man genießt den Anblick entlang der südöstlichen Abbruchkante, die steiler ansteigt als man es vom Tal aus vermuten würde. Vor Ort erweist sich der »Tafelberg« nämlich als stark gegliedert und von fast hochgebirgigem Charakter. Das trifft vor allem auf die unbewaldeten Flächen zu, die früher beweidet oder regelmäßig gemäht wurden und heute im Sommer ein Blumenmeer sondergleichen ergeben. Sie waren die Lebensgrundlage von sechs Bauernhöfen, die hier bis zum 2. Weltkrieg angesiedelt waren. Ganzjährig ansässig waren auch die Köhler, sodass die Streusiedlung Nanos fast 80 ständige Bewohner hatte (heute sind es 13). Das letzte verbliebene Gehöft *Abram* beherbergte in der Zwischenkriegszeit eine Schule mit bis zu 30 Schülern.

In den Sommermonaten konnte sich die Einwohnerzahl sogar verdoppeln, vor allem zur Heuernte, an der sich Scharen von Mähern und Mäherinnen aus dem Tal beteiligten. Dazu kamen die Familien der Hirten, die riesige Herden von Schafen, Ziegen und Rindern zu betreuen hatten. Sie lebten wie die Mäher in pri-

Braunbärgehege am Nanos

mitiven Hütten aus Steinen und Reisig, die Sturm und Regen nur unzureichend standhielten. Zum Schutz gegen Gewitter wurden daher Steinhäuser errichtet, die gemeinschaftlich genutzt wurden und z. T. als Kapellen fungierten. Auch die wuchtige Bergkirche Sv. Hieronim unterhalb des Gipfels diente bei Unwettern als Refugium. Sie wurde Anfang des 17. Jahrhunderts errichtet, wirkt aber aufgrund des romanischen Stils bedeutend älter. Einer Legende zufolge wurden im Glockenturm einst Leuchtfeuer entzündet, um die Schiffe im Golf von Triest zu leiten. Das Amt des Leuchtturmwärters soll von Mönchen ausgeübt worden sein, die den Turm auch bewohnten. Selbst der Bedarf an Lampenöl, 280 Liter pro Jahr, ist überliefert. 150 Höhenmeter weiter erfüllt heute ein futuristisch anmutender Sendeturm Signalfunktion. Er gehört mit einem Bauernhof und dem Gipfelhaus zu den wenigen ganzjährig bewohnten Objekten am Nanos. Wer je die Bora auf dem Berg erlebt hat, kann sich ausmalen, mit welcher Gewalt der Sturm an der Anlage rütteln kann. Entsprechend martialisch ist die Verankerung mit Stahlseilen. Wegen seiner strategischen Bedeutung wurde der Turm im 10-Tage-Krieg 1991 von der jugoslawischen Armee bombardiert.

Bergkirche Sv. Hieronim am Nanos

Da die Wiesen des Nanos kaum noch bewirtschaftet werden (auch die einstigen großen Kohlplantagen sind verschwunden), beträgt der Anteil der unbewaldeten Flächen nur noch fünf Prozent. Der Rest besteht aus dichten Buchen- und Tannenwäldern, die mit Karsttrichtern und Höhlen durchsetzt sind, in denen sich das Eis bis zum Hochsommer halten kann. Dieses wurde noch Anfang des 20. Jahrhunderts mit Pferdefuhrwerken nach Triest gebracht, wo es am Fischmarkt als Kühlmittel diente. Heute sind die Wälder mit breiten Forstwegen erschlossen, die allerdings kaum frequentiert sind. Wanderer, die sich tiefer in die Wildnis hineinwagen, sind trotzdem nicht allein. Zu den ständigen Bewohnern des Berges zählen nicht nur Hirsche, Gämsen und Wildschweine, sondern auch Luchse und Braunbären. Auch einige Wölfe treiben sich hier herum, die allerdings so scheu sind, dass sie sich nie blicken lassen.

EINKEHR:

Turistična kmetija Abram. Auf 920 m Seehöhe ist der ökologisch geführte Hof ein schön gelegener Ausgangspunkt für Streifzüge auf dem Nanos-Plateau. Die gebotenen Speisen sind so einfach wie die

Fremdenzimmer. Im Gastgarten wird ein ausgewachsener Braunbär namens Mitko in einem etwas klein geratenen Gehege als Maskottchen gehalten. 00386 51 662002, www.abram-si.com

Vipava | Wippach | Vipacco

So rau und ausgesetzt der Nanos, so heimelig die kleine Stadt im Tal darunter. Schutzsuchend drängt sie sich an den Berg, wo unter steilen Felsen und zwischen alten Bäumen ihr »Lebensquell« entspringt. Es ist einer der ergiebigsten Karstflüsse Sloweniens, der hier gemächlich, aber bestimmt, sein unterirdisches Bett verlässt und Vipava zu einem Ort der Entschleunigung macht. Vor allem im historischen Kern im Umkreis der Quellen scheint eine andere Zeitrechnung zu gelten. Altösterreichischer Charme, »jugoslawische« Patina und mediterranes Flair harmonieren hier aufs Trefflichste und wecken sofort romantische Gefühle. Einen Wandertag mit einem Spaziergang und Abendessen am Flussufer zu beschließen, gehört zum Besten, was man in diesem Teil der Primorska erleben kann. Noch besser ist es, wenigstens für eine Nacht zu bleiben und sich die Altstadt in Ruhe zu Gemüte zu führen.

Auffälligstes Gebäude ist das breitschultrige Lanthieri-Schloss am *Glavni trg*, ein Barockbau mit kaisergelber Fassade, der erst auf der ungeschminkten Rückseite seinen melancholischen Charakter zeigt. Dort wendet er sich dunkelgrau und voller Altersflecken dem grünen Wasser zu, das hier, eine breite Wehrstufe nehmend, die Richtung wechselt und von dicken Platanen und Kastanien beschattet wird. Schwarzweiße Katzen beobachten aus flügellosen Fenstern eine Kolonie von Stockenten; ein Paar Turnschuhe auf dem Sims und ein T-Shirt, das zum Trocknen über ein Telefonkabel gehängt wurde, lassen auf junge Mieter schließen. Im verwunschenen Innenhof hält eine alte Linde mit Mühe einer Efeuattacke stand. Gut möglich, dass sich schon Carlo Goldoni, der Anfang des 18. Jahrhunderts hier wohnte, an ihren Stamm gelehnt hat.

An bedeutenden historischen Gemäuern hat Vipava außerdem eine zweibögige römische Brücke, die Burgruine *Stari grad* aus dem 12. Jahrhundert sowie die im Mittelalter befestigten Quellen vorzuweisen. Doch das sind nur die »Rosinen« in einer

In der Altstadt von Vipava

gar nicht so kleinen Altstadt, in der sich behutsame Sanierung und ungestörter Verfall die Waage halten und es an allen Ecken und Enden malerische Details zu entdecken gibt. Fündig wird man, von der Umgebung des Schlosses abgesehen, vor allem in der »Oberstadt«, in der etliche unverputzte Häuser, Fassadenmalereien und alte Steinportale erhalten geblieben sind. Außerdem ist Vipava eine ausgesprochen grüne Stadt: Allenortes finden sich hübsche Baumensembles (darunter eine berühmte Lindenallee), Rosenranken und – nicht zuletzt – Weinstöcke, ist doch die Stadt auch bekannt für ihre uralte Weinkultur. Der Stadtpark wartet überdies mit einem schönem Ginkgo-Baum auf, dem ein Spalier manieristischer Allegorien die Ehre erweist. Zu guter Letzt empfiehlt sich ein Abstecher zum Friedhof, wo sich die bedeutendste Sehenswürdigkeit der Stadt befindet: Zwei ägyptische Sarkophage aus dem 3. Jahrtausend vor Christus, die Anton Lavrin im 19. Jahrhundert für sein Familiengrab nach Vipava schaffen ließ. Der Mann war hochrangiger österreichischer Diplomat, Sprachgenie und Archäologe und wurde vom Kaiser für seine Vermittlungen im Konflikt zwischen der Türkei und Ägypten geadelt. Er starb, nachdem er hunderte ägyptische

Kunstgegenstände nach Europa entführt hatte, geistig umnachtet in Mailand. Vielleicht war dies die Rache des Pharaos, dessen Nachkommen er aus einem der beiden Steinsärge bugsierte, um seinen eigenen Sohn darin zu bestatten.

EINKEHR:

Gostilna Podfarovž. Nicht ganz stilsicher, aber gemütlich eingerichtetes Restaurant mit Gastgarten direkt an einer der Vipava-Quellen. Der freundliche Wirt versteht sich auf die Zubereitung von Forellen und offeriert autochtone Vipava-Weine, wie den *zelèn* oder die *klarnica*, denen eine aphrodisierende Wirkung nachsagt wird. Im Nebengebäude steht ein Appartement zur Verfügung. 00386 5 3665217 oder 47411295, www.podfarovz.si

IX. WEG VOM FENSTER
Wanderung bei Ajdovščina

Es ist eine Tageswanderung, an die man sich noch lange und gerne erinnern wird. Landschaftlich wunderschön und abwechslungsreich, erfüllt sie auch bei der Wegbeschaffenheit und dem Streckenprofil alle Kriterien einer idealen Route. Schauplatz ist der südwestliche, kultivierte Rand des Trnovski gozd hoch über dem Vipavatal, das hier eine arenaförmige und nur dünn besiedelte »Bucht« herausgebildet hat.

Der Tag beginnt mit einem Tusch. Urheber ist der Karstfluss Hubelj, der bei Ajdovščina aus dem Berg hervorschießt, als wäre dieser plötzlich leck geworden. Das Brausen des Wassers begleitet den Wanderer beim Aufstieg zum *Otliško okno*, einem riesigen Felsentor, das der Teufel höchstpersönlich aus dem Fels gebrochen hat. Ein Aussichtspunkt auf halber Höhe gibt nur einen kleinen Vorgeschmack auf das fantastische Panorama, das man auf der Höhe genießt. In dynamischen Wellen steigt das Plateau zum Nanos im Südosten an. Wie ein breiter Strom fließt das Grün des Vipavatales in allen Schattierung vorüber, und wie mit dem Lineal gezogen verläuft die blaue Linie zwischen Himmel und Erde im Hintergrund. Eine ganz andere Szenerie bietet sich nur wenige Schritte hinter der Geländestufe. Parkähnlich gepflege, mit weißen Mäuerchen gesäumte Weiden lassen an schottisches Hochland denken. Fast surreal wirkt die kleine Siedlung Otlica mit ihren scheinbar seelenlosen Häusern und doch so freundlichen Bewohnern. Besonders kurzweilig ist der nächste Abschnitt. Im ständigen Auf und Ab wandert man, von Raubvögeln beobachtet, haarscharf den Abgrund entlang. Am Sattel von Predmeja angekommen, darf man sich auf den bequemen Abstieg freuen. Ein historischer Saumweg führt nach Gorenje, einem sonnigen Bauerndorf zwischen Wein- und Gemüsegärten. Sanfte Wiesenhänge erlauben den Blick zurück und auf die nahe Stadt.

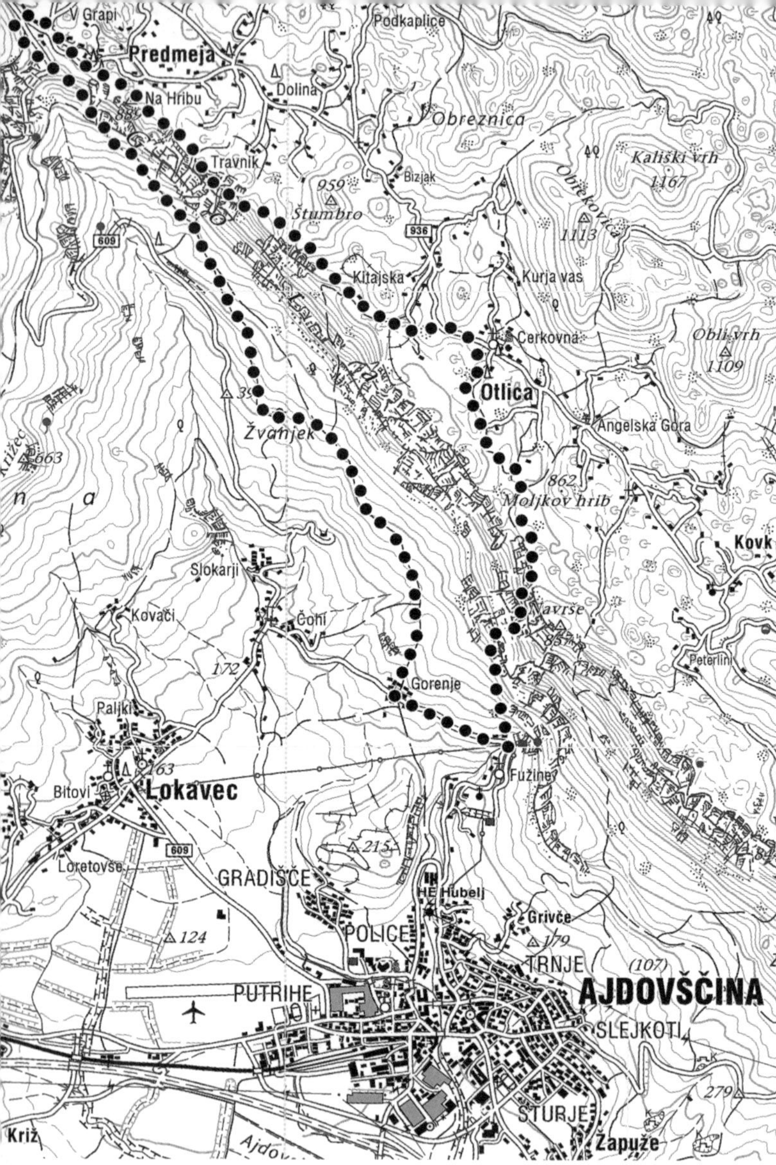

HINWEISE ZUR WANDERUNG
LÄNGE: 16 km
HÖHENDIFFERENZ: 720 m ↑ ↓
GEHZEIT: 5:00 Std.
ANFORDERUNGEN: Ausdauer

ORIENTIERUNG: mittel
KARTE: Izletniška karta »Nanos«, 1:50.000, Geodetski zavod Slovenije
EINKEHRMÖGLICHKEIT: Otlica, Izvir Hubelj
ANFAHRT: Man nimmt auf der slowenischen H4 (Vipava-Schnellstraße) die Abfahrt »Ajdovščina« und folgt den Wegweisern ins Zentrum von Ajdovščina, wo man an der Kreuzung vor dem Bahnhof nach rechts abbiegt, um nach 500 m links zu fahren und dem Wegweiser »Izvir Hubelj« 3 km bis zur Hubelj-Quelle zu folgen.

WEGBESCHREIBUNG

Ausgangspunkt sind die **Quellen des Hubelj** (Izvir Hubelj), nördlich von Ajdovščina, wo man beim **Parkplatz** westlich der Straßenbrücke dem markierten Wanderweg Richtung **»Otliško okno«** (Wegweiser) folgt. 30-minütiger steiler Anstieg im Wald bis zu einer Gabelung; man geht rechts (**Wegweiser »Okno«**). Weiter auf schönem Steig in Serpentinen bergwärts. Vorbei an einem »Denkmal des Teufels« bis zu einem ersten **Aussichtspunkt** mit Blick ins Vipavatal und auf Ajdovščina (0:50 Std.). Nach weiteren 10 Min. wird eine Abzweigung nach rechts (Wegweiser »Malo otliško okno«) ignoriert. Weiter bergauf bis zu einem **Bildstock** oberhalb der Geländekante, wo der Weg sich gabelt (1:20 Std.). Man geht rechts (**Wegweiser »Veliko otliško okno«**), hält sich bei der darauffolgenden Gabelung rechts und gelangt zum **Großen Felsentor**. Zurück zum **Bildstock** (1:45 Std.).

Von hier folgt man dem markierten Weg Nr. 1 in nordwestlicher Richtung (**Wegweiser »Pot po robu Predmeja«**). Man durchschreitet (in Sichtweite eines Bauernhauses) eine große **Pferdeweide** und wendet sich kurz darauf, den markierten Hauptweg verlassend, nach rechts (undeutlicher **Hinweispfeil »Otlica«**). Kurz darauf erscheint die **Kirche** von Cerkovna. Angenehmer Weg, der bald auf ein Quersträßchen trifft; auf diesem nach rechts bis zur **Kirche** (2:15 Std.). Einkehrmöglichkeit in der **Okrepčevalnica Angora**.

Auf der **Straße** vor der Kirche nach links (vom Friedhof aus betrachtet). Nach 500 m verlässt man die Straße und wendet sich nach links in einen mit einer gelben **Spirale** gekennzeichneten Weg. Gleich darauf eine **Jagdhütte**; man geht links daran vorbei. Der etwas verwachsene Weg führt zu einem kleinen grauen **Haus**, das man rechts umgeht. Man trifft auf ein Quersträßchen und wendet sich auf diesem nach links. Nach gut 50 m eine Gabelung; man geht rechts, durchschreitet einen **Schranken** und nimmt bei der darauffolgenden Gabelung den linken Weg (gelbe Spirale). Schöner Weg zwischen trockenmauergesäumten Wiesen und Weiden. Man gelangt zur **Geländekante** und trifft hier wieder den markierten **Wanderweg Nr. 1**; auf diesem nach rechts. 5 Min. fast eben entlang einer langgestreckten Lichtung, dann gut 20 Min. im Mischwald steil bergauf. Man erreicht einen **Rastplatz** und steigt zu einem **Aussichtspunkt** linker Hand an (3.15 Std.). Schönes Panorama.

Steiler Abstieg entlang der **Geländekante** (gelbe Spirale). Nach 10 Min. dreht der Weg nach rechts und trifft bald auf die Markierung Nr. 1, um kurz darauf wieder anzusteigen. Nach 5 Min. ein breiter Querweg; auf diesem nach links. Der Weg gabelt sich sofort; man geht geradeaus (undeutliche Markierung). Weiter in mehrmaligem Auf und Ab bis zu einem **Rastplatz** an der Straße von **Predmeja** (4:15 Std.).

Auf der **Straße** nach links. Nach 500 m (Ortsende) eine breite Querstraße; man geht scharf nach links. 300 m auf der Straße bergab bis zu einem großen **Bildstock**. Man wendet sich scharf nach links in einen Waldweg (keine Markierung). Nach 50 m eine kleine Wegkreuzung; man geht scharf rechts (keine Markierung). Gut 30 Min. auf breitem, teilweise befestigtem Hauptweg (der historischen **Resslova cesta**) im Wald bergab. Man erreicht einen Kahlschlag oberhalb einer **Straße** (nicht in der Karte eingezeichnet!), quert diesen und findet die Fortsetzung des Weges, der kurz darauf auf die Straße trifft; auf dieser nach links. Man passiert einen markanten **Felsbrocken** mit kleiner **Jagdhütte** und wendet sich nach rechts in einen abschüssigen Weg, der sich sofort gabelt. Man geht links und folgt der **Resslova cesta** weiter bergab (keine Markierung). Nach 25 Min. passiert man eine kleine **Kapelle** und trifft neuerlich auf die **Straße**; auf dieser nach links (!). 500 m bergauf bis zu einer deutlichen **Linkskurve**, wo man sich scharf nach rechts in einen Weg wendet (keine Markierung). Sanfter Abstieg, die Richtung stets beibehaltend. Gelegentlich kleine Lichtungen mit Ausblicken auf den Berg oder ins Tal. Untergeordnete Abzweigungen oder Kreuzungen werden ignoriert. Der Weg verbreitert sich und führt schließlich zum Weiler **Gorenje**, einem Ortsteil von Lokavec. Man wendet sich nach dem ersten Haus auf einem Sträßlein nach links, steigt an ein paar Häusern vorbei zu einer **Querstraße** ab, geht auf dieser nach links und verlässt den Ort. 15 Min. auf kaum befahrenem **Sträßchen** bis zum Ausgangspunkt (6:00 Std.).

Hubelj-Quellen

AM WEGE

Izvir Hubelj | Hubelj-Quellen

Geologisch betrachtet ist der Gebirgsstock des Trnovski gozd, dt. Ternowaner Wald, ein poröser Schwamm aus Kalkgestein, durch den das Wasser rasch nach unten sickert, ehe es auf eine undurchlässige Flyschschicht trifft und im Tal aus dem Berg gedrückt wird. Dieses keineswegs ungewöhnliche Karstphänomen geht nördlich von Ajdovščina mit einem wahren Spektakel einher: Bis zu 50 Kubikmeter Wasser schießen hier pro Sekunde aus dem Berg, überspringen die Felsen in Kaskaden und bilden einen tobenden Fluss, der sich durch einen engen Graben in Richtung des Flusses Vipava zwängt. Ein landschaftlich überaus reizvoller Lehrpfad begleitet den Hubelj von der Quelle zur Stadt und vermittelt einen Eindruck von seiner frühen Kultivierung bzw. industriellen Nutzung.

Schon die Römer versorgte der Hubelj, der seinen eigentümlichen Namen von den Langobarden haben soll, mit Trinkwasser und Energie, zudem speiste er den Wehrgraben ihrer Stadt Castra. Ab dem 4. Jahrhundert lieferte er die kinetische Energie

Mauergesäumter Weg bei Otlica

für ein primitives Hammerwerk, zu dem sich im späten Mittelalter weitere Schmieden, Mühlen und Sägewerke gesellten. Daraus entwickelte sich eine bedeutende Stätte der Eisenproduktion, die Nägel, Hufeisen, Fassbänder und verschiedenste Werkzeuge bis Venedig lieferte. Hinzu kamen eine Kupfermanufaktur und die Papiermühle, später ein Walzwerk sowie eine Textilfabrik. So war Anfang des 19. Jahrhunderts entlang des Flusses eines der wichtigsten Industriezentren im heutigen Slowenien entstanden, das noch immer die Peripherie von Ajdovščina prägt. Während sich aber die Betriebe im Süden der Stadt im Wachstum befinden, bieten die alten Lagerhäuser und ein verlottertes Gewerbezentrum unterhalb der Quellen ein anderes Bild. Verrostete Garagentore, eine rissige Betonpiste und morsche Dachziegel, die mit Bachsteinen beschwert sind, erbringen einmal mehr den Beweis, dass unternehmerisches Glück nur ein Vogerl ist.

EINKEHR:

Gostilna pri izviru Hublja. Einfache Gaststätte unweit der Hubelj-Quellen, die Wanderer mit kühlem *Union* und heißer *klobasa* versorgt. Mittwoch bis Sonntag, 12.00 bis 22.00 Uhr. 00386 5 3663788

Trnovski gozd | Ternowaner Wald | Selva di Tarnova

Wer gerne in offenem Terrain und von Dorf zu Dorf wandert, wird in diesem riesigen und unübersichtlichen »Dornwald«, so die wörtliche Übersetzung, kaum glücklich werden. Und das, obwohl es sich um altes Kulturland handelt: Schon im 17. Jahrhundert begann man hier unter staatlicher Aufsicht mit großflächigen Aufforstungen, die die ursprünglich fast kahle Hochebene zu einem der dichtesten Wälder Mitteuropas werden ließen. Um 1820 oblag die Waldpflege Joseph Ludwig Franz Ressel: Als kaiserlich-königlicher Marineforstintendant war es seine Aufgabe, die Werften in Triest und Pula mit Holz zu beliefern, wofür er sogar eigene Straßen bauen ließ. Weniger erfolgreich war Ressel als Erfinder. Die von ihm entwickelte Schiffsschraube stieß bei Reedern und Militärs anfangs nur auf Ablehnung, bis ihm seine Idee von den Engländern »gestohlen« wurde. Auch die Erfindung der Rohrpost, des Dampffuhrwerks und des Kugellagers brachten Ressel zeit seines Lebens keine Anerkennung. An den »kaiserlichen Förster« erinnerte man sich aber am Trnovski gozd noch lange, wie ein 1957 an der Straße in Predmeja errichtetes Denkmal beweist.

Der genannte Ort ist seit 400 Jahren eine Art Vorposten an der Abbruchkante des Waldes, der zum so genannten Hochkarst gehört und zugleich den Südrand der Alpen markiert. Die hier befindlichen Höhlensysteme zählen zu den ausgedehntesten der Welt und lieferten in den vergangenen Jahrhunderten einen wertvollen »Rohstoff«: das natürliche Eis, das sich in den Felsspalten und -schächten das ganze Jahr über hält und von den Einheimischen mühsam »geerntet« wurde. In der 385 m tiefen Paradani-Höhle nördlich des Dorfes geschah dies auf gleichsam bergmännische Art. Hier förderte man in großen Mengen bis zu 40 kg schwere Eisblöcke zu Tage, um sie bei Nacht mit Fuhrwerken nach Triest zu bringen, von wo sie bis Ägypten verschifft wurden. Ende des 19. Jahrhunderts lieferte die Höhle jährlich 1.600 Tonnen Eis, und noch im Sozialismus wurde in ihr das Eis gebrochen.

Otlica | Ottelza

Das »Zentrum« der Streusiedlung, Cerkovna genannt, ist eine lose Ansammlung nüchterner Häuser, die achtlos an den Rand einer großen Lichtung geworfen wurden und wie gebannt auf den Friedhof jenseits der Straße starren. Ein Partisanendenkmal wartet an der Bushaltestelle, in der Bar vis-à-vis schlägt ein Veteran bei einem Glas Wasser die Zeit tot. Dienst nach Vorschrift macht die Kirche nebenan. Zwei Häuser weiter hebt sich ein grüner Würfel von den mehrheitlich weißen Fassaden ab, wie ein Fremdköper wirkt auch die auffallend große Volksschule. Für den Nachwuchs sorgen rund 450 Einwohner, die sich auf ein gutes Dutzend kleiner bäuerlicher Streusiedlungen verteilen. Einige Ortsteile tragen so seltsame Namen wie Sibirija und Kitajska, das heißt China, und erinnern damit unwillkürlich an eine ferne Zeit, da Josip Broz Tito, Josef Stalin und Mao Zedong noch Verbündete waren.

EINKEHR:

Okrepčevalnica Angora. Schlichte Dorfkneipe, die sich mit gutem Kaffee, freundlichem Personal und ebensolchen Stammgästen für einen Zwischenstopp empfiehlt. Freitag bis Sonntag ganztägig geöffnet. 00386 5 3649370, www.angora.si

Ajdovščina | Aidussina | Haidenschaft

Als wirtschaftliches Zentrum des Vipavatals ist die Kleinstadt kein Ort zum Bleiben. Sind der hässliche Industriegürtel und die gesichtslosen Wohnsiedlungen an der Peripherie schon abschreckend genug, hat auch das alte Zentrum wenig Atmosphäre. Seine Aura bezieht es, wenn überhaupt, aus der historischen Bedeutung als befestigte römische Siedlung. Als Zeugnisse dieser Zeit sind Reste der Stadtmauer, die Grundmauern einer Therme sowie der letzte von ursprünglich mehr als einem Dutzend Wehrtürmen zu sehen. Das *Castrum* war im 3. und 4. Jahrhundert n. Chr. einer der wichtigsten Militärstützpunkte an der Grenze zwischen dem oströmischen und weströmischen Reich, deren Kräftemessen am 6. September 394 vor den Toren der Stadt entschieden wurde. Die Schlacht zwischen den Kaisern Theodosius I. und Eugenius war eine der größten Schlach-

Am Marktplatz von Ajdovščina

ten in der römischen Geschichte und wurde später zum Sieg des Christentums über die »heidnischen« Religionen hochstilisiert. Eugenius war zwei Jahre zuvor zum weströmischen Kaiser ausgerufen worden und galt als Anhänger des alten Götterglaubens. Das lieferte dem christlichen Theodosius den willkommenen Vorwand für einen Religionskrieg. Er mobilisierte rund 100.000 Mann, eroberte das Hochplateau über der Stadt und griff von dort die Truppen des Eugenius an. Der mit äußerster Härte geführte Kampf fand am Ufer des *Frigidus*, des heutigen Hubelj, statt und forderte auf beiden Seiten zehntausende Opfer. Dass Theodosius schließlich die Oberhand gewann, verdankte er der Überlieferung zufolge der stürmischen Bora, die die Pfeile der Feinde auf dieselben zurücklenkte. Eugenius wurde gelyncht, und der Sieger hielt mit seinem nachhaltig geschwächten Heer Einzug in Rom, um das Reich wieder zu vereinigen. Sein Triumph währte jedoch nicht lange: Nach nur drei Monaten verstarb der Kaiser, und Rom zerfiel endgültig.

Eineinhalb Jahrtausende später schrieb Ajdovščina ein weiteres Mal Geschichte: Der Rat des Slowenischen Befreiungskampfes bildete hier am 5. Mai 1945 die erste Sozialistische Regie-

In Predmeja bei Ajdovščina

rung und damit den Grundstein für die Sozialistische Republik Slowenien innerhalb der Sozialistischen Föderativen Republik Jugoslawien. »Kein Zweifel, die Souveränität ist der größte Lohn unseres Befreiungskampfes«, steht auf dem Denkmal vor dem Kino, und im Stadtpark stellt sich ein eherner Widerstandskämpfer mit erhobener Faust und entblößter Brust seinen Feinden. Wie ein unfreiwillig ironischer Kommentar wirkt da die Büste von Ivan Cankar, der dem Betrachter grimmig zublinzelt. Geschaffen wurde die Plastik von Veno Pilon (1896–1970), dem bedeutendsten bildenden Künstler, den die Stadt hervorgebracht hat. Der Bäckersohn verbrachte viele Jahre in Paris und kehrte erst kurz vor seinem Tod in die Heimat zurück. In seinen Anfängen noch der expressionistischen Malerei verhaftet, brachte er es erst als Zeichner und Fotograf zur Meisterschaft. Von der Vielschichtigkeit seines Werkes kann man sich in der himmelblauen *Pilonova galerija* im Stadtzentrum überzeugen.

EINKEHR:

Hotel Casino Gold Club. Es ist die einzige Herberge in der Stadt und wird hauptsächlich von Spielsüchtigen aus Italien frequentiert. Entsprechend verloren fühlt sich der Wanderer. 00386 5 3644700, www.hotelgoldclub.eu

RAUER WIND

Die Architektur des Karsts hat sich den klimatischen Besonderheiten angepasst: Mit ihren fensterlosen Nordfassaden und schweren Steindächern trotzen typische Karsthäuser dem Ansturm der Bora, die immerhin an rund 80 Tagen im Jahr über das Land braust. Die Bora, slowenisch *burja* genannt, ist ein trockener, kalter, böiger Fallwind, der aus Nordosten Richtung Adria bläst und an den Abruchkanten des Karsts auf Meereshöhe hinunterfegt, wobei sie zusätzlich an Geschwindigkeit gewinnt. Bei Durchschnittsgeschwindigkeiten von über 100 Stundenkilometern können einzelne Böen Rekordwerte von bis zu 200 Stundenkilometern erreichen.

Die Bora hat ihren Namen von Boréas (»der Nördliche«), dem griechischen Gott des winterlichen Nordwindes. Nachdem ein heftiger Nordwind die Kriegsflotte des persischen Königs Xerxes vor Athen vernichtete, erhob das Volk den Windgott Boréas zum kultisch verehrten Schutzpatron der antiken Stadt.

Der Legende nach hat die Bora im Altertum den Ausgang einer weiteren Schlacht entschieden. Am 6. September 394 trafen die Truppen des oströmischen Kaisers Theodosius I. bei Castra (Ajdovščina) im Tal der Vipava auf die Streitmacht des weströmischen Rivalen Eugenius. Nach christlicher Lesart siegte das oströmische Heer mit Gottes Hilfe, da die in dieser Gegend besonders heftig auftretende Bora die Geschosse der weströmischen Krieger zurückgetrieben haben soll. Die Schlacht am Frigidus war eine der größten und blutigsten in der Geschichte des Römischen Reiches; gleichzeitig besiegelte sie den endgültigen Sieg des Christentums über die alten Religionen Roms.

Aufgrund ihrer unterschiedlichen Erscheinungsformen hat die Bora viele Namen: Mit *borino* bezeichnen die Triestiner ein laues Lüftchen, *borona* bedeutet hingegen Sturm. Wird die Bora von heftigen Windstößen begleitet heißt sie *reffoli*. Die *bora scura* bringt Regen und trübe Sicht, der *borasco* Gewitter und die *bora chiara* Sonnenschein.

Bei Movraž (Wanderung XVI)

Die Bora hat im Karst deutliche Spuren hinterlassen: Die Vegetation ist geprägt von windverformten Sträuchern und Bäumen, von kälteresistenten Pflanzenarten und extremer Winderosion. Nicht zuletzt um das Verwehen der Ackererde zu verhindern, sind die wenigen Anbauflächen in mühevoller Arbeit mit Steinmauern umgeben worden. Ein Umstand, den auch der österreichische Schriftsteller Ernst Décsey anlässlich seines Karstbesuches am Vorabend des Ersten Weltkrieges aufmerksam notierte: »Vom Stein lebt die ganze Gegend. Ohne ihn wäre sie tot. Nichts bliebe zurück als der Wind, die himmelabstürzende, reißende, fressende Eisbora, die jede Erdkrume in die Lüfte jagt. Der Stein schützt die Erde vor der Windsbraut, wenn er, zu tausend in Riegelmauern geschichtet, jede rote Parzelle umfriedet.«

Viele Reisende machten auf ihrem Weg über den Karst die Bekanntschaft mit der Bora, deren heftige Sturmböen Einheimische wie Fremde in eine missliche Lage bringen konnten. Der stürmische Nordostwind war im Jahre 1780 auch Benedikt Hermanns ständiger Reisebegleiter, sodass dieser oftmals befürchten musste, mitsamt seinem Fuhrwerk »hinweggeschleudert« zu werden. Oft kam es vor, dass plötzlich auftretende Stürme die Reisenden dazu zwangen in Gasthäusern Schutz zu suchen, um das Abflauen des Windes abzuwarten. Eigens beauftragte Windexperten waren von der Regierung dazu autorisiert, die Hauptstraßen zur Sicherheit von Mensch und Tier für die Dauer der heftigsten Sturmböen zu sperren. Wegen der Bora werden heute noch jedes Jahr Brücken, Küstenstraßen und einzelne Autobahnabschnitte gesperrt oder Fahrverbote für Lastkraftwagen ausgesprochen (mitunter wurden von orkanartigen Böen schon Reisebusse ins Meer geworfen). Angesichts der heftigen Stürme müssen auch Fährlinien mehrmals im Jahr ihren Betrieb vorübergehend einstellen.

Besonders drastisch schilderte der Deutsche Johann Georg Kohl Mitte des 19. Jahrhunderts die Gewalten der Bora: »Wenn die Bora sehr heftig einfällt, und der Warentransport auf dem Karst eben im Gange ist, so widerstehen ihr oft die stärksten Ochsen und die schwersten Ladungen nicht. Sie wirft alles, was sich nicht verkriechen kann, nieder, und man sieht dann nicht selten die ganze Handelsstraße mit vom Winde umgeworfenen

‹‹ *Pekel-Klamm bei Borovnica (Wanderung I)*
Schaufenster in Idrija (Wanderung II)
Kindergeburtstag in Idrija (Wanderung II)

In Rakov Škocjan (Wanderung IV)

Am Planinsko polje (Wanderung III)

Postojnska kotlina mit Blick auf Strane und den Nanos (Wanderung VII)

Predjamski grad (Wanderung VII)

Hochplateau bei Knežak (Wanderung X)
Temporärer See bei Šembije (Wanderung X)

« Am Žabnik (Wanderung XI)
In Golac (Wanderung XI)
In Poljane pri Podgradu (Wanderung XI)

In Poljane pri Podgradu (Wanderung XI)

Auf der TIGRovska pot (Wanderung XII)

In Ocizla (Wanderung XII)
In Beka (Wanderung XII)

40

Bei Škocjan (Wanderung XIII)

Wagen bedeckt. Die Postkutschen, welche ihre Zeit einzuhalten suchen, werden bei einer solchen Bora von 8 bis 10 Menschen begleitet, die zu beiden Seiten das Fuhrwerk an Stricken halten. Jeder von Triest über den Karst gehende Postwagen ist zu diesem Ende oben auf seinem Dache mit einer Reihe von Ringen versehen, welche zur Befestigung der Stricke dienen.« Selbst die Eisenbahn war vor den Attacken der Bora nicht gefeit, wie dies aus einem Bericht des Schweizer Journalisten Jacob Heer von 1888 hervorgeht: »Längs der Eisenbahn stehen hölzerne und steinerne Schutzwehren gegen die Bora, graue unheimliche Bauten, die auch dem im goldenen Sonnenschein durch den Karst fahrenden Fremden nahe führen, wie wild die Geister der Luft ihre Sturmorgien feiern. Zu solchen Zeiten leisten die Bahnangestellten dieser Gegend den Sicherungsdienst mit Steigeisen an den Schuhen. Sogar die Gewalt der Lokomotive bricht sich zu Winterszeiten hin und wieder an den von der Bora geteilten und zusammen gewehten Schneemassen, so daß der Verkehr auf dieser Linie stockt. Dann mögen sich die Reisenden, die in einem armseligen Karstdörfchen eingeschneit auf Erlösung warten, sehnsüchtig an die Beefsteaks Wiens oder die Meeresfische Triests erinnern!« Beim Bau der Eisenbahnlinie nach Triest überlegten die Ingenieure, den Schienenweg teilweise durch die Höhlen bei Planina und Postojna zu verlegen, um den Stürmen und Schneeverwehungen der Bora unterirdisch auszuweichen.

Tatsächlich bläst die Bora vorwiegend im Winter, was auf den Temperaturgegensatz zwischen kalter Kontinental- und warmer Meeresluft zurückzuführen zu ist. Während die Bora im Winter bis zu 14 Tage hindurch stürmen kann, weht sie im Sommer höchstens einen Tag oder gar nur einige Stunden. Im Spätsommer und Herbst ist sie oft mit heftigen Regenschauern und Hagel verbunden, im Winter bringt sie Frost und Schneestürme.

Manche Karstbesucher betrachteten die Bora als Todeswind, wie der Schweizer Georg Baumberger, der den Karst um 1900 bereiste: »Schaurig muß es hier im Winter sein! Die Bora – der Schrecken dieser Gegenden bis weit hinunter nach Dalmatien – haust hier fürchterlich: fessellos und schrankenlos tobt und heult sie über die Ebene dahin, peitscht Schnee und Eisnadeln wie rasend vor sich her, häuft Schneewehen fast haushoch zusammen, begräbt Hirten und Herden, die sie überrascht. Wehe dem Armen, den sie in diesen Oeden, fern ab von jedem schützenden Dache überfällt und mit eisiger Umarmung umfängt. Er ist fast rettungslos des Todes Beute, und die Bora, die Tochter des Todes, jauchzt vor Lust wild auf, daß sie wieder ein Leben ausblies.«

Beinahe liebevoll lesen sich hingegen die Beschreibungen von Schriftstellern wie Srečko Kosovel, Scipio Slataper oder Giani Stuparich, wenn sie die Bora durch heimatliche Dörfer wehen und an die Fenster der Karsthäuser schlagen lassen. Für Slataper ist der wohl bekannte Wind selbstverständlicher Teil seiner Karstheimat: »Stundenlang Kalk, Wacholder. Das Gras ist widerspenstig. Bora. Sonne.«

Ebenso gelassen begegnete Peter Handke bei seinen Wanderungen dem »frostigen Sausen« über die Karstflächen: »Da gab es, war man draußen irgendwo, den Weg hinab in die Dolinen, die unter dem Wind lagen [...]; oben an dem Rundhorizont der Schüssel standen die Bäume gleichmäßig schräg, und unten zitterte kaum das stopplige Gras, schwankten kaum Bohnenranken oder Kartoffelstauden. Selbst ausgesetzt dem Sturm auf der Hochfläche, ohne einen Dolinenschutz, brauchte man sich nur hinter einen der vielen da aufgeschichteten Steinwälle zu setzen, und war von einem Moment zum andern aus der sirrenden Eiseskälte in ein stilles Warmbad getaucht.«

Gefährlich kann die Bora für die Seefahrt werden. Der Seegang erreicht beachtliche Höhen, wobei die Wellenkämme zu Schaum gepeitscht, zerstäubt und in Dunstwolken, den *fumarea*, fortgerissen werden. In seiner Abhandlung zum Seehandel Österreichs (1856) zollte Karl Marx dem Mut der Seefahrer uneingeschränkten Respekt: »Die Bora, der große Störenfried dieses Meeres, erhebt sich stets ohne das kleinste Warnungszeichen; mit der Gewalt eines Tornados überfällt sie die Seeleute und gestattet nur dem Kühnsten, auf Deck zu bleiben. Manchmal tobt sie wochenlang und am heftigsten zwischen der Bucht von Cattaro und dem Südende von Istrien. Der Dalmatiner aber ist von Kindheit an gewöhnt, ihr zu trotzen, er wird hart unter ihrem Atem und verachtet die armseligen Winde anderer Meere.« Von den ersten Anzeichen des Aufkommens einer Bora bleiben den Seeleuten oft nur 30 Minuten, um einen sicheren Ankerplatz anzulaufen. In

Triest sind die Molen stets nach Nordosten ausgerichtet, damit die Schiffe selbst bei starker Bora am Kai anlegen können.

In Hafennähe soll auch das zukünfige Boramuseum verwirklicht werden. Bis zur Umsetzung dieses Projektes kann das *Museo della Bora* virtuell besucht werden (www.museobora.org) oder man begibt sich in das einzigartige *Magazzino dei Venti*, dem Lagerhaus der Winde, in die Via Belpoggio 9 (telefonische Voranmeldung unter 040 307478 oder per E-Mail: museobora@iol.it). Das besagte, knapp 60m² große Depot beherbergt bis zur Einrichtung des Museums zahlreiche Gegenstände zum Thema Wind. Neben Windrädern, Drachen und Warnschildern vor heftigem Sturm, sind dort die noch vor Jahrzehnten in Triests Eisenwarenhandlungen verkauften *jazini*, eine Art von Steigeisen, zu bewundern. Wenn die frostige Bora im Winter die regennassen Straßen und Fußwege in glatte Eisflächen verwandelt, schnallten sich die Triestiner diese Gehbehelfe an die Schuhe. Im *Magazzino* befinden sich auch dicke Seile, die früher an besonders stürmischen Plätzen und Straßenecken Triests gespannt waren, um den Passanten Halt vor der Bora zu bieten. Als Hommage an den französischen Schriftsteller Stendhal, der das Jahr 1830 als französischer Konsul in Triest zubrachte, lagern hier auch zwei Fensterflügel mit doppelter Verglasung. Missmutig schrieb Stendhal über diese Eigenheit der Stadt: »Das ist tatsächlich einzigartig in Italien. In keiner zweiten Stadt auf dem Stiefel wird man Doppelfenster finden. Kunststück, in keiner zweiten Stadt weht die Bora.«

Die ehrgeizigen Mitglieder des Vereins *Museo della Bora* betrachten den provisorischen Lagerraum gerne als ihr La-Boratorium, als Versuchsanstalt des Windes. Eine Besonderheit sind die im Magazin ausgestellten, sorgfältig beschrifteten Flaschen und Dosen. Die rund hundert, nur scheinbar leeren Gefäße beinhalten eingefangene Winde aus aller Welt. Das Herzstück der einzigartigen Windsammlung ist natürlich die in kleine blaue Konservendosen abgefüllte Bora (*bora in scatola*), die es samt genauer Anleitung über den Umgang mit dem Wind in diversen Buchhandlungen Triests zu kaufen gibt.

Werner Koroschitz

X. WEITES LAND
Wanderung von Pivka nach Ilirska Bistrica

Wer zu Titos Zeiten gelegentlich nach Jugoslawien reiste, wird Pivka vielleicht als trostloses Kaff an der Transitroute zum Meer in Erinnerung haben. Hässlich wie eh und je, empfiehlt sich der Ort dennoch als Ausgangspunkt für eine Expedition in ein besonders reizvolles, aber kaum bekanntes Karstgebiet im Süden Sloweniens. Um die Wanderung uneingeschränkt genießen zu können, sind allerdings etwas Ausdauer sowie gutes Orientierungsvermögen vonnöten.

Zu Beginn wandert man auf den Spuren des legendären Schmugglers Martin Krpan, der einst Österreichern und Türken das Fürchten lehrte. Zwischen alten Eichen und über sanft gewellte Wiesen schlängelt sich der Pfad. Erster Höhepunkt ist Šilentabor über dem Rekatal, wo sich der Blick nach allen Seiten öffnet. Vom benachbarten Kirchlein Sv. Martin ist es nicht weit zum felsigen Kamm des Gradišče, dem man eine gute Stunde und nahezu weglos nach Süden folgt. Rechts liegt einem das Hügelland Brkini zu Füßen, links neigt sich die Prärie in Richtung Knežak. Auf steinigen Böden weiden Pferde, Habichte kreisen in der Luft. Nachdem man Šembije, das keinen schönen Anblick, zum Trost aber eine Einkehrmöglichkeit bietet, hinter sich gelassen hat, ändert die Landschaft ihren Charakter. Ein bequemer Weg führt in ein alpin anmutendes Hochtal, von wo man im lichten Wald nach Ilirska Bistrica absteigt. Man betritt die Stadt an der Quelle des namensgebenden Flusses, wo sich der älteste und zugleich eigenwilligste Ortsteil befindet. Vorbei an alten Mühlen und Gewerkenhäusern gelangt man zum Marktplatz, der mit seinen bunten Straßencafés fast balkanesken Charme besitzt. Ein wohlverdienter Schluck, und weiter geht's zum Bahnhof, wo schon der letzte Zug zurück nach Pivka wartet.

« Am Hochplateau Gradišče mit Blick auf Knežak

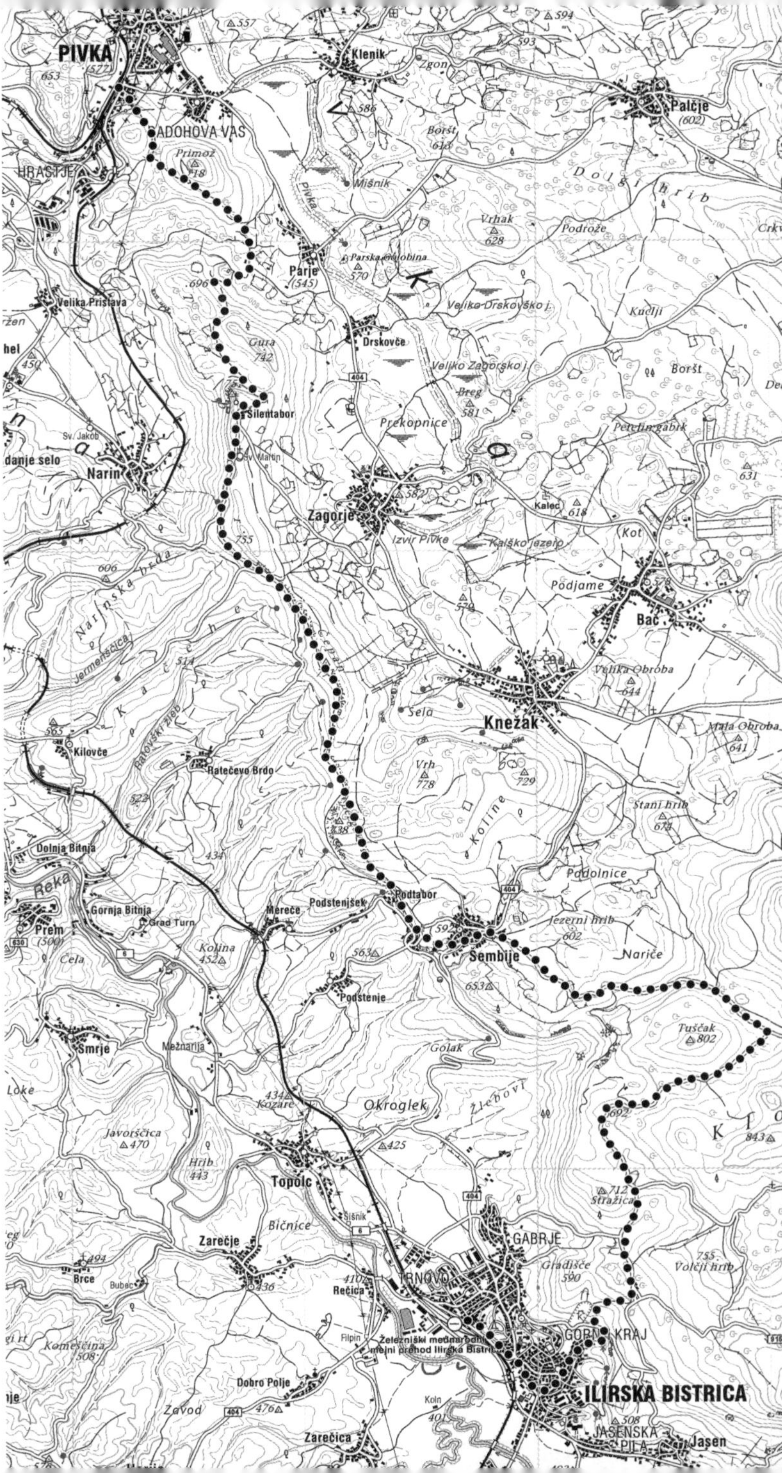

PIVKA
Klenik
Palčje
RADOHOVA VAS
HRASTJE
Primož
Mišnik
Boršt
Dolgi hrib
Vrhak
Podrože
Parje
Parska Golobina
Velika Pristava
Veliko Drskovško j.
Kuclji
Drskovče
Gura
Veliko Zagorsko j.
Breg
Silentabor
Prekopnice
Petelin gabrk
Sv. Jakob
Sv. Martin
Narin
Zagorje
Kalec
Izvir Pivke
Kalško jezero
Kot
Podjame
Bač
Narinska brda
Jermenščica
Velika Obroba
Sela
Knežak
Mala Obroba
Kilovče
Ratečevo Brdo
Vrh
Koline
Stani hrib
Dolnja Bitnja
Podolnice
Reka
Podtabor
Podstenjšek
Gornja Bitnja
Mereče
Grad Turn
Prem
Jezerni hrib
Sembije
Kolina
Cela
Nariče
Podstenje
Tuščak
Smrje
Mežnarija
Golak
Loke
Kozare
Okroglek
Žlebovi
Javorščica
Hrib
Topolc
Stražica
Šišnik
GABRJE
Bičnice
Zarečje
Gradišče
Volčji hrib
Brce
Bubec
TRNOVO
Rečica
Filpin
Železniški mednarodni mejni prehod Ilirska Bistrica
GORNJI KRAJ
Komeščina
Dobro Polje
ILIRSKA BISTRICA
Koln
Zavod
JASENSKA PILA
Jasen
Zarečica

HINWEISE ZUR WANDERUNG
LÄNGE: 24 km
HÖHENDIFFERENZ: 300 m ↑ 400 ↓
GEHZEIT: knapp 6:30 Std.
ANFORDERUNGEN: Ausdauer
ORIENTIERUNG: Schwierig
KARTE: Izletniška karta »Snežnik«, 1:50.000, Geodetski zavod Slovenije
EINKEHRMÖGLICHKEITEN: Šembije, Ilirska Bistrica
BAHNVERBINDUNG: Regionalzug von Ilirska Bistrica nach Pivka
ANFAHRT: Man nimmt auf der slowenischen A1 die Autobahnabfahrt »Postojna« und folgt der Straße Nr. 6 bis Pivka (Wegweiser).

WEGBESCHREIBUNG:
Man verlässt den **Bahnhof Pivka** durch den Haupteingang und wendet sich auf der **Hauptstraße** nach links. Nach 200 m biegt man scharf nach rechts in ein Sträßchen (Wegweiser »Primož 718 m«). Nach 20 m eine Gabelung, man geht geradeaus, der **Kosovelova ulica** folgend. Die Straße beschreibt nach 100 m eine Rechtskurve; man geht geradeaus in einen **Karrenweg** und verlässt damit die Ortschaft. Sanfter Anstieg mit Blick auf eine große Senke linker Hand. Nach 10 Min. trifft man auf einen geschotterten **Querweg** und wendet sich auf diesem nach links (Markierung, bzw. Wegweiser »Krpanova pot«). 10minütiger Anstieg auf dem **Hauptweg**, bis man der Markierung nach rechts in einen Pfad folgt (**Wegweiser »Šilentabor«**). 15 Min. durch lichten Wald sanft bergab. Man folgt stets der Markierung bzw. besagtem Wegweiser und achtet dabei auf mehrere unerwartete Richtungswechsel. Man trifft auf ein **Wildgehege**, umgeht dieses rechts und steigt im Wald 20 Min. entlang eines Zaunes an. Man erreicht kurz darauf offenes Terrain und folgt der Markierung auf schönen Feldwegen, erst fast eben, dann erneut ansteigend bis zum höchsten Punkt der Häusergruppe **Tabor nad Knežakom**. Von dort wenige Schritte zum Aussichtspunkt des **Šilentabor** (1:20 Std.). Schönes Panorama.

Zurück zum Sträßchen im Ort; auf diesem nach rechts. Nach 150 m biegt man, der Markierung folgend, nach rechts (Wegweiser »Vremščica«) und erreicht kurz darauf das **Kirchlein Sv. Martin**. Hier folgt man dem **Wegweiser »Narin«** bergab. Nach knapp 10 Min. eine Weggabelung; man geht geradeaus und verlässt damit die Markie-

Wanderweg bei Tabor nad Knežakom

rung. Nach 10 Min. eine Wegkreuzung; man wendet sich halblinks und steigt kurz zu einem bewaldeten **Sattel** an. Hier ignoriert man die erste Abzweigung nach rechts, wendet sich aber nach 30 m scharf nach rechts, durchschreitet ein **Gatter** und steigt auf einer Fahrspur entlang eines **Weidezaunes** Richtung Hügelkuppe an. Schöne Blicke. Der Weg wird undeutlicher und endet vor einem weiteren Zaun, welchen man übersteigt. Geradeaus weiter auf zunehmend verwachsenem Pfad. Nach 300 m dreht der Weg nach rechts Richtung **Hügelkamm** und trifft auf einen etwas deutlicheren Querweg; auf diesem nach links bis zum höchsten Punkt des **Gradišče** (2:30 Std.). Schöne Aussicht. Weiter auf undeutlichem Pfad der **Geländekante** entlang bis zu einem **Sendemast**. Von dort fast weglos oberhalb einer großen Pferdeweide bis zu einem zweiten **Mast** (3:00 Std.).

Weiter in der bisherigen Richtung auf einem undeutlichen Karrenweg. Man überschreitet kurz darauf einen flachen **Kamm**, klettert (mit Blick auf Šembije, den nächsten Zielort) über eine Umzäunung und folgt der Fahrspur halb nach rechts. In weitem Bogen über Wiesen bzw. im lichten Eichenwäldchen bergab **Richtung Šembije**. Der Weg wird bald deutlicher, vereinigt sich unweit des **Geländeabbruchs** rechter Hand mit einem von links kommenden Weg und trifft in der

Ebene (in Sichtweite einer **Quellfassung**) auf einen breiten Querweg; auf diesem nach rechts (!). Nach 20 m biegt man bei einem **Wegkreuz** nach links in einen Wiesenpfad. Man passiert bald darauf einen kleinen **Friedhof** und trifft am Ortsbeginn von **Šembije** auf eine Landstraße; auf dieser 100 m nach links bis zur **Dorfbar** (3:30 Std.). Einkehr.

Weiter auf der Straße, rechts am Ortskern vorbei. Am **Ortsende** (kurz vor einer Linkskurve) biegt man nach rechts in eine **Schotterstraße**. Die darauffolgenden Abzweigungen nach rechts bzw. links werden ignoriert. Bei der nächsten Gabelung hält man sich rechts. 40minütiger moderater Anstieg auf dem breiten **Hauptweg**, erst im Offenen, dann im Wald, bis zu einem Flachstück, wo man eine Abzweigung nach links ignoriert. Nach 10 Min. wendet man sich in einen geschotterten **Fahrweg** nach rechts. Der Weg steigt leicht an, führt über eine Kuppe und gabelt sich; man geht rechts. Weiter im lichten Kiefernwald auf bequemem, fast ebenem Weg, bis sich dieser nach 40 Min. bei einer **Rastbank** mit einer von links kommenden Schotterstraße vereinigt; auf dieser gut 5 Min. bergab. Vorbei an einer Einmündung von links bis zur einer Gabelung; man geht links und erreicht bald darauf eine **Jausenstation**.

Weiter bis zu einer asphaltierten **Querstraße**; auf dieser nach rechts. Nach 50 m halbrechts in einen abwärtsführenden Karrenweg. Steil bergab mit Blick auf Ilirska Bistrica bis zum oberen Rand eines **Steinbruchs**, wo der Weg nach links dreht und vor einem Zaun endet, den man rechts umgeht. Steiler Abstieg auf schmalem Pfad oberhalb des Steinbruchs bis zur **Straße**; auf dieser nach rechts. Nach 250 m wendet man sich scharf nach links in einen Fußweg. Kurzer Abstieg bis zum ersten Wohnkomplex am **Ortsrand** von Ilirska Bistrica, wo man einem Gehweg nach links folgt. Nach 50 m wendet man sich wieder nach links und steigt auf einem Karrenweg weiter bergab. Der Weg geht in ein Sträßlein über, das sich in einen Graben senkt, wo man den **Ortsteil Bistrica** betritt und sich auf einer Querstraße scharf nach rechts wendet. Vorbei an etlichen historischen Industrieanlagen entlang eines Baches bis zum **Marktplatz** (6:00 Std.). Einkehr.

Weiter, die Richtung beibehaltend, auf der Cankarjeva ulica bis zur **Staatsstraße**; auf dieser nach rechts. Nach 250 m biegt man nach links (Wegweiser »Mercator«) und folgt der Straße – auf halber Strecke empfiehlt sich der Abstecher nach rechts über einen Treppenweg zum Partisanendenkmal – bis zum **Bahnhof** (6:30 Std.).

Wohnhaus in Pivka

AM WEGE

Pivka | San Pietro del Carso | St. Peter

Bis Mitte des 19. Jahrhunderts ein verschlafenes Dorf, entwickelte sich der Ort mit der Fertigstellung der Karstbahn zwischen Ljubljana und Triest im Jahr 1857 fast schlagartig zum wichtigen Verkehrsknotenpunkt. Damals hieß die Siedlung noch Šempeter na Krasu und sollte die Bahnstation nach dem Ortsteils Radohova vas benannt werden, was aber von der gleichnamigen (damals noch selbständigen) Gemeinde auf Furcht vor höherer Besteuerung abgelehnt wurde. Bereits im zweiten Jahr seines Bestehens wurden am Bahnhof über 10.000 Fahrkarten verkauft und fast 4.000 Tonnen an Gütern verladen. Neben Holz, Heu und anderen landwirtschaftlichen Produkten wurden auch große Mengen von Eis, das als Kühlmittel gebraucht wurde, nach Triest geliefert. Einen weiteren Aufschwung erlebte der Ort mit dem

Ausbau der Bahnlinie nach Rijeka im Jahr 1873. Der Bahnhof besaß nun 23 parallel geführte Geleise, eine Remise für 12 Lokomotiven, ein Bahnhofsrestaurant mit Kegelbahn, eine Wäscherei, ein Warenhaus und ein eigenes Hotel, zu welchem sich zahlreiche Pensionen und Privatquartiere im näheren Umkreis gesellten. Das im selben Jahr installierte Stellwerk, über das die Weichen mechanisch gesteuert wurden, war bis 2004 in Verwendung.

Den Einheimischen kam der Boom allerdings nur teilweise zugute. Von den 150 bei der Bahn Beschäftigten war der Großteil zugezogen und deutschösterreichischer bzw. tschechischer Herkunft, nur Hilfsarbeiten und einfache Dienstleistungen wurden an angestammte Bewohner vergeben. Bereits der Bau der Eisenbahn brachte Unheil über den Ort. Nicht weniger als 111 Einwohner starben an der Cholera, die von den Streckenarbeitern eingeschleppt worden war. »Ein Eisenbahner im Haus / bringt Floh und Laus«, lautete ein geflügeltes Wort. Eine ständige Gefahr stellte auch der Funkenflug der Dampflokomotiven dar, der immer wieder zu Waldbränden führte. 1889 brannte auf diese Weise das Nachbardorf Hrastje fast zur Gänze nieder. Ein fünfzehnjähriges Mädchen starb bei dem Versuch, ihre kleine Schwester aus den Flammen zu retten. In der Folge errichtete man entlang der Bahnstrecke auf einer Länge von sieben Kilometern drei Meter hohe, aus behauenem Stein geschichtete Feuermauern, die bis heute erhalten geblieben sind und unter Denkmalschutz stehen. Die Mauern stellen zugleich einen Schutz gegen Schneeverwehungen sowie gegen die Bora dar, die im Jahr 13 Waggons aus den Schienen geworfen haben soll. Nach starken Schneefällen war die Strecke manchmal tagelang verlegt und wurden selbst Kinder zur Räumung »abkommandiert«. Dies geschah vor allem dann, wenn sich prominente Fahrgäste wie Kaiserin Elisabeth oder Baron Albert Rothschild angekündigt hatten. Letzterer war einer der Finanziers der Karstbahn und besaß einen eigenen Luxuswaggon, in welchem er gelegentlich am Bahnhof »residierte«.

150 Jahr später spielt der Fremdenverkehr in Pivka keine Rolle mehr. Zwar frequentieren den Bahnhof immer noch 120 Züge pro Tag, doch kommen nur wenige Passagiere auf die Idee, sich

Laubengang in Tabor nad Knežakom

hier länger als nötig aufzuhalten. Eine Ausnahme stellen die Besucher des *Park vojaške zgodovine* dar, eines militärhistorischen Museums in einer ehemaligen Kaserne im Süden der Stadt. Zu besichtigen gibt es Panzer, Kettenfahrzeuge und Geschütze aller Art – Kriegsgerät, das die slowenische Armee nach dem Beitritt zur Nato ausgemustert hat. Dazu gibt es einen minimalistisch ausgeschilderten Lehrpfad zu historischen Wehr- und Bunkeranlagen, der auch die Burgruine Šilentabor einbezieht. Ob damit die Besucherströme von Postojna nach Pivka umgeleitet werden können (wie es das erklärte Ziel der Betreiber ist), bleibt abzuwarten (www.prekrizane-meje.eu).

Šilentabor

Ein paar lose Steine sind der letzte Rest einer einst mächtigen Burg. 1471 zum Schutz gegen die Türken erbaut, umfasste sie nicht weniger als 150 Gemächer, in denen bei Gefahr die Bewohner von zwölf Dörfern Unterschlupf fanden. Auch für die Haustiere gab es genügend »Schutzräume«. Die Verteidigung oblag den Bauern selbst, die einander mit Leuchtfeuern vor herannahenden Feinden warnten. Einer Erzählung zufolge wur-

Jugendstilhaus in Ilirska Bistrica

den die Türken aber von einem kleinen Mädchen in die Flucht geschlagen, indem sie – während die Erwachsenen der Sonntagsmesse beiwohnten – Bienenkörbe auf die gottlosen Angreifer warf. Ein Modell der Anlage ist im Militärmuseum von Pivka ausgestellt.

Ilirska Bistrica | Illirisch Feistritz | Villa del Nevoso

Wie aus einem Spielzeugkasten der Baustile scheint ein wirrer Architekt die Häuser von Ilirska Bistrica an den windgeschützten Rand des Snežnik-Gebirges geworfen zu haben: Eine Fabriksruine, um- und ausgebaute Mühlen, Terrassen, die ein Flüsschen überspannen, schlossartige Gewerkenhäuser, eines sogar im Jugendstil, die Stadtbibliothek in postmoderner Aufmachung, an der Hauptstraße ein riesiges, venezianisch anmutendes Gebäude, von dem man nicht sagen kann, ob es renoviert oder neu erbaut worden ist (es wurde 1933 errichtet), all das bildet ein interessantes und abwechslungsreiches Städtchen, dessen Kern etwa 4.800, dessen Gemeinde etwa 1.4000 Menschen bewohnen. Der Ort verdankt seine Existenz dem Fluss Bistrica, der an seinem Rand, leider hinter dem Zaun eines Elektrizitätswerks verborgen, aus dem Kalkuntergrund des Snežnik-Gebirges hervorbricht. Schon im 15. Jahrhundert trieb das Wasser zwölf Mühlen an, in denen Getreide verarbeitet oder Holz geschnitten wurde. Um die Wende zum 20. Jahrhundert verarbeiteten noch an die 35 Sägemühlen das im Hinterland reichlich vorhandene Holz und lieferten es aus der verkehrsgünstigen Lage des Ortes nach Mittelslowenien oder ans Meer.

Nach dem 2. Weltkrieg und der zuerst italienischen und dann deutschen Besatzung florierten die Holzindustrie und die chemische Industrie. Man sieht noch heute, dass die Stadt aus zwei Orten zusammengewachsen ist, aus Trnovo (urkundlich erwähnt schon 1260) rund um die Pfarrkirche St. Peter und Bistrica, das weiter südöstlich liegt. Die vorgeschlagene Route führt in den interessanteren südöstlichen Teil und mündet in einen zentralen Platz, Trg Maršala Tita, an dem sich die Bibliothek *Maksa Samsa*, deren immerhin 48.000 Bände von 6.300 registrierten Lesern benützt werden, befindet, außerdem eine sympathische Bar und ein an einen Minibasar gemahnendes Gemüsegeschäft. Wer auf dem Weg zum Bahnhof schon in dessen Sichtweite eine Steintreppe nach rechts oben geht, betritt den Brinškov hrib, den Freiheitshügel, ein parkartiges Gelände, passiert einen alten jugoslawischen Panzer britischer Produktion und steht einem in Beton gegossenen und dennoch verspielt wirkenden 8 m hohen, durchbrochenen Quader gegenüber. Das Denkmal stammt vom bekannten Architekten und Bildhauer Janez Lenassi und erinnert an gefallene Partisanen *wb*

XI. VIERBERGELAUF
Wanderung von Golac auf das Slavniško pogorje

Es ist eine unscheinbare Hügelkette, die Slowenien vom kroatischen Teil der Čičarija trennt und zu den einsamsten Gegenden Istriens zählt. Höchste Erhebung ist der Aussichtsberg Slavnik, der allerdings durch einen Sendemast und eine Schutzhütte samt Zufahrtsstraße arg verunstaltet wurde. Viel reizvoller sind die südöstlichen Ausläufer des Slavniško pogorje, deren Gipfel zwar nur unwesentlich über den Wald hinausragen, aber dennoch den Aufstieg lohnen.

Zunächst geht es allerdings bergab: Von Golac im Tal führt der Weg durch eine fruchtbare Senke, die einst das ganze Dorf ernährte und noch heute bewirtschaftet wird. Der Gegenanstieg erfolgt über eine alte Passstraße bis zu einem Sattel, von wo es nur ein Katzensprung zur Mala Plešević ist, einer flachen Kuppe mit schöner Aussicht. Zum Greifen nahe liegt Kroatien, wie aufgefädelt warten die Nachbargupfe im Südosten. Razsušica, Medvižca und Žabnik genannt, liegen sie jeweils kaum eine halbe Stunde auseinander und unterscheiden sich dennoch gänzlich im Charakter. Der erste, mehr überdimensionierter Grenzstein als Berg, ist von einem Zauberwald aus Buchen und Blockgestein gekrönt; der zweite, nur auf allen Vieren zu besteigen, imitiert mit schroffen Felsen ein Hochgebirge; und der dritte, wie vom Wind gedrechselt, tanzt als sanfter Wiesenkegel aus der Reihe. Zwar etwas niedriger als seine Nachbarn, stellt er doch den landschaftlichen Höhepunkt der Wanderung dar. Er diente Zagrad, dem Dorf zu seinen Füßen, einst als Weidegebiet und entfaltet im Frühsommer eine Blumenpracht sondergleichen. Orchidee und Akelei, Enzian und Fingerhut blühen um die Wette; Bienen und Hummeln »schnurren« behaglich. Wie vergänglich die Idylle ist, zeigt sich beim Abstieg auf einem historischen Almweg: Überall kriechen Wacholder und Zwergkiefern über die Wiesen bergwärts und wachsen die ehemals bewirtschaftete Dolinen unaufhaltsam zu.

Stilleben in Golac

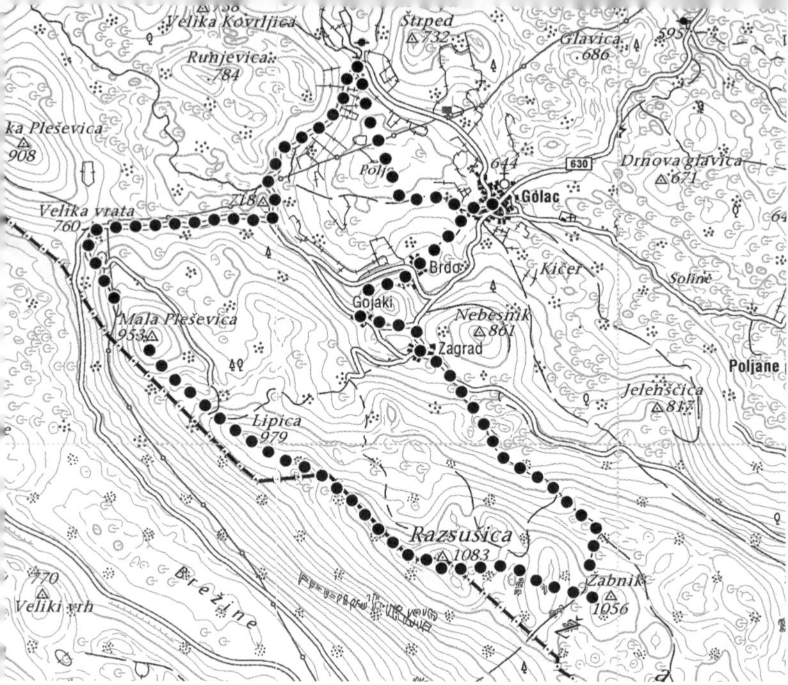

HINWEISE ZUR WANDERUNG

LÄNGE: 16 km

HÖHENDIFFERENZ: 700 m ↑ ↓

GEHZEIT: knapp 6:00 Std. [7:00]

ANFORDERUNGEN: Ausdauer

ORIENTIERUNG: schwierig

KARTE: Izletniška karta »Slovenska Istra«, 1:50.000, Geodetski zavod Slovenije (vergriffen)

EINKEHRMÖGLICHKEIT: Golac

ANFAHRT: Man nimmt auf der slowenischen A1 die Autobahnabfahrt »Kozina« und folgt der Straße Nr. 7 Richtung »Reka/Rijeka« bis Obrov (Wegweiser). Von dort 4 km südwärts nach Golac.

WEGBESCHREIBUNG

Man geht von der **Turistična kmetija Pri Cepčovih** am Ortsbeginn von **Golac** Richtung Dorfzentrum und erreicht nach 100 m (Partisanendenkmal) eine Dreifachgabelung. Man nimmt das mittlere Sträßchen und folgt diesem bis zum **Haus Nr. 41**. Geradeaus weiter in einen Karrenweg, der sich nach gut 30 m gabelt. Man hält sich links und folgt einer Traktorspur, die sich – stellenweise etwas undeutlich – zwischen Wiesen und Strauchwerk in ein großes Becken senkt. Als Orientierungspunkt dient ein großer **Jägersitz** am Talgrund, den man, dort angekommen, in einem Abstand von etwa 150 m rechts umgeht. Der Weg wird wieder deutlicher und steigt zum nördlichen Rand der Senke an. Man trifft bei einer kleinen Kapelle auf eine **Schotterstraße** und wendet sich auf dieser nach links (0:30 Std.).

25 Min. etwas eintöniger Marsch auf historischer **Landstraße**. Bei einem aufgelassenen Brunnen wird eine Abzweigung nach rechts ignoriert. Kurz darauf eine Gabelung (**Wegweiser »Gojaki«**); man geht rechts. 15 Min. bequem bergauf bis zur verfallenen **Casa Cantoniera** (1:15 Std.). Kurz danach wendet man sich nach links in eine **Forststraße** (Markierung). Nach 10 Min. verlässt man den nach links abbiegenden Hauptweg und folgt der Markierung geradeaus in einen untergeordneten Weg (**Wegweiser »Mala Pleševica«**). Man gelangt zu einem alten **Bunker** und steigt von dort auf schmalem Pfad bis zum Gipfel der **Mala Pleševica** an (1:45 Std.).

Kurzer Abstieg in südöstlicher Richtung bis zu einem **Sattel** (undeutliche Markierung). Man gelangt in den Wald und ignoriert kurz darauf eine Einmündung von rechts. Man geht geradeaus, trifft auf einen breiten Querweg und geht rechts (Markierung). Gleich darauf eine Gabelung; man hält sich rechts. Schöner (stellenweise undeutlich) markierter Weg, der sich zwischen Buchen und Blockgestein und in ständigem Auf und Ab dahinschlängelt. Nach gut 30 Min. passiert man einen **Markierungsstein** mit der Aufschrift »Slavnik« (Pfeil in Gegenrichtung). Hier folgt man der Markierung scharf nach rechts.

30 Min. weiter auf stellenweise undeutlich markiertem Weg, der erst ansteigt, dann wieder an Höhe verliert und mehrmals die Richtung wechselt (im Zweifel zeigen kleine **Steinmännchen** den Weg), um schließlich für weitere 30 Min. recht steil bis zur **Razsušica** anzusteigen (3:30 Std.).

Vom Gipfel 10 m halblinks über Gestein bergab, bis man erneut auf einen Markierungspunkt trifft. Auf schmalem, undeutlich markiertem Pfad etwas mühselig im Wald bergab bis zu einer kleinen Lichtung, wo sich der Weg gabelt (verblasster **Richtungshinweis »Medvižca«**). Man geht links und erklimmt die felsige **Medvižca** (4:00 Std.). Schönes Panorama.

Am Gipfel der Medvižca

Zurück zur Gabelung, wo man sich nach links wendet. Der markierte Weg wird bald deutlicher und führt zwischen Buchen und Felsblöcken nach 15 Min. ins Freie. Halblinks wird die unbewaldete Pyramide des **Žabnik** sichtbar. Man wendet sich sofort nach links. Fast ebener Wiesenweg unterhalb des Waldrandes, der zu einem kleinen **Sattel** links der Hügelkuppe führt. Hier verlässt man den »Hauptweg« und steigt auf schmalem Pfad zum **Gipfel** an (4:30 Std.). Schöner Rastplatz und Rundblick.

Zurück zum **Querweg** unterhalb des Gipfels; auf diesem nach rechts. Kurzer Abstieg bis zu einer Gabelung; man geht links (**Wegweiser »Zagrad«**).

LOHNENDER ABSTECHER: Man geht rechts (**Wegweiser »Ribnik«**), geht beim darauffolgenden Querweg rechts und nimmt kurz darauf eine Abzweigung nach links. Man durchschreitet einen Weidezaun und gelangt auf bequemem Weg bis zu einer idyllischen **Pferdetränke** (hin und zurück 1:00 Std.).

30minütiger Abstieg auf historischem Almweg. Bei einer Gabelung auf halber Höhe hält man sich rechts und folgt der Markierung bis zu einem Schottersträßchen; auf diesem nach links bis **Zagrad** (5:15 Std.). Im Ort eine Gabelung; man geht rechts und ignoriert kurz darauf eine Abzweigung nach links. Die **Straße** senkt sich Richtung Golac. Kurz darauf folgt man einer Abzweigung nach links und erreicht den Weiler **Brdo** (5:30 Std.).

Im Ort eine Querstraße; man geht rechts, passiert das **Haus Nr. 72** und wendet sich auf dessen Rückseite in einen Wiesenweg. Nach 50 m eine Gabelung, man hält sich links und folgt dem Weg bergab **Richtung Golac**, bis sich dieser in der Wiese verliert. Weglos weiter bis zum Dorfrand und von dort zum Ausgangspunkt rurück (5:45 Std.).

AM WEGE

Golac | Golazzo | Goltz

Es sind nur drei Dörfer, die sich auf die Südseite des Matarsko podgrajsko podolje, einer breiten Furche, die sich von Kozina bis Kroatien erstreckt, verirrt haben. Das größte heißt Golac, und es ist eine eigene Welt. Kaum vier Kilometer von der Hauptstraße entfernt, liegt es so weit im Abseits, wie ein Dorf in Slowenien nur liegen kann. Das äußert sich auch in der »autochtonen« Sprache, einer eigentümlichen Mischung aus Slowenisch, Kroatisch und Italienisch mit dalmatinischen Einflüssen, die von den Bewohnern bis heute gepflegt wird.

Dass das Dorf einst an einer wichtigen Durchzugsstraße lag, kann nur nachvollziehen, wer zu Fuß unterwegs ist, denn für Autos ist hier Endstation. Relikt dieser Zeit ist die stillgelegte Passstraße zur Velika vrata, die heute den Wanderer zur Bergkette im Süden der Siedlung führt. Der Weg wurde bereits von den Römern benützt und mit einer Festung, der *porta grande*, gegen Überfälle gesichert. Auch die Kelten hinterließen Spuren, indem sie dem Ort den Namen (von keltisch *gol*, klein, und *lac*, Ort) gaben. Die alte deutsche Bezeichnung *Karsperg*, später *Karstberg*, kündet wiederum von Zeiten, als Golac unter der Herrschaft der Grafen von Görz stand und abwechselnd von den Venezianern, Türken und Uskoken erobert oder zerstört wurde. Im Gegensatz zum römischen Kastell sind von der mittelalterlichen Burg nur spärliche schriftliche Zeugnisse erhalten geblieben.

Kirche und verfallener Pfarrhof in Golac

Besser dokumentiert ist die Bevölkerungsentwicklung der letzten drei Jahrhunderte. Laut Pfarrchronik wurden in Golac seit 1702 genau 6.160 Kinder geboren, was einem Monatsschnitt von 1,7 Geburten entspricht. Zur Blütezeit des Dorfes wurde fast jede Woche ein Kind zur Welt gebracht. Damals hatte der Ort fast 600 Einwohner; heute sind es rund 50. Es war dies in der zweiten Hälfte des 19. Jahrhunderts, als das Dorf hauptsächlich von der Schafzucht, ursprünglich das Metier dalmatinischer Einwanderer, lebte. Damals hielten die Bauern von Golac bis zu 4.000 Schafe, die von mehreren hauptamtlichen Schäfern betreut wurden. Deren Beruf scheint nicht ungefährlich gewesen zu sein, kamen doch gleich drei von ihnen gewaltsam ums Leben, ob durch Räuber oder wilde Tiere, ist nicht überliefert. Zu dieser Zeit beschäftigten die Schafe sogar fünf Weber im Dorf, die ihre Wolle zu verschiedensten Textilien verarbeiteten. Dazu kamen fünf Schneider und drei Schuster, die nicht zuletzt das im Ort stationierte Militär belieferten. Erzählt wird auch, dass Golac zahlreiche besonders »talentierte« Soldaten hervorgebracht hat, darunter mehrere Gardesoldaten des österreichischen Kaisers sowie des italienischen Königs. Tatsächlich zählte das

Kriegshandwerk aufgrund des guten Verdienstes zu den angeseheneren Berufen im Ort. Weitere Einkommensquellen waren die Köhlerei, das Kalk- und Schnapsbrennen und, nicht zuletzt, der Schmuggel. Etwas Geld ließ sich auch mit dem Verkauf von Ameiseneiern verdienen, die die Triestiner Bürger an ihre Singvögel verfütterten. Wie man die Ameisen mit List dazu bringt, ihre Eier freiwillig abzuliefern, gehört in Golac noch heute zum Allgemeinwissen.

Trotz großer Viehherden und verhältnismäßig fruchtbarer Anbauflächen, auf denen Roggen, Weizen und Kartoffeln angepflanzt wurden, war das Leben der Bauern im 19. Jahrhundert alles andere als einfach. Nicht wenige waren zur Saisonarbeit gezwungen, etwa als Hafenarbeiter in Pula, Holzfäller im Trnovski gozd oder Mäher am Nanos. Auch die Frauen rückten zur Mahd ins Vipavatal aus. Selbst die reichsten Bauern besaßen nicht mehr als zwei Ochsen (die als Zugtiere gebraucht wurden) und verfügten kaum über Mittel für Investitionen. Historische Gebäude mit prestigeträchtigen Zierelementen, wie man sie aus anderen Dörfern kennt, sind daher eine Seltenheit; noch vor 50 Jahren waren die meisten Häuser mit Stroh gedeckt.

Wesentlicher Grund für die Armut war der Mangel an Trinkwasser. Selbst die *vrula*, die ergiebigste Quelle beim Friedhof unterhalb des Dorfes, drohte immer wieder zu versiegen, weshalb das Wasser häufig rationiert werden musste und für seine Bewachung einer eigener *vrdjan* bezahlt wurde. (Erst 1935 kam Golac in den Genuss einer Wasserleitung, die allerdings nach dem 2. Weltkrieg aufgelassen und erst 2006, nachdem die *vrula* im Sommer 2003 erstmals gänzlich versiegt war, wieder hergestellt wurde.) Aufgrund der prekären hygienischen Verhältnisse wurde Golac wiederholt von Epidemien mit verheerenden Folgen heimgesucht. So starben etwa im Jahr 1855 innerhalb von drei Monaten 95 Menschen an der Cholera. Betroffen waren 28 Häuser mit insgesamt 31 Familien, die jeweils bis zu fünf Mitglieder verloren. Die Tragödie hat sich bis heute ins kollektive Gedächtnis eingeprägt, vielleicht auch deshalb, weil die Teilnahme an den Begräbnissen wegen der Ansteckungsgefahr verboten war.

Die Durchsetzung solcher Gebote und die Ahndung von Übertretungen waren zu dieser Zeit dem Bürgermeister vorbehalten, der eine Art Niedere Gerichtsbarkeit ausübte. Nicht nur kleine Diebstähle, Verleumdungen oder Sachbeschädigungen wurden im *komunski hram*, dem heute verfallenen Gemeindehaus, verhandelt, auch sittliche Vergehen wie Ehebruch oder uneheliche Schwangerschaften blieben nicht ungestraft. Bei leichteren Vergehen gab es 10 bis 15 Stockschläge *na rit*, das heißt, auf den Arsch. Angeblich wurde diese »Gerichtspraxis« bis zum Beginn des 1. Weltkriegs beibehalten und erst unter italienischer Herrschaft endgültig außer Kraft gesetzt. Statt dessen installierten die Faschisten eine Dorfwache, *varda* genannt, bei der jede Nacht vier mit Hellebarden bewaffnete Männer zur Patrouille abgestellt waren. Bisweilen übernahmen auch Frauen und Kinder die Wache. Das damals streng verbotene Schnapsbrennen konnte auf diese Weise allerdings kaum unterbunden werden.

Manche Bewohner erinnern sich nicht ungern an diese Zeit: »Wir waren arm, hungrig, bloßfüßig und voller Läuse«, erzählt eine Rentnerin, »aber wir waren viele und hielten zusammen. Es war das Paradies auf Erden.« Erst nach dem 2. Weltkrieg, als die Grenze zu Triest hermetisch geschlossen wurde, habe sich alles zum Schlechteren gewendet. »Die *kumunela* [der Gemeinschaftsgrund, Anm.] wurde uns genommen, man durfte den Wald nicht mehr bewirtschaften, und es gab weder einen Markt noch Arbeit. Die meisten von uns emigrierten, entweder an die Küste oder nach Übersee.« Einige der Auswanderer sind inzwischen zurückgekehrt, um ihren Lebensabend im Dorf zu verbringen, andere kommen, ihrem letzten Willen entsprechend, per Urne wieder, um in der Heimat bestattet zu werden. »Sve zajde: sunce, luna i soldi«, sagt die Frau im typischen Dialekt, alles vergeht: die Sonne, der Mond und das Geld. Womit sie die Geschichte des Dorfes auf den Punkt gebracht hat.

EINKEHR:

Pri Cepčovih. Eine *turistična kmetija*, wie man sie sich an einem Ort wie diesem nur wünschen kann: freundliche Leute, gutes Essen, süffiger Wein und gemütliche Zimmer. 00386 51 315120 oder 00386 40 364473, www.golac.si

In Poljane

Poljane pri Podgradu | Pogliane

Golac' größtes Nachbardorf liegt zwar nicht direkt an der empfohlenen Wanderroute, ist aber aufgrund seines außergewöhnlichen Ortsbildes unbedingt den Besuch wert. Rund 70 Gebäude, größtenteils verfallen, gruppieren sich um drei tiefe Dolinen, die einst bewirtschaftet wurden und heute brach liegen. Die Kraterlandschaft weckt Assoziationen mit einem ehemaligen Kriegsschauplatz, der erst mit Fliegerbomben belegt wurde und dann einen erbitterten Häuserkampf über sich ergehen lassen musste. Verstärkt wird die Endzeitstimmung durch die verblassten politischen Parolen und Embleme, die fast jede zweite Hauswand zieren. Überall lässt man Tito hochleben, rühmt man die Partisanen oder beschwört man die Einheit der kommunistischen Partei. Es sind Relikte aus der Zeit des Widerstands gegen den Faschismus, die heute wie erloschene Fanale gegen den Zerfall Jugoslawiens wirken – als wäre Poljane die letzte verzweifelte Bastion der sozialistischen Idee gewesen und die Bevölkerung nach ihrer Niederlage vertrieben worden.

Tatsächlich war das Dorf jahrzehntelang nahezu ausgestorben, um erst in den letzten Jahren aus der Agonie zu erwachen.

Im Wald bei Poljane

Die ausgeharrt haben oder zurückgekehrt sind, betreiben ein wenig Landwirtschaft und setzen ihre elenden Behausungen nach und nach instand. Sichtbare Zeichen der Erneuerung sind eine moderne Wasserleitung und die frisch asphaltierte »Ringstraße«. Diese erleichtert den Pendlern das Fortkommen und begünstigt den Transport von Baumaterial. Dass Poljane damit einen echten Aufschwung erlebt, ist aber kaum zu erwarten. Zu abgelegen und nachhaltig zerstört ist der Ort.

So werden Melancholiker hier auch weiterhin auf ihre Rechnung kommen: beim Anblick einer eingestürzten Zimmerdecke, durch die sich ein Feigenbaum schiebt, bei der Betrachtung eines Steinhauses, dessen Fassade sich bedrohlich nach außen wölbt, oder angesichts des Wetterhahns am Kirchturm, der gerade im Begriff ist, sich in die Tiefe zu stürzen. Bilder wie diese bieten sich auch in der Umgebung des Dorfes: ein Bündel Heu verrottet malerisch in einer Mulde, Windspiele aus Bierdosen bringen unsichtbaren Vögeln ein Ständchen, und ein Holzzaun verwittert zur expressionistischen Bleistiftskizze. Im nahen Blockwald trifft man auf Fabelwesen, die die Erosion aus dem Kalkstein geformt hat, darunter ein bemooster Schneemann und ein verhutzelter

Drache. Vor der Begegnung mit Braunbären warnt ein verrostetes Schild. Wer die scheuen Tiere nicht fürchtet und weitergeht, findet am Hohlweg, der Richtung Kroatien ansteigt, einen verlorenen Handschuh, der die Finger zur Faust ballt und von einer Nacktschnecke bewohnt wird. Zwei Mistkäfer raufen um eine Kugel Dung. Ein paar Schritte weiter hat man einer alten Buche *smrt fažismu* und einen fünfzackigen Stern in den Stamm geritzt. Der Spaziergang hat sich gelohnt.

XII. WASSERWEG
Rundwanderung bei Ocizla

Benannt nach der ersten antifaschistischen Bewegung Europas gehört die TIGRovska pot zum Pflichtprogramm des fortschrittlichen Wanderers. Es handelt sich dabei allerdings um keinen politischen Lehrpfad, sondern vielmehr um einen romantischen Wassererlebnisweg, auf dem man die hydrologischen Phänomene des Karsts beinahe im Minutentakt vorgeführt bekommt. Er befindet sich im Niemandsland zwischen Autobahn und Staatsgrenze südwestlich von Kozina, in einem Gebiet, dem man beim flüchtigen Blick auf die Landkarte kaum eine solche Fülle an landschaftlichen Attraktionen zutrauen würde. (Bezeichnenderweise ist der Rundweg auch gar nicht in der slowenischen Wanderkarte eingezeichnet.) Als Draufgabe erwartet den Wanderer ein kurzer Abschnitt eines bilateralen Freundschaftsweges, der zu einem kräfteraubenden Abstecher ins Val Rosandra ausgedehnt werden kann.

HINWEISE ZUR WANDERUNG

LÄNGE: 8 km [14 km]
HÖHENDIFFERENZ: 100 m [400 m] ↑ ↓
GEHZEIT: 3:00 Std. [5:00 Std.]
ANFORDERUNGEN: gering [Ausdauer]
ORIENTIERUNG: einfach
KARTE: Izletniška karta »Slovenska Istra«, 1:50.000, Geodetski zavod Slovenije (vergriffen) oder Tabacco-Wanderkarte »Carso Triestino e Isontino«, 1:25.000
ANFAHRT: Man nimmt auf der slowenischen A1 die Autobahnabfahrt »Kozina«, von dort auf der Straße Nr. 409 südwärts bis Klanec pri Kozini und weiter nach Ocizla (Wegweiser).

Hausportal in Ocizla

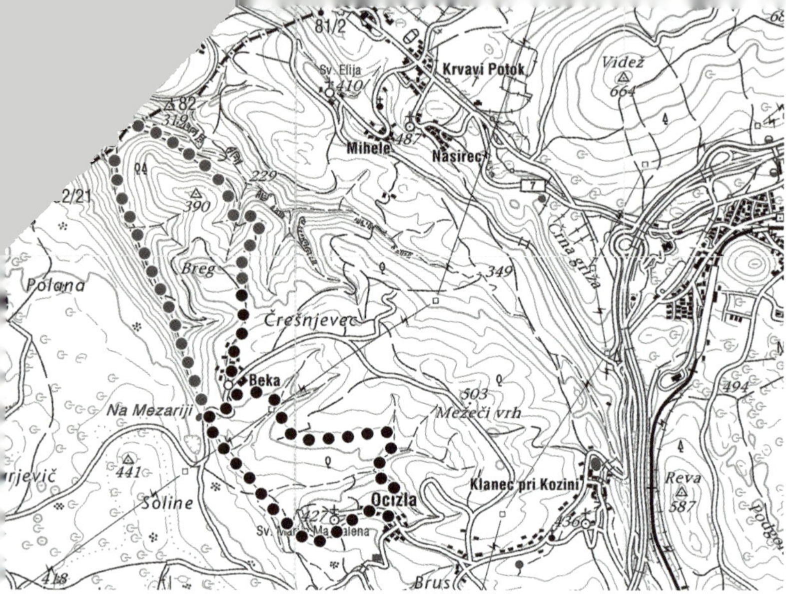

WEGBESCHREIBUNG

Ausgangspunkt ist der **Parkplatz** am Ortsbeginn von **Ocizla**. Man geht links einer Infotafel in ein Sträßlein (Markierung gelber Kreis). Am Ortsrand wendet man sich nach rechts in einen Feldweg (**Wegweiser »TIGRovska pot«**). Man folgt der Markierung in einen Graben und passiert u. a. die **Luža-Quelle**, eine verfallene **Mühle** sowie den **Žlebina-Wasserfall**. Mehrere Bachüberquerungen, dichte Vegetation. Nach gut 45 Min. steigt der Weg wieder an und trifft auf einen breiten **Fahrweg**. Man geht, die Markierung verlassend, geradeaus und trifft nach kurzem Anstieg in **Beka** ein (1:00 Min.).

Am **Dorfplatz** (große Tränke) gabelt sich die Straße; man geht links. Nach wenigen Metern eine weitere Gabelung; man hält sich rechts und gelangt am Ortsrand zu einer kleinen **Kaserne**. Der Asphalt endet, weiter auf einem sich senkenden Feldweg. 1 km sehr schöner, teilweise etwas undeutlicher Weg über sanfte Wiesen mit weiten Blicken bis zu einer **Hinweistafel »Sentiero amicizia / pot prijateljstva«** am Waldesrand (1:15 Std.).

VARIANTE: Schöner Pfad im Eichenwald, der sich erst senkt, dann wieder kurz ansteigt und eine bewaldete Kuppe (mit Resten einer Burganlage) rechts umgeht. Von hier immer steiler bergab bis **Botazzo** im Rosandra-Tal (2:15 Std.). Man wendet sich nach dem Anstieg sofort nach links und steigt auf einem breiten **Forstweg** steil und etwas eintönig bis **Beka** an (3:15 Std.). Beim ersten Haus (roter Brunnen) rechts bergab bis zur Einmündung der TIGRovska pot von links.

Zurück nach **Beka** und von dort zur Einmündung der TIGRovska pot von links. Man bleibt auf der **Schotterstraße** und folgt nach 5 Min. der Markierung nach links in einen abwärtsführenden Pfad. Man passiert die **Jurjeva-Höhle** und gelangt in eine Schlucht, wo sich kleine **Wasserfälle** in die Miškotova- und Meltova-Höhle ergießen. Vorbei an der **Ocizlska-Höhle** bis zu einem Rastplatz, wo sich der markierte Weg gabelt; man geht links (**Wegweiser »Krajša pot«**) [Die nach rechts führende »Daljša pot« verbindet einige Kavernen und Schützengräben aus dem 1. Weltkrieg, ist aber landschaftlich weniger schön.]

Der Weg steigt an und trifft auf einen breiten Querweg; auf diesem nach rechts (fehlende Markierung). 15 Min. bequem bergauf. Man steigt, den Hauptweg verlassend, nach links zum **Kirchlein Sv. Marija Magdalena** an (2:45 Std.). Schöne Blicke.

Von der Kirche auf schmalem Sträßchen zurück zum Ausgangspunkt (3:00 Min.).

AM WEGE

Ocizla | Occisla

Über einen Hügelkamm mit Blick auf kleine Weingärten und das sanft gewellte Umland geworfen, lässt das Dorf trotz der Nähe zur Autobahn kaum romantische Wünsche offen. Enge Gassen, fotogene Steinhäuser und ein hübsches Kirchlein sind die architektonischen Zutaten, die man nach Absolvierung der TIGRovska pot gerne ein zweites Mal besichtigt. Dabei wird man vielleicht auf das Haus Nr. 26 stoßen, das ein Portal mit besonders kunstvollen Ornamenten besitzt, oder sich an dem mit einem doppelten Steinbogen überdachten Dorfbrunnen erfreuen. Schon der Schriftsteller Scipio Slataper, 1888 in Triest geboren, fühlte sich von Ocizla gezogen. Seine lyrische Autobiografie *Il mio Carso* entstand hier um 1910 und beschreibt eine Landschaft, die im krassen Gegensatz zur saftigen Umgebung des Ortes steht: »Der Karst ist eine Landschaft aus Kalk und Wacholder. Ein furchtba-

In Ocizla

rer versteinerter Schrei. Bora. Sonne. Die Erde hat keinen Frieden, keine Fugen. Sie hat kein Feld, um sich auszubreiten. Jeder ihrer Versuche reißt und versinkt in den Abgrund …« Slataper schrieb diesen Text kurz nach dem Selbstmord seiner Freundin.

TIGRovska pot

Benannt ist der Rundwanderweg nach der ersten antifaschistischen Organisation Europas TIGR, die in Ocizla zwischen 1933 und 1940 eine eigene Zelle unterhielt. Eine Gedenktafel an der *Kamunska hiša*, dem ehemaligen Gemeindehaus, ehrt die Helden mit vaterländischem Pathos. Der Weg verbindet so viele Karstquellen, Flussschwinden, Wasserfälle, Naturbrücken und Höhlen auf engstem Raum, dass man sich wie in einer Miniaturausgabe der Schlucht von Rakov Škocjan vorkommt (vgl. Wanderung IV). Besonders eindrucksvoll sind die Wasserspiele nach starken Niederschlägen; noch schöner ist der Rundgang aber bei Regen. Dann kann man, die entsprechende Ausrüstung vorausgesetzt, in eine Szenerie eintauchen, die vollständig im Zeichen des Wassers steht. Unter dichtem Laub, durch das das Tageslicht nur spärlich dringt, scheint alles zu fließen: bleischwere Tropfen von Blättern und Stämmen, tausend Rinnsale im Unterholz, unterspülte Wurzeln, ein allgegenwärtiger Bach und sogar der Boden, ein zäher Brei, der sich schließlich selbst verschluckt. Zur Wahrnehmung, dass hier die Grenze zwischen Wasser und Luft aufgehoben ist, gesellt sich die Erkenntnis, dass die Farbe Braun mehr Nuancen haben kann als ein ganzer Regenbogen. Und dass das Rauschen des Wassers ein Ohrenschmaus in mindestens zwölf Gängen sein kann. Wer aus dieser Zwischenwelt an die Oberfläche zurückkehrt, wird zwar von Lehm vollständig verdreckt sein, doch zugleich seinen Sinnesapparat einer gründlichen Reinigung unterzogen haben.

Beka | Becca

Mit einer Handvoll leerstehender Steinhäuser und einem Brunnen mit signalrotem Deckel ist Beka womöglich noch stimmungsvoller als Ocizla. Beide Orte wurden am 26. Mai 1944 von einer SS-Einheit geplündert und niedergebrannt. Es war die Vergeltung für einen Partisanenüberfall auf Sturmbannführer Christian Wirth, der sich auf einer Inspektionsfahrt von Triest nach Rijeka befunden hatte. Wirth war zu dieser Zeit die rechte Hand von Odilo Globočnik (welcher zuvor u. a. Leiter des Vernichtungslagers Lublin gewesen war) und zählte zu den schlimmsten Massenmördern Hitlerdeutschlands. Erste »Sporen« verdiente er sich bei experimentellen Tötungen von Geisteskranken, später als Oberkommandant der Vernichtungslager Belzec, Treblinka und Sobibor. 1943 beaufsichtigte er in Lublin die Ermordung von 42.000 jüdischen Zwangsarbeitern in nur zwei Tagen. Im selben Jahr wurde er nach Triest entsandt, um gemeinsam mit Globočnik in der *Operationszone Adriatisches Küstenland* Ordnung zu schaffen. So lag auch die Errichtung des Konzentrationslagers *Risiera di San Sabba* bei Triest (in welchem mindestens 3.000 Menschen ermordet wurden) in seinem Verantwortungsbereich. Wegen seiner Brutalität trug Wirth den Beinamen »Der Grausame« und war auch bei seinen Untergebenen zutiefst gefürchtet. So ist bis heute ungeklärt, ob ihm während des Angriffs der Partisanen bei Ocizla nicht von den eigenen Leuten in den Rücken geschossen wurde.

KARST ALS ERFAHRUNG (I)

Dass bestimmte Landschaften außergewöhnliche Erfahrungen ermöglichen, ist, zumindest in Bezug auf die künstlerische Wahrnehmung, eine verbreitete Ansicht: Die Weite und die Farben der friesischen Nordseelandschaft sollen den Expressionisten Emil Nolde inspiriert haben; ohne das Licht der Provence wäre der späte van Gogh nicht denkbar; mitten in der Eiger-Nordwand hängen die Helden bekannter Filme; der steirische Dichter Peter Rosegger schrieb aus den Hügeln und Bergen seiner *Waldheimat* heraus.

Auch der Karst ist eine solche Erfahrungslandschaft. Sein Licht und seine Formen hat der Maler Lojze Spacal in Bildern und Graphiken festgehalten, die in vielen wichtigen Museen der Welt zu besichtigen sind. Vornehmlich aber kann der Karst als literarischer Erfahrungsraum bezeichnet werden. Geografisch gesehen erstrecken sich der italienische und slowenische Karst vom Triestiner Küstenland über den Berg Nanos bis fast nach Ljubljana. Der Karst als literarische Erfahrungslandschaft scheint im weiteren italienischen und slowenischen Hinterland von Triest angesiedelt zu sein. Die genauen Grenzen dieser Landschaft sind unklar, also wird man sie am besten als Spannungsfeld zwischen Land und Meer bezeichnen, in dem die Stadt Triest eine besondere Rolle spielt.

Dieses Spannungsfeld erzeugt offenbar starke Gefühle. So verkündet der Karstdichter par excellence, Scipio Slataper, 1912 seine Abwendung von der Stadt an der Küste: »Ich werde hier oben im Karst leben, allein«, um sich dann gleich eine Gefährtin nach dem Modell der Landschaft zu konstruieren: »Carsina wird aufrecht sein und ein wenig harzhaltige Haare haben, wie die Büschel der Wacholder im Frühling. Weiße und spitze Zähne zum Beißen. Geschmeidig für das Leben, um in meiner Umarmung, mit dem Kopf nach hinten, in ein rotes Gelächter auszubrechen.« Ungefähr zur selben Zeit geht Srečko Kosovel, der andere große Karstdichter, »allein / durchs Dorf. / Im

Finstern / ächzen Reblatten – / Die Bora klettert / über Mauern, ans Fenster / schlägt sie.« Giuseppe Ungaretti, den Ingeborg Bachmann und Paul Celan ins Deutsche übersetzt haben, empfindet mitten im Krieg den steinigen Karst des Monte San Michele »so kalt / so hart / so ausgetrocknet / so widerständig / so ganz und gar / unbeseelt«. Und Peter Handke hört noch 1986 im Karst »eine Stille, als seist du schon weit draußen auf dem offenen Meer.«

Slataper, Kosovel, Ungaretti und Handke sind keine schwärmerischen Landschaftsdichter. Die Frage des slowenischen Publizisten Ciril Zlobec: »Ist der Karst eine poetische Landschaft?« zielt also nicht auf ein undistanziertes Verhältnis der Poeten zur realen Schönheit der Landschaft. Slataper und Kosovel stehen schon existenziell unter höchster Spannung. Der erste, der auf Italienisch schreibt, hat einen slowenischen Vater und eine italienische Mutter, der zweite trägt aus dem 1. Weltkrieg, dessen Fronten auch durch den Karst verliefen, eine tiefe Verzweiflung davon. Die Spannung zwischen Meer und Land konkretisiert sich hier also als eine kulturelle und politische und wird zugleich in die poetische Spannung zwischen extremer Kargheit und Leere auf der einen und extremer Intensität und Fülle auf der anderen Seite transformiert: »Karst, wie bist du hart und gut«, schreibt Slataper.

Wenn der österreichische Journalist und Schriftsteller Ernst Decsey den Karst als »Südlandschaft« bezeichnet, »[...] aber eine dürstige, entbehrende, und darum immer sehnsüchtige«, dann erscheint auch die erfundene Gefährtin von Slataper in einem anderen Licht: Immerhin hat schon Platon den Eros als Sohn der Penia, der Armut, und des Poros, des Reichtums, bezeichnet, als in sich gespaltener Dämon, der sich zwischen Mangel und Erfüllung sehnsüchtig verzehrt. Ganz ähnlich geht es Slataper. Er schreibt, so Claudio Magris und Angelo Ara in ihrem Buch *Triest. Eine literarische Hauptstadt in Mitteleuropa*, im »beharrlichen Bewusstsein von einem gegebenen, aber nicht definierbaren Anderssein [...] Vermächtnis und Widerhall anderer Kulturen«. Von Triest aus erscheint dieses Anderssein als der Karst. Und umgekehrt gründet *Il mio Carso* (Mein Karst), die einzige Veröffentlichung von Slataper zu Lebzeiten, nichts weniger als

»die literarische Landschaft Triests«, so Ara und Magris. Auch Peter Handke bezeichnet den Karst als »Mangelgebiet«, und zugleich bedeutet ihm seine Landschaft »etwas wie ›Freiheit‹«, die sich nach einem Anderen sehnt: »Und eines Tages im Lauf deiner Jahre wirst du dann an die Stelle gekommen sein, wo tief unten am Horizont der besonnte Nebelstreifen das adriatische Meer sein wird«.

Wem diese erste Deutung des Zusammenhangs zwischen Landschaft und Erfahrung als zu philosophisch erscheint, dem können Argumente einer empirischen Wissenschaft entgegen gehalten werden. Schon im 19. Jahrhundert denkt die sogenannte Politische Geografie über den Zusammenhang zwischen Politik und Territorium nach. Eines Besseren belehrt durch die absurde nationalsozialistische Konstruktion, die Blut und Boden quasi natürlich miteinander verknüpft hat, werden im 20. Jahrhundert Landschaften als je schon kulturell kodierte und sozial formierte begriffen. Dabei tritt immer mehr die Vielschichtigkeit der wechselseitigen Beziehungen zwischen Landschaft und Kultur in den Mittelpunkt. Die radikale Geschichtlichkeit des Verhältnisses materieller und symbolischer, realer und gedachter Landschaften ist schließlich das Thema postmarxistischer Entwürfe genauso wie der sogenannten postmodernen Geografie. Dabei sind die Niederlande ein plastisches Beispiel: Die Notwendigkeit der künstlichen Entwässerung formt die Landschaft und ihre Wahrnehmung und erfordert zugleich ein Zusammenwirken der Bewohner, das bis in die politischen Verhältnisse und in das Alltagsleben durchschlägt.

Dieser empirische Befund erlaubt zweierlei: Erstens kann vom Karst durchaus als Erfahrungslandschaft gesprochen werden, die nicht nur Maler und Schriftsteller, sondern die alltägliche Wahrnehmung und hier vor allem die Wahrnehmung der Wanderer prägt, die sich langsamer als ihre motorisierten Mitmenschen und beweglicher als die Ansässigen und damit auch sensibler in diese Landschaft hineinbegeben. Und zweitens lassen sich zwei mögliche Perspektiven auf das Thema ableiten: Inwiefern formt der Karst die Kultur, und wie hat die Kultur diese Landschaft geformt? In der Erfahrung der Wanderer fallen diese beiden Perspektiven dann wieder zusammen.

Der Name Karst, der vom slowenischen *kras* kommt, bezeichnet zunächst das geologische Phänomen einer korrodierten Landschaft aus verschiedenen wasserlöslichen Gesteinen, deren Gewässer großteils unterirdisch verlaufen, ein Phänomen, das in der ganzen Welt zu finden ist, in China genauso wie im deutschen Mittelgebirge. Was im Kalkgestein angelegt war, hat der menschliche Einfluss im italienischen und slowenischen Karst noch verstärkt: Venedig brauchte Holz für seine Schiffe, Schafe fraßen sich durchs Gestrüpp. Der Wind, von dem man in Triest vier Sorten kennt, die kalte Bora aus dem Nordosten, den *Libeccio* aus südwestlicher, den *Scirocco* aus südlicher und den *Maestrale* aus westlicher Richtung, hatte freie Bahn und verwehte die rote Karsterde. Im 19. Jahrhundert glich der Karst einer von bewaldeten Höhen durchzogenen Steinwüste.

Die Winde formen die Dörfer und trocknen noch immer den Schinken. Die Häuser, deren Dachziegel mit Steinen beschwert sind, stehen in engen Gruppen und sind gleichsam nach Innen gerichtet. Hier ist Architektur in besonderer Weise »in der Landschaft«. »Die Bora rückte das Einzelne aneinander und ließ das Einssein erkennen von Wehrhaftigkeit und Schönheit«, schreibt Peter Handke. Den sozialen Mittelpunkt der größeren Dörfer bildeten lange nicht nur die Kirchen, sondern oft Einrichtungen des slowenischen Genossenschaftswesens: Kreditkassen gegen Wucherer und Einkaufsgenossenschaften, die die teuren Zwischenhändler ausschalteten, waren Faktoren der Wehrhaftigkeit und des inneren Zusammenhalts. Und noch zu Zeiten des Niedergangs dieser Institutionen findet wieder Peter Handke eine Einwohnerschaft in den Dörfern, »für die in allen Himmelsrichtungen ›unten‹ oder ›draußen‹ ist«.

Im 19. Jahrhundert begannen größer angelegte Aktionen der Aufforstung mit der Schwarzkiefer, deren harzhältige, klebrige Nadeln nicht so leicht vom Wind verblasen werden und daher zur Humusbildung beitragen. Die Idee dazu stammte von Josef Ressel, dem Erfinder der Schiffsschraube, der ab 1821 als Marineforstintendant für die kaiserlich-königliche Domäneninspektion in Triest tätig war. Heute ist der Karst zu mehr als der Hälfte von Wald bedeckt, im Sommer »farbenwahnsinnig«, wie Ernst Decsey schreibt, im Winter eine oft nebelige und winddurchpeitschte Landschaft, in deren Spalten und Höhlen sich früher allerlei Flüchtlinge und Schmuggler verbargen.

Umso größer ist der Kontrast, wenn das Meer sichtbar wird. Adalbert Josef Krickel, der von 1827 bis 1829 eine *Fußreise durch den größten Theil der österreichischen Staaten* unternahm, hatte im Karst »schon genug Steine gesehen«, als er bei Villa Opicina »wie durch einen Zauberschlag [...] das adriatische Meer« vor sich sieht »vom Sonnenglanze erhellt«, »ein großartiger Anblick«. Seine Begeisterung teilt er mit anderen Wanderern, zum Beispiel Johann Gottfried Seume, der 1805 von Leipzig loszog und auf dem Fußmarsch nach Syrakus ebenso diesen Kamm überschritt, oder Adalbert Stifter oder Ferdinand Grillparzer: »[...] da lag es vor uns, weit und blau und hell, und es war das Meer«.

Nicht nur in dieser Inszenierung zeigt der Karst eine Vielfalt, die sich erst in der Bewegung so richtig auftut. Hinter einem der Steinmäuerchen, die man zum Windschutz aufgebaut hat, hält eine freilaufende Herde von Hausschweinen ihren Mittagsschlaf und macht sich schnaufend davon, wenn Wanderer nahen. In den Dolinen, den durch Korrosion oder Einsturz von Höhlen entstandenen Trichtern im Karst, hat der Regen Karsterde zusammengespült. Die kleinen Äcker dort lassen sofort an die Mühsal ihrer Bearbeitung, an Armut und Rückständigkeit denken, aber auch an Eigensinn und Sorgfalt. In den landwirtschaftlichen Gestellen und Geräten erkennt Peter Handke »die Hinterlassenschaften meiner Vorfahren«, und schon der wandernde Slataper »betrachtete [...] alles mit brüderlicher Zuneigung.« Diesem Gefühl werden sich auch die heutigen Wanderer nicht entziehen können.

Wilhelm Berger

XIII. RUNDFLUG
Rundwanderung bei Škocjan

Dass die Höhlen von Škocjan völlig zu Recht in die Liste des »Weltkultur- und Naturerbes der Menschheit« aufgenommen wurden, kann jeder bestätigen, der je an einer Führung durch diese fantastische Unterwelt teilgenommen hat. Bereits ihr Eingang, ein wahrer Höllenschlund, in den eine Kirche zu stürzen droht, ist die Reise wert. Wie reizvoll auch die etwas weitere Umgebung ist, erweist sich bei dieser besonders abwechslungsreichen Rundwanderung.

Nach dem spektakulären Auftakt – der Durchquerung des riesigen Einsturzkraters von Škocjan – erfolgt der nächste Paukenschlag: ein wildromantischer Pfad durch die Reka-Schlucht und zur Burgruine oberhalb des Canyons. Man erreicht Famlje, ein unscheinbares Dorf mit einem Kirchlein von anrührender Bescheidenheit. Eine kleine Durststrecke ist es bis zur Bahntrasse oberhalb der Ortschaft, von wo man durch lichten Wald und auf schönen Wegen gemächlich zur Hügelkette der Vremščica ansteigt. So gering die Anstrengung, so reich der Lohn in Form eines wunderbaren Panoramas. Den nächsten Szenenwechsel erlebt man nach dem kurzen Abstieg an der Nordseite des Berges. Sanfte und fast kahle Hügel lassen an andalusische Gefilde denken; Schafe und Esel bevölkern die sonst so einsame Gegend. Eine freundliche Jausenstation lädt zur Rast. Von hier ist es nicht weit zum Kamm, wo einem plötzlich eine riesige »Steppe« zu Füßen liegt. Jäh ist der Abstieg zur Bahn, weglos der Abschnitt über das Heideland entlang eines kleinen Sportflugplatzes. Schöne alte Steinhäuser und ein romanisches Kirchlein erwarten den Wanderer in Gradišče pri Divači. Einen letzten Höhepunkt beschert das Finale. Zwischen Dolinen und Steinmauern führt der Weg zu einer Warte, von der man die Schlucht von Škocjan in ihrer ganzen Dramatik überblickt.

HINWEISE ZUR WANDERUNG

LÄNGE: 22 km

HÖHENDIFFERENZ: 550 m ↑ ↓

GEHZEIT: knapp 6:45 Std.

ANFORDERUNGEN: Ausdauer, Trittfestigkeit und Schwindelfreiheit

ORIENTIERUNG: Schwierig

KARTE: Izletniška karta »Slovenska Istra«, 1:50.000, Geodetski zavod Slovenije (vergriffen)

EINKEHRMÖGLICHKEIT: Vremščica, Matavun

ANMERKUNG: Genügend Trinkwasser mitnehmen. An heißen Tagen früh aufbrechen.

ANFAHRT: Man nimmt auf der slowenischen A1 die Autobahnabfahrt »Divača« und folgt von hier den Wegweisern »Škocjanske jame« bis Matavun.

WEGBESCHREIBUNG

Ausgangspunkt ist der **Besucher-Parkplatz** vor den **Škocjanske jame** bei Matavun. Man durchschreitet (oder umgeht) das **Eingangsgebäude** und steigt auf einem Treppenweg (Wegweiser »Muzej«) Richtung Schlucht bergab. Nach wenigen Schritten eine Wegkreuzung; man geht geradeaus. Gleich darauf ein Querweg; man geht links und nähert sich der **Bergstation eines Schrägaufzuges**. Rechts daran vorbei, kurz ansteigend, bis zu einem Querweg, auf diesem nach links. Kurzer Abstieg zu einem **Felsgrat**, wo man eine Abzweigung nach rechts und kurz darauf eine nach links ignoriert. Gegenanstieg mit Blick auf Škocjan bis zu einem Querweg an der **Felskante**; auf diesem nach rechts. Man erreicht den Weiler **Betanja** und folgt dem **Wegweiser »Vremščica«** nach links.

Der markierte Weg senkt sich in ein kleines **Tal**, wo man eine Abzweigung nach rechts nimmt (**Wegweiser**). Der Weg gabelt sich kurz danach; man bleibt rechts und erreicht bald darauf den **Reka-Fluss**. Weiter auf dem markierten Hauptweg links des Flusses talauswärts. Nach ca. 20 Min. wendet sich der markierte Weg nach links und steigt jäh zum oberen Rand der Schlucht an. Hier geht man rechts und wandert entlang einer Weide bis zu einer **Burgruine** (1:10 Std.).

Vor dem Eingang zum Burggarten nach links. Der Weg gabelt sich kurz darauf; man geht rechts und steigt sehr steil zum **Fluss** ab. Wildromantischer (markierter) Weg unter stellenweise überhän-

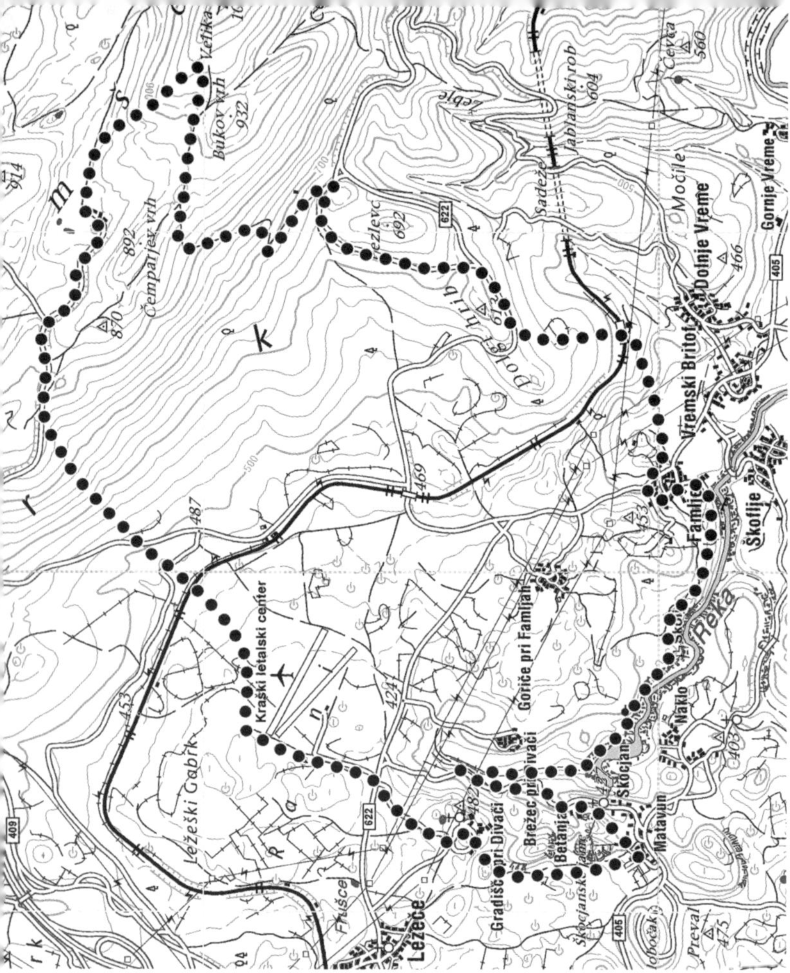

genden Felsen. Man passiert schließlich eine **verfallene Mühle**, der Weg verbreitert sich und steigt allmählich an. Man erreicht das erste Haus von **Famlje** und wendet sich vor diesem nach links. Bei der darauffolgenden Querstraße geht man links, um sich bei der nächsten Kreuzung nach rechts zu wenden und zur kleinen **Kirche** von Famlje zu gelangen (2:00 Std.).

Weiter bis zur **Hauptstraße**, auf dieser nach rechts. Nach 150 m wendet man sich nach links in einen Feldweg (**Wegweiser »Vremščica«**). Der markierte Weg unterquert eine **Hochspannungsleitung**; man hält auf den Waldrand zu (undeutlicher Weg) und steigt von dort auf **markiertem Pfad** 20 Min. im Wald zur **Bahnlinie** an, die man bei einer aufgelassenen Haltestelle mit gebotener Vorsicht überquert. 15 Min. weiter bergauf bis zu einer **Asphaltstraße**; auf dieser nach rechts. Nach knapp 10 Min. wendet man sich, die Markierung verlassend, nach links in eine **gozdna cesta** (Forststraße). Gut 20 Min., stets dem bequemen Hauptweg folgend, bis zu einer **Wegkreuzung oberhalb der Straße**, wo man wieder auf die **Markierung** trifft. Man wendet sich scharf nach links. 40 Min. bequemer Anstieg im lichten Wald bis zu einem Querweg am **Hügelkamm**. Man geht rechts, trifft auf eine **Wegkreuzung mit Wegweisern** und steigt von hier halbrechts, die Markierung verlassend, zur nächstgelegenen **Hügelkuppe** an (4:00 Std.). Schöne Aussicht.

Von der Hügelkuppe knapp 100 m in östlicher Richtung (auf den »Hauptgipfel« zuhaltend) bergab bis zu einem kleinen **Sattel**, von hier wendet man sich scharf nach links in einen undeutlichen Weg, der nach etwa 200 m zu einer Gabelung mit **roten Wegweisern** führt. Man geht rechts (**Wegweiser »Senožeče«**) und folgt der Markierung, 5 Min. im Wald absteigend, bis zu einer langgestreckten Senke, wo man ins Offene tritt. Hier geht man auf einer **Traktorpiste** nach links und verlässt damit die Markierung. Bequemer, fast ebener Weg bis zu einer **veterinären Versuchsstation** (4:30 Std.). Einkehrmöglichkeit.

Nun setzt man die Wanderung auf einem sanft ansteigenden **Schottersträßchen** fort, das sich nach einiger Zeit mit einem von rechts kommenden Fahrweg vereinigt. Man erreicht neuerlich den **Hügelkamm** und trifft bei einer Wegkreuzung auf den von links kommenden **markierten Weg** (5:00 Std.). Blick auf die »Steppe« im Tal.

Nun steigt man, dem **Wegweiser »Škocjanske jame«** folgend, auf einem schönen Wiesenpfad zwischen verstreuten Kiefern steil bergab. Nach 30 Min. ein geschotterter Fahrweg, welchen man quert. 50 m geradeaus bis zu einer Weggabelung; man hält sich, die Markierung verlassend, links und erreicht nach einigen Minuten die **Bahnlinie**. Man überschreitet die Geleise und folgt einem schmalen Pfad, der sich, die Richtung ungefähr beibehaltend, durch den Wald schlängelt und bald ins Freie führt. Von hier schlägt man sich weglos und mit Respektabstand zum rechten Rand eines **Sportflugplatzes** durch (5:45 Std.).

Bei einem breiten Querweg an der Stirnseite der Landebahn nach links. Man passiert ein **Gebäude** und folgt einem asphaltierten Sträßchen (Markierung) die Richtung beibehaltend bis zur **Hauptstraße**, welche man quert. 15 Min. auf geschottertem Fahrweg leicht ansteigend bis zu einer **Kreuzung** auf der Hügelkuppe. Man geht links, die Markierung verlassend, und gelangt nach **Gradišče pri Divači** (6:15 Std.).

Bei der ersten Gabelung am oberen Ortsrand geht man rechts (zuvor empfiehlt sich die Besichtigung des **Kirchleins Sv. Helena**) und wendet sich sofort nach rechts bergab in ein Sträßchen, das eine Doline rechter Hand umgeht. Bei einem Quersträßchen geht man rechts, um sich nach wenigen Schritten nach links in den markierten Weg zu wenden. Man folgt der Markierung bis zu einer Weggabelung mit **Wegweiser** und geht links. Bald vereinigt sich der Weg mit dem von links kommenden Rundwanderweg von Škocjan. Man geht geradeaus, hält sich bei der darauffolgenden Gabelung links, passiert bald eine **Aussichtswarte** und erreicht den Ausgangspunkt der Wanderung (6:45 Std.).

AM WEGE

Škocjan | San Canziano della Grotta | St. Kanzian

Wer je in Postojna war und sich der deprimierenden Hässlichkeit der »Tropfsteinmetropole« ausgesetzt hat, wird beim Besuch von Škocjan, das fast ebenso berühmt ist, auf das Schlimmste gefasst sein. Doch schon bei der Anfahrt kündigt sich der Unterschied an. Kaum hat man die Autobahn bei Divača verlassen, findet man sich auf einer schmalen, gerade noch reisebustauglichen Landstraße wieder, die sich harmonisch zwischen grünen Dellen und Hügeln dem Zielort nähert. Die zweite Überraschung besteht darin, dass die Siedlung eigentlich aus drei eigenständigen Weilern – Škocjan, Matavun und Betanja – besteht und der »Hauptort« kaum zehn Bewohner zählt. Weder ein *Mercator* noch eine Tankstelle, geschweige denn ein Hotel sind hier zu finden. Selbst das Eingangsgebäude zur Grotte, einschließlich Restaurant und Souvenirladen, ist verhältnismäßig dezent geraten und stört den Eindruck einer fast unversehrten Landschaft nur unwesentlich.

Das Erfreulichste ist aber – neben der spektakulären Lage auf einer Naturbrücke hoch über den Einsturzkesseln der Grotte – das geschlossene Ortsbild. Denn es handelt sich, entgegen der Fremdenverkehrswerbung, nicht um ein »typisches Karstdorf« (das in diesen Breiten meist arg verunstaltet ist), sondern um

Jakopin-Speicher in Matavun

eine Handvoll zurückhaltend renovierter Häuser, die sich eng um die Kirche scharen, als könnte diese sie vor dem drohenden Absturz in den Abgrund bewahren. Zumindest der ungewöhnlich hohe und freistehende Glockenturm hält der Schwerkraft entgegen; symbolischen Schutz bieten auch die Reste einer Wehrmauer, die das Ensemble umgeben. Zwar stammen die meisten Gebäude aus dem 19. Jahrhundert, doch aufgrund der intimen Anordnung verspürt man zumindest einen Hauch von Mittelalter. Immerhin ist die Kirche gotischen Ursprungs und dominieren unverputzte Steinmauern das Bild.

Verschwunden sind allerdings die Handwerker und Gewerbetreibenden, die das Dorf bis nach dem 2. Weltkrieg bevölkerten. So soll hier neben drei Schmieden, zwei Schneidern, einem Tischler und einem Steinmetz auch eine Hebamme praktiziert haben. Auch die Schule und der Dorfwirt sind, wie die Bauernhöfe in Škocjan, Geschichte. Geblieben sind zwei schöne Baudenkmäler am Ortsrand: der strohgedeckte Jakopin-Speicher, der eine sehenswerte ethnologische Sammlung enthält, sowie ein renoviertes Stallgebäude, in welchem ein kleines Museum zur Geschichte der Höhlenforschung eingerichtet wurde. Dazu kommen ein in den Felsen gemeißelter Dorfbrunnen sowie eine kleine Zisterne, die auch als Tränke diente. Gleich daneben tut sich der Boden auf und gibt die *okroglica* einen Blick auf den Fluss Reka frei, der 100 m tiefer das Dorf unterquert. Der schwindelerregende Naturschacht wurde früher als Müllschlucker verwendet und sollte von Lebensmüden in weitem Bogen umgangen werden.

EINKEHR:

Domačija Pr'Vncki in Matavun. Geschmackvoll renovierter alter Karsthof, in dem, so die Eigenwerbung, »die Zeit mit Friedlichkeit stehen bleibt«. Die sympathischen Gastgeber sind Tamara und Ervin Čopič, die den Gästen besten Teran und vorzügliche regionale Speisen servieren. Schöne Fremdenzimmer. 00 386 5 7633073 oder 00 386 40 697827 oder 00 386 41 719 466, www.sloveniaholidays.com/deu/zimmer-pr-vncki

Turistična kmetija Pr'Betanci in Betanja. 400jähriger Bauernhof mit Schieferdach und gemütlichem Gastgarten. Wein und Schinken gibt's von Mittwoch bis Sonntag, angenehme Zimmer auf Vorbestellung. 00386 5 7633006 oder 00386 41 345877, www.prbetanci.si

Gostilna Mahnič beim Besucherzentrum. Sie ist die größte Gastwirtschaft im Umkreis der Škocjanske jame und bietet bis zu 300 Personen Platz. Kein schlechtes Hausbier. 00386 5 7632960 oder 00386 41 391075, www.mahnic.si

Famlje | Famie

Auf den ersten Blick prägen grauer Verputz und viel Beton das Dorf am Eingang zur Rekaschlucht. Dass Famlje dennoch kein Ort der Hoffnungslosigkeit ist, verdankt es den herzerwärmenden Versuchen der Bewohner, ihre Behausungen da und dort zu verschönern oder sich durch Improvisation das Leben ein wenig zu erleichtern. Ob gewagte Konstruktionen aus Dachrinnen und Kunststoffrohren zur Gewinnung von Regenwasser oder fragile Weinlauben aus Bohnenstangen, Leitungsrohren und Armierungseisen, es sind Installationen wie diese, die den Rundgang lohnen. Sehenswert sind auch die verrosteten Gartenzäune aus gestanztem Industrieblech oder ein verschimmelter Teddybär in Schulkindgröße, der der Oma auf der Hofbank Gesellschaft leistet.

In der Kirche von Famlje

Neben solchen Kleinoden der Alltagskultur kann Famlje mit einer Sehenswürdigkeit aufwarten, die von den einschlägigen Kunstführern zu Unrecht ignoriert wird. Es ist die winzige Dorfkirche, ein schlichter Steinbau mit Glockenturm ohne Glocken und einem Vordach auf beängstigend dünnen Säulen. Zwei abgestoßene Marmortorsi, wahrscheinlich Heilige, hocken wie lepröse Bettler vor der Eingangstür; die fehlende Türschnalle findet sich auf der rechten Fensterbank. Sie ermöglicht den Zutritt zu einem Raum, von dem sich die heiligsten Stätten der Christenheit etwas abschneiden könnten. 22 Holzsessel, einer wackliger als der andere, sowie eine hellgrüne Gartenbank samt weißem Plastiktisch wenden sich dem tunnelartigen Presbyterium zu, das bis zur Decke mit mittelalterlichen Fresken geschmückt ist. Wie ein Unterrock kleidet ein blütenweißes Spitzentuch den schlanken Barockaltar. Ein Marienbild aus frommer Laienhand lehnt in der Ecke, am »Seitenaltar«, einem Beistelltisch, blühen künstliche Sonnenblumen und glimmt das Ewige Licht in Gestalt einer Grabkerze. Dies alles ist so asymmetrisch und unbeholfen, dass es gottgefälliger kaum sein könnte.

Flugfeld bei Gradišče pri Divači mit der Vremščica im Hintergrund

Vremščica (1.026 m)

Der Berg liegt so günstig, dass er trotz seiner geringen Höhe einen weiten Rundblick bietet. Bei klarem Wetter sind der Triglav, die Südtiroler Dolomiten, die Triestiner Bucht und die gesamte Čičarija zu sehen, bei diesigen Verhältnissen muss man sich mit dem Anblick der Blumen begnügen, die auf dem sanften Rücken in Hülle und Fülle gedeihen. Die Wiesenhänge sind ein Relikt aus der Zeit, als sich die Vremščica im Besitz von Burgherren befand, und die Bauern aus dem Tal zur jährlichen, stets mehrere Wochen dauernden Heuernte verpflichtet waren. Gegen Sturm und Blitzschlag vertraute man auf die Hilfe des Heiligen Urban, dem man auf dem Gipfel eine Kirche errichtete, deren Tür sich allerdings – so die Sage – niemals schließen ließ. Ihre spärlichen Reste werden von einer fast zwei Meter langen grünen Zornnatter bewacht, die trotz ihres Namens ungiftig ist.

Was die Vremščica so einzigartig macht, sind aber die Schafherden, die hierher zur »Sommerfrische« kommen. Bis zu 800 Tiere weiden auf den flachen Hügeln nordöstlich des Kammes und bieten damit ein allzu selten gewordenes Bild. Vor hundert Jahren bevölkerten noch über 2.000 Schafe den Berg. Als Hirten fungieren heute Studierende der Veterinärmedizinischen Universität Ljubljana, die in einer Mulde nordöstlich des Kammes eine Station zur Erforschung und Wiederbelebung der historischen Weidewirtschaft unterhält. Betreut werden auch einige Ziegen und Esel, die auf den Wanderer einen beneidenswert ausgeruhten Eindruck machen.

EINKEHR:

Okrepčevalnica Vremščica. Einfache Jausenstation neben der Versuchsanstalt. Aufgetischt werden gutes Brot, frischer Schafskäse und ein hervorragender Refošk, am Wochenende sogar warme Küche. Geöffnet von April bis November, im Sommer täglich, sonst nur am Wochenende.

Škocjanske jame | Grotte di San Canziano | St.-Kanzian-Höhlen

1816 erkundeten die Botaniker Hoppe und Hornschuch die Umgebung von Škocjan: »Die Gegend um Nackle [Naklo] ist einzig in ihrer Art. Zwar besteht das Ganze aus fortlaufenden schroffen Felsen von Kalkgebürgen, die kein Baum, kein Strauch ziert, aber die kesselartigen Vertiefungen, so wie die Durchwindungen des Reckka-Flusses [Reka] machen das Ganze romantisch fürchterlich. Wenn man sich auf der Höhe von Nackle satt gesehen hat, steigt man hinunter, um längs dem Flusse, der einige Mühlen treibt, hinabzukommen, und die Höhle von St. Cantzian in Augenschein zu nehmen. Die Höhle selbst ist wegen der Tiefe, und des Durchgangs des Flusses, sehenswerth, ungeachtet man ohne Lebensgefahr nicht hinabkommen kann.« Jahrzehnte zuvor, 1782, war der Maler Louis Cassas eben zu dieser Stelle auf abenteuerliche Weise hinabgestiegen. Fasziniert und erschrocken zugleich bannte der Franzose die vorgefundene Naturkulisse auf Leinwand und schuf damit das wohl berühmteste Postkartenmotiv seiner Zeit. Bis heute illustrieren seine pittoresken Landschaftsdarstellungen beinahe sämtliche Karst-Reiseführer.

Die beiden Einsturzdolinen Velika dolina (bis zu 165 m tief) und Mala dolina (120 m tief) sind durch eine schmale Naturbrücke aus Kalkstein getrennt. Bevor die Reka die beiden Dolinen durchfließt, verschwindet sie kurz in der Mahorčičeva jama, kommt bei der Mariničeva jama wieder zum Vorschein, um dann endgültig in die Škocjanska jama einzutauchen. In der nördlichen Felswand der Velika dolina befindet sich auch der Eingang zur Tominčeva jama, die, lange bevor die Haupthöhle erschlossen wurde, von Gästen besucht werden konnte. Johann Georg Kohl verglich die Szenerie bei St. Kanzian mit den römischen Amphitheatern: »Wäre so ein Karsttrichter bei Rom gewesen, so hätten die Römer gewiß Sitze hineingehauen und die Arena unten geebnet; das ganze römische Volk hätte in einem solchen Schauspielhause placiert werden können. Nur hätten unten Mammuth-Tiere und Walfische kämpfen müssen, wenn auch die oberen Zuschauer etwas davon hätten sehen sollen.«

Frühe Erwähnung fand die Höhle von Škocjan in einem Bericht des griechischen Philosophen und Ethnographen Posidonius (135–51 v. Chr.), worin der Fluss Timavus genannt wird, »der aus den Bergen quillt, in eine Höhle stürzt und nachdem er etwa 130 Stadien durchströmt, beim Meer auftaucht«. Die Höhlen von Škocjan waren bereits in Landkarten aus dem 16. Jahrhundert verzeichnet. Seit 1819 setzte man erste Schritte zur touristischen Erschließung der Höhlen, indem man einen Steig bzw. Stufen in die Velika dolina anlegen ließ. Bei dieser Gelegenheit wurde auch das erste Gästebuch aufgelegt.

Die Sicherung der Wasserversorgung von Triest lieferte einen wesentlichen Anstoß zur Erforschung der Schachthöhlen auf der Hochfläche des Karstes sowie der Höhlen bei Škocjan. 1840 folgte Ivan Svetina, Brunnenmeister aus Triest, mit einem Boot der Reka und stieß dabei 110 Meter ins Höhleninnere vor. Die Überlegung, nahe Triest einen unterirdischen Stausee anzulegen, scheiterte an den finanziellen Mitteln und dem technischen Aufwand. Die bei San Giovanni bei Duino zutage tretende Timavoquelle führt ungefähr die dreifache Wassermenge der bei Škocjan verschwindenden Reka mit sich. Offensichtlich entwässert das gesamte Karstplateau in diese Richtung.

In Betanja bei Škocjan

1851 erkundete der in Tschechien geborene Altösterreicher Adolf Schmidl mit Bergmännern aus Idrija das Innere der Höhle. Auf abenteuerliche Weise drangen sie mehrere hundert Meter in die Unterwelt vor, wobei sie einige Wasserfälle zu überwinden hatten. Nachdem die plötzlich angeschwollene Reka ihre gesamte Ausrüstung und drei Boote fortgeschwemmt hatte, fand das Unternehmen ein abruptes Ende. In seinem 1853 herausgegebenen *Wegweiser in die Adelsberger Grotte und den benachbarten Höhlen des Karst* bemerkte er, dass es in Škocjan nur ein miserables Gasthaus und keine Übernachtungsmöglichkeit gäbe. Der Höhlenzugang war mit einem eisernen Tor versperrt, und gegen eine Gebühr von 15 Kreuzern bekam der Besucher vom Gastwirt den Schlüssel ausgehändigt. Aus Schmidls Aufzeichnungen geht hervor, dass sich die Besucherzahl damals mit jährlich 150 Höhlentouristen noch sehr in Grenzen hielt.

Als eigentlicher Beginn des Höhlentourismus bei St. Kanzian kann das Jahr 1883 angesehen werden, als die *Sektion Küstenland* des Deutschen und Österreichischen Alpenvereins eine eigene *Abteilung für Grottenforschung* ins Leben rief und die Höhlen systematisch zu erforschen begann. 1884 pachtete der Alpenverein die Höhlen, und innerhalb weniger Monate waren die Grottenforscher weit über die bis dahin erforschten Teile der Höhle hinausgelangt. Unter der Leitung des sogenannten »Grottentriumvirats« Anton Hanke, Friedrich Müller und Josip Marinitsch sowie mit Hilfe Einheimischer stieß man tief ins Höhleninnere vor. In über 30 Höhlenfahrten pro Jahr ließen die Forscher an Seilen befestigte Boote in die Gischt gleiten, überwanden glitschige Felsplatten und tasteten sich entlang finsterer Wände immer weiter vor. Die Expeditionsfahrten sicherten den einheimischen Hilfskräften ein regelmäßiges Zusatzeinkommen. In gefährlicher und mühevoller Arbeit errichteten die Männer Klettersteige in die Canyons, schlugen Besichtigungswege in die Felswände, versahen diese mit Sicherungsseilen, bauten hölzerne Galerien und Brücken und befestigten letztendlich ein unterirdisches Wegenetz von über zwölf Kilometern. Bei plötzlichen Wassereinbrüchen nach Gewitterregen mussten sich die Männer auf Strickleitern in Sicherheit bringen. Jahr für Jahr wurden neue Wasserfälle bezwungen, Gänge freigelegt und unterirdische Hallen entdeckt, Meter um Meter kämpften sich die Forscher mit primitivsten Mitteln in die geheimnisvolle Unterwelt vor. Wege, Treppen und Brücken wurden nach und nach angelegt, sodass bereits 1885 der Schaubetrieb eröffnet werden konnte. Heute noch können an manchen Stellen die schwindelerregenden, in Fels gehauenen Steige bewundert werden.

Das Gasthaus *Zu den St. Canzianer Grotten* war der Ausgangspunkt einer damals noch recht abenteuerlichen Besichtigungstour: Dort lösten die Besucher ihre Eintrittskarten, mieteten einen Führer und trugen sich in das Gästebuch ein. In den Ostertagen 1898 durchwanderte Sigmund Freud die Höhlen, nicht ohne zuvor die Rudolfsgrotte (Divaška jama) nahe des Bahnhofes Divača aufgesucht zu haben: »Am Vormittag gingen wir in die Rudolfshöhle, angefüllt mit allerlei seltsamen Tropfsteinbildungen, Riesenschachtelhalmen, Baumkuchen, Stoßzähnen von unten, Vorhängen, Maiskolben, faltenschweren Zelten, Schinken und Geflügel von oben herabhängend. Das Merkwürdigste war unser Führer, im schweren Alkoholdusel, aber ganz sicher und humoristisch belebt. Er war der

In der Reka-Schlucht bei Škocjan

Entdecker der Höhle selbst, ein verkommenes Genie offenbar, sprach immer von seinem Tode, seinen Konflikten mit den Geistlichen und seinen Eroberungen in diesen unterirdischen Reichen. Als er äußerte, daß er schon in sechsunddreißig ›Löchern‹ im Karst gewesen sei, erkannte ich ihn als Neurotiker und sein Konquistadorentum als erotisches Äquivalent. Er gab wenige Minuten später die Bestätigung, denn als ich ihn fragte, wie weit man in der Höhle kommen kann, antwortete er: Es ist wie bei einer Jungfrau; je weiter man kommt, desto schöner ist es. Ich überzahlte den ›größten Lumpen von Divača‹, wie er sich nennt, mit einigen Gulden, damit er sich schneller aus dem Leben trinken kann.«

Über die St.-Kanzian-Höhle wusste Freud folgendes zu berichten: »Die Höhlen von St. Canzian, die wir am Nachmittag sahen, sind ein schauerliches Naturwunder, ein unterirdischer Flußlauf durch großartige Gewölbe, Wasserfälle, Tropfsteinbil-

Ausgang der Škocjanska jama

dungen, Nacht, schlüpfrige, mit eisernen Geländern versicherte Wege. Der reine Tartarus. Wenn Dante dergleichen gesehen hat, so brauchte er für sein Inferno nicht viel Phantasieanstrengung mehr.«

In seinen 1902 erschienenen *Landschaftsbildern aus Krain* schilderte der Schweizer Politiker Georg Baumberger voll Überschwang die Unterwelt in St. Kanzian: »Man denke sich ein ganzes Labyrinth imposanter Höhlen und Grotten, wahre Dome der Unterwelt, bis 80 Meter hoch, von grausigen Schluchten, von ringförmigen Schlünden, durch die man der Erde ins Herz zu sehen glaubt, von tosenden und zischenden Wasserfällen, donnernd und brausend niederstürzend, daß die Felsen darob erbeben, von kleinen stillen Seen, denke sich hier ein Lärmen, als ob alle Höllengeister entfesselt wären, denke sich das Phantastischste des Phantastischen in den Formen, das Kühnste alles Kühnen in den Linien, eine Welt, die mit unserer Erde nichts mehr gemein hat, die vielleicht vom Monde herabgefallen ist, und man hat eine schwache Ahnung von den Wundern von St. Canzian.« Im selben Jahr besuchten über 2.000 Reisende die Höhlen von Škocjan.

Im Oktober 1907 zerstörte ein Hochwassser einen Teil des unterirdischen Wegenetzes. Augenzeugen berichteten, dass der zehn Meter hohe Wasserfall verschwunden und der Boden der Doline von einem riesigen See ausgefüllt gewesen war. Die tosende Brandung im Inneren der Grotte glich einem »wahren Hexensabbat«, dessen Fluten Brücken mitrissen, Geländer aus dem Fels lösten und Eisenstangen wie Getreidehalme verbogen. Trotz der verheerenden Unwetterkatastrophe erzielten die Höhlen in diesem Jahr mit 3.639 Touristen einen neuen Besucherrekord.

Anlässlich der 1885 in Villach abgehaltenen Jahreshauptversammlung des Deutschen und Österreichischen Alpenvereins (DuÖAV) unternahmen die Vereinsmitglieder eine Exkursion zu den Höhlen von St. Kanzian. Gleichzeitig wurde unter Teilnahme anderer alpiner Vereine erstmals das »Grottenfest« gefeiert. Laut Chronik des Alpenvereins waren die männlichen Gäste zwar von den viel besungenen slowenischen Mädchen enttäuscht, umso begeisterter aber von den Grotten. In den Folgejahren pilgerten hunderte Menschen zu diesem gesellschaftlichen Höhepunkt. Nach dem Besuch der Höhle und dem Auftritt des »Enziankönigs« (die Sektion Küstenland des DuÖAV wählte anstatt des Edelweiß den Enzian als Vereinssymbol) vergnügten sich die Teilnehmer unter freiem Himmel bei Musik und Tanz. Natürlich durften die inzwischen obligatorischen Souvenirbuden nicht fehlen. Bis zum Ausbruch des 1. Weltkriegs wurden die Grotten von der AV-Sektion *Küstenland* verwaltet. Nach Kriegsende erhielten die Höhlen, Dolinen, Gänge und Wasserfälle italienische Bezeichnungen, die für die Entdecker der Unterwelt angebrachten Erinnerungstafeln wurden von italienischen Faschisten abgerissen und in die Reka geworfen. Das seit 1819 geführte Gästebuch wurde verbrannt. *wk*

XIV. AN DER KANTE
Wanderung von Črni Kal nach Hrastovlje

Der mittelalterliche Totentanz von Hrastovlje zählt zu den nationalen Kulturgütern Sloweniens und lockt jährlich zigtausende Bustouristen an, von denen nur wenige ein Auge für die reizvolle Umgebung haben. Wer hingegen zu Fuß kommt, kann die Besichtigung des berühmten Freskos mit einer wunderbaren Wanderung verknüpfen, die weitere interessante Kulturdenkmäler einschließt und durch eine Karstlandschaft von atemberaubender Schönheit führt.

Ausgangspunkt ist Črni Kal, ein Dorf mit Sicht bis Koper und Triest, dessen schiefer Kirchturm der Schwerkraft nachzugeben droht. Ein kurzer Anstieg, und man hat die markante Geländekante hoch über dem Rižana-Tal erreicht, der man – von einer kurzen Kletterpartie abgesehen – auf bequemen Pfaden nach Südosten folgt. Immer prächtiger wird das Panorama, selbst die bunten Güterzüge, die jede halbe Stunde den steilen Felshang schneiden, fügen sich harmonisch in die Landschaft. Ein erster Höhepunkt ist ein Felsplateau mit Blick auf Podpeč, dem wohl eigentümlichsten Dorf auf der Strecke. Bewacht von einer Turmruine duckt es sich unter den Felsen, als schämte es sich seiner Armut. Ein verlassener Weiler unter drohenden Felsen markiert den Weg zum schönsten Ort auf der gesamten Wanderung: dem romanischen Steinkirchlein Sv. Štefan, dessen anrührende Schlichtheit ihresgleichen sucht. Nur einen Steinwurf entfernt scheint die Wehrkirche Sv. Trojica, die, umso kleiner wirkt, je näher man kommt. Nach ergiebigem Kunst- und Weingenuss in Hrastovlje macht man sich auf den bequemen Rückweg. Er führt über den fruchtbaren Talboden nach Loka, das einen auf halber Höhe freundlich empfängt. Nur der Schlussanstieg zum Ausgangspunkt ist des Guten fast zuviel.

Am Ortsrand von Podpeč

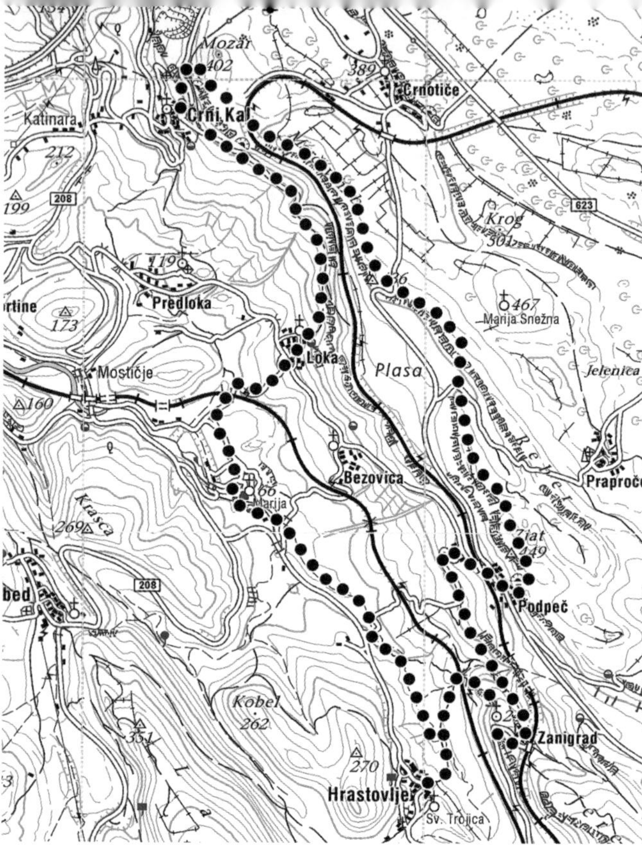

HINWEISE ZUR WANDERUNG
LÄNGE: 22 km
HÖHENDIFFERENZ: 280 m ↑ ↓
GEHZEIT: 6:00 Std.
ANFORDERUNGEN: Ausdauer und Schwindelfreiheit [Variante: Schwindelfreiheit nicht erforderlich]
ORIENTIERUNG: mittel
KARTE: Izletniška karta »Slovenska Istra«, 1:50.000, Geodetski zavod Slovenije (vergriffen)
EINKEHRMÖGLICHKEIT: Hrastovlje
ANFAHRT: Man nimmt auf der slowenischen A1 die Autobahnabfahrt »Kastelec«, von dort auf der Straße Nr. 409 südwärts bis Črni Kal.

WEGBESCHREIBUNG

Ausgangspunkt ist der Ortskern von **Črni Kal** oberhalb der Staatsstraße Nr. 409. Man wendet sich bei der Gabelung oberhalb der Kirche nach rechts (**Wegweiser »Stena«**) und steigt, eine Abzweigung nach links ignorierend, auf einem betonierten Sträßchen steil an. Auf dem Fahrweg, der bald eine Linkskurve beschreibt, 10 Min. bergauf bis zu einem **Aussichtsplatz** bei einer Quellfassung oberhalb der Ortschaft. Hier wendet man sich scharf nach rechts in einen markierten Steig, der entlang einer Geländekante bis zu einer **Burgruine** führt (0:20 Min.).

Weiter entlang des Abbruchs in südöstlicher Richtung. Nach 5 Min. folgt man der **Markierung** scharf nach rechts, um ein kurzes Stück fast vertikal über eine **Felswand** abzusteigen (Seilsicherung).

> **VARIANTE** für Nicht-Schwindelfreie: Man ignoriert den markierten Klettersteig und folgt der Geländekante bis zu einem breiten Querweg; auf diesem scharf nach links. Auf breitem Waldweg, der nach etwa 5 Min. nach rechts biegt, bis zum **Bahngeleise**, welches man überquert. Nun folgt man einem Waldweg (Markierung) nach rechts, bis man erneut zur Geländekante gelangt, wo man auf einen weiteren markierten Weg trifft. Auf diesem nach links.

Nach dem Abstieg folgt man der **Markierung** nach rechts, steigt kurz darauf über eine weitere Höhenstufe ab und wendet sich wieder nach links. Auf deutlich markiertem Pfad unterhalb hoher Felswände und vorbei an einer Höhle bis zur **Bahntrasse**, welche man mit gebotener Vorsicht überquert. Kurzer steiler Gegenanstieg, bis man erneut die **Geländekante** erreicht hat. Weiter auf markiertem Pfad mit weiten Blicken bis zu einem **Sendemast** (1:30 Std.).

Von hier auf einem Fahrweg bis zu einer **Fünffachkreuzung**; man geht, den breiten Weg verlassend, halbrechts in einen Steig (**Markierung**). 30 Min. in sanftem Auf und Ab durch lichten Kiefernwald. Eine undeutliche Abzweigung nach links Richtung »Marija Šnežna« wird ignoriert. Bald darauf folgt man der **Markierung** nach rechts und steigt auf einem kurzen **seilgesicherten Stück** steil bergab. Unterhalb des Felsens weiter rechts bergab. Nach 50 m verlässt man die Markierung, indem man wenige Meter weglos nach links absteigt, um auf

Sv. Štefan bei Zanigad

einen etwas verwachsenen Weg zu treffen; auf diesem nach rechts bergab. Man erreicht einen breiteren **Schotterweg** und geht auf diesem scharf nach links. Bald darauf eine Gabelung; man hält sich rechts und geht bei der darauffolgenden Gabelung wieder rechts. Der Weg steigt 10 Min. sanft an, senkt sich wieder und führt nach wenigen Metern zu einer **Wegkreuzung**; hier biegt man, den Hauptweg verlassend, nach rechts in einen markierten Steig. Man erreicht kurz darauf eine **Hügelkuppe.** Schöner **Rastplatz** mit Blick auf Črni Kal. Kurz darauf wendet sich der Weg nach rechts und führt bergab zu einer **Turmruine** (2:30 Std.).

Von hier auf anfänglich gesichertem **Treppenweg** steil bergab bis zu einem Tersträßchen; auf diesem rechts bergab nach **Podpeč** (2:45 Std.). Man betritt den Ort, wendet sich im »Zentrum« nach links, unterquert die **Bahntrasse** und gelangt zur **Kirche Sv. Helena**.

Vor der Kirche wenige Meter nach rechts, dann scharf nach links in einen Weg, der rechts der Kirche bergab führt (keine Markierung). Der Hauptweg beschreibt bald eine markante Rechtskurve. Rund 150 m danach wendet man sich, den Hauptweg verlassend, scharf nach links in einen undeutlichen Steig (**Markierungspfosten**). Gut 5 Min. im Hang bergab bis zu einem breiten Querweg; auf diesem nach links (Markierung). 15minütiger Anstieg bis zur verlassenen Häusergruppe **Zanigrad** (3:30 Std.).

Etwas oberhalb des Weilers ein breiter Fahrweg; auf diesem nach rechts. Man erreicht das **Kirchlein Sv. Štefan** und biegt wenige Meter davor nach rechts in den markierten Steig Richtung Hrastovlje (**Wegweiser**).

Abstieg auf verschlungenem Pfad bis zu einer **Unterführung**. Man unterquert die **Bahn**, wendet sich nach links und folgt der Markierung bis **Hrastovlje**. Besichtigung der **Kirche Sv. Trojica** im Südosten der Ortschaft (4:15 Std.). Einkehr in der Gostilna an der Hauptstraße.

Man kehrt zur **Kirche** zurück und verlässt den Ort auf dem bereits bekannten Weg. Man unterquert unterhalb des Ortes eine **Stromleitung** und ignoriert kurz darauf (**Bachdurchquerung/Furt**) eine Abzweigung nach links. Nach 50 m eine Gabelung; man hält sich links und verlässt damit die Markierung. Bald biegt der Weg nach rechts und gabelt sich; man geht links (Schotterpiste). Vorbei an zwei **Quellfassungen** bis zu einer Gabelung; man hält sich links und erreicht eine **Straße**; auf dieser nach rechts. Nach 10 Min. nimmt man eine Abzweigung nach rechts (**Wegweiser »Bezovica«**).

Man überquert kurz darauf einen Bach und wendet sich in einen Karrenweg nach links. Vorbei an der **Kirche Sv. Marija** sowie einigen Schrebergärten, wo man eine Abzweigung nach links außer Acht lässt. Weiter auf geschottertem Fahrweg. In Sichtweite einer kleinen **Kläranlage** werden zwei Abzweigungen nach rechts ignoriert. Bei der darauffolgenden Gabelung hält man sich rechts. Unmittelbar darauf ein breiter Querweg. Man geht rechts bergauf und unterquert bald die **Bahn**. Der Weg gabelt sich; man hält sich rechts. Weiter bergauf bis zu einer weiteren Gabelung. Man geht wieder rechts und betritt **Loka** (5:15 Std.).

Den Ort durchschreitend bis zur **Kirche** am oberen Ortsrand. Rechts davon in einen ansteigenden Karrenweg. 15 Min. bergauf bis zu einer Gabelung; man geht links, erst leicht bergab, dann wieder im Wald ansteigend bis **Črni Kal** (6:00 Std.).

AM WEGE

Črni Kal | San Sergio | St. Serg

Nein, es ist keine optische Täuschung, der Kirchturm steht tatsächlich schief. Einen Meter ragt er über seine Grundfläche hinaus und kommt damit der Neigung des schiefen Turms von Pisa ziemlich nahe. Auch das lächerlich dünne Stahlseil, das ihn vor dem Umkippen bewahren soll, ist kein Trugbild – ob es seinen Zweck im Ernstfall zu erfüllen vermag, darf aber bezweifelt werden. Geologen erklären, dass der Untergrund am Übergang vom Kalkstein zum Flysch nachgegeben und damit den Turm aus dem Lot gebracht hat. Vielleicht waren es aber auch die Erschütterungen des Schwerverkehrs, der jahrzehntelang unterhalb des Dorfes vorbeidonnerte, die dem Fundament so zugesetzt haben. Heute fahren die LKW auf der 2004 fertiggestellten Autobahn, was Črni Kal zwar entlastet, an der Dauerbeschallung durch den Transit aber wenig geändert hat. Die neue Brücke überspannt das Osp-Tal und ist mit 1.060 m die längste Brücke Sloweniens. Geschwungen wie eine Staumauer, entbehrt sie nicht einer gewissen baumeisterlichen Eleganz – oder ist sie doch nur ein Monstrum aus (10.000 t) Stahl und (50.000 m^3) Beton?

Die instabile Lage hat in Črni Kal schon mehrere Gebäude zum Einsturz gebracht. Dazu gehört die Burgruine oberhalb des Dorfes, der Rest einer Festung, die im 11. Jahrhundert zur Sicherung der Wegverbindung zwischen Küste und Binnenland errichtet wurde und immer wieder militärischen Angriffen ausgesetzt war. Die blieben auch für das Dorf nicht ohne Folgen. Obwohl der Ort im frühen Mittelalter gegründet wurde, bestimmen Häuser aus dem 16. und 17. Jahrhundert das Ortsbild. Es sind zum Teil mehrstöckige Bauten mit kunstvoll gemeißelten Steinportalen und Ornamenten. Früheren Datums ist nur die *Benkova hiša* aus dem Jahr 1489, das die älteste bekannte Steinmetzarbeit Sloweniens besitzt. Ein weiteres Kulturdenkmal findet sich am Nachbarhaus in Form einer glagolitischen Inschrift. Die schönen Hieroglyphen wurden im 9. Jahrhundert zur Übersetzung griechischer Texte ins Altslavonische, die älteste bekannte slawische Sprache, entwickelt.

Der schiefe Turm von Črni Kal

»Grafikdesigner« war niemand geringerer als der Heilige Kyrill. Schon bald von der kyrillischen Schrift verdrängt, hielt sich die Glagolica nur in manchen Gegenden Kroatiens und Istriens bis ins 19. Jahrhundert. Auch als »Geheimschrift« leistete sie noch lange gute Dienste.

Auf die Zuhörigkeit Črni Kals zu Istrien (und damit zur Küste) verweisen auch drei steinerne Schiffsbuge an der Straße am Fuße des Dorfes. Das Denkmal erinnert an die Gründung der Überseebrigaden der jugoslawischen Partisanen, die auf der Seite der Alliierten gegen die Nationalsozialisten kämpften. Sie rekrutierten sich u. a. aus ehemaligen politischen Gefangenen, die aus den Internierungslagern der italienischen Faschisten befreit worden waren.

Podpeč | Popecchio

Rund 50 Gebäude mit einer Handvoll Einwohnern bilden das höchstgelegene Dorf am Fuße der südlichsten Abbruchkante des Karstes. Dass sich hier, unter einer fast senkrechten Felswand, schon vor 1.000 Jahren Menschen angesiedelt haben, hat gute Gründe: die einzige ergiebige Trinkwasserquelle im Umkreis, das günstige Klima und das Bedürfnis nach Sicherheit. Schutz versprachen ein venezianischer Wachturm, der Teil einer Wehranlage gegen Österreich war, sowie eine befestigte Höhle, die Schutz gegen Türkeneinfälle bot. Dass genau diese »Vorteile« zur Verwüstung des Ortes durch die Habsburger im Jahr 1615 führten, ist die Kehrseite der Medaille.

Seit dem Wiederaufbau hat sich das Ortsbild kaum noch gewandelt. Wie eine schutzsuchende Schafherde drängen sich die auffällig niedrigen Häuser an den Steilhang, teils fast übereinander stehend, teils tief in den Berg gebaut. Das vorherrschende grobe und unverputzte Mauerwerk geht fast nahtlos in die Felswand über, die von einer abgeschrägten Röhre aus weißem Stein, der Turmruine, gekrönt wird. Aus Mangel an Hinterhöfen, Lagerplätzen und Wohnraum hat sich das Geschehen zum Teil auf die engen Gassen verlagert. Da und dort stehen Möbel an der Hauswand und ragen Gerätschaften in die Fahrbahn. Krumme Bäume wachsen direkt aus dem Asphalt und dienen als Handtuchhalter oder Trinkbecheraufhängung. Ein gestrandetes Boot, Blumentöpfe und ein Ölfass, das man zur Hundehütte umfunktioniert hat, zieren den Straßenrand. Mehr Auslauf hat ein bunter Hund, der nebst einem Garten den oberen Stock eines leerstehenden Hauses bewohnt. Weitere farbige Akzente setzen eine kupfersulfatgrüne Fassade, ein rosa Betonschuppen, der mit Alteisen beschwert ist, und himmelblaue Fensterflügel aus verbeultem Blech. Als grafische Elemente kommen ein Zaun aus Industrieabfällen sowie ein Betonsträßchen mit Fischgrätrillen hinzu. Letzteres fällt Richtung Kirche ab und taucht unter der Eisenbahntrasse durch, die das Dorf an der Südseite begrenzt und mit einer hübschen Bogenbrücke einen kleinen Graben überwindet.

Die sogenannte Koper-Bahn wurde erst 1967 fertiggestellt und verbindet Sloweniens größten Seehafen mit dem europäischen Schienennetz. Aufgrund des beträchtlichen Höhenun-

Podpeč

terschieds zwischen Karstplateau und Küste führt die Trasse in weitem Bogen ins Rižana-Tal, wo sie östlich von Hrastovlje in einem Tunnel verschwindet und erst im Berg die Wende Richtung Koper macht. Doch trotz des großen Umwegs ist das Steigungsverhältnis so ungünstig, dass beladene Güterzüge von mindestens zwei Lokomotiven gezogen werden müssen. Garnituren mit bis zu 30 Waggons rattern im Stundentakt vorbei und grüßen Podpeč aus der großen weiten Welt. Richtiges Fernweh will aber selbst bei den aufgescheuchten Hühnern nicht aufkommen.

Zanigrad | Sanigrado

Der weltabgewandte Weiler verdankt seinen Namen einer ehemaligen Burg und soll einst von einer Festungsmauer umgeben gewesen sein. Zu sehen sind jedoch nur ein paar einsturzgefährdete Hausruinen sowie das einzige intakte Haus Nr. 1, dessen Besitzer man um die himmlische Ruhe und die wunderschöne Lage unterhalb eines Felsbandes beneidet. Ein magischer Ort ist auch das romanische Kirchlein Sv. Štefan vis-à-vis. Aus grob behauenen Quadern gebaut, schiefergedeckt und nahezu fensterlos, liegt das Kirchenschiff langgestreckt und gut getarnt unter alten Eichen. Auch der gedrungene Glockenturm und die niedrige Friedhofsmauer könnten kaum schlichter sein. Wer die Kirchentür geöffnet vorfindet (oder sich mit dem unter einem Ziegel versteckten Schlüssel Zutritt verschafft), bekommt eine interessante Freskenmalerei aus dem frühen 15. Jahrhundert zu sehen. Dargestellt ist unter anderem eine weibliche Gestalt, die freiwillig die Leiden Christi auf sich nimmt. Es handelt sich dabei um Ecclesia, also die personifizierte Kirche, und mithin um ein ziemlich blasphemisches Bild.

Hrastovlje | Cristoglie | Chrästeirach

Sie misst im Grundriss nicht mehr als zwölf mal sechs Meter und zählt doch zu den größten sakralen Kulturdenkmälern Sloweniens: die Dreifaltigkeitskirche aus dem 12. Jahrhundert am östlichen Ortsrand von Hrastovlje. Umgeben von einer hohen Wehrmauer mit zwei runden Türmen, wirkt sie wie die Miniaturausgabe einer großen Festung, die man aus einem fernen Land, vielleicht Kalabrien, hierher gebeamt hat. Bietet die Kirche bereits von außen ein ungewöhnliches Bild, birgt sie die eigentliche Kostbarkeit in ihrem Inneren. Es sind dies die 1949 wiederentdeckten Fresken aus dem Jahr 1490, mit denen Meister Ivan iz Kastva/Giovanni de Castua aus Istrien die drei winzigen Kirchenschiffe fast vollständig ausgeschmückt hat. Gehütet wird der kunsthistorische Schatz von Frau Rosana Rihter, die nach telefonischer Anfrage (00386 31 432231) aus dem Dorf herbeieilt und dem Besucher gegen eine Gebühr von zwei Euro Einlass gewährt. Untermalt von einer Audiokassette wandert der rote Lichtpunkt ihres Laserpointers von Bild zu Bild, während sie mit strenger Miene darauf achtet, dass die Betrachter dem Werk die gebührende Achtung erweisen. Fotografieren ist verboten, der Erwerb wenigstens einer Ansichtskarte moralische Pflicht.

Faszinierend ist, welche Fülle an Themen und Geschichten der Künstler auf engstem Raum festgehalten hat. Von der Erschaffung der Welt über die Vertreibung aus dem Paradies bis zur Passion Christi reichen die biblischen Motive; dazu kom-

Wehrkirche Sv. Trojica in Hrastovlje

men die ausdrucksstarken Porträts der Apostel und der Heiligen Drei Könige sowie diverser Heiliger und zeitgenössischer Würdenträger. Ungewöhnlich »modern« sind die Darstellungen der Kalendermonate und ein profanes Stilleben, grafisch reizvoll die farbenfrohe Ornamentik. Über die Landesgrenzen hinaus bekannt wurde Hrastovlje mit dem Totentanz im rechten Seitenschiff. Elf Menschen unterschiedlichsten Standes, darunter ein Kind, ein Bettler, ein Bauer, ein Kaufmann, ein Mönch, ein König und der Papst werden von schaurig grinsenden Skeletten vor den Thron des gnadenlosen Todes geführt, der bereits mit Schaufel und Krampen auf seine Kundschaft wartet. Die Botschaft ist ebenso klar wie subversiv: Vor dem Tod sind alle gleich, was den gesellschaftlichen Rang auch zur Lebenszeit nebensächlich erscheinen lässt. Der egalitäre Ansatz entspricht dem spätmittelalterlichen Zeitgeist, der bekanntlich manchen Bauernaufstand und die Reformation hervorgebracht hat. Die Renovierung der Fresken in den 1950er Jahren war also durchaus im Sinne der Kommunisten, die den Klassenkampf als Motor der Geschichte und sich selbst als deren Avantgarde verstanden.

Mittelalterliche Fresken in Hrastovlje

EINKEHR:

Gostilna Švab. Etwas lieblos eingerichteter Flachbau, der auch größeren Reisegruppen ausreichend Platz bietet. Wer à la carte bestellt (und sich von der nervtötenden Begleitmusik nicht den Appetit verderben lässt), darf sich auf ein vergleichsweise gutes Essen freuen. 00386 5 6590510

Loka | Lonche | Loncke

Es ist ein Winzerdorf wie viele andere, ungewöhnlich weit reichen aber seine geschichtlichen Wurzeln. Schon in der jüngeren Steinzeit, also vor 40.000 Jahren, bewohnten Menschen die Höhlen oberhalb des Ortes und hinterließen zum Beweis, immerhin, einen Kieferknochen. Frühe Zeugnisse des Dorfes gibt es aus dem 11. Jahrhundert, nämlich in Form einer Schenkungsurkunde mit Kaiser Heinrich IV. und dem Bistum Freising als prominente Vertragspartner. Dokumentiert ist weiters die Zerstörung von Loka im Jahr 1615 durch die Uskoken. Es handelte sich dabei nicht etwa um Türken, sondern gewissermaßen um deren Gegenteil: Katholische Flüchtlinge aus osmanisch besetzten Balkangebieten, die – zeitweise als Verbündete der Habsburger, dann als marodierende »Kreuzritter« – sowohl gegen die Venezianer als auch gegen die Türken kämpften. Die Uskoken waren keine homogene Volksgruppe, sondern ein Konglomerat aus Serben, Bosniern, Rumänen, Albanern sowie türkischen, venezianischen und österreichischen Deserteuren, die, von allen verfolgt, bald eine eigene Identität entwickelten. Zum Selbstbild gehörten bedingungslose Treue und gnadenlose Härte; entsprechend grausam führten die »Gesetzlosen« ihre Raub- und Rachefeldzüge. Dazu gehörte ihre Sammelleidenschaft für abgeschnittene Nasen, Ohren und Köpfe. Erzählt wird auch, dass sie gelegentlich die Herzen ihrer Feinde rösteten und verzehrten.

Auf eine vorchristliche Tradition berufen sich die Einheimischen beim *opasilo*, dem jährlichen Weinfest im November. Dabei stellen die Bewohner Tische mit Wein, Brot und selbstgemachten Spezialitäten vor ihre Häuser, dudeln und quetschen sich durstige Musikanten von Tür zu Tür und wird gesoffen wie vor 2.000 Jahren.

XV. ÜBER DEN RAND
Wanderung bei Zazid

Ob am Nanos, bei Ilirska Bistrica oder Gračišče – sanft ansteigende Hochplateaus mit markanten Geländestufen sind im Südwesten Sloweniens häufig anzutreffen. Auch der sogenannte Karstrand, *Kraški rob*, besitzt diese Merkmale, ist aber in mancher Hinsicht dennoch unverwechselbar. Dies trifft nicht nur auf seine von Botanikern geschätzte einzigartige Flora zu, sondern auch auf die Harmonie der Landschaft und das überwältigende Panorama, das man hier trotz geringer Meereshöhe genießt.

Von Zazid, einem Karstdorf von seltener Ursprünglichkeit, ist es nicht weit zur Bahnstation im Wald, von wo man ohne Anstrengung bergwärts schreitet. Grasland schwappt über den Steilhang und schlägt auf der Höhe überraschend hohe Wellen. Lipnik, Golič und Kojnik heißen die höchsten Wogen, die man der Reihe nach besteigt. Dazwischen liegen bunte Trockenwiesen und setzen strauchgesäumte Mulden dunkelgrüne Kontrapunkte. Kreischende Grillen und Lerchengesang, untermalt vom Blätterrauschen vereinzelter Bäume, begleiten den Wanderer. Steinerne Schafe weiden verstreut auf den Hängen, dem Horizont entgegen reiten die Apachen …

Lang hat man Zeit, das Gefühl der Weite auszukosten, ehe man sich auf den Heimweg macht. Er führt, teils etwas unübersichtlich, dann wieder mit schönen Blicken auf Koper und Triest, über ein Felsenband hinab zur Bahn. Erfrischt von einem kühlen Brunnen und krummen Leitungsmasten angefeuert, macht einem selbst das steinige Finale kaum zu schaffen.

HINWEISE ZUR WANDERUNG
LÄNGE: 16 km
HÖHENDIFFERENZ: 540 m ↑ ↓
GEHZEIT: 5:00 Std.
ANFORDERUNGEN: gering

Auf dem Weg zum Gipfel des Golič

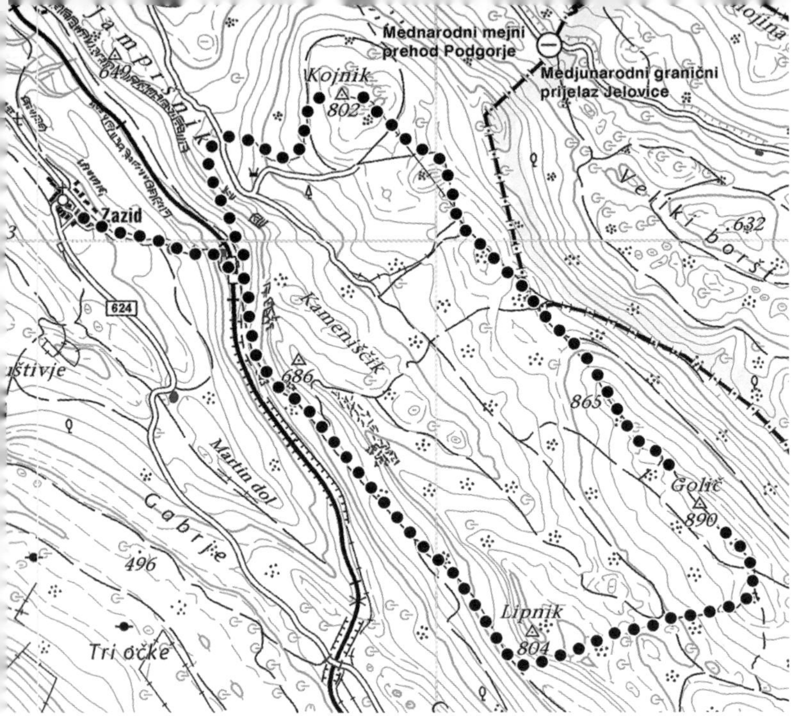

ORIENTIERUNG: mittel

KARTE: Izletniška karta »Slovenska Istra«, 1:50.000, Geodetski zavod Slovenije (vergriffen)

EINKEHRMÖGLICHKEIT: Zazid

ANFAHRT: Man nimmt auf der slowenischen A1 die Autobahnabfahrt »Črni Kal« und fährt von dort auf der Straße Nr. 208 Richtung Gračišče bzw. Hrastovlje. Nach 2,5 km nimmt man eine Abzweigung nach links und folgt den entsprechenden Wegweisern über Loka und Podpeč bis Zazid.

WEGBESCHREIBUNG

Ausgangspunkt ist das Karstdorf **Zazid** südöstlich von Hrastovlje. Man begibt sich von der **Kirche** zum oberen (nordwestlichen) Ortsrand und geht auf der Querstraße nach rechts (**Wegweiser »Hostel Xaxid«**). Bei der Einmündung einer Straße von rechts geht man, dem **Wegweiser »Golič/Lipnik«** folgend, geradeaus. Man verlässt das Dorf, die Straße steigt an, dreht nach 100 m nach links und gabelt sich kurz darauf. Man hält sich rechts; der Asphalt endet sofort. Weiter auf breitem, undeutlich markiertem **Schotterweg**. 20minütiger Anstieg in schütterer Vegetation bis zur **Bahnstation Zazid**. Man überquert die Geleise und wendet sich auf einem markierten Weg nach rechts (**Wegweiser »Golič/Lipnik«**).

Schöner, moderat ansteigender Hangweg, anfänglich im Wald, dann in offenem Gelände bis zu einem **Aussichtspunkt** (0:50 Std.).

Weiter bergauf bis zu einer Gabelung; man hält sich rechts (**Wegweiser »Lipnik«**). Sanfter Anstieg im lichten Wald, dann im offenen Gelände und fast eben bzw. stets der Markierung folgend bis zu einem weiteren **Wegweiser**, welchem man, den Hauptweg verlassend, nach links folgt. Kurzer steiler Anstieg, dann neuerlich bequem bergwärts, bis man die **Geländekante** überwunden hat. Man gelangt zu einer Gabelung (**Wegweiser »Lipnik, spominsko obeležje«**) und hält sich rechts. Zuvor empfiehlt sich ein kurzer Abstecher nach links zum Gipfelkreuz des Lipnik (1:45 Std.).

Undeutlich markierter Pfad, der zwischen zwei eingefriedeten kleinen Dolinen hindurchführt. Weiter über sanft gewellte »Almböden« und auf halber Höhe eine Fahrspur querend sowie eine **Höhle** passierend bis zu einer **Hügelkuppe** (2:10 Std.).

Hier wendet man sich auf einem Querweg nach links, geht bei einer Wegkreuzung geradeaus und erreicht nach 15 Min. das **Gipfelkreuz** des **Golič** (2:30 Std.). Aussicht auf die Bergketten im Norden und das Dorf Jelovice im Tal vis-à-vis. Weiter in nordwestlicher Richtung auf bequemem **Kammweg** mit schöner Fernsicht, der nach gut 20 Min. an einer weiteren **Hügelkuppe** mit Windmessgerät linker Hand vorbeiführt. 200 m danach ist Aufmerksamkeit geboten: Der Hauptweg erreicht eine langgestreckte niedrige **Trockenmauer**, um – die Richtung beibehaltend – an dieser entlang zu führen. An dieser Stelle wendet man sich halbrechts (!) in einen undeutlichen Weg (unklare Markierung). Man trifft nach 50 m auf eine deutlichere Markierung und folgt dieser auf einem Pfad, der rechts an einem **Hochsitz** und dann an einer **sehr großen Doline** vorbei führt. Nach deren Umgehung folgt man dem markierten Weg nach rechts. 200 m entlang einer schnurgeraden **Trockenmauer**, dann nach links, den Hauptweg verlassend. 10 Min. weiter auf undeutlich markiertem Weg bis zum licht bewaldeten Gipfel des **Kojnik** (3:30 Std.).

Am Gipfel wendet man sich scharf nach links (**Wegweiser »Rižana«**; keinesfalls geradeaus Richtung »Slavnik« gehen!). Markierter Pfad, der nach kurzem Abstieg im Kiefernwald auf einen breiten

Querweg trifft. Man geht wenige Meter nach links und wendet sich sofort nach rechts in den markierten Pfad. Abstieg in teils offenem Gelände mit schönem Blick auf Koper und Triest. Der Weg führt neuerlich in den Wald und mündet kurz darauf in einen breiten **Forstweg.** Man geht rechts, gelangt zum **Jagdcontainer »Kojnik«** und wendet sich sofort halbrechts in einen etwas verwachsenen Pfad (sehr undeutliche Markierung). Weiter im Wald bergab, bis man erneut auf einen Forstweg trifft. Man geht rechts und biegt nach gut 100 m nach links in einen Pfad (Markierungsstein mit **Richtungspfeil »P. peč«**).

Stark verwachsener und nur noch rudimentär markierter Weg, der bald zu einer **Geländekante** führt. Man folgt dieser nach rechts. Der Pfad wird deutlicher und erreicht einen **Aussichtspunkt** mit Blick auf Zazid. Kurz danach eine Wegkreuzung (**übermalter Wegweiser »Lačna«**). Man geht links und steigt steil, erst mühselig zwischen Felsen, dann in bequemen Serpentinen, im Wald bergab. Nach 15 Min. ein breiter **Querweg**; man geht links. Der Weg steigt noch einmal kurz an und senkt sich wieder. Bequemer Abstieg bis zum **Bahnhof** (4:45 Std.).

Zurück zum Ausgangspunkt auf bereits bekanntem Wege (5:00 Std.).

AM WEGE

Zazid | Sasseto | Saxid

Villa dei sassi, Dorf der Steine, wird der Ort in historischen Quellen genannt, *Xaxid* lautet die alte slawische Bezeichnung. Glaubt man dem Wirt des gleichnamigen Hostels, hat Zazid aber auch »deutsche Wurzeln«. Dušan Bitenc, gelernter Historiker, verweist auf den vorherrschenden Familiennamen Švab, der im Slowenischen häufig als Bezeichnung bzw. Schimpfwort für Deutsche und Deutschstämmige verwendet wird. Seine Erklärung für die ungewöhnliche Häufung von »Schwaben« im hintersten Winkel von Slovenska Istra: Nach einer mittelalterlichen Pestepidemie sei das Dorf von den Habsburgern mit Bauern aus dem deutschsprachigen Norden wiederbesiedelt worden, die im regionalen slowenischen Dialekt angeblich bis heute ihre Spuren (in Form nicht-slawischer Satzstellungen) hinterlassen haben.

Bauernhof in Zazid

Damit würde es sich bei einem Teil der Bewohner um »slowenisierte Deutsche« handeln, vergleichbar mit manchen Kärntner Slowenen, deren Namen bajuwarischen Ursprungs sind. Längst assimiliert haben sich auch die Italiener, sofern sie nach dem 2. Weltkrieg nicht überhaupt vertrieben wurden. Lediglich zwei Grabsteine mit italienischer Inschrift finden sich noch am Friedhof.

Dass Zazid dennoch »mehrsprachig« ist, verdankt es dem genannten Hostel, das das ganze Jahr über von jungen Leuten aus dem In- und Ausland frequentiert wird. Es sind hauptsächlich Kletterfreaks und Mountainbiker, die die ungezwungene Atmosphäre und die konkurrenzlos günstigen Tarife zu schätzen wissen. Im Preis inbegriffen sind nicht nur das sympathisch-chaotische Ambiente und die philosophischen Betrachtungen des Wirts, sondern auch eine rundum idyllische Landschaft einschließlich wunderbarem Ortsbild. Sieht man von einigen wenigen hässlichen Neubauten am östlichen Ortsrand ab, zählt das Dorf zu den besterhaltenen im Umkreis. Typische Karstarchitektur mit istrianischem Einschlag lässt sich hier an allen Ecken und Enden (und derer gibt es im verwinkelten Ortszentrum viele) studieren. Dazu gehören die einladenden Innenhöfe mit Weinlauben oder Feigenbäumen und einige besonders stattliche Eingangsportale, *portoni*, und Balkone, *baladurji* genannt. Von Interesse sind auch die kunstvollen *jerte*, Tür- und Fensterstöcke aus Mamor, darunter Fensterrahmen, die aus einem einzigen Steinblock gemeißelt wurden. Schöne Brunnen, ein lauschiger Dorfplatz und ein zwar schmuckloses, aber charaktervolles Kirchlein ergänzen das Bild.

Auf einer fruchtbaren und klimatisch begünstigten Geländestufe unterhalb des Kraški rob gelegen, lebte Zazid früher ausschließlich von der Landwirtschaft. Angebaut wurden neben etwas Wein hauptsächlich Kartoffel und Mais, wichtigste Einkommensquelle war aber die Schafzucht. Deren Niedergang setzte bereits Mitte des 19. Jahrhunderts ein, als aufgrund überseeischer Konkurrenz sowie des Siegeszugs der Baumwolle die Preise für die Schafwolle verfielen. Viele Hutweiden wurden parzelliert und teilweise aufgeforstet; auch die Wanderschäferei, Transhumanz genannt, wurde bald unrentabel. Nach dem 1. Weltkrieg erlebte die Region eine massive Abwanderungswelle, teils wegen der Benachteiligung der slowenischen Bevölkerung, teils aufgrund existenzgefährdender fiskalischer Maßnahmen. So belegte man Weingärten mit unverhältnismäßig hohen Steuern und wurde der Handel mit Wein, der weniger als neun Volumsprozent Alkohol enthielt, überhaupt untersagt. Und während die Bauern im Triestiner Hinterland vom steigenden Bedarf an Milchprodukten sowie der aufkommenden *villeggiatura*, Sommerfrische, profitierten, gerieten die weiter entfernten und abseits der Verkehrsrouten liegenden Dörfer immer stärker ins Hintertreffen.

Nach 1945, unter sozialistischer Führung, verschärfte sich die Krise der Landwirtschaft im slowenischen Küstenland ein weiteres Mal. Innerhalb eines Jahrzehnts emigrierten rund 25.000 Italiener aus dem Großraum Koper, worauf diese durch slowenische Zuwanderer aus abgelegenen Gegenden ersetzt wurden. Das hatte eine sukzessive Entvölkerung und Überalterung des Binnenlandes zur Folge, gingen doch vor allem jüngere Leute weg, um Beschäftigung in den Industriebetrieben an der Küste sowie in den größeren Orten zu finden. Entsprechender Arbeitskräftemangel herrschte vor allem zur Erntezeit. Als

Leitungsmast bei Zazid

kontraproduktiv erwies sich auch die Agrarreform, die privaten Grundbesitz auf 10 Hektar begrenzte und enteignete Flächen den staatlichen Genossenschaften zusprach. Grundstücke, die sich nicht maschinell bewirtschaften ließen, blieben unbestellt. Hinzu kam, dass die Kleinbauern ihre Produkte an staatliche *zadruge* verkaufen mussten, da diese das Vermarktungsmonopol besaßen und so die Preise diktieren konnten. Auch die Anstellung von Hilfskräften wurde den privaten Bauern erschwert, indem sie zur Bereitstellung von Dienstwohnungen verpflichtet wurden und ihre Arbeitnehmer gleichzeitig den Anspruch auf Kinderbeihilfe verloren. Erst ab den 1960er Jahren wurden die Bestimmungen gelockert und profitierten auch die Kleinbauern von der Kooperation mit den staatlichen Agrarbetrieben, indem sie etwa an Maschinenringen teilhaben konnten.

Die rapide Landflucht und der Verfall der alten Kulturlandschaften konnte dadurch aber nicht mehr aufgehalten oder gar rückgängig gemacht werden. »Ein Großteil der Kulturterrassen ist schon brachgefallen und unterliegt der fortschreitenden Vernichtung durch die Erosion«, schrieb der Historiker Andreas Moritsch im Jahr 1969. »Da dieser Prozess unkontrolliert abläuft, überziehen sich die aufgelassenen Kulturterrassen mit dornigem Gestrüpp, was einer Verödung gleichkommt. [...] Der Verfall schließt auch die dörflichen Siedlungen ein, [...] denn die im Aussterben begriffene bäuerliche Bevölkerung hat weder die Mittel noch den Willen, die Gebäude instand zu halten.« Vier Jahrzehnte später, nach einem weiteren System- und Staatenwechsel sowie dem Beitritt zur EU, trifft der Befund auf Zazid und seine Umgebung noch immer zu.

EINKEHR:

Hostel Xaxid. »Where the earth touches heaven« lautet das Motto der Herberge mit dem Charme einer alternativen Wohngemeinschaft. Sie ist ganzjährig geöffnet und empfiehlt sich Wanderern zumindest für einen Zwischenstopp. 00386 5 6392006, www.hostelxaxid.si

Bahnhof Zazid

Für Autos unerreichbar und hoffnungslos heruntergekommen, empfiehlt sich die kleine Haltestelle als Schauplatz für eine düstere Filmszene. Das abgerundete Flachdach und ein Bullauge zeugen von einstiger realsozialistischer Modernität, die von einer klobigen hölzernen Wartebank rustikal konterkariert wird. Von zeitloser grafischer Qualität ist das verrostete Stationsschild. Dem Fahrplan, einem kopierten Zettel, entnimmt man, dass der Zug hier zweimal am Tag Halt macht. Eröffnet wurde die Strecke 1876, um als »Istrische Staatsbahn« eine Landverbindung zum k.u.k. Kriegshafen Pula herzustellen. Aus Sicherheitsgründen – man befürchtete Angriffe vom Meer aus – war die Trasse ins Landesinnere verlegt worden. Das ging auf Kosten vieler größerer Ortschaften und eröffnete manchen abgelegenen Dörfern unerwartete Chancen, die Zazid allerdings kaum zu nutzen wusste.

Mauergefasste Doline am Kraški rob

Kraški rob | Ciglione carsico | Karstrand

Die markante, von Felsbändern gezeichnete Geländestufe bildet die geologische Grenze zwischen Kalkgestein und Flysch und zugleich die geografische Trennlinie zwischen dem slowenischen Karst und Istrien. Sie reicht von Socerb oberhalb von Triest bis Mlini an der kroatischen Grenze und ist etwa 20 km lang. Ihre höchsten Erhebungen befinden sich nordöstlich von Zazid, wo die Hochebene gleich mehrere, knapp 600 m hohe Gipfel ausbildet. Die sanft und lebhaft gewellte Landschaft hat Ähnlichkeiten mit den Kärntner Nockbergen, unterscheidet sich von diesen aber wesentlich in der Vegetation. Prägend sind die langen und kräftigen Gräser, die die Wiesen im Sommer wie Getreidefelder aussehen lassen. Es sind dies die Erdsegge, die aufrechte Trespe und der Schafschwingel – Grassorten, die einst von den Herden halbnomadischer kroatischer Wanderschäfer geschätzt wurden. Ein Teil der Wiesen wurde außerdem bis vor zwei Generationen regelmäßig gemäht. Die unzähligen Farbtupfer steuern u. a. die Blutrote Nelke, die Feuerlilie, der Wilde Krokus und die Sternnarzisse bei; sogenannte Blaugräser setzen in feuchten

Trockenwiese am Kraški rob

Mulden dunkelgrüne Akzente. Wie zur Dekoration hat der liebe Gott außerdem den Weißen Affodill und den Schwarzen Germer gepflanzt. Nur die etwas aufdringliche Pfingstrose hätte er sich sparen können.

Die verstreuten, mit Steinen eingefassten kleinen Dolinen werden *vrtače* genannt. Es handelt sich um ehemals bewirtschaftete Äcker, die zum Schutz gegen Wildtiere eingefriedet wurden. Ihre relative Fruchtbarkeit verdankten diese Flächen einerseits dem natürlichen Schutz vor Wind und Erosion, andererseits der planmäßigen Einebnung durch Lesesteine sowie der sukzessiven händischen Aufschüttung von Humus. Angebaut wurden u. a. Kohl und Kartoffel. In der *vrtača* in Sichtweite des Lipnik erinnert ein Gedenkstein an ein Kriegsverbrechen der Nationalsozialisten: »An dieser Stelle«, lautet die Übersetzung der Inschrift, »haben die nazistischen Okkupatoren am 3. 10. 1943 zehn Männer aus dem Dorf Mačkolje bei Triest sowie zwei

Deserteure der italienischen Armee festgenommen und erschossen.« Die Opfer waren auf dem Weg nach Istrien, um sich dort dem bewaffneten Widerstand anzuschließen. Ihre Namen sind auf dem Partisanendenkmal in Zazid verewigt.

REISEN IM KARST (II)

Italien, über Jahrhunderte das beliebteste Reiseziel, genoss unter den Bildungsreisenden einen denkbar schlechten Ruf. Für Küttner begann sich die italienische Eigenart bereits in Ljubljana abzuzeichnen: »Von Laybach an werden die guten Gasthäuser selten, so wie überhaupt alles aufhört, wodurch das Reisen in den Österreichischen Landen so angenehm wird. Laybach scheint hier die Grenze zwischen Italien und Deutschland zu machen. Mit Laybach hat die Österreichische Gutmüthigkeit ein Ende, und jedermann scheint bloß damit beschäftigt zu seyn, auf Ihr Geld Jagd zu machen. Von nun an erinnerte mich alles an Italien! Es war so ganz der nämliche Menschenschlag, das nämliche vernachlässigte Äußere, die nämlichen Arten und Wendungen, die gleiche Gierigkeit, so viel als möglich aus Ihnen herauszupressen, die nämliche Unzufriedenheit, die immer mehr fordert, als man gibt. Sie wissen, daß ich die Menschen, mit denen der Reisende vorzüglich zu thun hat, in Italien für die beschwerlichsten von Europa halte.« Eindrucksvoll schilderte Küttner das rege Treiben auf der Hauptstraße zwischen Laibach und Triest: »Die Straße zwischen Laybach und Triest gleicht jetzt einem großen Jahrmarkte, der sich über eine ganze Provinz ausdehnt. Zahllos sind die größeren und kleineren Güterwagen, die dem Deutschen Vaterlande Baumwolle, Seide, Öl, Weine, Feigen, Rosinen, Mandeln und die mannigfaltigen Erzeugnisse Italiens, Griechenlands und eines Theils der Levante, zuführen. Hier werden Sie durch zahlreiche Herden jener schönen weißen Ochsen aufgehalten, die aus Ungarn kommen; dort stoßen Sie auf eine lange Reihe von Wagen, die die gelbe und schwarze Flagge aufgesteckt haben, und dadurch das Bley und Pulver, das Mehl und andere Lebensmittel anzeigen, die sie den Armeen nach Italien zuführen. Dazwischen kommt der reisende Kaufmann, oder der eilende Courier. Dann wieder erregt Ihre Aufmerksamkeit ein Heer von Blauröcken, die mit kecken Schritten und unbefangener Miene in Deutsche Gefangenschaft wandern.«

Informiert zeigte sich Johann Georg Kohl über den Warenumschlagplatz Triest, das weitverzweigte Spediteursystem sowie die soziale Herkunft der Fuhrwerksleute. 1850 widmete er dem Warenverkehr entlang übervoller Landstraßen ein eigenes Kapitel: »Der ganze Weg von Triest über den Karst bis Adelsberg und weiter bis Laibach, wo jetzt der nächste Eisenbahnhafen für Triest ist, war mit einer unglaublichen Menge von Fuhrwerken bedeckt. Auf Schritt und Tritt fanden wir Frachtwagen, und in allen Dörfern umschwirrten sie, wie Bienen, die Wirtshäuser. Die slawischen Carsolini laden ein Paar Fäßchen auf, und eilen damit über die Gebirge. Wer ein Paar Pferdchen hat, oder auch eine Kuh, der spannt sie vor, und fuhrwerkert oder, wie man hier sagt ›schlittelt‹ damit. Das Schlitteln ist für arbeitsunlustige Leute eine äußerst verführerische Sache. Sie verdienen dabei schnell ein Stückchen bares Geld, viel schneller, als z. B. beim Ackerbau, wobei man oft ein Jahr lang auf die Einnahme warten muß. Bei manchen Frachtwagen sah ich sogar slawische Weiber als Kutscher. In wunderbarer Weise fahren diese Karstfuhrleute meistens nur von einer Station zur andern. Es wird dadurch freilich ein beständiges Umladen der Waren verursacht. Allein, wie gesagt, ihre Wagen sind klein; die wenigen Ballen, die sie darauf haben, sind bald von einem Wagen auf den anderen gebracht, und vermuthlich wird auf diese Weise die Schnelligkeit des Transports vergrößert. Ein großer Theil der Triestiner Waren wird bei Oberlaibach aus den Wagen ausgeladen, und auf Schiffen nach Laibach geschafft.«

Ein wiederkehrendes Thema historischer Reiseschilderungen war die angebliche oder tatsächliche Bedrohung durch Räuberbanden. Verängstigte Fremde vermuteten in jeder Karstschlucht oder Höhle ein Diebesnest, jeder entfernte Feuerschein galt als sicheres Anzeichen für Banditen und jede Waldpassage interpretierten sie als idealen Ort für einen Überfall. Gegen Ende des 18. Jahrhunderts notierte Benedikt Hermann, dass auf dem Waldstück bis Hrušica rechts und links der Straße auf einer Breite von 90 Metern sämtliche Bäume gefällt wurden, »um dadurch den häufigen Räubereyen etwas Einhalt« zu gebieten. Als besonders gefährlich galt der Waldabschnitt zwischen Planina und Postojna, wo auch das *Ravbarkomanda* (»Räuberversteck«) lag. Hermann wünschte sich, »daß man wenigsten zwey oder drey Wachthäuser entlang dieses Weges bauen möchte«. Auch der deutsche Architekt Karl Friedrich Schinkel fürchtete sich vor den Straßen über den Karst: »Was den Eindruck des Wüsten noch vermehrt, ist die Unsicherheit auf den Straßen. Von der Seite der Türkei ziehen Zigeuner und anderes Gesindel zu ganzen Banden ins Land, und täglich hört man von Räubereien und Mordtaten. Man wählt gewöhnlich zur Reise auf entlegenen Straßen, die durch Wald führen, solche Tage, an denen in der Gegend ein Fest oder ein Markt ist, damit man durch die Lebhaftigkeit der Straße gesichert werde.« Auch John Murray warnte in seinen Handbüchern vor Straßenräubern auf der Strecke zwischen Laibach und Triest.

»Sicher reisen« wurde zum Programm und die Reiseführer warteten mit immer ausgeklügelteren Vorschlägen zur Vermeidung von Gefahren auf. Dass man Handfeuerwaffen mit sich führte, war selbstverständlich – auch der Bildungsreisende Goethe trug welche bei sich. Eine Waffe hatte auch der furchtsame Joseph Kreil, der, nachdem er in der Adelsberger Grotte einen Pistolenschuss abgefeuert hatte, einen »schmetternden Knall, von dem die Höhle zu bersten schien« vernahm. Schinkel erfreute sich in der Höhle von Vilenica am ohrenbetäubenden Donner, den der Schuss aus seiner Pistole hervorrief.

Eine weitere, wenn auch geringere Gefahr, drohte dem Reisenden von den mit Peitschen bewaffneten Kutschern, insbesondere, wenn sie mit weingetränkter Stimme ihre Pferde antrieben. 1822 verließ John Russell bereits gegen vier Uhr nachmittags Vrhinika, um Idrija rechtzeitig zum Abendessen zu erreichen. Zu seinem Unbehagen verfehlte sein betrunkener Kutscher Giacomo die Abzweigung und fuhr Richtung Vipava. Mitten in der Nacht mussten sie schließlich in einem bescheidenen Gasthof bei Hrušica Quartier nehmen, um am nächsten Morgen den richtigen Weg einzuschlagen.

Wind und Wasser formten das Erscheinungsbild des Karstes, für dessen Beschreibung sich die Reisenden über Jahrhunderte hinweg ähnlicher Stereotypen bedienten. Tote Steinwüste, erstarrte Hochebene, unwirtlicher Geröllhaufen, bleiche Blockwildnis, sturmdurchbrauste Gegend waren die Attribute der Fremden, wenn sie die klassische Karsthochebene bei Triest passierten. Die

Reisenden hatten in ihrem Leben oft nichts Wüsteres als den Karst gesehen, welcher von den »schrecklichsten Revolutionen der Erde zerrüttet schien«. Wenige haben »eine traurigere, schauderlichere Öde betreten«, wo »die Schöpfung nachweislich unvollendet blieb«. Gabriel Strobl, Benediktiner und Mitglied der zoologisch-botanischen Gesellschaft, stellte sich auf seiner 1872 unternommenen »Frühlingsreise in den Süden« die Frage, »wer den Karst nicht als die fürchterlichste aller Landschaften, die wüsteste aller Wüsten, die Hölle der Touristen schildern gehört habe«. Schlussendlich riet er seinen Lesern zwischen den unterschiedlichen Karstlandschaften zu unterscheiden und für deren verborgene Reize empfänglich zu sein. Ein Rat, den der Reiseschriftsteller Heinrich Noé gegen Ende des 19. Jahrhunderts beherzigte, indem er dem Karst ästhetische Qualitäten abgewinnen konnte: »Einen Maler, welcher getreu der Natur arbeitet, wird man bizarrer Launen anklagen, wenn er dieses blendende Gestein, die rote Erde, das lichtgrüne Rebenlaub und im Hintergrunde noch das indigoblaue Meer auf einem Bild vereinigt.«

Die »Reisenden, welche in einem Eisenbahnwagen über den Karst fahren und dann mündlich oder schriftlich von der entsetzlichen Wüstenei erzählen« bezichtigte Noé der oberflächlichen Wahrnehmung. Freilich war für ihn der Karst keine »Spinatlandschaft, kein Entengrün in Grasgrün«, und doch glaubte er, dass dem »gleichgültigen Durchschnittsmenschen« seine Schönheit, insbesondere dessen Farbenpracht im Frühling, verborgen blieb. Zum Inventar eines typischen Karstdorfes gehörten laut Noé »herumlaufende Schweine, von der Bora verstümmelte Bäume, ein Ziehbrunnen, knochendürre Hunde und eine Osteria ohne Proviant«. Aus dem Jahre 1836 stammt der Bericht von Peter Turnbull, worin er die Karstbevölkerung als arm beschreibt. Die Hütten mit ihren kahlen Wänden, die spärliche Einrichtung, der aus Türen und Fenstern entweichende Rauch sowie das Zusammenleben von Mensch und Tier unter einem Dach erinnerten das Mitglied der Royal Society an die Lebensumstände der Einwohner Irlands.

Heinrich Noé beobachtete, wie der »keuchende Mensch das Wasser in hölzernen Butten über steinige Pfaden heranschleppt, nachdem er, um das Herausschwappen zu verhindern, obenauf Äste oder Gestrüpp gelegt hat«. Zu Beginn des 20. Jahrhunderts glaubte der österreichische Schriftsteller Ernst Décsey alle Schönheit aus dem Karstgestein entstehen zu sehen, eben aus jenen Steinen, »die mit ihren messerscharfen Rändern den besten Grazer Alpenschuh zerschneiden«. Das Karstgestein schützte seinem Dafürhalten nach nicht nur die kostbare »terra rossa« vor der »Windsbraut«, auch war für ihn »aus dem Stein des grauen Landes ein insgesamt schöner Menschenschlag entwachsen«: »Man wird nicht müde, die jungen Bäuerinnen anzusehen, die Obst und Blumen und Milch auf dem Kopf nach Triest hineintragen; sie schweben in ihren weichen Bastschuhen lautlos über den Fels und tragen den Korb wie eine große Krone, königlich. Alle haben das hellgraue Kopftuch und darunter eine Flut schwarzen Haares, und das Karstgrau der Landschaft gibt den dunklen Köpfen einen prachtvollen Hintergrund. Und die schönen scharfgeschnittenen Köpfe der Männer sind so überraschend wie die Treue, die eine ihrer vornehmsten Eigenschaften bildet.«

Johann Gottfried Seume betrieb 1802 wohl eine der intensivsten Landeserkundungen, indem er die über Graz, Marburg und Laibach nach Triest führende Italienroute entlangwanderte. Das bürgerliche Wandern verkörperte für ihn eine Haltung, die sich nicht nur physisch, sondern auch symbolisch von der adeligen und großbürgerlichen Kutschenreise abhob. Seine Berichte gleichen einer Sozialreportage, und nicht von ungefähr nannte er sein Unternehmen einen »Spaziergang«. Auf seinem Weg von Laibach nach Triest übernachtete er in Prewald (Razdrto): »In Prewald wohnte ich bei drei Schwestern. Die Mädchen treiben eine gar drollige Wirtschaft, und ich befand mich bei ihnen leidlich genug. Zuerst waren sie etwas barsch und behandelten mich, wie man einen gewöhnlichen Tornistermann zu behandeln pflegt. Da sie aber eine goldene Uhr sahen und mit hartem Geld klimpern hörten, wurden sie ziemlich höflich und sogar sehr freundlich. Von Prewald bis nach Triest sind es fünf Meilen. Ich hatte den Morgen nichts gegessen, fand unterwegs kein einladendes Haus. Es ist lauter steiniger Bergrücken und es war kein Tropfen gutes Wasser zu finden: das war für einen durstigen Fußgänger das verdrießlichste. Wenn ich nicht zuweilen ein Stückchen Eis gefunden hätte, das mir den Durst löschte, so wäre ich wohl übel dran gewesen.«

Werner Koroschitz

XVI. GANZ. SCHÖN. EINSAM.
Rundwanderung bei Movraž

Vom Auftakt und dem Finale in Movraž abgesehen, bewegt man sich bei dieser Wanderung ausschließlich in unbewohnter Natur; die Chance, unterwegs auf Menschen zu treffen, ist entsprechend gering. Größer ist die Wahrscheinlichkeit der Begegnung mit Vierbeinern – Schafen, Kälbern und Pferden, die so friedlich sind wie die Gegend, die sie beweiden. Für Abwechslung sorgt vor allem die Landschaft selbst, ändert sie doch jede halbe Stunde ihren Charakter. Von kargen Hochebenen über dramatische Felswände bis zu saftigen Talböden spannt sich der Bogen dieser Tour, die aufgrund der bequemen Wege, ihrer relativen Kürze und der einfachen Markierung auch Ungeübten zu empfehlen ist.

Schauplatz sind die Movraška vala und die sie umgebenden Hügelketten, die zugleich den südlichsten und vielleicht einsamsten Zipfel des Kraški rob bilden. Zu den Highlights zählen eine »Steinwüste« nahe der Karsthöhle Tri očke, die moosbewachsenen Trockenmauern und Steinterrassen bei Dvori sowie die überhängenden Klippen und ein Felsentor unter dem Veli Badin mit tiefen Blicken auf das geteilte Dorf Mlini an der Grenze zu Kroatien.

Bei der etwas längeren Variante bezieht man das malerische Bergkirchlein Sv. Kirik am Gipfel des Gradec ein und wird man für den zusätzlichen Anstieg mit einem prächtigen Panorama sowie einem filmreifen Sinkflug mit sanfter Landung in Movraž belohnt.

HINWEISE ZUR WANDERUNG

LÄNGE: 13 km [16 km]
HÖHENDIFFERENZ: 300 m [520 m] ↑ ↓
GEHZEIT: 4:30 Std. [5:00 Std.]
ANFORDERUNGEN: gering [mittel]
ORIENTIERUNG: einfach
EINKEHRMÖGLICHKEIT: keine

‹‹ Felswände unter dem Veli Badin

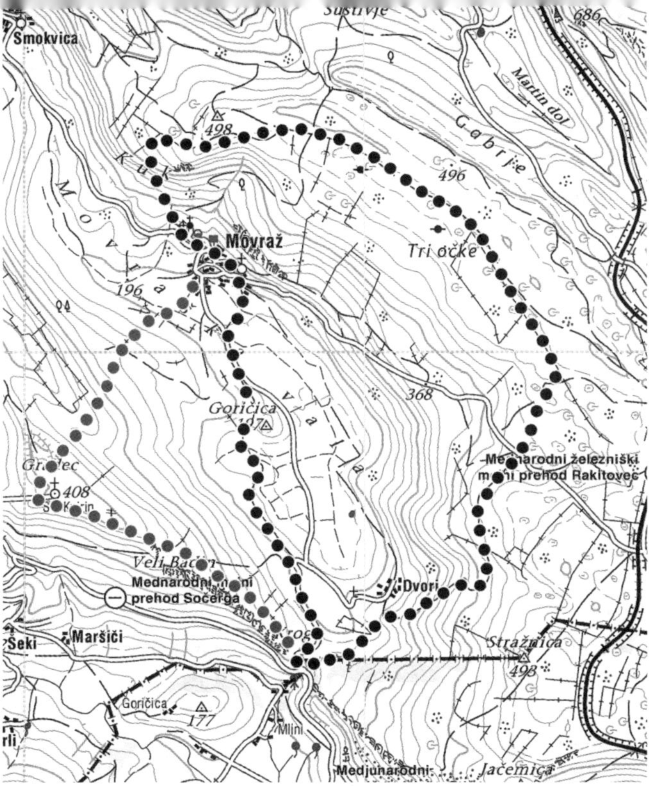

KARTE: Izletniška karta »Slovenska Istra«, 1:50.000, Geodetski zavod Slovenije (vergriffen)

ANFAHRT: Man nimmt auf der slowenischen A1 die Autobahnabfahrt »Črni Kal« und fährt von dort auf der Straße Nr. 208 12 km bis Gračišče, wo man eine Abzweigung nach links Richtung Movraž nimmt (Wegweiser).

WEGBESCHREIBUNG

Ausgangspunkt ist der nordwestliche Ortsrand von **Movraž**, wo man bei der **Bushaltestelle** den PKW abstellt und sich in ein ansteigendes Asphaltsträßchen (**Wegweiser »Kuk«**) wendet. Man passiert einen **Bildstock** und geht kurz darauf geradeaus in einen Karrenweg. Anstieg im Wald. Man ignoriert eine Abzweigung nach rechts und geht bei der darauffolgenden Gabelung rechts (**Markierung**). Der Weg gabelt sich sofort; man hält sich links. Weiter bergauf auf schmalem, sporadisch markiertem Steig, teilweise in felsigem Gelände und mit zunehmend freiem Blick. Bei einer kaum sichtbaren Gabelung auf halber Höhe geht man rechts. Man erreicht nach einigen Serpentinen die **Geländekante** oberhalb von Movraž und folgt der Markierung bis zum **Wegweiser** an der Gabelung in Sichtweite des »Gipfels«; man geht rechts in **Richtung »Tri očke«** (1:00 Std.). Empfehlenswerter Abstecher zum **Gipfelkreuz** des **Kuk** mit Blick auf Hrastovlje.

Weiter auf breiter, fast ebener Fahrspur in südöstlicher Richtung über fast kahles Terrain. Man durchschreitet einen Weidezaun und gelangt bald darauf zu einer Wegkreuzung; man geht geradeaus (**Wegweiser »Tri očke«**), verlässt nach einiger Zeit wieder die Weide und passiert die »drei Augen« einer Karsthöhle. Weiter auf dem Hauptweg in zunehmender Vegetation bis zu einer **Weggabelung** (2:30 Std.); man geht rechts (**Markierung**). Der Weg senkt sich bald in den Wald und trifft auf ein **Asphaltsträßchen**; geradeaus weiter (**Wegweiser »Naravni most«**). 15minütiges Auf und Ab mit weiten Blicken ins Tal, dann auf breitem Wege 20 Min. steil bergab, bis die **Markierung** scharf nach links weist, welcher man folgt. Kurzer Abstieg auf schmalem Steig in eine **Senke** mit bemoosten Trockenmauern. Man erreicht einen asphaltierten **Fahrweg** (3:30 Std.) und geht geradeaus (**Wegweiser »Naravni most«**). 10minütiger Anstieg zu einem schönen **Aussichtsplatz** oberhalb des Weilers Mlini und weiter zu einer überhängenden **Felswand** samt Naturbrücke (= *naravni most*).

Zurück zum asphaltierten **Fahrweg** ...

VARIANTE: Kurzer steiler Aufstieg durch das **Felsentor**, dann 45minütiger moderater Anstieg, stets der Markierung folgend, bis zum **Kirchlein Sv. Kirik** am Gipfel des Felsgrats (4:00 Std.). Schöne Blicke. Von der Kirche weiter auf dem breiten **Kammweg** in nordwestlicher Richtung (nicht dem Sträßlein nach links Richtung Tal folgen!). Nach 100 m wendet man sich nach rechts in einen undeutlichen Weg (keine Markierung), der zu einem **Holzkreuz** führt. Weiter auf schmalem Pfad (undeutliche Markierung), der sich bald senkt und nach rechts dreht. Weiter bergab, von Holzkreuz zu Holzkreuz und der undeutlichen Markierung folgend, bis **Movraž** (4:45 Std.)

... auf diesem nach links, die Markierung verlassend. 15minütiger sanfter Abstieg bis zu einer markanten **Rechtskurve** (in Sichtweite eines von rechts kommenden Sträßchens). Man geht geradeaus und folgt

Am Karstplateau bei Movraž

einem geschotterten **Fahrweg**, die bisherige Richtung beibehaltend. Stets auf dem Hauptweg bis zu einer **Querstraße**; auf dieser nach links. Die Straße quert bald darauf einen **Bach**. Gut 50 m danach wendet man sich nach rechts in einen Feldweg und folgt diesem bergauf in **Richtung Kirche**. Man erreicht die ersten Häuser von **Movraž** und wendet sich auf einem Sträßchen nach links. Durchquerung der Ortschaft nach eigenem Gutdünken bis zum Ausgangspunkt (4:30 Std.).

AM WEGE

Movraž | Valmorasa

Trotz der wunderbaren Lage in einem von sanften Hügelketten umrahmten Talkessel fehlt dem Dorf die Ausstrahlung, denn weder weist es ein ansprechendes Ortsbild auf, noch besitzt es nennenswerte Kulturdenkmäler oder hat es Persönlichkeiten von Rang hervorgebracht. Bemerkenswert ist nur, dass eine Ansiedlung wie diese überhaupt (noch) existiert. Fernab des Verkehrs und wirtschaftlicher Zentren ist sie um einiges größer und hat mehr Einwohner als vergleichbare Orte; ungewöhnlich hoch ist

Am Karstplateau bei Movraž mit Blick auf die Küste

auch der Anteil renovierter und neuer Häuser. Dabei handelt es sich nicht um Zweitwohnsitze wohlhabender Bürger, sondern um die Behausungen Einheimischer, die hier ihr Auskommen, sei es als Pendler, sei es als Bauern, finden müssen. Entsprechend schäbig, unfertig und stellenweise lieblos wirkt das Dorf. Den Häuserreihen fehlt der Zusammenhalt, Leerstellen zwischen den alten Steinhäusern verweisen darauf, dass die Ortsentwicklung nicht zum ersten Mal ins Stocken geraten ist.

So berichtet die Chronik von Türkeneinfällen und der Verwüstung des Ortes durch die Österreicher im Mittelalter, weiters von Verheerungen durch die Uskoken im 17. Jahrhundert, sowie von Heimsuchungen durch die Pest. Erst im 18. Jahrhundert kehrte etwas Ruhe ein und wuchs die Dorfbevölkerung auf rund 450 Einwohner an. Es handelte sich mehrheitlich um Italiener mit Familiennamen wie Verzi, Vida und Grisoni. Auch der Ortsname, ursprünglich Vallis Mauriaca, später Valmoraza oder Vamovraxa, verweist auf italienische Wurzeln. Wichtigste Einkommenszweige waren die Weidewirtschaft sowie die Seidenraupenzucht; den wichtigsten Absatzmarkt stellte Koper dar. In dieser Zeit besaß der Ort immerhin vier Kirchen, wovon heute nur noch Sv. Marija am oberen Ortsrand existiert. Sie erhebt sich scheinbar schützend über das Dorf und steht zugleich gänzlich im Abseits – so, als distanzierte sie sich von den undankbaren Bewohnern, die sich ihrerseits von jedem falschen Trost abzuwenden scheinen. Eine Marienstatue mit Kind aus dem 15. Jahrhundert hat wie durch ein Wunder sämtliche Unglücksfälle in der Dorfgeschichte »überlebt«. Dazu gehört auch die Zerstörung von Movraž im Oktober 1943 durch die Nazis, die mit solchen »Sühnemaßnahmen« den bewaffneten Widerstand in der Region zu brechen versuchten. Ein Partisanendenkmal beim Feuerwehrhaus, dessen Gestaltung und Zustand nicht einmal den Anschein von Würde wahren, erinnert an die gefallenen Freiheitskämpfer des Ortes.

Mlini

Zum Greifen nahe, aber für den Wanderer außer Reichweite, ist der kleine Grenzort südlich von Movraž. Führte früher ein schmales Sträßchen über die Movraška vala nach Mlini, versperrt heute die Schengengrenze den direkten Zugang und geht die Staatsgrenze seit 1991 mitten durch das Dorf. Sowohl der slowenische als auch der kroatische Teil können nur auf Umwegen mit dem PKW erreicht werden, der Grenzübertritt im Ort ist nur Einheimischen erlaubt. Wer der Verlockung nicht widerstehen kann und die grüne Grenze überschreitet, riskiert Einiges: Die kroatische Polizei versteht diesbezüglich keinen Spaß und führt »illegale Einwanderer« dem Schnellrichter vor. Bis dieser Zeit zur Verhandlung findet, kann allerdings ein ganzer Tag vergehen. Die Auslieferung an die slowenischen Behörden (die für die unerlaubte Ausreise 300 Euro Bußgeld kassieren) sowie ein mehrmonatiges Einreiseverbot sind dann das Mindeste, was einen an Strafe erwartet.

Seinen Namen verdankt das »halbierte« Dorf mehreren Mühlen mittelalterlichen Ursprungs, von denen eine noch heute in Betrieb ist. Gespeist wird diese aus einer Karstquelle, die sich nach stärkeren Regenfällen mit Getöse aus dem Felsen unterhalb einer auffallenden Geländekante ergießt, die zugleich eine tektonische Bruchlinie markiert. Der Fluss schlängelt sich malerisch von Steinhaus zu Steinhaus und beschert dem Dorf ein eigenes, besonders angenehmes Mikroklima.

XVII. ALLES OFFEN
Rundwanderung bei Črnica (HR)

Kaum zwei Kilometer östlich der kroatischen Grenzstation Požana steigt der Karstrand ein letztes Mal an und bildet entlang der Grenze zu Slowenien eine fast kahle, einsame Hochebene. Gegliedert durch schnurgerade Trockenmauern und kreisrund eingefasste Dolinen ist die Landschaft von erhabener Schönheit. Wie zur Zierde gepflanzt wirken die vereinzelten Sträucher, und wie Kalligraphien stehen die verkrüppelten Bäume im Wind. Als szenisches Element kommt eine kaum befahrene Bahnlinie hinzu, die, tief ins Gestein geschnitten, von kunstvollen Feuermauern flankiert wird.

Von Črnica, einem baufälligen Nest unterhalb des Plateaus, steigt man im steilen Wald zur Geländekante an. Erst fällt der Blick auf Buzet, das sich auf einem Hügel über das dicht besiedelte Tal erhebt, dann tut sich im Norden eine Welt aus Gras und Steinen auf. Im Mai ein üppiges Blumenmeer, gleicht sie im Herbst einer kargen Steppe. Ein weiß gebänderter Rücken bildet die Kulisse, darüber ein hoher Himmel mit gleißenden Wolken. Wie auf der Flucht und von den Bodenwellen beschleunigt, jagen ihre Schatten über die Wiese. Eine dunkelgrüne Mulde lädt zur Mittagsrast. Bis zur Staatsgrenze führt der Pfad über altes Weideland und von dort zum Aussichtspunkt Jačemica. Buschwerk kriecht die Hänge hoch; Schotterfelder bilden sich unter den Klippen. Man folgt dem Geröll und kehrt, so zerkratzt wie beglückt, zum Ausgangspunkt zurück.

HINWEISE ZUR WANDERUNG
LÄNGE: 10 km
HÖHENDIFFERENZ: 250 m ↑ ↓
GEHZEIT: 3:15 Std.
ANFORDERUNGEN: gering
ORIENTIERUNG: einfach
EINKEHRMÖGLICHKEIT: keine

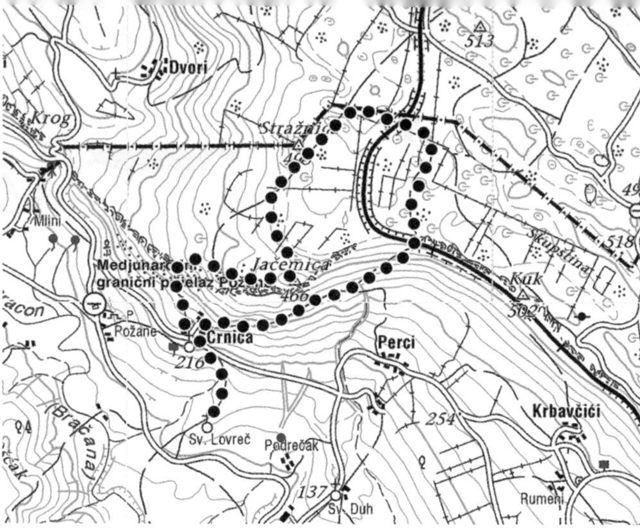

KARTE: Izletniška karta »Slovenska Istra«, 1:50.000, Geodetski zavod Slovenije (vergriffen)
ANFAHRT: Man nimmt auf der slowenischen A1 die Abfahrt »Črni Kal«. Weiter auf der Straße Nr. 10 Richtung Črni Kal, dann, dem Wegweiser »Sočerga« folgend, auf der Straße Nr. 208 über Gračišče und Sočerga bis zum Grenzübergang. Man quert die Staatsgrenze und biegt 1 km nach der kroatischen Grenzkontrolle nach links in ein asphaltiertes Sträßchen (kein Wegweiser). 300 m bergauf bis zum Kirchlein bzw. Friedhof Sv. Lovreč, wo man das Auto abstellt.

WEGBESCHREIBUNG

Man wandert vom **Friedhof Sv. Lovreč** auf einem geschotterten **Fahrweg** bergwärts und erreicht nach 15 Min. **Črnica**. Man durchschreitet das Dorf auf einem ansteigenden Asphaltsträßchen, das sich am oberen Ortsrand gabelt. Man geht rechts und folgt der **Markierung** (rot-blaues Herz) auf einem rechts einer kleinen Schottergrube in den **Wald** führenden Pfad. Kurzer steiler Anstieg, dann moderat bergauf bzw. fast eben den **Hang** entlang.

Nach rund 30 Min. trifft man auf einen breiteren Weg; auf diesem nach links, nun wieder steiler bergauf (**Markierung**). Man erreicht einen **Bahndamm**, welchen man unterquert. Weiter bergwärts, bis man die **Geländestufe** überwunden hat, wo man dem markierten Weg Richtung Norden folgt. Schmaler Pfad über ausgedehnte Wiesen, der bald nach links dreht, ein lichtes Kiefernwäldchen durchmisst und schließlich zur **Bahntrasse** führt (2:00 Std.).

Man quert die Schienen unmittelbar vor der **Staatsgrenze** und folgt der **Markierung** nach links. Weiter auf schönem Pfad, erst unweit der Schienen, dann, die Richtung beibehaltend, bis zur **Geländekante.** Hier wendet man sich nach rechts und erreicht auf markiertem Steig entlang des Felsgrats die **Jačemica** (2:30 Std.). Tiefe Blicke.

15minütiger Abstieg in östlicher Richtung (undeutliche Markierung), dann nach links über felsiges Terrain bergab bis **Črnica** (3:00 Std.). Zurück zum Ausgangspunkt auf bereits bekanntem Wege (3:15 Std.).

AM WEGE

Črnica | Cernizza Pinguentina

Das teilweise verfallene Dorf liegt auf halber Höhe der Erhebung Jačemica, von wo sich ein wunderbares Panorama über das Tal von Buzet bietet. Die Häuser schmiegen sich malerisch an den Hang und sind vorwiegend aus Sandstein gebaut. Ein hübscher, von Linden beschatteter Dorfplatz bildet das Zentrum; der schlichten Kirche hat man einen unansehnlichen Glockenturm, der auf zwei Beinen aus roten Ziegeln steht, vor die Türe gesetzt. Ebenso unproportioniert, aber in seiner Unbeholfenheit ein herzerwärmender Anblick ist das Kirchlein Sveti Lovreč beim kleinen Friedhof unterhalb der Ortschaft.

So armselig Črnica auf den Besucher wirkt, so spärlich sind die Zeugnisse seiner frühen Geschichte. Bekannt ist lediglich, dass hier bereits die Kelten siedelten und sich der ursprüngliche Ortsname *Sernigla* aus deren Sprache ableitet. Belegt sind auch die ständig wechselnden Herrschaften im Mittelalter, darunter die der Patriarchen von Aquileia, der Habsburger und der Bischöfe von Triest, was Črnica kaum von den anderen Dörfern der Region unterscheidet. Als Alleinstellungsmerkmal mag die Legende gelten, wonach hier im 15. Jahrhundert eine türkische Reitertruppe zum Rückzug gezwungen worden sei. Die angebliche Ursache: verseuchtes Brunnenwasser, nach dessen Genuss sämtliche Osmanenpferde verendeten.

XVIII. NACH ISTRIEN
Wanderung bei Gračišče

Zwei gegensätzliche Landschaften – erst eine karge Hochebene, dann ein üppiges Hügelland – sind Schauplatz dieser Wanderung am Übergang zwischen Kras und Slovenska Istra. Zu den Höhepunkten zählen das bildhübsche Kirchlein Sv. Kvirik bei Sočerga, ein namenloser Wasserfall im duftenden Kiefernwald und die menschenleere Wildnis im oberen Dragonjatal. Ein Erlebnis für sich ist das Dörfchen Trebeše, an dessen verwahrlosten Häusern und gepflegten Gärten man sich kaum sattsehen kann.

Im ersten Abschnitt steigt man bequem und mit zunehmender Fernsicht zum Gipfel des Gradec an, unter dessen Steilhang sich die lebhaft gegliederte Dolenjščica, ein von einer Handvoll Weilern besiedeltes Tal, erstreckt. Im zweiten Abschnitt wandert man von Dorf zu Dorf und wird dabei vielleicht von einem herrenlosen Hund begleitet. Weniger komfortabel ist der Schlussteil, bei dem man sich auf das Abenteuer eines fast weglosen Orientierungsmarsches einlässt. Halb im Bachbett, halb im Gestrüpp kämpft man sich durch einen Graben an die zivilisierte Oberfläche zurück. Spätestens nach dem zweiten Fehlversuch gesellt sich zum Naturerlebnis das Gefühl der Verlorenheit, was aber der Wanderung nur zusätzliche Würze verleiht. Lohn der Angst ist eine kräftige *jota* am Zielort, ebenso wohlverdient der *šnaps* danach.

HINWEISE ZUR WANDERUNG
LÄNGE: 23 km
HÖHENDIFFERENZ: 300 m ↑ ↓
GEHZEIT: 5:30 Std.
ANFORDERUNGEN: Ausdauer und Unerschrockenheit
ORIENTIERUNG: schwierig
KARTE: Izletniška karta »Slovenska Istra«, 1:50.000, Geodetski zavod Slovenije (vergriffen)
EINKEHRMÖGLICHKEIT: Gračišče, Sočerga
AUSRÜSTUNG: Kompass und lange Hosen

In Trebeše

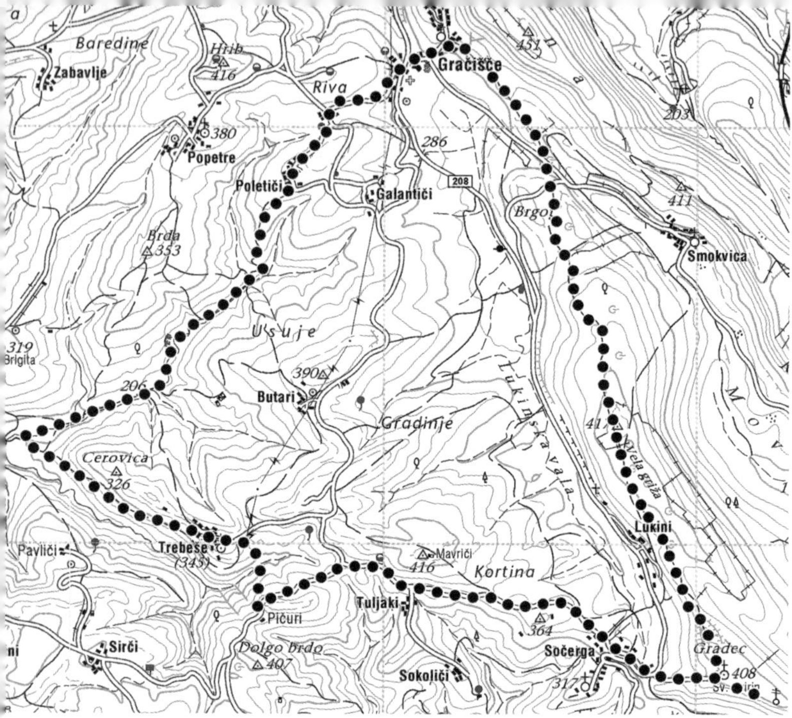

ANFAHRT: Man nimmt auf der slowenischen A1 die Abfahrt »Črni Kal«. Weiter auf der Straße Nr. 10 Richtung Črni Kal, dann auf der Straße Nr. 208, dem Wegweiser »Sočerga« folgend, bis Gračišče.

WEGBESCHREIBUNG:
Ausgangspunkt ist der alte Ortskern von **Gračišče**. Man geht von der **Kirche** in Richtung des unteren Ortes und biegt schon nach wenigen Metern in ein Sträßchen nach links. Nach 100 m endet der Asphalt; geradeaus weiter auf geschottertem Fahrweg. Man gelangt, nachdem man ein kleines **Holzhaus** linker Hand passiert hat, zu einer leicht versetzten Dreifachgabelung und nimmt den mittleren Weg. Angenehmer Weg zwischen kleinen Weingärten und durch lichte Vegetation. Nach gut 10 Min. eine **Querstraße**; auf dieser nach links. Kurz darauf biegt man scharf nach rechts in ein Sträßchen. Kurzer Anstieg, dann in einen Karrenweg nach links (**Wegweiser »Sv. Kvirik«**). Bequemer und markierter Weg, erst im lichten Wald, dann auf einem bewaldeten Kamm mit Blick auf Sočerga bis zum **Kirchlein Sv. Kvirik** (1:30 Std.). Besichtigung des Friedhofs.

Links an der Kirche vorbei, dem **Wegweiser »Bunker«** folgend, bis zum betreffenden militärischen **Unterstand** mit Blick auf die kroatische Grenzstation im Tal (1:45 Std.). Windgeschützter Rastplatz.

Zurück zur **Kirche** und von dort 10 Min. auf asphaltiertem Sträßchen bergab bis zur Hauptstraße bei **Sočerga**, welche man bei einer **Gostilna** überquert (2:15 Std.). Einkehr. Auf dem Sträßchen oberhalb der Hauptstraße geradeaus. Vorbei an einigen Häuschen bis zu einem **Trafohaus**, wo man sich nach links in einen Weg wendet, um zur Hauptstraße abzusteigen. Nach 20 m (noch vor der Straße Richtung Kirche!) biegt man nach rechts in ein Sträßchen, das sich sofort gabelt; man nimmt den linken Weg. Schöner und bequemer Weg zwischen Olivenhainen und Weingärten bis zu einer Gabelung. Man hält sich rechts und steigt im Kiefernwald bis zu einem Quersträßchen an; auf diesem nach links bis **Tuljaki** (2:45 Std.). Oberhalb der Häusergruppe eine Gabelung; man hält sich rechts. Eine Abzweigung nach links und eine nach rechts werden ignoriert. Nach gut 10 Min. eine **Querstraße**, auf dieser nach links. 10 Min. auf der Straße bergauf bis zu einem **Haus**. Hier wendet man sich scharf nach rechts in einen steil abfallenden Pfad (blaurote Markierung). In engen Serpentinen steil bergab bis zu einem **Wasserfall**. Man durchschreitet den Bach knapp an der Absturzkante und steigt am Gegenhang auf breiterem Wege wieder an. Bei einem Querweg geht man rechts und erreicht kurz darauf die Straße unterhalb der Kirche von **Trebeše** (3:30 Std.).

Man geht links an der **Müllinsel** vorbei und steigt kurz zur **Kirche** an. Abstieg auf schmalem betoniertem Steig zum **Dorf**, das man in nordwestlicher Richtung durchschreitet. Beim letzten (grünen) **Haus Nr. 24** eine Dreifachgabelung; man nimmt den mittleren Weg. Schöner Kammweg zwischen Weingärten und Obstkulturen. Nach 10 Min. endet der Weg. Mittagsrast.

Zurück zum **Haus Nr. 24** im Dorf. Hier wendet man sich scharf nach rechts in einen steil abfallenden Karrenweg (undeutliche rotblaue Markierung). Stets die Richtung beibehaltend und oberhalb eines Grabens bergab. Steiniger, stellenweise stark ausgewaschener und tief eingeschnittener Weg. Nach gut 20 Min. ist man im **Tal** angelangt. Der Weg biegt nach links und quert kurz darauf in einer **Furt** die Dragonja.

Am anderen Ufer ein breiter **Querweg**; man geht rechts. Der Weg dreht nach links und steigt links einer großen **Lichtung** an. Kurz

Auf dem Weg zum Gradec

danach wendet man sich, die Markierung verlassend, scharf nach rechts. Der Weg senkt sich, ist anfangs tunnelartig verwachsen und verläuft dann rechts einer langgestreckten Lichtung. Man gelangt zum **Zusammenfluss zweier Nebenbäche**, welche man überquert; weiter entlang einer Lichtung bis zu einer Weggabelung. Man geht rechts und folgt dem **Bach** auf immer undeutlicheren Pfaden taleinwärts. Im Zweifel hält man sich stets links oder weicht überhaupt ins **Bachbett** aus, bis man zu einer undeutlichen Gabelung (kleiner Wegweiser »Butari«) gelangt. Man geht wieder links und folgt einem Steig, der sich bald zu verlieren scheint. Weiter rechts des Baches entlang bis zu einer Lichtung mit **Jägerstand**, wo man auf einen Karrenweg trifft. Man folgt der Fahrspur, die sich bald zum Forstweg verbreitert, und steigt auf diesem bequem bis **Poletiči** an (5:00 Std.).

Auf der Zufahrtsstraße 500 m bis zur **Hauptstraße**; auf dieser 100 m nach links bis zur nächsten **Häusergruppe**. Hier biegt man nach rechts und folgt der Straße 1 km bis **Gračišče** (5:30 Std).

AM WEGE

Gračišče | Gracischie | Altenberg

Wer mit dem Auto Halt macht, bekommt einen roadmovietauglichen Dorfplatz, bestehend aus Bushaltstelle, *Mercator*, Poststation, Müllinsel und Bildstock zu sehen, auf den ein Partisanendenkmal mürrisch-melancholisch herabblickt. Blass prangt der rote Stern auf dem nackten Fahnenmast und verwelkt am Boden ein Lorbeerkranz aus Kunststoff. Fast 70 Jahre ist es her, dass das Dorf von den Nazis niedergebrannt wurde; vier Monate alt die jüngste Verlautbarung auf dem Anschlagbrett der Gemeinde.

Sein zweites, überraschend freundliches Gesicht zeigt Gračišče abseits der Straße: das historische Ortszentrum hinter der Kirche, das von einer Handvoll alter Karsthäuser mit unverputzten Fassaden aus kalkweißen und erdbraunen Steinen gebildet wird. Hübsch renoviert und blumengeschmückt, sind sie wie für den Fremdenverkehr gemacht, obwohl das Dorf von seiner kommerziellen Nutzung Lichtjahre entfernt ist. So findet Gračišče in keinem Tourismusführer Erwähnung, wohl auch deshalb, weil es, von einer dreibeinigen Katze abgesehen, keine nennenswerten Sehenswürdigkeiten und nur ein mittelmäßiges Wirtshaus besitzt. Auch die Vermarktung des hiesigen Weines hält sich in Grenzen.

Dafür ist der Ort mit dem Satz »Alle Straßen führen nach Rom und alle Wege wieder zurück nach Gračišče« zu literarischen Ehren gekommen. Marjan Tomšič (der hier als Lehrer tätig war) erzählt in seinem Roman *Die Frauen der Schaurinia* die Geschichte istrianischer Händlerinnen, die in der Zwischenkriegszeit von Dorf zu Dorf zogen, den Bauern ihre Produkte abnahmen und diese am Triestiner Markt verkauften. Weitgereist und mehrsprachig genossen die *šavrinke* hohen sozialen Status, zumal sie oft die einzigen in ihrer Familie waren, die über etwas Bargeld verfügten. Zusätzliches Einkommen erzielten die Frauen mit dem Schmuggel von Wacholderschnaps. »Schnapsbrennen«, so Marjan Tomšič, »war zu dieser Zeit strengstens verboten. Wen die Carabinieri erwischten, der zahlte die Strafe auch noch nach zehn Jahren, wenn er nicht schon früher eingesperrt und verurteilt wurde. Gebrannt wurde trotzdem, und zwar an den

Sv. Kvirik bei Sočerga

verborgensten Orten: im Wald, in Schluchten, bei Flüssen, in Gruben. Niemand kaufte sich eine Lizenz, denn die ›licenza‹ war so teuer, dass der Arme diesen Schnaps sicher nicht verkaufen konnte. [...] Weil sich der Istrianer ein Leben ohne die ›trapa‹ aber nicht vorstellen kann, war der Schmuggel für die Schaurinke ein einträgliches, wenn auch sehr gefährliches Geschäft. [...] Der Schnaps half den Leuten aus hunderterlei Schwierigkeiten [...]. Schnaps half immer.« (Übersetzung: Johann Strutz)

EINKEHR:

Gostilna Ražman. Etwas unterkühlte Gaststätte an der Hauptstraße, die dem Anspruch auf kulinarische Qualität nicht immer gerecht wird. Guter *refošk*. Die Zimmer sind ebenso sauber wie hellhörig. 00386 5 6572003, www.razman.si

Sočerga | San Quirico

Zwei Kirchen, die unterschiedlicher nicht sein könnten, bestimmen das Ortsbild. Die eine thront auf einem Hügel am südlichen Dorfrand, die andere hat sich auf einen kahlen Karstrücken im Norden zurückgezogen. Und während sich erstere, eine große Pfarrkirche im »italienischen Stil«, allzu wichtig macht, übt sich letztere, Sv. Kvirik aus dem 11. Jahrhundert, in stiller Bescheidenheit. Weiß getüncht und steingedeckt könnte sie irgendwo in Dalmatien stehen. Von dunklen Zypressen weit überragt, kommt selbst der Kirchturm fast auf Augenhöhe daher. Der Friedhof ist von einem grauen Steinmäuerchen umgeben und schließt ein Partisanendenkmal mit ein. Es ist eine Art steinernes Beet, aus dem 15 verwitterte Namensschilder wachsen. Verbeulte Blumenvasen und ein paar ausgebrannte Kerzenbehälter liegen kreuz und quer. Ein Büschel Gras und vertrocknetes Moos warten darauf, gejätet zu werden. »Für Istriens Freiheit habt Ihr Euer Leben gegeben«, heißt es linksbündig unter dem zentrierten Roten Stern, »und gemeinsam haben wir Euch hier begraben.«

Eine weitere Attraktion besitzt Sočerga mit den überhängenden Klippen oberhalb der slowenischen Grenzstation. Sie werden Veli Badin genannt und sind Nistplätze des Uhus, lat. *Bubo bubo*, sowie anderer streng geschützter Vogelarten wie Blaumerle, Felsentaube, Rötelschwalbe und Alpenwegler. Im Volksmund nennt man die konkav gewölbten Felsen die »istrischen Ohren«, weil man von hier aufgrund der besonderen Akustik angeblich die Gespräche im Tal mitverfolgen kann. Erzählt wird auch, dass an dieser Stelle ein Werwolf gefangen gehalten wird, dessen Geheul bereits sämtliche Zauberer und Hexen aus Istrien vertrieben hätte. Überprüfen lässt sich die Geschichte nicht, da das Betreten zum Schutz der Vögel nicht gestattet ist.

EINKEHR:

Gostilna Sočerga. Einfache Gastwirtschaft in einer Spitzkehre der Hauptstraße, wo sich einst eine Hufschmiede nebst Wagnerei befand. Deftiges Mittagessen und kühles Bier für Grenzpolizisten, Fernfahrer und Wanderer. 00386 5 6571155

Tuljaki

Noch zu Beginn des 20. Jahrhunderts lebten hier mehrere Großfamilien fast autark vom Ertrag der Landwirtschaft. Eine Bewohnerin erzählt von gemeinschaftlicher Feldarbeit und Nachbarschaftshilfe bei der Mahd und erinnert sich sogar an die

Namen der Rinder, Ziegen und Schweine ihrer Eltern. Den größten Ertrag brachten die Ochsen, die als Zugtiere gezüchtet und verkauft wurden, bis sie in Folge der beginnenden Motorisierung an Wert verloren. Auch den Olivenbäumen, die 1928 dem Frost zum Opfer fielen, trauert die alte Frau noch nach.

Den größten Einbruch erlebte Tuljaki nach dem 2. Weltkrieg, als ein Großteil der Bewohner nach Italien flüchtete, und Triest, der bisherige Absatzmarkt der Bauern, für die Daheimgebliebenen unerreichbar wurde. So schrumpfte die Dorfbevölkerung auf rund 20 Personen, die heute, zwei Generation später, mit Misstrauen eine gewisse Gegenbewegung registrieren: Immer mehr »Fremde«, Leute von der Küste oder aus Italien, sollen sich für die leerstehenden Häuser interessieren und damit das soziale Gefüge stören. Für Unmut sorgt auch die »neue Grenze [zu Kroatien, Anm.], die man uns vor die Nase gesetzt hat«.

Trebeše | Trebesse

Von der kurvigen Hauptstraße, die eigentlich selbst eine Nebenstraße ist, führt ein schmaler Stichweg zum abgelegenen Ort am Hügelkamm über dem Dragonja-Tal. Der höchste Punkt ist mit dem Kirchlein Sv. Martin besetzt, das an Armseligkeit nichts zu wünschen übrig lässt und mit dem Dorf durch einen kariösen, betonierten Steig Verbindung hält. Rund 20 Häuser mit angeblich 50 Einwohnern sind links und rechts einer Gasse aufgefädelt. Teils unverputzte Steinbauten, teils halbe Ruinen mit improvisierten Zubauten bieten sie ein etwas desolates, aber durchaus freundliches Bild. Stühle vor den Haustüren, offene Höfe und ein der Straße zugewandter Balkon zeugen von nachbarschaftlicher Nähe und sozialem Leben unter freiem Himmel. Kaum befahren dient die Straße auch als Abstellplatz für Gerümpel aller Art und den Kindern als Ballspielplatz. Ausgerechnet an der engsten Stelle ragt der Basketballkorb in die Fahrbahn. Herrscher über die winzige »Piazza« in der Ortsmitte ist ein prächtiger Langhaarkater in den besten Jahren. Stoisch sonnt er sich in einer Schubkarre; selbst ein knatternd anspringender Traktor und der eifersüchtig kläffende Kettenhund nebenan bringen ihn nicht aus der Ruhe.

Eine Aufschrift am Eingang der *Lazarjeva hiša* aus dem Jahr 1889 verweist auf die einst schwierige Versorgung mit Trinkwas-

Weiler Pičuri bei Trebeše

ser. Bei Trockenheit musste das Wasser aus dem Stranica-Bach im tiefen Graben unterhalb des Dorfes herbeigeschafft und in Holzfässern »zwischengelagert« werden. Ausgabestelle war der große Steintisch vor dem betreffenden Haus. Heute lohnt der Abstieg zur Stranica wegen eines schönen Wasserfalls mitten im Kiefernwald. Rund 20 Meter stürzt der Bach über einen überhängenden Felsen, womit er als höchster Wasserfall Istriens gilt. Vor allem nach längeren Niederschlägen sowie im Herbst, wenn sich die Blätter verfärben, umgibt den Ort eine fast magische Aura.

Ein idyllischer Platz befindet sich auch nordwestlich von Trebeše, wo ein bequemer Feldweg die terrassierten Gärten und Äcker der Bauern verbindet. So vernachlässigt das Dorf wirkt, so gepflegt erscheinen die Wein- und Obstkulturen. Dazu kommt ein wunderbares Panorama, das die malerischen Weiler auf den benachbarten Hügelketten mit einbezieht. Unverkennbar ist aber auch, dass sich die bewirtschafteten Flächen auf dem Rückzug befinden. Die tiefer gelegenen Terrassen liegen brach und wachsen unaufhaltsam zu. Das gilt auch für die alten Kulturwege im Tal, die im Sommer, wenn die Brombeerranken allenthalben wuchern, fast nur noch mit der Machete bezwungen werden können.

KLEINE WEINKUNDE

Es sind drei der bekanntesten Weinbaugebiete der Primorska, des slowenischen Küstenlandes, die der Wanderer auf seinem Weg über den Karst zum Meer durchschreitet: Östlich von Postojna liegen dem Berg Nanos die sortenreichen Weinlagen des Vipava-Tales zu Füßen; westlich davon, auf dem höher gelegenen Karstplateau zwischen Štanjel, Komen, Sežana und dem Golf von Triest erstreckt sich das Weinbaugebiet *vinorodni okoliš Kras*, an das, der Küste entlang, die Weinbauregion *Istra* anschließt.

Auch wenn Amphorenfunde aus dem zweiten vorchristlichen Jahrhundert im Mündungsgebiet der Dragonja auf historische Weinkulturen in dieser Gegend schließen lassen und der römische Gelehrte Plinius das hohe Lebensalter der Kaisergemahlin Julia dem regelmäßigen Genuss von Karstwein aus *Pucinum*, dem heutigen Prosecco, zuschrieb, reichen die Anfänge des modernen Weinbaus nur ins 19. Jahrhundert zurück. Die Ursache dafür liegt im rasanten Wachstum der Einwohnerzahl von Triest, die in den Jahren 1817 bis 1918 von 33.000 auf 230.000 Personen stieg. Dementsprechend rasch wuchs auch die Nachfrage nach landwirtschaftlichen Gütern, die von der bäuerlichen Bevölkerung des Hinterlandes produziert und in die Stadt geliefert wurden, darunter auch Wein. Weiters führte das allmähliche Aufkommen des Tourismus und die damit verbundene Direktvermarktung eigener Produkte in den *osmice* zur Ausweitung des Weinbaus.

Bis dahin wurde den strauchartig an Baumstämmen wachsenden, unveredelten Reben keinerlei weinhauerische Sorgfalt zuteil, entsprechend sauer fiel die Ernte aus. Erst mit dem Auftreten der Rebenschädlinge änderte man die Anbauform und wurden die lebenden Baumstützen vom *latnik*, einer Art Weinlaube, abgelöst, was die notwendig gewordene Rebenpflege erleichterte. Bis heute ist das Bild der Weinbaulandschaft am Karst von diesen Lauben bestimmt. Ihre Höhe von 1,5 bis 2 m ermöglichte nicht nur die Bearbeitung mit Zugvieh, sondern bot auch Platz für modernes landwirtschaftliches Gerät.

« Weingarten bei Hruševica (Wanderung XXII)

Den entscheidenden Impuls zur Spezialisierung des Weinbaus gaben schließlich staatliche Förderungen und zinsenlose Darlehen zum Bau von Kulturterrassen, sogenannten *paštni*, zur Gewinnung ebener und erosionsgeschützter landwirtschaftlicher Flächen. Mit dem Anbau von Obst-, Oliven- und Rebkulturen brachten es die Bauern zu bescheidenem Wohlstand, der sich jedoch nach dem Befall der Rebstöcke durch die Reblaus bald wieder in Nichts auflöste. Zudem fiel der gesamte Olivenbaumbestand der Primorska im Jahr 1929 den strengen Winterfrösten zum Opfer. Viele der damals aufgelassenen Kulturterrassen sind heute bereits verwaldet und lassen das einstige Landschaftsbild nur noch erahnen. Lediglich der 230 Jahre alte Rebstock bei Šepulje könnte von zahllosen trinkfreudigen Reisenden und trinkfesten napoleonischen Soldaten berichten, die ihre Pferde an seinem Stamm festbanden, er hüllt sich jedoch in knorriges Schweigen.

Damals wie heute wurde der Traubensaft aus den blauen Beeren der *refošk*-Rebe gepresst und einige Monate später als junger *teran* kredenzt. Nach wie vor dominiert die aus Istrien stammende Rebsorte *terrano d'Istria* das Weinbaugebiet am Karstplateau, das mit einer Fläche von 650 ha zu den kleinsten, aber bekanntesten Sloweniens zählt.

Seine charakteristische rubinrote Farbe mit violetter Tönung bezieht der *teran* aus der mineralstoffreichen *terra rossa*, auf die auch sein hoher Gehalt an Amino- und Milchsäuren zurückzuführen ist. Über die gesundheitsfördernde Wirkung des leichten und frischen Rotweins – in der Regel darf sein Alkoholgehalt die 9 Prozentmarke nicht übersteigen – lässt sich mancherlei Kurioses nachlesen: So wird erzählt, dass der *teran* wegen seines hohen Eisengehalts einst in Apotheken feilgeboten wurde und weiß der oft befragte Historiker Valvasor von der Monopolstellung des *teran* und des *vipavec* am Laibacher Weinmarkt des 16. Jahrhunderts zu berichten. Die Nachfrage nach dem begehrten Rebensaft soll so hoch gewesen sein, dass er sogar als Zahlungsmittel akzeptiert wurde.

Heute bestimmt das Bundesgesetzblatt Nr. 105/06 der Republik Slowenien, welche Anforderungen ein echter *Kraški teran* zu erfüllen hat: Nur wenn der vorgeschriebene Höchstertrag von 9.000 kg pro Hektar nicht überschritten wird, die Anzahl der einzelnen Weinrispen, je nach Anbauweise, zwischen 2.500 und 3.500 Stück pro Hektar beträgt, der natürliche Alkoholgehalt zwischen 9 und 11 Volumprozent liegt und keinerlei Zusatzstoffe beigemengt werden, kommt der Rebensaft als markengeschützter Karstwein in die Regale. Im Gegensatz zur Gesetzesprosa liest sich die Charakterisierung des *teran* durch den Önologen Maksimilijan Ripper in einem Weinführer aus dem Jahr 1910 nahezu wie ein Gedicht: »Der Karster Teran ist weder schwer, noch dicht, weder herb, noch wuchtig, weder weich, noch schlaff, weder stumpf, noch leblos, weder bitter, noch dünn, aber auch nicht lieblich oder süß. Der Karster Teran ist voll und stark, duftend, lieblich und scharf, er ist kräftig und hart, robust und voller Leben, er kitzelt den Gaumen, ist dunkelfarbig und schimmert rubinrot.«

Der Vorherrschaft des *teran* im slowenischen Karst entspricht die Dominanz des *refošk* entlang der slowenischen Adriaküste und in Istrien. Das heiß-tockene Sommerklima und die mildfeuchten Wintermonate bestimmen im Zusammenspiel mit der salz- und mineralstoffhaltigen Meeresluft den Charakter dieses Weines. Neben dem allgegenwärtigen *refosco* werden hier weiters die Rotweinsorten Merlot, Blauer Pinot (auch Blauburgunder), Cabernet Franc und schließlich Cabernet Sauvignon, der sich auch in Slowenien wachsender Beliebtheit erfreut, angebaut.

Titelverteidiger in der Beliebtheitsskala der Weißweine der Primorska ist – mit Ausnahme der hier nicht abgehandelten Goriška Brda (vgl. *Die letzten Täler*, 2008) – der *malvazija*, ein ebenso schnörkelloser wie aromatischer, trockener Weißwein von hellgelber Farbe, der ursprünglich vom Peloponnes stammt. Dort wurde er zunächst in der Umgebung der namensgebenden Stadt Monembasia angebaut, bevor er im Mittelalter seine Ausbreitung im Mittelmeerraum fand. Die weitläufigsten Anbauflächen im slowenischen Küstengebiet befinden sich heute am Debeli Rtič bei Ankaran sowie im Hügelland bei Škocjan, Kortina und Labor im Dragonja-Tal.

Eine besondere Stellung unter den Weinregionen des slowenischen Küstenlandes nimmt das Vipava-Tal ein. Es ist mit etwa 3.000 ha Anbaufläche nicht nur das größte, sondern auch das sortenreichste Weingebiet der Primorska. Zwischen Razdrto im Südosten des Tales und der 40 km entfernten Stadt Nova Gorica im Nordwesten, am Übergang zur Friulanischen Ebene, gedeihen auf fruchtbaren Flyschböden qualitativ hochwertige Reben der Weißweinsorten *rebula, malvazija, furlanski tokaj, prosecco, pinela, zelén, laški rizling, beli pinot, sivi pinot, sauvignon, chardonnay, rumeni muškat* und *vitovska grganja*. Merlot, Cabernet Sauvignon, Barbera und Blauer Pinot sind die am häufigsten gekelterten Rotweinsorten des *vinorodni okoliš Vipava*, das auch wirtschaftlich verstärkt auf die Weinproduktion setzt. Seit der »Überschwemmung« der Weinmärkte mit schalen Chardonnays und wässrigen Pinots aus aller Welt besinnt man sich im Wippachtal zunehmend der alten, autochthonen weißen Rebsorten der *pinela,* des *zelén* und der *vitovska (grganja).* Diese kräftigen Weinranken bringen weder die mediterranen Temperaturspitzen noch die eisige Bora ins Wanken, bevor ihr goldgelber Saft den Gaumen kitzelt und das Gemüt erfreut.

Besonders vielen heiteren Menschen begegnet man in der Primorska in den Tagen um den 11. November, wenn es gilt, dem Heiligen Martin, Schutzpatron der Winzer und Wirte, Dank abzustatten. Ihm wird die Verwandlung von Most zu Wein nachgesagt (*Svet' Martin naredi iz mošta vin'*). Ein Wunder, das von den Slowenen ausgiebig gefeiert wird. Auch Wanderer werden freundlich auf ein Glas heimischen Tropfens eingeladen, wo sie sowohl ihr önologisches Wissen als auch ihre Trinkfestigkeit unter Beweis stellen können. Mit einem Trinkspruch von Oton Župančič macht sich der literarisch kundige Wanderer auf den Heimweg und beeindruckt damit die *krašovci,* die Karstbewohner:

Jaz čutim danes vseh živih dan. / Moje srce kipi in pólje / moja duša je židane volje / kot bila bi pila kraški teran. Ich fühle heute den Tag der Lebenden. / Mein Herz geht über und singt / mein Gemüt ist beschwingt / als tränke es Teran.

XIX. DIE LETZTEN DÖRFER
Wanderung nach Abitanti und Topolovec

Kunstinteressierte, die das meditative Roadmovie *Weg / via / pot* des Kärntner Filmemachers Robert Schabus gesehen haben, wissen, was sie bei dieser Wanderung erwartet: eine poetische Fußreise von einem melancholischen Dorf zum nächsten im südlichsten Teil von Slowenisch-Istrien, unmittelbar an der Grenze zu Kroatien.

Von Gradin, so unscheinbar wie bedeutungslos, folgt man der staubigen Landstraße über braches Hügelland nach Abitanti, dessen erdbraune Steinhäuser gerade aus der Agonie erwachen. Ein gepflasterter Weg führt ins Tal der Malinska, die hier die Grenze zu Kroatien bildet. Weithin sichtbar ist der mächtige Campanile von Hrvoji, das nur aus einer Handvoll archaischer Gebäude besteht, jedoch einen Friedhofshügel in bester Lage besitzt. Zur architektonischen Zeitreise gerät der Abstecher nach Abitanti. Verlassene Häuser verfallen zwischen verwilderten Weingärten und ungenützten Weiden. In der *gostilna*, die an der Straße von der schönen Aussicht lebt, suchen die letzten Bauern Trost. Ihre windgeschützten Felder und Gärten säumen den sanften Weg nach Sirči. Dort hat sich eine Gruppe Vogelscheuchen zur Beratung zurückgezogen und winselt ein müder Kettenhund. Vielleicht ist der Hoferbe in den Brunnen gefallen?

HINWEISE ZUR WANDERUNG
LÄNGE: 15 km
HÖHENDIFFERENZ: 180 m ↑ ↓
GEHZEIT: 4:15 Std.
ANFORDERUNGEN: gering
ORIENTIERUNG: mittel
KARTE: Izletniška karta »Slovenska Istra«, 1:50.000, Geodetski zavod Slovenije (vergriffen)
EINKEHRMÖGLICHKEIT: Belvedur
ANFAHRT: Man nimmt auf der slowenischen A1 die Abfahrt »Črni

In Sirči

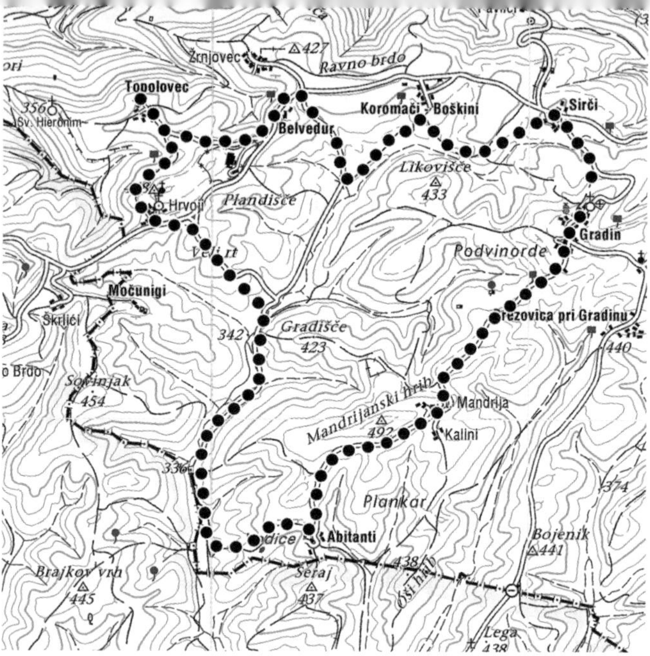

Kal«. Weiter auf der Straße Nr. 10 Richtung Črni Kal, dann, dem Wegweiser »Sočerga« folgend, auf der Straße Nr. 208 bis Gračišče. 2 km danach biegt man nach rechts und folgt den Wegweisern über Butari und Sirči bis Gradin.

WEGBESCHREIBUNG

Ausgangspunkt ist die Ortschaft **Gradin** 7 km südlich von Gračišče. Man stellt den PKW bei der **Kirche** ab, durchschreitet das Dorf und folgt am südlichen Ortsrand dem **Wegweiser »Abitanti«**. Vier Kilometer auf teils asphaltiertem, teils geschottertem und kaum befahrenem Sträßchen bis **Abitanti** (1:00 Std.).

Man passiert den **Dorfbrunnen** und wendet sich nach dem ersten Haus sofort scharf nach rechts in einen **Wiesenweg** [zuvor empfiehlt sich jedoch ein ausgiebiger Rundgang im Dorf]. Der breite Weg verläuft erst fast eben in westlicher Richtung und senkt sich dann, allmählich nach Norden drehend, ins **Tal**. Der im Talgrund anfänglich etwas verwachsene Weg verbreitert sich bald zum **Schotterweg** und führt, zwischenzeitlich ein wenig ansteigend, bis zu einer verfallenen **Mühle** (1:45 Std.).

Hier durchschreitet man den Bach in einer **Furt** und geht, den Hauptweg verlassend, geradeaus in eine ansteigende **Fahrspur**. Über eine große Wiese steil bergauf, bis man erneut auf den Hauptweg trifft; auf diesem weiter bergauf bis zu einer Querstraße; auf dieser nach links. Nach 300 m biegt man nach rechts und betritt die Häusergruppe **Hrvoji** (2:00 Std.). Aufstieg bis zur **Kirche** und weiter zum Friedhof. Prächtige Aussicht.

Zurück Richtung Hauptstraße. Rund 50 m *davor* biegt man nach rechts in ein **Sträßlein.** Nach 50 m endet der Asphalt; halb links weiter auf einem eben verlaufenden Wiesenweg. Sehr schöner **Hangweg**, der in einer weiten S-Kurve nach **Topolovec** führt (2:30 Std.). Besichtigung des Ortes, eventuell Abstecher zum verfallenen **Kirchlein Sv. Hironim** (hin und zurück 20 Min.).

Man verlässt den Ort auf dem **Zufahrtssträßchen** und erreicht nach 1 km die **Hauptstraße**; auf dieser 100 m nach links bis zur **Gostilna Belvedur** (3:00 Std.). Einkehr.

200 m weiter auf der Straße bis zu einem **Bildstock** (vis-à-vis der Abzweigung nach Žrnjovec), wo man nach rechts in einen geschotterten Fahrweg biegt. Bequemer Abstieg ins **Tal**. Liebliches Gefilde. Nach 15 Min. ein Querweg; man geht links. Der Weg steigt sanft an und beschreibt unterhalb des Dorfes Koromači eine markante **Linkskurve**. Hier wendet man sich scharf nach rechts und steigt auf einer Fahrspur bis zum **Bach** ab. Wenige Meter davor biegt man nach links und geht weglos am rechten Rand eines Ackers bis zu einem Querweg; auf diesem nach rechts, den Bach überquerend. Stets dem Feldweg folgend bis **Sirči** (3:45 Std.).

Bei den ersten Häusern eine Wegkreuzung, man geht geradeaus, trifft auf die **Straße** und nimmt kurz darauf die Abzweigung nach rechts **Richtung Gradin**. Nach ca. 200 m, rund 50 m vor einem einzeln stehenden **Haus**, zweigt man nach rechts in einen kaum sichtbaren, ansteigenden Pfad ab. [Die bequemere, aber auch eintönigere Alternative: 1 km weiter auf der Straße bis zum Ausgangspunkt der Wanderung.] 200 m steiler Anstieg bis zu einer undeutlichen Gabelung. Man biegt nach links und wendet sich nach wenigen Metern (unterhalb einer **Telefonleitung**) wieder nach rechts. Weiter bergauf auf bald wieder etwas deutlicherem Pfad bis **Gradin** (4:15 Std.).

»Wiederaufbau« in Abitanti

AM WEGE

Gradin | Gradena

Es ist ein Dorf, dem man weder die einstige Funktion als Bollwerk der Venezianer gegen die Türken noch sein späteres wirtschaftliches Gewicht als Holzlieferant für die Küstenorte ansieht. Nur das große, sich selbst überlassene Schulgebäude verweist auf eine ehemals zentrale Rolle, die heute völliger Bedeutungslosigkeit gewichen ist. Wie zum Trost hat der österreichische Filmemacher Robert Schabus dem Ort mit dem poetischen Kurzfilm *Weg / via / pot* ein Denkmal gesetzt. Fast zärtlich tastet seine Kamera die verzweigten Regenrinnen einer Keusche ab, verharrt auf den zerfledderten Jalousien der Schule und gleitet über die moosbewachsenen Dachziegel eines verlassenen Hauses. Dramatischer Höhepunkt: die Nahaufnahme eines Teddybären, der, wehrlos auf einer Fensterbank zwischen zwei Lautsprecherboxen sitzend, von *Radio Istra* beschallt wird.

Abitanti

Einer Legende zufolge wurde der Ort von armen Leuten gegründet, auf die der liebe Gott, als er die istrianischen Dörfer erschuf, in der Eile vergessen hatte. Das würde auch das auffällige Fehlen einer eigenen Kirche erklären, kommt doch sonst kaum ein größeres Dorf in Istrien ohne eine solche aus. Überliefert ist ferner, dass der Ortsname auf lat. *habitatores* zurückgeht; das bedeutet sowohl Einwohner als auch Zugereiste und verweist auf die Besiedelung mit Flüchtlingen während der Türkenzeit. Wie sich der Ort in seinen Anfängen entwickelte, lässt sich mangels historischer Zeugnisse nicht sagen, dass es die Bevölkerung im Lauf der Jahrhunderte zu etwas Wohlstand gebracht hat, darf aber aus einigen stattlichen Häusern geschlossen werden. Das größte von ihnen, fast ein Gutshof, wurde mit großem Aufwand renoviert und ist Vorreiter einer vor wenigen Jahren begonnenen Revitalisierungsphase. Noch 1945 zählte der Ort knapp 130 Einwohner, die auf 27 im Jahr 1971 schrumpften und schließlich zur Gänze abwanderten. Das lag einerseits an den politischen Umständen, andererseits an der wirtschaftlichen Randlage, die sich nicht zuletzt in der mangelhaften Infrastruktur niederschlug. Bis Ende der 1960er Jahre musste das Dorf ohne elektrischen Strom auskommen und beschränkte sich die Wasserversorgung, von den Zisternen abgesehen, auf einen einzigen Brunnen. So war Abitanti im Jahr 2002 vollständig ausgestorben und drohte es endgültig in Vergessenheit zu geraten.

Sein Überleben verdankt das Dorf einigen Kulturschaffenden, die Anfang des 21. Jahrhunderts den morbiden Charme des abgelegenen Grenzortes erkannten und ihn mit jährlichen Malerworkshops und anderen Aktivitäten aus dem Dornröschenschlaf erweckten. Mittlerweile wirbt sogar eine Informationstafel in der Altstadt von Koper für den Besuch von Abitanti als eine Art Freilichtmuseum für istrische Architektur. Die meisten Gebäude, mehrheitlich nach wie vor Ruinen, stammen aus dem 18. und 19. Jahrhundert, wirken aber aufgrund der schlichten Bauweise bedeutend älter. Sie geben dem Dorf ein fast mittelalterliches Gepräge, das durch die idyllische Umgebung noch an Reiz gewinnt. Erdbraune, grob behauene Steine aus Flysch bilden das Grundmaterial; weitere Elemente sind Portale und

Fensterstürze aus hellem Marmor, *jerte* genannt, die gelegentlich durch weiß gekalkte Flyschquader »simuliert« werden, sowie Halbschalen aus gebranntem Ton, »Mönche und Nonnen«, mit denen die Dächer gedeckt sind. Als optisches Bindemittel dient der Efeu, der jedes zweite Gebäude in Beschlag genommen hat und den warmen Brauntönen der Mauern auch im Winter ein saftiges Grün entgegenhält. Gepflasterte Innenhöfe und hauseigene Zisternen, *šterne*, gehören ebenfalls zur Grundausstattung. Auffallend sind mehrere gemauerte Stiegenaufgänge, die zu kleinen Terrassen, sogenannten *baladurji*, oder ins Obergeschoß führen und die Fassaden lebhaft strukturieren. Auch die unregelmäßigen, zum Teil geradezu »komplizierten« Grundrisse sind ein wiederkehrendes Merkmal. Als Beispiel sei das kleine Doppelhaus am Ortseingang genannt, dessen beide »Flügel« kaum asymmetrischer sein könnten.

So hat jedes Haus, ob verfallen oder restauriert, seinen unverwechselbaren Charakter, den es durch ungewöhnliche Details noch zu unterstreichen weiß. Da besitzt das eine eine halbrunde »Apsis« und schmückt sich das andere mit primitiven, in Stein geritzte Ornamenten. Beim dritten finden sich fünfeckige Mauernischen, beim vierten ein Weihwasserbecken neben der Haustür, und beim fünften wächst ein kleiner Feigenbaum aus einer Fensterhöhle. Wer sich der Führung der farblich perfekt getarnten Dorfkatze anvertraut, wird mit Sicherheit noch weitere Entdeckungen machen. Das können eine Vogelscheuche aus Emailgeschirr sein, eine steinerne Sitzbank oder vielleicht die angeblich älteste Eiche Istriens. Die erwartete Gegenleistung: eine Scheibe Wurst, oder zwei.

Hrvoji | Chervoi

Die Einwohner, angeblich Nachkommen der Uskoken, lassen sich an den Fingern einer Hand abzählen, umso größer ist die Schar der Hühner, die selbstbewusst auf der Straße herumstolzieren. Einige Häuser, darunter eine schlanke dreigeschoßige Ruine, sind aus ungewöhnlich großen Steinquadern zusammengesetzt, was den ärmlichen Weiler wie das Überbleibsel einer mächtigen Festung erscheinen lässt. Wie diese Bausteine einst bewegt wurden, bleibt ein Rätsel. Eindrucksvoll ist auch der

In Gradin

Campanile am Hügel oberhalb des Ortes, der mit 37 Metern als höchster Glockenturm Istriens galt. Er wurde angeblich von den Bauern aus dem Erlös ihrer Bohnen finanziert. Vor 100 Jahren durch einen Blitzschlag beschädigt, stürzte er 1983 zur Gänze ein, um erst 1997 wiedererrichtet zu werden.

Topolovec | Topolò in Belvedere

Während der (fast) gleichnamige Ort in den Valli del Natisone in Friaul das freundliche Bild eines revitalisierten Bergdorfes bietet, dominieren hier, trotz des prächtigen Panoramas, Verfall und Tristesse. Dabei haben weniger die überwucherten Hausruinen, die man noch als malerisch empfinden könnte, als der letzte, völlig heruntergekommene Bauernhof und seine unglücklichen Betreiber etwas Beklemmendes. 1932 hatte der Ort noch knapp 300 Einwohner, die nach dem 2. Weltkrieg größtenteils nach Italien emigrierten und ihren Grund und Boden dem jugosla-

Blick auf Hrvoji

wischen Staat überlassen mussten. Vielleicht haben einige dabei den uralten gepflasterten Weg ins Dragonja-Tal genommen und beim Kirchlein Sv. Hieronim noch einmal Halt gemacht, ehe sie dem Dorf endgültig den Rücken kehrten. Und vielleicht hat sich mancher der Dagebliebenen die Frage gestellt, ob es denn das war, wofür er bei den Partisanen gekämpft hat.

EINKEHR:

Gostilna Belvedur. Einfache Gastwirtschaft am Ende der Welt, in der süffiger Refošk und überraschend gutes Essen geboten werden.

Sirči | Sirci

Dass hier die Landwirtschaft noch immer eine Rolle spielt, belegen die gepflegten Äcker und Obstgärten im nahegelegenen Talgrund, die von einem Dutzend Vogelscheuchen bewacht werden. Wo sich die 55 noch im Jahr 2002 gezählten Einwohner versteckt halten, bleibt hingegen unklar. Einzige Zeugen ihrer Anwesenheit sind ein knallroter Traktor, dessen Motor noch warm ist, sowie ein gleichfarbiger Kleinwagen mit laufendem Radio. Selbst die Haustiere sind nur akustisch wahrnehmbar: da ein verzweifelter Hund, den man in ein Haus gesperrt hat, dort eine hungrige Kuh, die aus einem fensterlosen Stall um Hilfe ruft, und irgendwo ein krächzender Hahn, auf den vermutlich der Suppentopf wartet. Auch sonst spricht einiges dafür, dass der Ort verhext wurde: rätselhafte Skulpturen aus geschlichteten Steinen, eine absurd verbogene Holzleiter mit dreizehn Sprossen und ein morsches Holzfass, das ganz von selbst über die Wiese gerollt ist. Vom bösen Zauber, mit dem der alte Ziehbrunnen in der Dorfmitte belegt ist, kann sich jeder selbst überzeugen. Wer sich über seinen Rand beugt, erblickt – mit kaltem Schauer – in der Tiefe sein um Jahre gealtertes Antlitz. *Prekleto, jebemti!*

XX. IM HINTERLAND
Wanderung im Dragonja-Tal

Koper/Capodistria, Sloweniens einziger Seehafen und Hauptort von Slovenska Istra, besitzt eine hübsche Altstadt, wird aber von einem hässlichen Industrie- und Neubaugürtel regelrecht erdrückt. Noch trostloser ist das zersiedelte Hinterland, wo sich unzählige Villen mit Meeresblick einen makaberen Wettstreit des schlechten Geschmacks liefern. Ganz anders stellt sich die Landschaft jenseits der Hügel dar, wenden sich doch hier die Dörfer und Weiler dem fast menschenleeren Tal der Dragonja zu, dem letzten naturbelassenen Fluss Istriens.

Von Pomjan, das der Küste fast demonstrativ den Rücken kehrt, taucht man rasch in einen Graben ab, der, einst bewirtschaftet, heute von Macchia in Beschlag genommen wird. Kunstvoll geschichtete Trockenmauern verschwinden im Gestrüpp, nackt ist nur der Fels, über den im Talboden ein Bach in die Tiefe fällt. Mit Koštabona, dessen Silhouette schon von weitem viel verspricht, erreicht man eines der schönsten Dörfer Slowenisch-Istriens. Wie aufgefädelt, als stünden sie vor dem Friedhof am Ortsrand Schlange, stehen die Häuser am Kamm. Drei einsame Brunnen und die erdbraunen Ruinen des Weilers Planjave sind die romantischen Stationen auf dem Weg nach Puče, wo man unter Mandel- und Maulbeerbäumen den guten Refošk probiert. Dem steinigen Abstieg ins Tal folgt der bequeme Fußmarsch zwischen Weingärten und Obstbäumen bis zu den Kaskaden der Dragonja. Ein erfrischendes Fußbad oder – im Sommer – ein Kopfsprung ins Wasser, und man ist zum erhebenden Abschluss bereit: dem steilen Aufstieg über Weinterrassen mit Blick auf Kroatien bis zum Ausgangspunkt der Wanderung.

HINWEISE ZUR WANDERUNG
LÄNGE: 14 km
HÖHENDIFFERENZ: 400 m
GEHZEIT: 5:30 Std.

Blick auf Koper

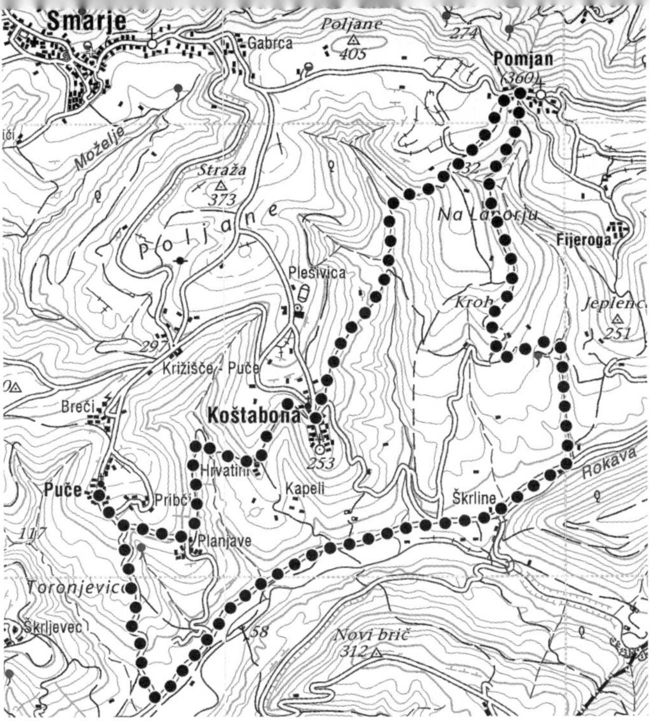

ANFORDERUNGEN: Ausdauer
ORIENTIERUNG: schwierig
KARTE: Izletniška karta »Slovenska Istra«, 1:50.000, Geodetski zavod Slovenije (vergriffen)
EINKEHRMÖGLICHKEIT: Puče, Pomjan
ANFAHRT: Man nimmt auf der slowenischen A1 die Abfahrt »Koper« und fährt auf der Straße Nr. 11 Richtung Dragonja. Nach 2 km biegt man nach links (Wegweiser »Bošamarin«) und folgt der Straße bis Šmarje. Von dort 4 km ostwärts bis Pomjan.

WEGBESCHREIBUNG

Ausgangspunkt ist der **Friedhof von Pomjan** östlich der Kirche. Man folgt der Straße in westlicher Richtung, passiert den **Kirchturm** und ignoriert nach etwa 200 m einen markierten Wanderweg nach rechts (Wegweiser »Koper«). Gleich darauf wendet man sich nach links in ein Sträßchen. Der Asphalt endet sofort, weiter auf fast ebenem Schotterweg (**blaurote Markierung**) mit Blick auf Pomjan. 100 m nach dem letzten Haus wird eine Abzweigung nach rechts ignoriert. Nach 5 Min. eine **Gabelung**; man hält sich links. Der Weg senkt sich ein wenig und

In Planjave

gabelt sich erneut; man hält sich rechts; nach 50 m wieder eine **Gabelung**; man hält sich links (undeutliche Markierung). Bei der darauffolgenden **Gabelung** hält man sich rechts. Der Weg dreht nach rechts; kurz darauf wird eine Abzweigung nach rechts ignoriert. Der Weg verjüngt sich. 15 Min. zwischen Macchia bergab bis zu einer Wegkreuzung bei einer **Hausruine**. Weiter talwärts bis zum (in Trockenperioden versiegenden) **Supot-Bach**; man geht scharf nach links, durchschreitet nach 20 m das Bachbett und gelangt kurz darauf zu einem **Wasserfall** (0:45 Std.), wo man an der rechten Seite des Baches einen ansteigenden schmalen Pfad betritt (sehr undeutliche Markierung), der sich sofort gabelt; man hält sich rechts und steigt oberhalb des Baches zu einem breiten **Querweg** an; auf diesem nach links. Kurzer Anstieg bis zu einem **Olivenhain**, wo man die Zufahrt zu einer Hausruine sowie kurz darauf eine Abzweigung nach links ignoriert. Auf breitem Fahrweg weiter bergauf (keine Markierung). Der Weg mündet in ein Schottersträßchen, welchem man bis **Koštabona** folgt (1:15 Std.).

Bei den ersten Häusern eine Gabelung; man geht rechts und trifft auf die **Dorfstraße**; auf dieser nach links Richtung Ortskern. Man passiert kurz darauf das alte **Schulgebäude** und wendet sich nach rechts in ein betoniertes Sträßchen (**Wegweiser »Hrvatini draga«**). [Zuvor empfiehlt sich eine eingehende Ortsbesichtigung.]

Auf dem betonierten Sträßchen steil bergab. Kurz darauf führt ein Stichweg nach links zu einem historischen **Brunnen** mit Waschplatz. Lohnender 10minütiger Abstecher. Weiter auf dem Sträßchen bergab. Eine Abzweigung nach rechts wird ignoriert. Das Sträßchen senkt sich und führt zur Häusergruppe **Hrvatini** (1:45 Std.).

Man geht beim ersten Haus rechts (**Wegweiser mit Brunnensymbol**) und wendet sich bei einem rosaroten Haus nach rechts bergab in einen breiten **Karrenweg.** Eine erste Abzweigung nach links wird ignoriert. Gleich darauf dreht der Hauptweg nach links. Man geht geradeaus und folgt einem undeutlichen Pfad bergab in einen **Graben**. Man quert ein **Bächlein** und folgt einem etwas breiteren Weg in südlicher Richtung bergauf. Nach einiger Zeit endet der »Hauptweg« vor einem Verhau. Man wendet sich scharf nach rechts und folgt einem undeutlichen Pfad steil bergauf, der eine **Hangrutschung** gegen den Uhrzeigersinn umgeht und oberhalb dieser auf einen breiten Querweg trifft; auf diesem nach links. Fast eben bzw. leicht bergauf auf stellenweise stark verwachsenem Weg bis zum Weiler **Planjave** (2:15 Std.), wo man sich bei der ersten Querstraße (nach einem kurzen Rundgang im Ort) nach rechts wendet.

15 Min. auf ansteigendem **Asphaltsträßchen** bis zu einer Abzweigung bei einem großen **Brunnen** mit Tränke. Man geht geradeaus und steigt kurz bis **Puče** an (2:45). Ortsbesichtigung und Einkehr in der **Turistična kmetija Tonin**.

Zurück zum **Brunnen**; von dort geradeaus bergab bis zu einer Abzweigung nach rechts (Fahrverbot ab 5 t). Abstieg auf betoniertem **Sträßchen**, das gleich darauf in einen geschotterten Fahrweg übergeht. Auf diesem 20 Min. bergab. Im **Tal** angekommen, wendet man sich auf einer **Schotterstraße** nach links (3:15 Std.).

Bequem zwischen Weingärten und Obstbäumen taleinwärts. Nach 10 Min. empfiehlt sich ein kurzer Abstecher nach rechts auf einen Feldweg bis zu einem schönen Badeplatz am **Fluss**. Nach weiteren 15 Min. steigt die Straße etwas an und geht in Asphalt über. Bald darauf eine **Kreuzung**; man geht rechts, der Asphalt en-

Pomjan

det sofort. Nach gut 500 m hat man den **Wasserfall** der Dragonja erreicht (4:00 Std.). Bademöglichkeit.

1 km weiter taleinwärts bis zu einem kleinen **Haus** rechter Hand. Die Straße führt über einen kleinen Bach. Unmittelbar *davor* wendet man sich nach links in einen Karrenweg. Der Weg steigt an und gabelt sich nach 5 Min. Man geht rechts und folgt einem breiten Wiesenweg (Traktorspur) 200 m bergauf bis zu einem großen **Weingarten**; an dessen unterem Rand nach links, dann am linken Rand bergauf. Nach gut 100 m steigt man in einer breiten »**Schneise**« zwischen den Weinstockspalieren zum oberen Rand der Weinkultur an, wo man auf einen breiten **Querweg** trifft. Man geht links und wendet sich nach gut 30 m nach rechts in einen ansteigenden Weg. 15minütiger bequemer Anstieg auf teils gepflastertem, teils mauergesäumtem Weg. Nach gut 15 Min. wird Pomjan am Hügelkamm sichtbar; weiter auf fast ebenem **Hangweg**, bis dieser sich verjüngt und mit einem von rechts kommenden vereinigt. Man geht geradeaus, der Weg steigt an und führt, nur kurz verwachsen, dann immer deutlicher werdend, nach **Pomjan** (5:30 Std.)

AM WEGE

Pomjan | Paugnano

Während den Nachbardörfern die Ortsbildzerstörung nicht schnell genug gehen kann, lässt sich Pomjan mit Renovierungen und Neubauten noch Zeit. Trotz Meeresblick und der Nähe zu Koper machen hier die Immobilienmakler kaum Geschäfte, und wie angewidert kehrt das Dorf der zersiedelten Küste den Rücken zu. So dominieren nach wie vor unverputzte Steinhäuser aus dem 18. und 19. Jahrhundert das Bild, einige davon leerstehend oder gänzlich verfallen. Ein von Ruinen umgebener Hof ist mit bunten Autowracks bestückt; eine ultramarinblaue Regentonne und ein gelbroter Plastiktretroller setzen weitere farbige Akzente. Aus grob behauenen, ockerbraunen Steinen besteht auch der venezianisch angehauchte Campanile aus dem Jahr 1866, den ein großes Steinrelief mit der Darstellung des Heiligen Georg als Drachentöter ziert.

Ein verwittertes Denkmal unweit der Kirche ist den im 2. Weltkrieg gefallenen oder im KZ umgekommenen Freiheitskämpfern des Ortes gewidmet. Die wertvollsten Baudenkmäler des Dorfes befinden sich vielleicht am südlichen Ortsrand in Form dunkelbrauner, mit weißen Flechten gesprenkelter Trockenmauern. Nur selten findet man so sorgfältig behauene und akkurat geschlichtete Steine wie hier. Im Eckstein einer besonders kunstvollen Mauer ist die Jahreszahl 1896 sowie die (unleserliche) Signatur des Erbauers eingraviert; andere Trockenmauern stammen aus dem Mittelalter, und alle sind sie im Verfall begriffen.

EINKEHR:

Istrska klet / Cantina Istriana. Die urige Gaststätte verbirgt sich in einer Seitengasse unweit der Kirche und bietet neben guten Weinen Köstlichkeiten wie Trüffelravioli oder Rostbeef in Rotweinsauce. Besonders gemütlich sitzt man unter der Weinlaube mit Blick auf einen parkähnlichen Gastgarten. 00386 5 6569520, www.istrska-klet.com

Koštabona | Costabona

Slowenische Reiseführer preisen es als eines der ursprünglichsten Dörfer Istriens und heben sein mittelalterliches Ortsbild sowie seine bis ins Altertum zurückreichenden Wurzeln hervor. Dazu kommt der Hinweis auf seinen symmetrischen, baumartigen Grundriss und die schöne Lage hoch über dem Dragonja-Tal. Auch für den ZEIT-Reporter Rainer Schauer bot Koštabona »ein Bild von geschlossener und ebenmäßiger architektonischer Schönheit« sowie »Häuser aus felsgrauen, kantigen und unverputzen Feldsteinen, die zu Mauern errichtet wurden, die klassisch schlichte Gevierte abgaben, in die Türen und Fenster in ausgewogenen Abständen zueinander eingelassen wurden – Bauernhäuser, wie nach dem Goldenen Schnitt gebaut«. Allerdings, »beim Näherkommen sieht der Fremde den Verfall und Zerfall, sieht, dass bald stürzen wird, was noch nicht gefallen ist. [...] Aber selbst im friedlichen Tod sehen sie [die alten Häuser, Anm.] noch schön aus, weil sich Rosen und immergrüner Efeu um die Gemäuer ranken und Moose in den Mauerritzen wachsen und Feigenbäume aus Schutthalden sprießen.«

Der Text stammt aus dem Jahr 1986 und wird dem Ort heute kaum noch gerecht. Zwar finden sich im Ortskern immer noch ein paar leerstehende Häuser, die meisten historischen Gebäude wurden aber wieder instandgesetzt und zum Teil sogar vorbildlich renoviert. Autos parken vor den Eingängen, Hunde bellen, ein Traktor weicht einer Mutter mit Kinderwagen aus. Eine hohe Palme, bunte Fensterläden und Blumenschmuck an den Stiegenaufgängen vermitteln mediterranes Flair. So hinterlässt der Spaziergang entlang der Hauptstraße den Eindruck eines fast vitalen und heiteren Dorfes, zumindest im Vergleich mit den Nachbarorten. Immerhin beläuft sich die Einwohnerzahl auf fast 200, was zumindest knapp der Hälfte der ursprünglichen Einwohnerzahl entspricht. Auch die Neubauten am Ortsrand sorgen für Belebung, sie passen allerdings, wie mancher farblicher Fehlgriff im Zentrum, zur historischen Substanz wie die Faust aufs Auge. Eine ungetrübte Ortsbesichtigung ist daher nur mit selektiver Wahrnehmung möglich.

Von den drei Kirchen ist am ehesten die »mittlere«, im 15. Jahrhundert errichtete, von Interesse. Eingezwängt zwischen

In Koštabona

Wohnhäuser fällt sie durch eine üppige Steinmetzarbeit über dem Portal auf, die von einem ärmlichen Dachreiter und einer rührend schäbigen Fassade konterkariert wird. Sehenswert ist auch ein kunstvolles Steinkreuz an der Außenwand der Friedhofskirche Sv. Andreja, dessen italienische Inschrift zur Unlesbarkeit verwittert ist. Ein Kindergrab mit Barbie-Puppe bildet das moderne Gegenstück; zum Innehalten eignet sich die niedrige Friedhofsmauer mit Blick ins Tal. Am Rückweg zur alten Schule verdienen die profanen Kulturdenkmäler des Dorfes Beachtung. Es sind dies das Haus Nr. 35, das als ältestes Gebäude Koštabonas gilt und in Reste einer alten Festung eingebettet ist, weiters das ehemalige, zum Teil gemeinschaftlich genützte Bürgermeisterhaus Nr. 27, sowie das Haus Nr. 16 mit dem Namen *Pri tabru*, das sogar zwei Schießscharten besitzt. Noch fotogener ist das Steinhaus mit begrüntem Stiegenaufgang und integriertem Hühnerstall an der verwinkelten Piazza in der Mitte der Dorfstraße.

Weingarten im Dragonja-Tal

Dass Koštabona, dessen Name sich von einem römischen Lager mit der Bezeichnung *castrum bonae* ableiten soll, schon vor Jahrtausenden besiedelt war, verdankt es nicht zuletzt seinem relativen Wasserreichtum. Nicht weniger als zehn permanente Quellen finden sich an den Hängen unterhalb des Ortes, wovon einige mit einem kürzlich angelegten Lehrpfad erschlossen wurden. Am stimmungsvollsten ist wohl der 1907 steingefasste *Izvir Draga*, der als kommunaler Waschplatz diente und über einen wunderschön gepflasterten Weg erreicht werden kann. Auch der kleine Wasserfall des Supot-Baches, den man zu den 100 bedeutendsten Naturdenkmälern Sloweniens zählt, empfiehlt sich zur Besichtigung. Großer Wermutstropfen: das Fehlen einer modernen Tränke, sprich einer Bar oder *Gostilna*, im Umkreis von Koštabona.

Puče | Puzzole

Im 17. Jahrhundert als Puzzle (das sich von lat. *puteus*, die Pfütze, ableitet) erwähnt, hat der Ort nur wenig Sehenswertes zu bieten. Wer sich aber gerne an malerischen Hausruinen delektiert, kommt im Ortsteil Planjave ganz auf seine Rechnung. Gut die

Hälfte der Gebäude ist dem Verfall preisgegeben, ein einsturzgefährdetes Gehöft mit morschem Hoftor wartet seit Jahren vergeblich auf einen Käufer. Eine Besonderheit sind die verrosteten Fensterläden aus Industrieabfällen am Haus Nr. 65.

EINKEHR

Turistična kmetija Tonin. Geschmackvoll restauriertes Steinhaus mit gemütlichem Sitzgarten und komfortablen Fremdenzimmern. Zu den Spezialitäten des Hauses zählen Omelettes mit Feigen und ein vorzüglicher Refošk. Auf die kleinen Gäste warten zwei Esel, ein Pony und ein verspielter Schäferhund. Essen und Übernachtung gibt's nur nach Voranmeldung, ein Glas Wein jederzeit. 00386 5 6567098, www.kmetija-tonin.com

XXI. MEERWÄRTS
Wanderung bei Ankaran

Unweit von Ankaran, das wohl zu den unglücklichsten Ferienorten Istriens zählt, befindet sich ein Küstenabschnitt, der wie durch ein Wunder von Zersiedelung und Autoverkehr verschont geblieben ist. Das Kleinod besteht aus der Dolina Sv. Jerneja und dem Landschaftsschutzgebiet Debeli Rtič, die aufgrund ihrer Unversehrtheit eine ebenso schöne wie bequeme Annäherung an das Meer erlauben.

Von Kolomban am Grenzübergang zu Italien fällt der Weg sanft zwischen Weingärten und Olivenhainen zur Küste ab, wo man an der Mündung eines kleines Baches erstmals mit der slowenischen Adria in Berührung kommt. Der aufgelassene Grenzübergang und die Ruine einer Gaststätte kontrastieren die Idylle. Ein kurzer Anstieg, und man findet sich auf dem Hügelkamm einer kleinen Halbinsel wieder, von dem aus sich ein wunderbares Panorama von Koper bis Miramare bietet. Wieder prägen Rebstöcke und Olivenbäume das Bild, bis krumme Schirmpinien den jähen Abbruch zum Strand markieren. Fast überhängend sind die Sandsteinwände, unter denen sich, wer Mut hat, den Meereswellen anvertraut. Sicherer ist der Einstieg im benachbarten Seebad, wo sich einst die alten Römer tummelten und heute Sloweniens Polizisten Urlaub machen. Im letzten Drittel der Wanderung, das man nicht ohne vorherige Einkehr im gut bewachten *Rtiški hram* in Angriff nimmt, genießt man noch einmal den Blick zum Meer und die tiefe Nachmittagssonne, die selbst im Spätherbst noch schweißtreibend sein kann.

HINWEISE ZUR WANDERUNG
LÄNGE: 10 km
HÖHENDIFFERENZ: 200 m ↑ ↓
GEHZEIT: 3:15 Std.
ANFORDERUNGEN: gering
ORIENTIERUNG: einfach

Steilküste am Debeli Rtič

KARTE: Tabacco-Wanderkarte »Carso Triestino e Isontino«, 1:25.000
EINKEHRMÖGLICHKEIT: Feriensiedlung der slowenischen Polizei, Ankaran
ANFAHRT: Man nimmt auf der slowenischen A1 die Abfahrt »Ankaran« und folgt den Wegweisern Richtung Ankaran. Nach ca. 5 km nimmt man eine Abzweigung nach rechts und fährt, von entsprechenden Wegweisern geleitet, über Hrvatini nach Kolomban.

WEGBESCHREIBUNG

Ausgangspunkt der Wanderung ist der **Friedhof von Kolomban** an der Straße zwischen Ankaran (SI) und Muggia (IT). Man geht auf der **Straße** vor dem Friedhof in südwestlicher Richtung bergab und wendet sich nach 50 m nach rechts in ein abschüssiges **Sträßchen**. Meeresblick. Nach 300 m eine Gabelung; man hält sich links, weiter bergab. Der Asphalt endet alsbald, weiter auf geschottertem **Fahrweg Richtung Meer**. Abstieg zwischen Wein und Oliven bis zum unteren Ende eines großen Weingartens, wo man einen **Schranken** durchschreitet und sich auf einem **Sträßlein** nach rechts wendet. Nach 50 m verlässt man die Straße nach links und folgt einer bald deutlicher werdenden Traktorspur rechts eines kleinen **Bächleins** weiter bergab. Im Tal angekommen trifft man auf ein Sträßlein; auf diesem nach links bis zur **Küstenstraße**, welche man quert. Man erreicht den **Meeresstrand** (0:30 Std.). Schöner Rastplatz.

Zurück zur **Straße** und auf dieser nach rechts bis zu einer **Tankstelle**. Unmittelbar *davor* wendet man sich nach links in eine ansteigende Traktorspur und steigt rechts eines **Weingartens** an. Nach wenigen Schritten eine Wegkreuzung; man geht geradeaus und biegt nach 50 m rechts. Der Weg steigt weiter an, dreht nach rechts und führt, erst fast eben oberhalb eines Weingartens, dann erneut ansteigend, zu einem breiten Querweg; auf diesem nach rechts bis zu einem **Sträßchen**; auf diesem nach links. Man passiert die **Stara konoba**. Nach 200 m wird eine Hauszufahrt nach rechts ignoriert. Nach weiteren 30 m biegt man nach rechts in ein **Sträßchen**. Vorbei an einigen Häusern bis zu einer **Querstraße**; auf dieser nach rechts. Man passiert ein von einer hohen Mauer umgebenes Anwesen und wendet sich unmittelbar danach nach rechts in ein Sträßchen. Blick auf Koper. Der Asphalt endet; weiter auf geschottertem **Fahrweg** in westlicher Richtung am Scheitel eines großen Weingartens. Man passiert bald darauf eine **Quellfassung** und wendet sich nach 50 m bei einer Wegkreuzung nach rechts. Bei der darauffolgenden Kreuzung geht man links und erreicht kurz darauf eine Straße; auf dieser nach rechts. Nach 100 m wendet man sich, einen Schranken durchschreitend, nach links in einen breiten Fahrweg (**Tafel »Naravni spomenik Debeli Rtič«**). Schnurgerader Weg zwischen Weinstöcken bis zu einem Querweg oberhalb der **Steilküste**; auf diesem nach rechts. Nach 400 m wendet man sich nach links in einen **Treppenweg** und steigt zum Meeresufer ab (2:00 Std.) Bademöglichkeit.

Zurück zum Querweg; auf diesem nach links. Der Weg dreht nach rechts, und man findet kurz darauf einen weiteren **Treppenweg**, der scharf nach links zum Wasser führt. Am Ufer nach rechts bis zu einem dritten **Treppenweg.** Kurzer Anstieg, bis man sich auf dem **Gelände einer Feriensiedlung** wiederfindet. Einkehrmöglichkeit in der dazugehörigen Gaststätte. Zurück zum Ufer; vor diesem nach rechts. Bademöglichkeit. Weiter den Strand entlang bis zum Ausgang des Feriengeländes. Man betritt die **Küstenstraße** und geht auf dieser nach links. 1 km Asphalt bis zur **Tankstelle**. 50 m *davor* wendet man sich nach rechts in einen Feldweg. Man folgt dem **Hauptweg**, bis dieser ein Bächlein quert und auf einen Querweg trifft; auf diesem scharf nach links. Man trifft auf einen Querweg und geht rechts. Aufstieg zum Ausgangspunkt auf bereits bekanntem Wege (3:15 Std.).

Alter Grenzwachturm auf dem Debeli Rtič

AM WEGE

Ankaran | Ancarano

Die riesige Feriensiedlung an der Hauptstraße wurde im sozialistischen Jugoslawien aus dem Boden gestampft und hat – eingezäunt und heruntergekommen – den herben Charme eines Straflagers. Wer hier Urlaub macht, verfügt entweder über wenig Geld oder wurde von gewissenlosen Reiseveranstaltern hergelockt. Wer's mag, kann sich am Rummelplatz oder im Spielcasino über die Tristesse hinwegtrösten. Deutlich besser, wenn auch von Campern umzingelt, ist man im Hotel *Convent* aufgehoben, für das ein Benediktinerkloster aus dem 12. Jahrhundert bzw. die Residenz einer Adelsfamilie umgebaut wurde. Im 19. Jahrhundert befand sich hier ein napoleonisches Kriegskrankenhaus, aus dem später ein k. u. k. Heilbad sowie zwei Sanatorien (für Knochen- und Lungenkranke) entstanden. Das milde Klima ist noch heute heilsam, weniger erbaulich der Blick auf die monströsen Industrieanlagen von Koper.

Bereits vor 2.000 Jahren siedelten hier die Römer, die dem Ort den Namen gaben und an der Nordseite der Landzunge die Reste einer Fischzucht hinterließen. Die im flachen Meer versunkenen Ruinen können auf einem Unterwasser-Lehrpfad mit Flossen und Schnorchel »erwandert« werden. Zu sehen gibt es gemauerte Fischbecken, die von Seeanemonen und -gurken bewohnt werden.

EINKEHR:

Rtiški hram. Kantine im Erholungszentrum der Slowenischen Polizei. Speis und Trank entsprechen den Sicherheitsvorschriften. Geöffnet von Mai bis Ende September.

Gostišče Ankaran. Restaurant an der Küstenstraße westlich des Ortszentrums, das sich wegen seiner guten Fischgerichte und der freundlichen Bedienung für die Einkehr nach der Wanderung empfiehlt. 00386 5 6528325

Villa Andor. Auf der zypressengerahmten Terrasse des Hotels ist man gegen die Unzukömmlichkeiten Ankarans recht gut abgeschirmt und werden die Produkte einer mehrfach prämierten Küche aufgetragen. Die komfortablen Zimmer erlauben, zumindest außerhalb der Hochsaison, einen gemütlichen Kurzurlaub. 00386 5 6155000, www.andor.si

194
195

KARST ALS ERFAHRUNG (II)

Wer heute durch den kleinteiligen und heimeligen Karst mit seinen Weilern und den in Dolinen gelegenen Feldern wandert, kann leicht den Schrecken vergessen, der in diese Landschaft eingegraben ist.

Der Artilleriebeschuss im 1. Weltkrieg pflügte durch den Karst und verwandelte die Vegetation in Kleinholz. Sogar die Inschrift auf dem Heldendenkmal der Triestiner Piazza San Giusto, in der die Gefallenen mit den *eroi di Sparta*, den Helden Spartas, verglichen werden, scheint sich auf die karge Landschaft zu beziehen. Der slowenische Schriftsteller und Politiker Prežihov Voranc sieht im November 1915 über der brennenden Wand des Artilleriefeuers im Vipava-Tal einen furchtbaren »Himmel voll schwerer, geschwärzter Wolken«; und Giuseppe Ungaretti liegt im Karst »Eine ganze Nacht lang / geworfen neben / einen gemetzelten / Kameraden / mit seinem Mund / zähnefletschend / zum Vollmond gewandt«, ein Landschaftserlebnis der grauenvollsten Art. Wer, wie der Soldat und Kammersänger Julius Pölzer, in einen Trichter blickte, sah eine albtraumhafte Füllung: »Obgleich der Boden felsig war, lag drinnen eine äußerst zähe und schmierige, braunrote Lehmschicht, welche der fortwährende Gußregen aus den Gesteinfalten zusammengeschwemmt hatte. In dem Granattrichter stand dieser scheußliche, mit Leichenteilen wie Handfleischfetzen, Därmen, Schädeln, Rippen und halbverwesten Menschenfleischstücken untermischte Morast oft mannstief.«

Zweifellos hat die landschaftliche Beschaffenheit des Karsts, aus dessen Boden die Soldaten mühsam Schützengräben und Unterstände sprengten, zur Erstarrung der Fronten gleich nach Kriegsbeginn beigetragen. Am 23. Mai 1915 hatte Italien Österreich-Ungarn den Krieg erklärt. Der überraschten österreichischen Regierung gelang es, die italienische Führung über die eigene Schwäche zu täuschen. Als die italienische Armee einen Monat später mit vierfacher Überlegenheit losschlug, scheiterte der vom österreichischen Generalstab befürchtete Durchmarsch nach Wien gleich hier im felsigen Gelände, in das sich die

« K. u. k. Soldatenfriedhof bei Brje pri Komnu (Wanderung (XXVI)

österreichisch-ungarischen Soldaten bereits eingegraben hatten. Dann ging es in den weiteren sogenannten Isonzoschlachten mit jeweils geringen Geländegewinnen hin und her. 1916 wurde unter dem Kommando des späteren letzten Kaisers von Österreich, des mittlerweile selig gesprochenen Karl I. unter Bruch des Völkerrechts erstmals Giftgas eingesetzt; der letzte Angriff der Österreicher im Zuge der zwölften Isonzoschlacht brach weit im italienischen Hinterland am Fluss Piave zusammen. Die Kämpfe waren blutig und verlustreich. Man schätzt, dass auf italienischer Seite etwa 300.000 Soldaten ums Leben kamen, die Zahl der Toten auf österreichisch-ungarischer Seite war nur wenig niedriger.

Die Faschisten sortierten später die italienischen Toten und reihten sie großteils in Redipuglia zur Totenparade auf. 1938 von Vittorio Emanuele III. und Benito Mussolini eröffnet, ist dieser Kriegerfriedhof eine gigantischen Anlage aus 22 übergroßen, in den Karst gebauten Treppenstufen, in die unter einem hundertfach wiederholten *presente!* (anwesend! Hier!) in alphabetischer Reihung die Namen von 40.000 Toten eingraviert sind. Hinter der Treppenanlage liegen die Reste von noch einmal 60.000 namentlich unbekannten Soldaten. Die Toten machen dem Kommandanten Meldung: Filiberto di Savoia, Duca d'Aosta, liegt vor der Parade und vor den Sarkophagen von fünf anderen Generälen unter einem 75 Tonnen schweren Monolithen. Geboren 1868, Kommandierender seit 1915, 1931 friedlich gestorben in seinem Bett, wollte er *in mezzo agli eroi della terza armata*, inmitten der Helden der dritten Armee, begraben werden. Die Kriegerfriedhöfe der österreichisch-ungarischen Armee fielen den Umständen entsprechend bescheidener aus. Bei Lokvica streift eine der in diesem Buch beschriebenen Wanderungen drei davon. Mauern aus verwittertem Karststein umschließen eine Senke. Die Namen auf den Kreuzen sind handgeschrieben. Als wären sie immer schon da gewesen, fügen sich diese Orte in die Karstlandschaft ein.

Die faschistische Propaganda der 1930er Jahre sakralisierte den Karst insgesamt als Landschaft. Für die Partisanen wurde er ab 1941 zu einem Ort, von dessen Höhlen und Verstecken ihr Überleben abhing, der aber auch ihrem Leben eine neue soziale Dimension gab. Sie gingen nicht an die Front, sie gingen »in den Wald«, der auch den Karst umfasste. Der Berg Nanos war ein Rückzugsgebiet, in dem zum Beispiel 1942 heftige Kämpfe mit italienischen Soldaten stattfanden, in deren Verlauf mehrere Partisanengruppen aufgerieben wurden. Ljubljana schloss die italienische Besatzung sogar mit einem Stacheldrahtzaun vom Umland ab. In seinem Buch *Es ist Krieg und wir gehen hin. Bei den jugoslawischen Partisanen* berichtet der Schweizer Psychoanalytiker Paul Parin, wie sich im Wald eine Ahnung von Freiheit andeutete, Zeichen einer gesellschaftlichen Utopie, in der Frauen und Männer gleich und nationalistische Äußerungen verboten waren. Paul Parin muss aber letztlich resignieren: »Aus der Praxis der Kampfgemeinschaft ist der ›Neue Mensch‹ nicht entstanden«.

Die Erinnerung an die Kämpfe und Utopien halten heute noch Vereinigungen wie der *Partizanski klub* in Bagnoli am Eingang zum Val Rosandra in einer sympathischen, aber kaum kritischen Weise aufrecht. Die Gegner der Partisanen fürchteten die gesellschaftliche Utopie. Rolf Wörsdörfer zitiert in seinem Buch *Krisenherd Adria* Odilo Globocnik, SS-Führer in der »Operationszone Adriatisches Küstenland«, der »von unterirdisch wühlenden Mächten« schreibt, »die der Hydra des Bandenwesens immer wieder neue Köpfe wachsen« lassen. Unter der Herrschaft des italienischen Faschismus scheiterten die Versuche der kulturellen Unterwerfung an der eigensinnigen Identität der slowenischen Karstdörfer, wie sie schon in ihrer Architektur zum Ausdruck kommt. Heute hat die Region Friaul-Julisch Venetien den zweithöchsten Anteil an antifaschistischen Gedenkstätten aller italienischen Regionen.

Das Unterirdische, der doppelte Boden des Karsts, erschreckte nicht erst die deutschen Besatzer. Der bekannte Reisende Johann Weikhard Freiherr von Valvasor berichtet 1689, der Berg Slivenza am Zirknitzer See wäre ein beliebter Treffpunkt von Zauberern und Hexen, von denen man so viele »verbrennte, also dass bißweilen in dieser Gegend mehr Hexen in einem Jahr auf den Scheiter-Hauffen kommen, als sonst bey Manns Gedencken im gantzen Lande nicht, auf dem flammenden Holtzstoß seßhaft und zu Asche worden«. Der See selber ist ein sogenannter periodischer See, ein so erstaunliches Phänomen, das es sogar Immanuel Kant

1746 in einer seiner Schriften erwähnte. In den Schlünden, in die er periodisch abfließt, habe man des Öfteren »Geschrey und Geplerr« gehört, berichtet Valvasor, und wie bei vielen geheimnisvollen Gewässern sei die Sage entstanden, sie stünden mit dem Meer oder anderen Wasserläufen in Verbindung. 1497 sei gar ein riesiger Hecht gefangen worden, an dem ein Kupferring davon kündete, dass Kaiser Friedrich ihn schon 1230 in einem See bei »Heylbrunn« ausgesetzt habe. Wirklich mit dem Meer in Verbindung steht die Grotte von Škocjan, eine beeindruckende Höhle, vom Fluss Reka durchquert, der dort verschwindet und nach 35 km als Timavo am Golf von Triest wieder zu Tage tritt. Ganz in der Nähe der bekanntesten Grotte, der 20 km langen Höhle von Postojna, bewohnte ein Raubritter die in eine Höhle hineingebaute Burg Predjama und konnte sich, versorgt durch Geheimgänge, lange halten, ehe er 1484 angeblich am etwas exponierten Abort durch Steinkugeln sein Ende fand.

Ein lateinisches Wort für Höhle oder Grube ist *fovea*. *Foibe* heißen im Italienischen tiefe Löcher und Spalten im Karst. Durch die Praxis der *infoibamenti*, über die in diesem Buch an anderer Stelle ausführlicher berichtet wird, wurde der Begriff zum Schreckenswort. Schon die italienischen Faschisten und die deutschen Nationalsozialisten suchten im Karst jene Stellen, die am besten dazu geeignet waren, ihre Gegner verschwinden zu lassen: Löcher, Höhlen und Spalten. Diese Praxis, Menschen spurlos zu eliminieren, wurde vom Franco-Regime und dem Stalinismus perfektioniert und in den 1970er und 1980er Jahren durch lateinamerikanische Diktaturen von Guatemala bis El Salvador weiterentwickelt. Seit Beginn der 1980er Jahre hat die UNO weltweit 50.000 Fälle dokumentiert, in denen die Angehörigen mit ihren Erinnerungen und Ängsten allein zurückblieben, oft mit dem einzigen Wunsch, es möge, gleichwie, eine Todesnachricht und einen Ort geben, an dem man sich von den Toten verabschieden könne.

Im Karst wurden viele von italienischen und slowenischen Partisanen exekutierte Gegner in die Spalten geworfen. Im sogenannten schwarzen September 1943, nach dem Sturz Mussolinis und vor dem Einmarsch der deutschen Truppen, kam es zu zahlreichen Racheakten. Manchmal vergifteten die Leichen sogar das Trinkwasser. In einigen Löchern fand man Hundekadaver, die nach dem Aberglauben der Täter eine Rückkehr der Leichen verhindern sollten. Dass die *foibe* auch zur Müllentsorgung dienten, gab den *infoibamenti* auch eine grausame symbolische Bedeutung. Ihre Erforschung gleicht einer Tiefenbohrung in die Geschichte: In Basovizza liegen unter einer gemischten Schuttschicht Munitionsreste aus dem 2. Weltkrieg, darunter 500 Kubikmeter Leichenreste und wieder darunter die Reste österreichischer Kanonen aus dem 1. Weltkrieg. Rolf Wörsdörfer beschreibt die komplexe Situation im Mai 1945, als Verbrecher, Überläufer und die jugoslawische Geheimpolizei OZNA alte Rechnungen beglichen und zum Teil auch Antifaschisten verschwinden ließen, gleichsam vorsorglich als mögliche künftige Gegner der Parteilinie. Hier zeigt die Landschaft ihre schlimmste Seite: »Es ist dies die scheinbar absurdeste, im Grunde aber sehr nahe liegende Erklärung: Die *foibe* wurden genutzt, weil sie vorhanden waren…«

Diese Seite der Landschaft macht sich Veit Heinichen in seinem Krimi *Die Toten vom Karst* zu Nutze, und Cvetka Lipuš bringt ihre Unheimlichkeit poetisch auf den Punkt: »Die Felsen / bröckeln / unter den Tritten, / die Erde zerschellt / in Gestöhn. / Am Wegrand / erblühen Finger / und klammern sich / dir ans Gelenk.« Der bedeutendste Spezialist des Unheimlichen, Sigmund Freud, absolvierte in seinen jungen Jahren, nämlich 1876, einen Forschungsaufenthalt an der Zoologischen Versuchsstation in Triest. Vielleicht erschien ihm Triest schon damals als Modell des psychischen Apparats. Die untertunnelten Hügel und verschachtelten Treppen in Triest, die den Karst zu zitieren scheinen, lassen jedenfalls an das Unterbewusste denken.

Anders als zum Beispiel in Berlin, einer Stadt, in der das Neue und das Alte nebeneinander liegen, sind in Triest die geschichtlichen Ungleichzeitigkeiten ineinander verwoben und verschachtelt. Von oben wirkt der Karst bei Triest überhaupt wie eine gigantische Modellbahnanlage: Die Trassen, die sich zur Küste hinunter schrauben, beschreiben komplexe Kurven, verknoten sich und werden von Straßen und Autobahnen überquert. Triest ist eine »Stadt der Spiegel«, wie Susanna Tamaro schreibt: »Alle Dinge werden von einem zum nächsten und wieder zurückgeworfen, werden erst schmaler, dann breiter, dann winzig, dann riesig, erscheinen plötzlich schrecklich und unerträglich und verschwinden schließlich, ohne jemals ihre wirkliche Natur preisgegeben zu haben.« Auch darin gleicht Triest dem psychischen Apparat, den Freud in *Das Unbehagen in der Kultur* mit einer anderen untergründigen Stadt, nämlich mit Rom, vergleicht: »... auf dem Pantheonplatz fänden wir nicht nur das heutige Pantheon, wie es uns von Hadrian hinterlassen wurde, sondern auf demselben Grund auch den ursprünglichen Bau des M. Agrippa; ja, derselbe Boden trüge die Kirche Maria sopra Minerva und den alten Tempel, über den sie gebaut ist.«

Die Vorstellung, dass eines aus dem anderen entsteht, wie eben das Pantheon aus dem Bau des Agrippa und seinen Materialen, und dann dennoch erhalten bleibt und mit seinem Nachfolger denselben Raum ausfüllt, ist absurd. Weil diese Absurdität auch für das Verhältnis von Unbewusstem und Bewusstem, für Ich und Es im psychischen Apparat gelten würde, löst Freud deren räumliches Verhältnis in zweierlei Prozesse auf: »Wenn wir genauer zusehen, ist es nicht der Bestand von zwei Systemen, (...) sondern von zweierlei Vorgängen«, heißt es schon in der Traumdeutung. Auch das Gehen entspricht diesem prozessualen Modell. Wer durch den Karst wandert, geht nicht einfach je schon existierende Räume ab, sondern gestaltet die eigene Erfahrungslandschaft erst in der Bewegung. Sie umgreift dann gleichzeitig die Gegenwart und die Geschichte. Im Gehen treten den Wandernden die furchtbaren Ereignisse, die diese Landschaft geprägt haben und in ihr möglich waren, unmittelbar nahe. Aber das Gehen ist eine Bewegung, in der sich die Perspektiven ständig verschieben, eine Bewegung, die den starren Raum auflöst. Damit lösen sich auch die um den gleichen Raum konkurrierenden nationalen Identitäten auf, in denen die Ursachen jener furchtbaren Ereignisse liegen. Ein Satz von Johann Gottfried Seume, des Wanderers, der am Anfang des 19. Jahrhunderts ergriffen über die Karstkante hinweg das Meer erblickte, kann daher nicht oft genug zitiert werden, auch wenn er heute genderpolitisch wohl nicht ganz korrekt ist: »Ich halte den Gang für das Ehrenvollste und Selbstständigste in dem Manne und bin der Meinung, dass alles besser gehen würde, wenn man mehr ginge«.

Wilhelm Berger

XXII. KURZ UND GUT
Spaziergang bei Štanjel

Štanjel, ein Klassiker unter den slowenischen Karstdörfern, besitzt nicht nur ein unverwechselbares Ortsbild, sondern ist aufgrund der exponierten Lage auch ein schöner Aussichtspunkt. Im Norden liegt ihm die fruchtbare Braniška dolina, ein Seitenarm des Vipava-Tales, zu Füßen, und im Süden breitet sich das Karstplateau bis zur italienischen Grenze aus. Beim vorgeschlagenen Rundgang lernt man nach der Ortsbesichtigung die nähere Umgebung von Štanjel kennen, die abseits der Hauptstraße, die das Gebiet durchschneidet, immer noch viele reizvolle Momente bietet. Die Route führt zunächst in den merkwürdig deplatzierten Schlosspark und von dort nach Kobdilj, dessen Häuser für ihre mächtigen Kamine bekannt sind. Weiter geht es über wunderbare Trockenwiesen zum Winzerdorf Hruševica, das gleich zwei nette Einkehrmöglichkeiten bietet. Zwischen hübschen Weingärten mit Blick auf Štanjel dreht der Weg nach Tupelče ab, wo die Idylle eine kurze Pause macht. Man flüchtet in den Wald und schleicht sich, die »Vorstadt« von Štanjel umgehend, zum Ausgangspunkt zurück.

HINWEISE ZUR WANDERUNG

LÄNGE: 10 km

HÖHENDIFFERENZ: 80 m ↑ ↓

GEHZEIT: 2:15 Std.

ANFORDERUNGEN: keine

ORIENTIERUNG: einfach

KARTE: Izletniška karta »Primorje in Kras«, 1:50.000, Geodetski zavod Slovenije

EINKEHRMÖGLICHKEIT: Hruševica, Štanjel

ANFAHRT: Man nimmt auf der slowenischen A1 die Abfahrt »Senožeče« und folgt der Straße Nr. 446 bis Štorje. Weiter auf der Straße Nr. 620 über Ponikve bis zur Straße Nr. 204 bei Kobdilj; auf dieser nach rechts bis Štanjel.

Die Kirche von Štanjel

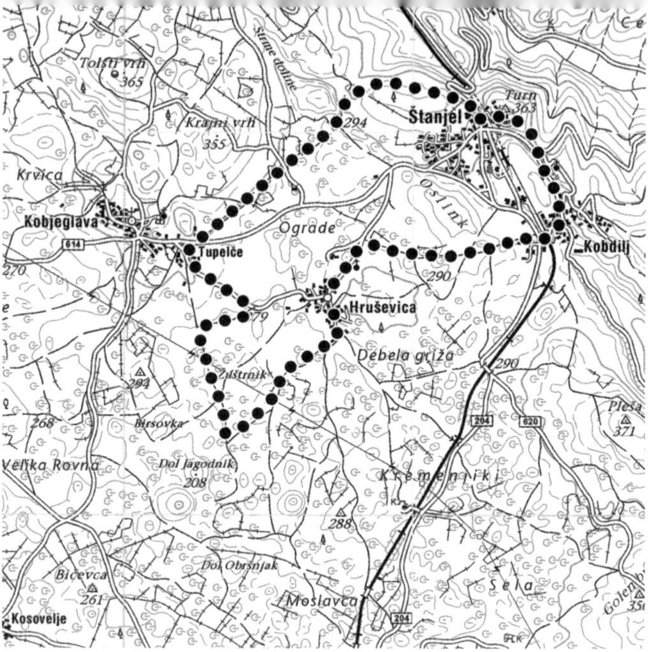

WEGBESCHREIBUNG

Ausgangspunkt ist die **Bushaltestelle** bzw. das Lebensmittelgeschäft an der **Hauptstraße** unterhalb von Štanjel. Man steigt auf einem Sträßchen Richtung **Burg** an, durchschreitet ein »**Stadttor**« und betritt **Štanjel** (0:05 Std.). Besichtigung des Ortes einschließlich der Burg. Einkehr.

Man verlässt das Dorf durch das zweite, östliche »**Stadttor**« (kurz davor ein »Bienenhonig-Automat«) und steigt auf einem breiten Weg in südöstlicher Richtung ab (nach 30 m empfehlenswerter Abstecher nach links in den **Ferrari-Garten**). Nach 100 m eine Gabelung; man hält sich rechts und geht nach 30 m bei einer Kreuzung geradeaus. Bei der darauffolgenden Gabelung hält man sich wieder rechts, um kurz darauf in **Kobdilj** einzutreffen (0:20 Std.).

Ab den ersten Häusern auf asphaltierter Straße weiter bergab bis in den **Ortskern**, wo man sich auf einer übergeordneten Straße nach rechts wendet. Man überquert bald darauf die **Eisenbahn** und trifft auf die **Hauptstraße** (Wegweiser »Nova Gorica«). Man wendet sich nach rechts, biegt aber sofort nach links in ein Sträßchen und passiert die Häuser Nr. 5a und 5d. Der Asphalt endet; man geht rechts am **Haus Nr. 5** vorbei in einen Karrenweg. Nach 200 m wird eine Abzweigung nach rechts, kurz darauf eine Abzweigung nach links ignoriert.

Schöner, fast ebener Weg zwischen großen Wiesen und Hecken mit gelegentlichem Blick auf Štanjel. 20 Min. stets die Richtung beibehaltend (und dabei eine weitere Abzweigung nach rechts ignorierend) bis zu einem **Friedhof**, wo man sich auf einer Straße nach links wendet. Man betritt **Hruševica** (1:00 Std.). Einkehrmöglichkeit.

Links an der **Kirche** vorbei bis zur **Turistična kmetija Tavčar**. Man wendet sich nach rechts in ein Gässlein. Der Asphalt endet nach wenigen Metern. Weiter zwischen Weingärten auf breitem **Karrenweg**, der sich nach 100 m mit einem von rechts kommenden vereinigt. Unmittelbar darauf wird eine Abzweigung nach links ignoriert. Der Weg vereinigt sich abermals mit einem von rechts kommenden. Nach 50 m wird wieder eine Abzweigung nach links ignoriert. Bei der darauffolgenden Gabelung geht man, auf dem **Hauptweg** bleibend, rechts. Sehr schöner Weg zwischen Weingärten, der nach einiger Zeit nach rechts (Richtung Štanjel) dreht. Man trifft auf eine **Straße** und wendet sich auf dieser scharf nach links. 10 Min. Asphalt bis **Tupelče** (1:30 Std.).

Man durchschreitet die Siedlung und wendet sich beim **Haus Nr. 9** (unmittelbar vor einem Teich) nach rechts in ein Sträßchen. Man erreicht die **Hauptstraße** und wendet sich nach rechts. Man passiert nach 30 m das letzte **Haus** und biegt nach links in einen Karrenweg. Nach 30 m eine Gabelung; man hält sich rechts und gelangt in den Wald. 15 Min. auf geschotterter **Forststraße** bis zu einer **Kreuzung**. Man geht geradeaus und wandert über ein fast kahles **Plateau**, bis sich der Weg mit einem breiteren, von rechts kommenden **Forstweg** vereinigt. Man geht geradeaus und ignoriert sofort eine (abwärts führende) Abzweigung nach links. Der Weg steigt im lichten Kiefernwald kurz an und gabelt sich; man hält sich links. Bei der darauffolgenden **Gabelung** geht man rechts. Breiter Weg, stets im Wald im sanften Auf und Ab bis **Štanjel** (2:15 Std.).

AM WEGE

Štanjel | San Daniele del Carso | St. Daniel

Es gibt wohl nur wenige Beschreibungen von Štanjel, die ohne das Attribut »malerisch« auskommen und nicht die Geschlossenheit seines Ortsbildes hervorheben. Das hat wohl vor allem mit seiner »toskanischen« Lage auf einer Hügelkuppe und der Stadtmauer zu tun, die das Dorf umgibt. Bei näherem Augenschein zeigt sich aber, dass das Dorf schon in der Vergangenheit einige Verfremdungen über sich ergehen lassen musste, von der fortschreitenden Zersiedelung an der Peripherie ganz zu schweigen.

Da ist zunächst das riesige Schloss, dessen Fassade den Besucher zur Begrüßung nahezu erschlägt und mit leeren Fensterhöhlen den Eindruck eines aufgegebenen Rohbaus macht. Gewöhnungsbedürftig ist auch die »postmoderne« *Villa Ferrari* an der Ostseite des Dorfes, die mit großen Bogenfenstern und falschen Zinnen einen beträchtlichen Stilbruch begeht. Dasselbe gilt für den dazugehörigen manieristischen Park, der sich mit einer venezianischen Brücke und anderem Zierrat wie ein bürgerliches Statement gegen die bäuerliche Kulturlandschaft der Umgebung ausnimmt. (Dazu ist allerdings anzumerken, dass die Villa zur ihrer Zeit – sie wurde in den 1920er Jahren errichtet – ein architektonisches Novum darstellte, da ein Teil der Räumlichkeiten in den angrenzenden Althäusern untergebracht und deren Fassaden kaum verändert wurden.)

Sowohl ein Teil des Schlosses als auch die *Villa Ferrari* sind das Werk des Architekten Max Fabiani, der den Ort auch als Bürgermeister mitgeprägt hat. So ließ er das Schloss in der Zwischenkriegszeit, also zur Zeit der italienischen Okkupation, zum Gemeindezentrum ausbauen. Auch eine Schule, eine Bibliothek und eine Ambulanz waren darin untergebracht. Außerdem modernisierte er die Wasserversorgung des Dorfes und erbaute am Ortsrand ein faschistisches Erholungsheim. Fabiani, dessen politische Rolle während der Mussolini-Herrschaft gerne verschwiegen wird, gilt heute als einer der wichtigsten Architekten Sloweniens und ist auch Österreichern kein Unbekannter: Er studierte bei Otto Wagner in Wien, war dort an der Planung der *Sezession* beteiligt und baute die berühmte *Urania*. Das Gerücht,

Štanjel

dass er vor dem 1. Weltkrieg für einige Wochen Adolf Hitler als Zeichner in seinem Büro beschäftigt haben soll und er diesen Umstand im 2. Weltkrieg in gute Beziehungen zu den Nationalsozialisten ummünzte, lässt sich nicht belegen. Sicher ist aber, dass das Schloss als Zentrum der Italianisierung von den Partisanen in Brand geschossen wurde und sich Fabiani 1944 nach Gorizia absetzte, wo er bis zu seinem Tod 1962 lebte. Heute ehrt ihn Štanjel mit einem nach ihm benannten Wanderweg.

Politisch unverdächtig ist ein anderer großer Künstler, dem man im Schloss ein eigenes Museum gewidmet hat: Lojze Spacal. Der 1907 in Triest geborene Maler und Grafiker brachte es vor allem mit seinen Holz- und Linolschnitten, in denen er die Motivik und Formensprache des Karstes auf geniale Weise umzusetzen wusste, zu internationaler Anerkennung. Als Meister der Reduktion und kontrastreicher Farbgebung nahm er mehrmals an der Biennale in Venedig teil und ist in fast allen internationalen Grafiksammlungen vertreten. Spacal, der viele Jahre im slowenischen Karst verbrachte, wurde von Italien und Jugoslawien gleichermaßen mit Preisen überhäuft. So konnte er im Jahr 2000 neben unzähligen internationalen Auszeichnungen auch einen Preis des italienischen Parlaments und den Goldenen Stern Jugoslawiens, der ihm von Tito höchstpersönlich an die Brust geheftet wurde, mit ins Grab nehmen.

Obwohl der alte Ortskern vom Schloss dominiert wird, ist doch ein anderes Bauwerk zum Wahrzeichen Štanjels geworden: die Kirche Sv. Daniel mit ihrer merkwürdig geformten Turmspitze, die eher an ein Minarett erinnert als an eine katholische Pfarrkirche. Einheimische wollen wissen, dass das Turmdach eine Bischofsmütze darstellt, was in der Fachliteratur keine Bestätigung erfährt. Dort wird die Kirche als bedeutendes Denkmal der gotischen Baukunst bezeichnet, was allerdings – von einem zugemauerten Fenster und ein paar Spitzbögen abgesehen – mit freiem Auge kaum zu erkennen ist. Vorherrschend sind die barocken Elemente aus dem 17. und 18. Jahrhundert, darunter der Hauptaltar mit einem interessanten Relief des Schlosses von Štanjel.

Der vielgerühmte »mittelalterliche« Charakter des Dorfes tritt erst in den engen Gassen oberhalb der Kirche zutage. Hier finden sich zahlreiche Häuser romanischen und gotischen Ursprungs, die sich im großen Halbkreis und in drei Reihen an den Berg schmiegen. Besonders stimmungsvoll ist der nordwestliche »Flügel« des Ortskerns, wo man in den letzten Jahren etliche Hausruinen mit viel Gespür und Sachverstand instand gesetzt hat und die intakten Gebäude in Würde gealtert sind. Dazwischen bezaubern winzige Terrassen oder eine improvisierte Sitzbank, die man an zwei krumme Bäume genagelt hat. Entspannte Katzen und bizarre Rebstöcke, die sich aus engsten Mauerritzen zwängen, ergänzen das romantische Bild. Geradezu archaisch wirkt die schiefergedeckte *Kraška hiša* aus dem 14. Jahrhundert, deren steinerne Dachrinnen den monumentalen Dorfbrunnen mit Regenwasser speisen. Eine kleine ethnologische Sammlung gibt Einblick in die Lebens- und Wohnverhältnisse vergangener Jahrhunderte.

Dass die Idylle nicht ungebrochen ist, entnimmt man einem Anschlag auf der Tür des schön renovierten *Stanarjev hram* (Haus Nr. 29). 20 Jahre warteten die Eigentümer vergeblich auf den von den Behörden versprochenen Wasser- und Kanal-

1958

‹‹ Am Kraški rob (Wanderung XIV)
Bei Zazid (Wanderung XV)
In Famlje (Wanderung XIII)

Wegzehrung im Dragonja-Tal (Wanderung XX
Weg zur Küste bei Ankaran (Wanderung XXI) ›

Weg zur Küste bei Ankaran (Wanderung XXI)

In Pliskovica (Wanderung XXIII)
Bei Štanjel(Wanderung XXII) ››

Bei Brije pri Komnu (Wanderung XXVI)
Bei Sales (Wanderung XXVIII)

Botazzo im Val Rosandra (Wanderung XXXI)
Am Monte Lanaro (Wanderung XXIX)
Bei Sistiana (Wanderung XXXII) ››

anschluss, ehe sie 2009 entnervt ihr Projekt einer Gaststätte mit Kunstgalerie aufgaben. Bis heute müssen in diesem Ortsteil die Abwässer mit dem Traktor abtransportiert werden. Dabei waren die Einwohner vom Kulturministerium bereits vor Jahren mit Förderungen zur Revitalisierung des historischen Ortskerns animiert worden – ein Programm, das von der Gemeinde Komen durch hinhaltende Passivität unterlaufen wurde und wird. Es gäbe andere Prioritäten, verlautete der Bürgermeister 2010, denn »Štanjel ist ein Fass ohne Boden.« *ap*

EINKEHR:

Restavracija Grad Štanjel. Angenehme Gastwirtschaft im Schlosshof. Guter Wein und Käse. 00 386 5 7690118 oder 00 386 31683256
Stanarjev hram. Schöne Übernachtungsmöglichkeit im historischen Zentrum. 0386 5 7691007 oder 0386 31 389621, www.stanarjevi.com
Apartments Marija Jera Švagelj, ebenfalls im alten Ortskern gelegen. 0386 5 7690018 oder 00386 31 522188

Kobdilj | Cobidil San Gregorio | Kobdil

Der Dorfplatz besteht aus einer Straßenkreuzung, der sich drei historische Häuser mit charakteristischen, schiefergedeckten Außenküchen, zuwenden, die *spahnjence* genannt werden und von mächtigen Kaminen gekrönt sind. Haus Nr. 39 ist der im 18. Jahrhundert erbaute Gutshof der Familie Fabiani, die es u. a. durch den Verkauf von Wasser, das sie aus der einzigen nie versiegenden Quelle in der Umgebung bezog, zu Geld brachte. Der krumme Maulbeerbaum im Innenhof gilt als der größte und älteste Sloweniens und wurde von Renato Ferrari literarisch verewigt.

Eisenbahnfreunde kommen nordwestlich der Ortschaft, am ehemaligen k. u. k. Bahnhof »St. Daniel«, auf ihre Rechnung. Unvermittelt tritt hier die 1906 fertiggestellte *Transalpina* aus dem Tunnel und verzweigen sich die Schienen zu einem auffallend breiten Bahnkörper, was auf die einstige (militärische) Bedeutung der Station verweist. Auch das langgestreckte Bahnhofsgebäude ist von fast städtischer Dimension. Noch ehrwürdiger sind die museumsreifen Weichensignale sowie eine schwarzrote Dampflok, die man hier

Kraška hiša in Štanjel

der Erosion überlassen hat. Östlich davon beginnt, so ein Bahnreiseführer aus dem Jahr 1913, »das herbe, unwirtliche Karstland.« »Aber«, so der Autor Joseph August Lux weiter, »die Öde ist nicht ohne Reiz, die Trostlosigkeit nicht ohne Schönheit. Handweise scheint die Erde zusammengetragen, zu winzigen Äckern in Mulden, den sogenannten Dolinen gehäuft, von geschichteten Steinen geschützt, hinter denen magere Bäumchen stehen, unschlüssig, ob sie die dürftigen Arme zum ungnädigen Himmel erheben oder zum noch ungnädigeren Steinherzen der Mutter Erde sinken lassen sollen. Eine unsägliche Armut, in der das Wenige viel ist, das Winzige bedeutend und die Wirkung bei aller Sparsamkeit groß und keusch …« Ein Erlebnis für sich ist eine Fahrt mit der Bahn von hier nach Sežana, die sich mit einer wunderbaren Tageswanderung im Karst verbinden lässt.

EINKEHR:
Sobe Fratnik. Einfache, aber umso freundlichere Frühstückspension in Bahnhofsnähe. 00386 5 7690116, www.fratnik.com

Hruševica | Crussevizza
Das 120-Seelen-Dorf steht heute ganz im Zeichen des Weinbaues, lebte aber in vergangenen Jahrhunderten in erster Linie von der Schafzucht und der Produktion von Wolle in genossenschaftlichen Spinnereien. Außerdem wurden Seidenraupen gezüchtet, wovon die alten Maulbeerbäume noch heute zeugen. Eine weitere Einkommensquelle war der inzwischen stillgelegte Marmorsteinbruch. Im 1. Weltkrieg wurde Hruševica von der österreichisch-ungarischen Armee in Beschlag genommen und mussten die Dorfbewohner ins Exil. Die Statue des Heiligen Nepomuk im Ortszentrum sollen böhmische Soldaten aus ihrer Heimat mitgebracht haben. Mitten im Karst scheint der Schutzpatron des Wassers und der Brücken ziemlich fehl am Platz; erzählt wird allerdings, dass hier ein gottloser Bauer vom Erdboden verschluckt und bei Duino ins Meer gespült worden sei.

EINKEHR:
Turistična kmetija Pri Tavčarjevih. Sehr freundlicher Familienbetrieb mit einfachen Zimmern. 00386 5 7690136
Kmetčki turizem Grča. Wildgerichte, Njoki, Lamm und Fisch, Sa/So geöffnet, Übernachtungsmöglichkeit. 00386 5 7690224

Milan SIC Valter

Pliskovica

XXIII. GRUNDKURS
Spaziergang bei Pliskovica

Malerische Karstdörfer finden sich nördlich von Sežana, der »Hauptstadt« des Kras, nur selten, denn entlang der Durchzugsstraße nach Nova Gorica hat die blinde Bauwut Einzug gehalten. So sind bekannte Ortschaften wie Tomaj und Dutovlje zwar im Kern noch sehenswert, jedoch an ihrer Peripherie so zersiedelt, dass sie für Wanderer kaum von Interesse sind. Eine Ausnahme bildet Pliskovica, das eine ungewöhnliche Dichte an gut erhaltenen alten Steinhäusern aufweist und schon wegen des ursprünglichen Ortsbildes den Besuch wert ist. Noch lohnender ist die Kulturlandschaft in der Umgebung, die kundige Leute mit einem besonders reizvollen Lehrpfad erschlossen haben.

Auf dem etwa zweistündigen Rundkurs, der mit Kosovelje ein weiteres Dorf mit Charakter einbezieht, lernt man ein altes, fast unversehrtes Weidegebiet in all seiner Vielfalt und Schönheit kennen. Von bleibendem Eindruck sind die unterschiedlichen Dorfansichten, der idyllische Rastplatz am Rande einer großen Lichtung sowie ein wunderschöner Kulturpfad im letzten Abschnitt. Nicht zu vergessen der süffige Teran, den man nach der Rückkehr in Pliskovica an allen Ecken zum Probieren bekommt.

HINWEISE ZUR WANDERUNG

LÄNGE: 8 km

HÖHENDIFFERENZ: 30 m ↑ ↓

GEHZEIT: 2:15 Std.

ANFORDERUNGEN: gering

ORIENTIERUNG: einfach

KARTE: Izletniška karta »Primorje in Kras«, 1:50.000, Geodetski zavod Slovenije

EINKEHRMÖGLICHKEIT: Pliskovica

ANFAHRT: Man nimmt auf der slowenischen A3 die Abfahrt »Sežana«

« Osmica in Pliskovica

und folgt der Straße Nr. 204 bis Dutovlje. Weiter auf der Straße Nr. 618 bis Krajna vas, wo man links abbiegt (Wegweiser) und einem Sträßchen bis Pliskovica folgt.

WEGBESCHREIBUNG

Ausgangspunkt ist der westliche Ortsrand von **Pliskovica**, wo man (von Dutovlje kommend) den PKW bei der **Ortstafel** abstellt. Man geht auf der Zufahrtsstraße Richtung Dorf und biegt nach 50 m beim Haus Nr. 6 nach links in ein Gässchen. Man gelangt zur **Jugendherberge**, geht vor dieser nach rechts und wendet sich gleich darauf auf einer Querstraße nach links. Bei der darauffolgenden Gabelung (Verkehrsspiegel) wendet man sich nach rechts, um bei der nächsten Gabelung rechts Richtung Kirche zu gehen. Nach 100 m biegt man vor der **Trgovina** nach links (0:15 Std.). Infotafel.

Man passiert das Lebensmittelgeschäft und wendet sich bei der nächsten Querstraße (Haus Nr. 44) nach rechts. Nach 100 m eine Gabelung; man geht rechts (**Markierung eingraviertes »Schaf«**) und bei der darauffolgenden Kreuzung geradeaus (»Schaf«). Man passiert eine **Kegelbahn** und geht, ein letztes Haus passierend, in einen abwärtsführenden Karrenweg (»Schaf«). Schöner Weg vorbei an einem Weingarten mit Blick aufs Dorf. Wiesen, Weiden. Nach 15 Min. ein erster schöner **Rastplatz** mit Infotafel. Bei der nächsten **Infotafel** geht man links und sofort wieder rechts (»Schaf«). Weiter entlang einer eingezäunten Weide, dann, der Markierung folgend, nach rechts. Der Weg dreht nach rechts und führt zu einer **Straße**, welcher man auf einem parallel angelegten Pfad nach rechts folgt.

Nach 300 m biegt man scharf nach links in ein untergeordnetes Sträßchen (**Wegweiser »Gabrovica«**). 250 m Asphalt, dann nach rechts in einen Waldweg (Markierung). Angenehmer Weg zwischen Trockenmauern bis **Kosovelje** (1:15 Std.).

Bei der ersten Kreuzung links, dann zum **Dorfbrunnen** im Ortskern, wo man sich (nach Besichtigung des Dorfes) nach rechts wendet (Markierung).

Man verlässt den Ort auf einem Asphaltsträßchen und gelangt zur **Ruine** einer Kapelle aus dem 1. Weltkrieg. Vor der Infotafel, die Straße verlassend, nach rechts, dann parallel zur **Straße** über die Wiese (undeutliche Markierung). Nach 100 m eine weitere **Straße**, welche man kreuzt. Geradeaus weiter auf schmalem Pfad zwischen Trockenmauern und Viehweiden. Man erreicht nach 15 Min. den Ortsrand von **Pliskovica** und begibt sich zur **Kirche** (2:00 Std.). Von dieser rechts bergab und nach eigenem Gutdünken durch den Ort zurück zum Ausgangspunkt (2:15 Std.).

AM WEGE

Pliskovica | Pliscovizza della Madonna

250 Einwohner verteilen sich auf drei Ortsteile, wovon der südlichste namens Paradanov konec der hübscheste ist. Hier sind die historischen Karsthäuser noch in der Überzahl und laden gleich mehrere Weinbauern mit gemütlichen Innenhöfen und Gewölbekellern zur Einkehr. Insgesamt werben 13 Winzer für ihre Produkte, selbst im Winter finden sich halb geöffnete Hoftore, hinter denen den Wanderer die eine oder andere »inoffizielle« Weinverkostung erwartet. Und plötzlich sitzt man bei einem freundlichen Rentner am Küchentisch, blättert in zerfledderten jugoslawischen Illustrierten und lässt sich die Welt erklären …

EINKEHR:

Mladinski Hotel Pliskovica. Eines der schönsten Karsthäuser weit und breit, 400 Jahre alt und vorbildlich renoviert. Zur Atmosphäre der Jugendherberge tragen neben dem behaglichen Gastgarten vor allem die jungen und engagierten Gastgeber bei, die sich ganz der Vermittlung der Kultur und Natur des Karstes verschrieben haben. 00386 5 7640250, www.hostelkras.com

Im Mladinski Hotel in Pliskovica

Pliskina pot

Der 2003 angelegte Karstlehrpfad ist nicht nur landschaftlich höchst reizvoll, sondern verdient schon wegen der originellen Markierung eine Auszeichnung: Als Orientierungshilfe dient ein stilisiertes Schaf, das man an allen Weggabelungen in den Kalkstein graviert hat und die Richtung durch die jeweilige Haltung des Kopfes anzeigt. Auf diese Weise von »Leithammel« zu »Leithammel« zu wandern, macht vor allem Kindern Spaß, für die der Rundkurs zudem die ideale Länge hat.

Zu entdecken gibt es aber noch viel mehr: Zum Beispiel Bäume mit Fischgrätmuster – Kiefern, deren Stämme man zur Harzgewinnung entsprechend eingeschnitten und mit einer Metallrinne ausgestattet hat. Es handelt sich dabei um österreichische Schwarzkiefern, mit denen der Karst vor etwa 150 Jahren sukzessive aufgeforstet wurde. Das Harz war damals wichtiger Rohstoff für die chemische Industrie und diente insbesondere zur Herstellung von Terpentinöl und Kolophonium. Ein Stamm lieferte pro Jahr ca. vier Kilogramm Harz; hauptberufliche »Pecher« mussten bis zu 3.000 Bäume »anzapfen«, um ihre Familie ernähren zu können.

Ein weiteres Naturprodukt des Karstes war (und ist) der Bienenhonig, der seinen charakteristischen Geschmack u. a. der Felsenkirsche, dem Thymian und dem Salbei verdankt, die allenthalben am Wegesrand gedeihen. Vielleicht wird man auch den weißblühenden Perückenstrauch erkennen, dessen Blätter sich im Herbst orangerot färben und den Karst, wie es heißt, in ein Flammenmeer verwandeln. Unübersehbar ist auch der Wacholder, der bekanntlich Sauerkraut und Fleisch veredelt und sich zu allerlei Spirituosen verarbeiten lässt. Schmerzlos ist das Schmerzmittel (das einst auch gegen Ohnmacht, Schlangenbisse und die Pest eingesetzt wurde) allerdings nicht zu haben: Verirrte Wanderer wissen von seinen spitzen Nadeln ein Lied zu singen. Die stechenden Sträucher werden auch von den Schafen gemieden, weshalb sich manche Weideflächen im Lauf der Zeit in Wacholderheiden verwandelten.

Von den Schafen, die diese Gegend des *Kras* bis Mitte des 19. Jahrhunderts zu Tausenden bevölkerten, ist heute kaum noch etwas zu sehen. Überweidung führte zur weitgehenden Verkarstung und damit zum allmählichen Verschwinden der Schafzucht. Geblieben sind aber die Bauwerke der Bauern und Hirten zur Versorgung der Herden. So findet sich entlang der *Pliskina pot* etwa eine kreisrunde, steingefasste Koppel, *staje* genannt, in die die Schafe in der Nacht, bei Sturm oder Unwetter getrieben wurden. Zu sehen ist auch das Beispiel einer Steinhütte, wie es sie früher in großer Zahl gab. Die kleinen archaischen Gebäude dienten als Geräteschuppen oder Unterstand und reichten von primitiven Gevierten, die mit Zweigen gedeckt wurden, bis zu kunstvollen »Stein-Iglus«, die gewölbeartig konstruiert waren.

Nach wie vor landschaftsprägend sind die Trockenmauern, slow. *suhi zidovi,* ital. *muretti a secco.* Sie bestehen aus sorgfältig übereinandergeschichteten Kalksteinen und kommen gänzlich ohne Mörtel aus. Einziges Bindemittel sind die Schwerkraft sowie der Humus, der sich im Lauf der Zeit in den Ritzen an-

Wegmarkierung an der Pliskina pot

sammelt. Dass Trockenmauern auf Dauer haltbarer sind als Ziegel- oder Betonmauern, liegt an ihrer »Elastizität«, weil sie der Ausdehnung gefrorenen Wassers und der Durchdringung mit Wurzelwerk nachgeben können. Auf diese Weise überdauern *suhi zidovi* Jahrhunderte und halten selbst stärkeren Erdbeben stand. Auch als Terrassenstützmauern sind sie wegen ihrer horizontalen Wasserdurchlässigkeit konkurrenzlos.

Ihre Schönheit verdanken die Trockenmauern der idealen Kombination aus Material, Zweck und Form. Verwendet werden ausschließlich Natursteine aus der Umgebung, teils grob behauen, teils in ihrer Form belassen. Diese möglichst fugendicht zu einer stabilen Mauer zusammenzusetzen ist uraltes Handwerk, das nur noch wenige Spezialisten beherrschen. Reparaturen an beschädigten Mauern werden daher selten vorgenommen, weshalb diese Kulturdenkmäler in brachliegenden Gegenden vom Verfall bedroht sind. Wo es noch Landwirtschaft gibt, erfüllen sie aber ihren Zweck: als Grundstücks- und Wegbegrenzung sowie zum Schutz gegen Erosion und Wind.

Charakteristisch sind die mit Steinmauern oder -wällen umfriedeten Dolinen, in denen Mais, Kartoffeln und anderes Gemüse gezogen wird. Die oft kreisrunden kleinen Äcker stammen aus einer Zeit, da die Feldwirtschaft im Karst noch eine wichtige Rolle spielte. Angebaut wurden alle wichtigen Getreidesorten wie Roggen, Buchweizen, Weizen und Hafer, aber auch Kohl, Rüben, Bohnen u. ä. Verkauft wurden die Produkte am Triestiner Markt, der bis zum 2. Weltkrieg auch mit Milch, Fleisch und Geflügel beliefert wurde. Die fruchtbaren Mulden sind keiner Laune der Natur zu verdanken, sondern das Ergebnis harter menschlicher Arbeit: Erst wurden sie von losem Gestein befreit (das als Baumaterial diente) und eingeebnet, um dann nach und nach mit roter Erde aufgefüllt zu werden. Ähnlich entstanden die meisten Wasserstellen im Umkreis der Dörfer. In diesem Fall wurden kleine Dolinen mit gestampftem Lehm abgedichtet, damit sich Regenwasser darin sammeln konnte. Sie dienten als Viehtränke, Wasserspeicher oder zum Wäschewaschen. Bei längerer Trockenheit musste das Wasser mit Ochsenfuhrwerken aus Štanjel oder gar dem Branicatal herangeschafft werden. Wasserleitungen gibt es in dieser Gegend erst seit kaum 100 Jahren. Ein Aquädukt aus dem 1. Weltkrieg befindet sich in der Nähe des Lehrpfades.

Strukturiert wird die Karstlandschaft auch durch planmäßig angelegte Baum- und Strauchhecken. Eichen, Ahorn, Eschen und Kastanien bilden darin das Stammpersonal und schützen Weiden und Wiesen gegen die Angriffe der Bora. Außerdem dienen sie dem Weidetier, das man im Umkreis von Pliskovica seit einigen Jahren wieder vermehrt zu Gesicht bekommt, als Schattenspender. Es sind dies die glücklichen Rinder und Ziegen eines engagierten Bauern, der die alten Wiesengründe rekultiviert hat und biologische Landwirtschaft betreibt. Man begegnet den Tieren im letzten und schönsten Abschnitt der *Pliskina pot*, dem »Ziegenpfad«, *kozja steza* genannt. Das Gegenmodell zu dieser extensiven Viehzucht verkörpert eine industrielle Schweinemast am westlichen Ortsrand von Pliskovica, in der nach allen Regeln der Massentierhaltung *Kraški pršut*, Karstschinken, produziert wird.

Harzgewinnung an der Pliskina pot

Den attraktivsten Teil des kultivierten Karsts stellen wohl die steingefassten Weingärten im Umkreis der Dörfer dar. Trotz der archaisch anmutenden Rebstöcke handelt es sich um einen relativ jungen Zweig der Landwirtschaft. Bis Anfang des 20. Jahrhunderts wurde hier der Weinbau nur für den Eigenbedarf betrieben. Erst mit dem Aufkommen der »Sommerfrische« und den »Landpartien«, durch die die Triestiner Bürger ihr Hinterland zu entdecken begannen, entstanden die ersten Buschenschänken, *osmice* genannt, und stieg die Nachfrage nach bodenständigem Wein. Unverwechselbar im Geschmack ist der schwarzrote *Teran* – so süffig wie sauer und so ungeschwefelt wie gesund. Er wird aufgrund seines hohen Eisengehalts gegen Blutarmut und Verdauungsstörungen empfohlen und lässt sich auch in größeren Mengen ohne unangenehme Nachwirkungen konsumieren.

XXIV. AUSRITT
Wanderung bei Lipica

Den berühmten weißen Pferden wird man bei dieser Wanderung zwar kaum begegnen, dafür kommt man in den Genuss einer überaus abwechslungsreichen Kultur- und Naturlandschaft im Umkreis von Lipica. Höhepunkte sind der märchenhafte Karstwald im Osten des Ortes, die traditionsreiche Schauhöhle Vilenica, das gastfreundliche Dorf Lokev und der Aussichtsberg Kokoš an der Grenze zu Italien. Von einer kurzen Asphaltpassage abgesehen, wandert man stets auf angenehmen und gut markierten Wegen, weshalb es auch für Anfänger keinerlei Orientierungsprobleme geben sollte. Zur Bequemlichkeit tragen auch die Gaststätten bei, die einen im Stundentakt und mit allerlei Versuchungen erwarten. In Lokev trösten sie nicht zuletzt über die Zersiedelung an der Peripherie des Ortes hinweg. Wer sich dabei nicht verstolpert, hat am Ende sogar noch Zeit zur Besichtigung des Gestütes von Lipica und seiner geradezu »britisch« anmutenden Parkanlagen.

HINWEISE ZUR WANDERUNG
LÄNGE: 13 km
HÖHENDIFFERENZ: 280 m ↑ ↓
GEHZEIT: 4:00 Std.
ANFORDERUNGEN: mittel
ORIENTIERUNG: einfach
KARTE: Izletniška karta »Primorje in Kras«, 1:50.000, Geodetski zavod Slovenije
EINKEHRMÖGLICHKEIT: Lokev, Planinska koča na Kokoši
ANFAHRT: Man nimmt auf der slowenischen A3 die Abfahrt »Sežana« und folgt von dort den Wegweisern nach Lipica.

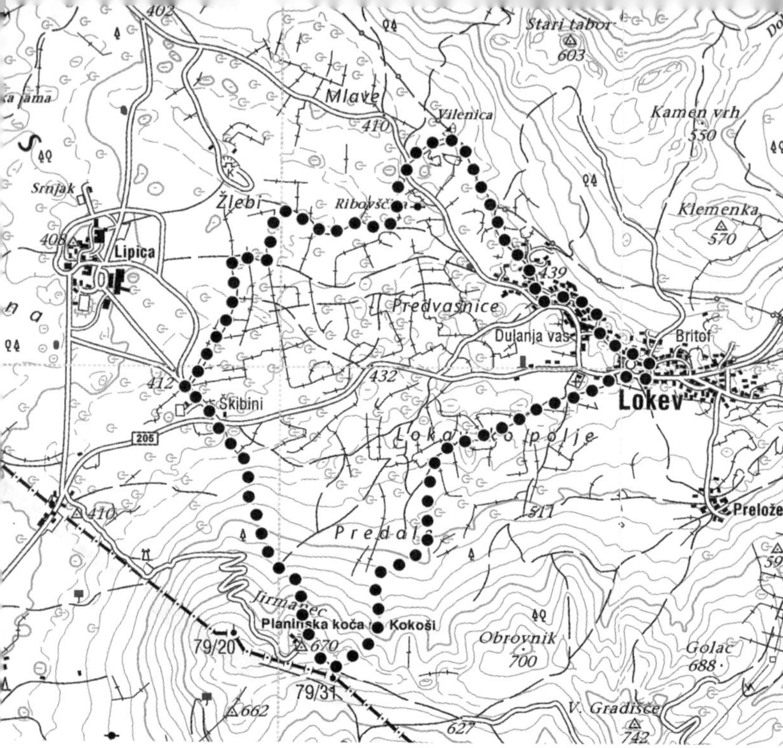

WEGBESCHREIBUNG

Ausgangspunkt ist der südöstliche (mit zwei gemauerten Säulen gekennzeichnete) **»Ortseingang«** von **Lipica**, wo man dem Wanderweg Richtung »Vilenica« (**Wegweiser**) folgt. Deutlich markierter, anfangs breiter Weg, der sich bald verjüngt und als schmaler Pfad durch den Wald schlängelt. Dolinen, Blockgestein, Trockenmauern. Nach 30 Min. eine Wegkreuzung; man geht geradeaus (**Wegweiser »Vilenica«** bzw. »Lokev«). Weiter auf deutlich markiertem Pfad, der sich bald mit einem breiteren Weg vereinigt und auf eine **Straße** trifft. Man geht wenige Meter nach links, biegt nach rechts (**Wegweiser »Jama Vilenica«**) und betritt das Areal des Naturdenkmals (0:50 Min.). Besichtigung.

Man passiert das **Eingangsgebäude** und geht über eine Wiese bis zu einem Querweg; auf diesem nach rechts (**Wegweiser »Lokev«**). Breiter Weg bis zu einer **Neubausiedlung**, die man auf schmalem Pfad rechts umgeht. Man trifft bei einer Häusergruppe auf ein Sträßchen und geht geradeaus bis zur **Hauptstraße**; auf dieser nach links. Nach 200 m biegt man nach links in ein **Gässchen** und folgt diesem, einen Vorort durchschreitend, bis zum **Wehrturm** im Zentrum von **Lokev** (1:45 Std.). Einkehr.

Vom Turm zur **Hauptstraße**; auf dieser nach rechts (Achtung, *nicht* den markierten Weg Richtung »Planinska koča« einschlagen!). 100 m nach der Kirche, vis-à-vis des **Hauses Nr. 8**, biegt man nach links in ein Sträßchen, das sich nach 10 m gabelt; man geht rechts. Der Asphalt endet beim Haus **Nr. 111**; auf einem Pfad geradeaus weiter. Nach 100 m eine Wegkreuzung; man geht geradeaus. Bei einer weiteren Kreuzung geht man wieder geradeaus (**Wegweiser »Kokoška«**). Bequemer markierter Weg, anfänglich zwischen großen Wiesen und Hecken moderat ansteigend, später im Laubwald immer steiler werdend. Man erreicht schließlich den **Hügelkamm**, geht auf einem Querweg nach rechts und gelangt zum Gipfel des **Kokoš** (3:15 Std.). Schöne Blicke auf das Hinterland von Triest. Einkehr in der Schutzhütte.

Man begibt sich auf die **Rückseite der Hütte** und folgt dem **Wegweiser »Vilenica«** bzw. »Lipica« bergab. Steiler Abstieg auf markiertem Weg bis zu einer Abzweigung nach rechts (**Wegweiser »Lipica«**), welcher man folgt. Weiter im Wald bergab. Bei einer Wegkreuzung im Tal geradeaus. Man gelangt zur **Hauptstraße**, quert diese und erreicht nach 300 m den Ausgangspunkt der Wanderung (4:00 Std.).

AM WEGE

Lipica | Lipizza

Wenn man die Hauptstraße verlassen und das Einfahrtstor zur Ortschaft passiert hat, nimmt einen eine liebreizende Atmosphäre von der Qualität eines Groschenheftchens gefangen: grüne Weiden mit altem Baumbestand, reinweiß umzäunt, alles saftig und gepflegt. Jagt dann auch noch eine Lipizzanerherde heran, kraftvolle Körper voller Eleganz, die Schweife stolz erhoben, verdichtet sich das Bild zum Edelkitsch. Störend ist nur das Gleißen der Auto- und Busdächer auf dem großen Parkplatz vor dem Hotel *Maestoso*. Benannt nach einer Lipizzanerzuchtlinie, ist es ein gesichtsloser, einstöckiger Bau, der allerdings einiges an Komfort und geräumige, freundliche Zimmer zu bieten hat. Die angeschlossene Gastronomie bemüht sich, etwa um eine origi-

Lipizzaner-Herde abseits der Wanderwege

nelle Karte mit regionalen Einflüssen. Zeit zum Studium derselben bleibt im Übermaß, doch auf der geräumigen Terrasse mit Blick auf den Spielplatz, die Stallungen und das üppige Grün lassen sich auch längere Wartezeiten gut aushalten.

Das Gestüt kann nur im Rahmen einer geführten Tour besichtigt werden, die etwa eine Stunde dauert. Die Pferde sehen in fast jeder Lebenslage gut aus, und die historischen Stallgebäude sind auch schön anzuschauen, besonders viel geboten wird dem Besucher aber nicht. Auf einer kleinen Anhöhe liegt der älteste Teil des Ensembles. Das Schloss war Sommersitz der Triestiner Bischöfe, die Habsburger erwarben es beim Kauf des Landgutes. Im Nordwesten wird der Schlosshof von der *velbanca* begrenzt, einem unter Denkmalschutz stehenden, 40 m langen Gewölbestall. Hier sind die ehrwürdigsten Deckhengste untergebracht und dankt man ihnen ihre jahrelangen Höchstleistungen mit wohnzimmergroßen Boxen. Anlässlich des Besuchs der englischen Königin Elizabeth II. im Jahr 2009 wurden die Gitter mit schwarzer Pulverbeschichtung und güldenen Accessoires veredelt.

Wer vormittags genug gewandert ist, dem sei ein nachmittäglicher Ausflug mit der Kutsche ans Herz gelegt. Die Fahrt durch die herrlichen Alleen und über die sanften Hügel des Umlandes, von grazilen Stuten gezogen, die auf das leiseste Schnalzen des freundlichen Kutschers reagieren, die Nase vom würzigen Pferdeduft umweht, berührt das unempfänglichste Gemüt.

Wer dann ohne Lipizzaner nicht mehr weiterleben will, wird auf der Seite www.lipica.org fündig: Alle zum Verkauf stehenden Tiere sind dort komplett mit Ahnengalerie, Foto und Katalognummer dokumentiert – fehlt nur noch, dass man sie direkt in den Einkaufskorb legen kann. Ein Fohlen ist ab ca. 4.000 Euro zu haben. Was Lipizzaner im Laufe jahrelangen Trainings lernen, zeigen die »weißen Tänzer« bei den Vorführungen der klassischen Reitschule zwischen April und Ende Oktober dienstags, freitags und sonntags um 15 Uhr. *ap*

EINKEHR:

Hotel Maestoso. Komfortable und nicht ganz unsympathische Absteige mit realsozialistischem Stallgeruch. Das angeschlossene Restaurant, siehe oben, wird den eigenen hohen Ansprüchen nicht annähernd gerecht. 00386 5 7391580, www.lipica.org

Vilenica | Grotta di corgnale

Schon Anfang des 17. Jahrhunderts musste für ihre Besichtigung Eintritt bezahlt werden, womit die Grotte vermutlich die älteste Schauhöhle Europas ist. Joseph Anton Nagel, ein Architekt, der 1748 im Auftrag Josef I. die bekanntesten Höhlen des Karsts erkundete, hielt sie gar für die schönste von allen. 1777 verfasste der italienische Physiker Alberto Fortis die erste umfassende Beschreibung der Vilenica Grotte. Über in Stein gehauene Stufen, begleitet von einheimischen Führern und Fackelträgern, stieg er ins Innere der Höhle hinab, wo er seinen Namenszug in einen Tropfstein meißelte. Eine weitverbreitete Gewohnheit, der auch der junge Karl Friedrich Schinkel nicht widerstehen konnte. Preußens Staatsarchitekt hinterließ 1803 neben einigen meisterhaften Federzeichnungen auch schriftliche Aufzeichnungen von seinen Höhlenabenteuern: »Mit Fackeln, welche gewöhnlich von sechs oder acht Männern getragen werden, tritt man den Weg in diese Grotte an, die zwei Stunden weit in das Innere der Erde geht. Die Massen des Tropfsteins haben hier eine fast weiße

Wehrturm von Lokev

Farbe und glänzen bei ihrer Nässe im Fackelschein. Beständig herabträufelndes Wasser durchnäßt die Kleider; empfindliche Kälte und ängstliche Luft umgibt den Wanderer. Mit der Kohle der Fackel schreibt man den Namen an die letzte Wand des Felsens.« Die höchsten Besucherzahlen erreichte die Grotte Mitte des 19. Jahrhunderts, als man Landausflüge mit Schiffsreisenden aus Triest und Rijeka organisierte und die Vilenica als unterirdischen Ballsaal zu nutzen begann. Die Folgen, in Form stark verrußter Tropfsteine, sind noch heute zu erkennen.

Ein internationaler Literaturwettbewerb, der hier seit 1986 jährlich abgehalten wird, verhalf der Höhle (der die Adelsberger Grotte längst den Rang abgelaufen hatte) zu einer kleinen Renaissance. Preisträger waren u. a. Adolf Muschg oder Karl-Markus Gauß; von grottenschlechten Texten kann also keine Rede sein.

wk

Lokev | Corgnale

Wer sich durch die zersiedelte Peripherie gekämpft hat, findet sich in einem hübschen Karstdorf mit verwinkelt angeordneten Häusern wieder, in deren Mitte ein runder Wehrturm aus dem

Jahr 1485 steht. Er sollte einst den Ort gegen Überfälle der Türken schützen, diente später als Getreidespeicher und beherbergt heute ein kleines Kriegsmuseum. Zu sehen ist darin ein Sammelsurium an Waffen, Uniformen und Gerätschaften aus den beiden Weltkriegen, das ein militaristischer Messie zusammengetragen haben könnte. Ein Teil der Exponate würde in Österreich unter das NS-Verbotsgesetz fallen. Viel erfreulicher ist der Besuch der *Muzejska trgovina* an der Hauptstraße. Es handelt sich dabei um den Greißlerladen der Familie Fabiani, der 1869 eröffnet wurde und bis 1948 in Betrieb war. Ausgestellt sind originale Einrichtungsgegenstände sowie Lebensmittel und Gebrauchsartikel aus der Zeit vor der Übernahme der Weltherrschaft durch Billa und Baumax.

EINKEHR:

Gostilna Muha. Eines der ältesten Gasthäuser Sloweniens, das sich mit ehrlicher Hausmannskost und ausgezeichnetem Teran empfiehlt. 00386 5 7670055

Gostilna Prunk. Gemütlich eingerichtetes und freundlich geführtes Kellerlokal mit bemühter Küche. 00386 41 635645

LIPICA
1580
LIPICA
1580

KULTURDENKMAL PFERD

»Andere haben heilige Kühe und Drachen verehrt / tausendjährige Schildkröten und geflügelte Löwen / Einhörner, doppelköpfige Adler und Phönixe / wir aber haben uns das schönste Tier erwählt / es hat sich ausgezeichnet auf Schlachtfeldern und in Zirkuszelten / es hat Königstöchter gefahren und die goldene Monstranz / deshalb sprachen die Kaiser in Wien / französisch mit den gewandten Diplomaten / italienisch mit den hübschen Schauspielerinnen / spanisch mit dem unendlichen Gott / und deutsch mit den ungebildeten Knechten / mit den Pferden aber unterhielten sie sich slowenisch«, schrieb der slowenische Literat und Kulturminister Edvard Kocbek im Jahr 1977.

Prosaischer klingt die Erklärung des slowenischen Landwirtschaftsministeriums 1999 zur umstrittenen Frage nach der Herkunft der weltberühmten weißen Pferde: »Der Ursprung der Lipizzaner war und ist Lipica in Slowenien, diese Tatsache müssen alle Länder, in denen diese Pferde gezüchtet werden, anerkennen, also auch Österreich.« Slowenien reagierte damit auf eine wenige Tage zuvor erfolgte Übereinkunft zwischen Italien und Österreich, worin die Italiener, nach längerem Streit, das österreichische Bundesgestüt in Piber als Stammbaum der Lipizzanerrasse anerkannten. Schon oft sind Nationalstaaten wegen Sicherheitsfragen, Zollbestimmungen, unterschiedlicher Ideologien oder Rohstoffvorkommen in offene Feindschaft verfallen, selten hatten aber bis dahin Meinungsverschiedenheiten über tänzelnde Pferde die zwischenstaatlichen Beziehungen getrübt. Die slowenische Regierung bemühte eigens die Welthandelsorganisation, um ein für allemal klarzustellen, welches Pferd als Lipizzaner bezeichnet werden darf. Bei der leidenschaftlich geführten Debatte um die Heimat der Lipizzaner drohte Österreich ganz unverhohlen mit negativen Auswirkungen auf den damals bevorstehenden EU-Beitritt Sloweniens. Im April 1999 einigten sich die Kontrahenten schließlich auf einen Kompromiss: Slowenien anerkannte die rechtmäßige Zuchtnachfolge des Lipizzanergestüts im steirischen Piber, im Gegenzug zeigte Österreich Verständnis für die namensrechtliche Argumentation seines Nachbarn, wonach die Benennung der weißen Rösser auf das Dorf Lipica im slowenischen Karst zurückzuführen sei.

Dramatischer als das Imponiergehabe zweier europäischer Kleinstaaten verlief die Geschichte der Lipizzaner selbst. Haben italienische, spanische und arabische Rassepferde den Lipizzaner maßgeblich mitgeformt, so bildete das alteingesessene, bodenständige Karstpferd die Basis für die spätere Zucht. Schon im Altertum wurden im slowenischen Karst Pferde gezüchtet und im Mittelalter verwendete man die autochthone Rasse gerne als Turnier- und Streitrosse. Gerühmt wurde vor allem deren hoher, »vornehmer« Schritt, der sich laut Hippologen aufgrund der Oberflächenbeschaffenheit des Karstes entwickelt haben dürfte: wegen des steinigen, felsigen Bodens waren die Pferde seit jeher gezwungen, ihre Füße sehr hoch anzuheben. Die kleinen Karstpferde verwendete man als ausdauernde Saumrosse für Warentransporte von der Adriaküste ins gebirgige Landesinnere.

Im 16. Jahrhundert gehörten spanische Pferde zur Grundausstattung europäischer Fürstenhöfe. Auch in der 1572 erstmals für Wien erwähnten *Spanischen Hofreitschule* kamen, der adeligen Mode entsprechend, ausschließlich iberische Tiere zur Verwendung. Da die Pferdeimporte allmählich zu teuer kamen, entschloss sich der Wiener Hof zum Aufbau eines eigenen Gestüts. Möglicherweise hatten ökologische Ähnlichkeiten des slowenischen Karstes mit der andalusischen Heimat der importierten Modepferde das Ihre zur Standortwahl beigetragen. 1580 gründete Erzherzog Karl II., Regent von Steiermark, Kärnten, Krain, Görz, Istrien und Triest, das neue Hofgestüt in Lipica. Dabei wurden die alteingesessenen Karstpferde als Grundstock zum Aufbau des neuen Pferdezuchtzentrums herangezogen. Durch Kreuzung mit ausgesuchten Pferden aus Spanien (Andalusier), Italien (Neapolitaner) und Arabien entwickelte sich die Lipizzanerrasse.

Mit dem Landgut im Karst erwarben die Habsburger auch die Sommerresidenz der Triestiner Bischöfe, laut Kaufvertrag »die Villa des Bisthums von Triest im Dörfle Lipitza«. Am Westflügel des Schlosses, wo sich im ersten Stock die Gemächer des Erzherzogs befanden, sind noch immer die Renaissance-Einflüsse sichtbar, während die anderen Teile des Gebäudes inzwischen mehrmals umgebaut worden sind. Der Schlosshof wird im Nordwesten von der *velbanca*, einem großen Gewölbestall für Zuchthengste, umgrenzt. Die *velbanca* war der erste von den Habsburgern in Lipica getätigte Neubau, als Hinweis auf das Baujahr hatte man am Eingang der 40 Meter langen Stallung die Jahreszahl 1703 eingefügt. Die ursprünglichen Ställe des Landgutes lagen unmittelbar am Eingang aus Richtung Sežana, wo heute noch die Reste der Grundmauern zu sehen sind. An derselben Stelle befindet sich ein weiteres der wenigen verbliebenen Zeugnisse aus den Anfängen des Gestüts: die steinerne Umrandung des einzigen natürlichen Brunnens, der in vergangenen Zeiten eine kostbare Quelle fasste.

Unmittelbar nach dem Erwerb Lipicas begannen die Arbeiten für das Gestüt. Inmitten der steinigen, mit geringem Baumbewuchs versehenen Landschaft wurde Geröll abgeräumt, wurden Steinmauern errichtet, kleine Stallungen gebaut, Weiden und Wiesen kultiviert, Zisternen und Pferdetränken angelegt und Bäume gepflanzt. Schon bald setzte sich der Brauch durch, dass jeder Pferdeknecht anlässlich eines Hengsttransportes von Lipica nach Wien drei Eichen pflanzen mussten. Auf diese Weise entstanden inmitten der kargen Karstlandschaft schattige Alleen für Pferd und Reiter.

Dolinen wurden mit Humus und Erdreich angefüllt und in mühevoller Arbeit mit Steinen umfriedet. Dadurch verwandelten sich etliche der für den Karst so typischen Sickertrichter in fruchtbares Gartenland, das dem Gestütspersonal zur Bewirtschaftung überlassen wurde. Innerhalb weniger Jahrzehnte entwickelte sich Lipica zu einer grünen Oase, zu einem landschaftlichen Kontrastprogramm, das auch dem Pferdefachmann Gassebner anlässlich seines Besuchs des Karster Hofgestüts im Jahre 1891 gefiel: »Eine Fahrt über den Karst bietet wenig Angenehmes. Überall kahle, zerklüftete Felsen, loses Gerölle, weit und breit kein Baum, kein Strauch, kein erfrischendes Grün. Nicht einmal ein Vogel ist zu sehen. Die Füchse allein treiben in den Höhlen ihr Unwesen. Im Sommer wird die Hitze unerträglich, im Winter tritt die Bora an ihre Stelle. Das ist die Signatur des Karstes. Zu welcher Jahreszeit man auch kommen mag, immer fühlt man sich unbehaglich. Kaum aber hat man die Einfassungsmauer von Lipizza passiert, so ändert sich mit einem Schlage die ganze Szenerie. Grüne Haine und herrliche Triften lachen uns entgegen, stattlich Bäume erfreuen das müde Auge, und es fehlt nur das Murmeln eines Baches oder das Rauschen eines Flusses, um uns in eine andere Welt versetzt zu denken.«

Fünfzehn Jahre nach dem Erwerb des Gestüts in Lipica fanden bereits 30 junge Pferde Aufnahme in den kaiserlichen Stallungen in Graz. 1739 stellten in Wien 54 Hengste ihr Können zur Schau. Das weiße Fell der Tiere kristallisierte sich erst im Laufe der Jahrhunderte als typisches Merkmal der Rasse heraus. Um 1900 demonstrierten bei den Darbietungen der *Spanischen Hofreitschule* noch mehrere dunkelbraune Lipizzaner die hohe Kunst des Dressurreitens.

In der wechselvollen Geschichte des Gestüts spiegeln sich die europäischen Kriegsverläufe und die daraus resultierenden oftmaligen Grenzverschiebungen wider. Während die Lipizzaner unter dem Kriegsherrn Eugen von Savoyen noch selbst gegen die Türken in die Schlacht ziehen mussten, zog man es im Verlauf der Napoleonischen Kriege vor, die Pferde mehrmals aus Lipica zu evakuieren. Im März 1796 wurde das kaiserliche Hofgestüt vor dem anrückenden Franzosenheer geräumt. In sechs Wochen hatten 300 Pferde den mehrere hundert Kilometer langen Weg in ihr Exil südwestlich von Budapest zurückgelegt. Nach dem Friedensschluss von Campoformio kehrten sie im Winter 1797 nach Lipica zurück. 1805 befand sich die Herde erneut auf der Flucht vor der französischen Armee. Diesmal zog sie nach Slawonien, von wo sie zwei Jahre später unter schwierigsten Witterungsbedingungen heimkehrte. Ihr drittes Asyl verbrachte sie gar sechs Jahre (1809–1815) in der ungarischen Theiß-Ebene. Der lange Aufenthalt in ungewohnter Umgebung führte bei den Pferden allmählich zu Degenerationserscheinungen, die sich im schlechten Gesundheitszustand und in einer geringeren Fruchtbarkeit äußerten.

An die Anwesenheit der Franzosen in Lipica erinnerten lange Zeit zwei französische Adler, die am Eingangsportal des Gestüts angebracht waren. Erst die Italiener nahmen während ihres Interregnums nach dem 1. Weltkrieg die Adler ab, da sie glaubten, es handle sich dabei um germanische Herrschaftssymbole. Mit dem endgültigen Abzug der Franzosen aus Lipica begann für das Hofgestüt eine neue Blütezeit. 1898 wurde die letzte zur k. u. k. Zeit errichtete Stallung anlässlich der 50-Jahr-Feier der Regentschaft Kaiser Franz Josephs I. feierlich eingeweiht. Die Gestütsverwaltung intensivierte den Zuchteinsatz orientalischer Pferde und orderte zu diesem Zweck eine größere Anzahl von Araberpferden, die 1857 im Hafen von Triest eintrafen. Die in den erhalten gebliebenen Zuchtbüchern des 19. Jahrhunderts erwähnten Namen »Hadudi«, »Ben Azet« oder »Koheilan« zeugen vom orientalischen Einfluss in dieser Zuchtperiode.

Der 1. Weltkrieg läutete das letzte Kapitel des Habsburgergestüts in Lipica ein. Am 18. Mai 1915 erhielt die Gestütsverwaltung den Befehl, die wertvollen Pferde nach Laxenburg bei Wien bzw. Kladrub in Tschechien zu evakuieren. Der Krieg endete mit dem Zerfall des habsburgischen Vielvölkerstaates, die Landflächen bei Lipica bekam Italien zugesprochen. Der italienische Staat forderte die Rückgabe aller 179 in Laxenburg untergebrachten Lipizzaner. Österreich lehnte das Ansinnen ab, zumal die in Kladrub befindlichen Pferde von der soeben ausgerufenen Tschechoslowakischen Republik beschlagnahmt wurden. Schließlich erarbeiteten Österreich und Italien einen Kompromiss, wonach jedes Land die Hälfte der in Laxenburg einquartierten Lipizzaner erhielt. 1919 kehrte das italienische Kontingent nach Lipica zurück, ein Jahr später fanden die österreichischen Lipizzaner eine dauerhafte Bleibe in Piber in der Steiermark.

Das unter italienischer Verwaltung stehende Lipica wurde kurzerhand in ein Militärgestüt umgewandelt, die weißen Zuchtpferde wurden zur Armee eingezogen. Nach der italienischen Kapitulation besetzten deutsche Truppen das Gestüt im Karst und verlegten den gesamten Pferdebestand nach Hostinec in Böhmen. Die Lipizzanerpferde aus Piber waren von den Nazis bereits ein Jahr zuvor nach Hostinec gebracht worden. Die ehemals habsburgischen, später österreichischen bzw. italienischen und nunmehr deutschen Lipizzaner fanden ihre Verwandten aus den ebenfalls von den Nazis besetzten Staaten Tschechoslowakei, Polen und Jugoslawien in Hostinec wieder.

Gegen Kriegsende lag das 670 Pferde umfassende Gestüt in Hostinec zwischen den heranrückenden Fronten der amerikanischen und sowjetischen Armee. Um den Zugriff sowjetischer Militäreinheiten und tschechoslowakischer Freiheitsbataillone auf die Tiere zu verhindern, eilten die Amerikaner in den letzten Kriegstagen dem bedrängten Gestüt zu Hilfe. In Zusammenarbeit mit deutschen Nazioffizieren geleiteten US-Soldaten unter Einsatz amerikanischer Panzerspähwagen die Pferde ins nahe gelegene Oberösterreich. Um den Lipizzanern zukünftige Auftritte im sowjetischen Bolschoitheater zu ersparen, befürwortete der US-Panzergeneral und Pferdefachmann George Patton auch die Verlegung der *Spanischen Hofreitschule* von Wien nach Oberösterreich. Die »heldenhafte Rettungsaktion« der Lipizzaner durch die amerikanische Armee fand in Hollywood seine filmische Umsetzung. Im Kalten Krieg produzierte der überzeugte Antikommunist Walt Disney 1964 den Streifen *Das Wunder der weißen Hengste*. Neben einem Staraufgebot von Schauspielern (Robert Taylor, Lili Palmer und Curd Jürgens) wirkten sämtliche Lipizzaner aus Lipica bei den Dreharbeiten als Statisten mit. Verständlicherweise war der Hollywoodfilm in den Kinos der Sozialistischen Föderativen Republik Jugoslawien nicht zu sehen. Österreich hingegen dankte dem amerikanischen Volk noch Jahrzehnte später für die einzigartige Rettungsaktion. Einen strikten Antikommunismus verfolgten die alliierten Westmächte auch bei der Rückführung der von den Nazis geraubten Lipizzaner. Während Österreich (97 Pferde) und Italien (107 Pferde) das Gros zugesprochen bekamen, erhielt Jugoslawien nach langwierigen Verhandlungen nur elf Lipizzaner zurück. Das war der kümmerliche Rest der stolzen Lipizzanerherde von 179 Pferden, die 1943 Lipica verlassen hatte.

1982 kamen der österreichische Wirtschaftskammerpräsident Rudolf Sallinger und Thomas Klestil, damaliger Botschafter in Washington, auf die Idee, dem amerikanischen Präsidenten Ronald Reagan bei ihrem USA-Besuch ein Lipizzanerpferd mitzubringen. Dem österreichischen Kulturverständnis entsprechend hörte das vierbeinige Gastgeschenk auf den Namen »Amadeus«.

In den ehrgeizigen Aufbauplänen des sozialistischen Jugoslawien fand das Gestüt in Lipica nur geringe Aufmerksamkeit. Die Ratlosigkeit im Umgang mit dem Lipizzanergestüt äußerte sich in häufigen Umstrukturierungen des Verwaltungsapparates. Lipica war abwechselnd den Bundesbehörden, der Republiksverwaltung, dem Landwirtschaftsministerium und ab 1959 gar dem Import-Export-Unternehmen *Jadran* Sežana unterstellt. Die jugoslawische Pferdezucht steckte neben ökonomischer Schwierigkeiten auch in einer ideologischen Krise. Sozialistische Modernisierungstheoretiker betrachteten das Pferd als Hindernis für die forcierte Mechanisierung der Landwirtschaft und einer gesellschaftlichen Neugestaltung des Dorfes. Dem Fortschrittsdenken entsprechend gab es Ende der 60er Jahre im gesamten Gemeindegebiet von Sežana, abgesehen vom Gestüt in Lipica, nur noch fünf Pferde. Die finanziellen Mittel zur Erhaltung Lipicas wurden sukzessive gekürzt und in den späten 1950er Jahren dachte man sogar daran, das Gestüt aufzulösen oder in Kroatien anzusiedeln. Marschall Tito bereitete den Diskussionen um Lipica ein Ende, indem er sich 1960 unmissverständlich für die Erhaltung dieses »europäischen Kulturdenkmals« aussprach. Im Mai 1996 folgte die mittlerweile selbstständige Republik Slowenien dieser Empfehlung und erklärte Lipica zum nationalen Kulturdenkmal.

Konsequent wird von der slowenischen Regierung der seit den 1960er Jahren beschrittene Weg der touristischen Vermarktung verfolgt. Seit 1989 wird das Gestüt mit dem vielsagenden Namen *Touristisches Pferdezuchtzentrum Lipica* als eigenständiger Betrieb geführt. Heute stehen dem sportbegeisterten Gast in Lipica zwei Hotels, Reithallen und offenes Reitgelände, ein Hippodrom, Tennisanlagen sowie ein Golfplatz zur Verfügung. Auch auf das obligatorische Spielcasino hat man nicht vergessen – wo auf den spielfreudigen Besucher Pferdewettautomaten warten.

Werner Koroschitz

XXV. NUR DIE RUHE
Rundwanderung bei Lokvica

Trotz ihrer Nähe zu Nova Gorica und Gorizia gehört die Gegend um Lokvica zu den ruhigsten Ecken des *Kras*. Die Hauptverkehrswege befinden sich außer Hörweite, und die kleinen Dörfer sind so spärlich gesät, dass man als Wanderer nur selten auf Menschen trifft. Dafür bietet sich hier, kaum 300 m über dem Vipava-Tal, ein Panorama, das vom Alpenbogen über die friulanische Tiefebene bis zur Küste reicht.

Von Lokvica, das neben etlichen Zeugnissen traditioneller Karstarchitektur auch eine besonders einladende *turistična kmetija* besitzt, führt der Weg in offenes Terrain und dort von einem Kriegsschauplatz zum nächsten: Die Erzherzog-Johann-Straße, eine befestigte Karsthöhle, Schützengräben und die Ruinen eines Militärlagers erinnern an die blutigen Schlachten des 1. Weltkriegs. Mit hübschen Weingärten umgibt sich Kostanjevica, dessen mächtiger Kirchturm schon von Weitem grüßt. Gemächlich ist der Aufstieg zum Kamm der Črni hribi, einer Kette bewaldeter Hügel, die das Plateau im Norden begrenzen. Nur kurz währt der Blindflug im Dickicht, dann öffnet sich der Blick, und das nächste Ziel wird sichtbar. Es ist die jüngst errichtete Turmfeste auf dem Gipfel des Cerje, die als patriotische Gedenkstätte dient. Wird man auch hier mit dem Thema Krieg konfrontiert, bleibt einem der Tag aus ganz anderen Gründen in Erinnerung: als überraschend aussichtsreiche Wanderung auf durchgehend harmonischen Wegen, die so kurz und bequem ist, dass für den kulinarischen Abschluss am Ausgangspunkt noch ausreichend Zeit bleibt.

HINWEISE ZUR WANDERUNG
LÄNGE: 13 km
HÖHENDIFFERENZ: 200 m ↑ ↓
GEHZEIT: 4:00 Std.
ANFORDERUNGEN: gering

Feldweg bei Kostanjevica na Krasu

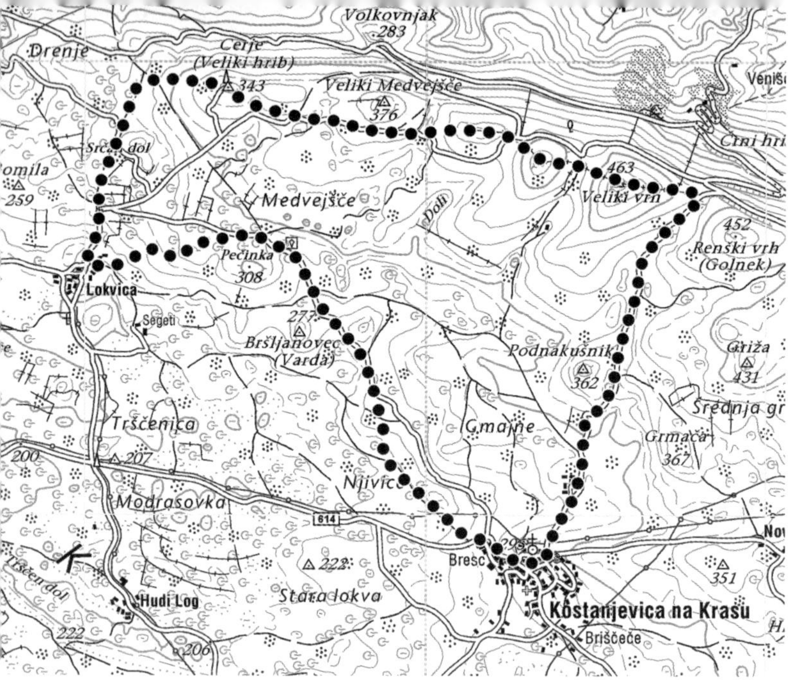

ORIENTIERUNG: mittel

KARTE: Izletniška karta »Goriška«, 1:50.000, Geodetski zavod Slovenije

EINKEHRMÖGLICHKEIT: Lokvica

ANFAHRT: Man nimmt auf der slowenischen H4 (Vipava-Schnellstraße) die Abfahrt »Vrtojba« bei Nova Gorica und folgt beim ersten Kreisverkehr dem Wegweiser »Miren«. Man passiert die Ortschaft Miren und folgt der Straße Nr. 614 bergwärts. Auf der Höhe angelangt, biegt man nach links Richtung Lokvica, das man nach 2 km erreicht.

WEGBESCHREIBUNG

Ausgangspunkt ist die **Turistična kmetija Marušič** in **Lokvica**. Links am Eingang vorbei, dann sofort rechts (**Wegweiser »Vodna pot«**). Nach 100 m nimmt man eine Abzweigung nach links und passiert eine alte **Wasserstelle** (Infotafel). Sanfter Anstieg bis zu einem breiten, geschotterten Fahrweg; auf diesem nach rechts (**Wegweiser »Pečinka«**).

Nach 15 Min. nimmt man eine Abzweigung nach rechts (**Wegweiser »Jama Pečinka«**). Bei einer Wegkreuzung geradeaus (Wegweiser). Man passiert kurz darauf eine **Informationstafel** und steigt kurz zum **Höhleneingang** auf der Hügelkuppe an. Schöner Rastplatz.

Zurück zur **Informationstafel**, dann halbrechts, dem Wegweiser **»Porojevičev prestol«** folgend. Man trifft auf einen geschotterten Fahrweg, geht rechts und passiert ein **Kriegerdenkmal**. Breiter und bequemer Weg in südöstlicher Richtung. Nach 1 km wendet man sich nach rechts (**Wegweiser »Tabor Segeti«**). Man passiert die Grundmauern des **»Lager Segeti«** und wendet sich bei dem darauffolgenden breiten Querweg nach links (**Wegweiser »Kostanjevica«**). Bei der darauffolgenden Gabelung hält man sich rechts. Weiter auf bequemem Fahrweg, eine Abzweigung nach rechts ignorierend und einen aufgelassenen Steinbruch passierend, bis zur **Hauptstraße** am Ortsbeginn von **Kostanjevica**; auf dieser nach links. Nach 150 m biegt die Hauptstraße nach rechts; man geht geradeaus in ein Sträßchen. Der Asphalt endet sofort; ansteigender Karrenweg in Richtung Kirche. Man trifft auf ein asphaltiertes Sträßchen, geht links und gelangt zur **Kirche** von Kostanjevica (1:30 Std.). Rastplatz.

Links an der Kirche bzw. hinter dem Friedhof vorbei bis zu einer **Straßenkreuzung**. Man geht links und folgt einer Schotterstraße in Richtung Norden. Vorbei an einem langgezogenen **Stallgebäude** und einem verwahrlosten **Freizeitgelände**; zwei Abzweigungen nach rechts werden ignoriert. Ansteigender Forstweg, der sich bald wieder senkt und zu einer großen Weggabelung führt; man geht rechts (**Tafel »Protipožarna preseka«**). 45minütiger gemächlicher Anstieg auf breitem Forstweg in zunehmender Vegetation bis zu einem bewaldeten **Sattel**, wo man sich 20 m vor der Einmündung in einen geschotterten Fahrweg in einen **markierten Pfad** nach links wendet.

10minütiger Anstieg auf schmalem Pfad bis zum **Gipfel des Fajtji hrib** (2:45 Std.). Blick auf Monfalcone. Kurzer steiler Abstieg in westlicher Richtung bis zu einem breiten Querweg; auf diesem nach links. Nach 20 m nimmt man eine Abzweigung nach rechts, um sich aber sofort wieder nach links in einen markierten Steig zu wenden (**Wegweiser »Cerje«**). Kurzer Aufstieg bis zum nächsten licht bewaldeten Hügel mit Blick auf Nova Gorica. 10 Min. im Wald steil bergab, dann in offenem Gelände neuerlich ansteigend über eine weitere Erhebung. Man wechselt auf die nördliche Seite des Hügelkammes, steigt zu einer Wegkreuzung ab und geht links in **Richtung »Cerje«**. Man folgt der Markierung bis zum großen **Turm** am Gipfel der betreffenden Erhebung (3:30 Std.). Prächtiges Panorama. Besichtigung des Museums.

Vom Turm wenige Meter auf der **Zufahrtsstraße** bergab, dann sofort nach rechts in einen Steig (keine Markierung zu sehen). Sanfter Abstieg in westlicher Richtung mit weiten Blicken. Man unterquert eine **Stromleitung**, der Weg verbreitert sich, und man trifft eine Schotterstraße. Man geht links und wendet sich nach 30 m nach rechts (**Wegweiser »Lokvica«**). Bald darauf mündet der Weg in einen Fahrweg; man geht geradeaus, trifft auf Asphalt und folgt der Straße bis **Lokvica** (4:15 Std.).

AM WEGE

Kostanjevica na Krasu | Castagnevizza del Carso

Der erste Eindruck eines etwas traurigen und zerrissenen Dorfes kommt nicht von ungefähr: Kostanjevica wurde im 1. Weltkrieg vollkommen zerstört, und davon hat sich das Ortsbild bis heute nicht erholt. Auch die devastierte Bar und das verlotterte Freizeitgelände tragen kaum zur Verschönerung bei. Von der einst gerühmten Steinmetzkunst und Ornamentik aus dem 17. Jahrhundert ist bis auf ein paar Brunnen sowie einigen Heiligenfiguren vor der Kirche nichts übrig geblieben; sie stammen von heimischen Steinmetzen, die im nahegelegenen Steinbruch arbeiteten.

Die einzigen »Attraktionen« befinden sich außerhalb des Ortes. Es sind dies einige bedeutende Kriegsschauplätze und Spuren militärischer Anlagen, allesamt mit illustrierten Informationstafeln ausgestattet. Ihre touristische Erschließung firmiert unter dem Begriff *poti miru*, Friedenswege, und entbehrt nicht einer gewissen Kriegsnostalgie. Sogar die Überreste einer Soldatenlatrine wurden ausgeschildert – mit zeitgenössischem Aktionsfoto. Der Abort gehörte zum *Lager Segeti* der österreichisch-ungarischen Armee, wo sich, so die Erläuterung, die »am Hochland von Doberdob eingesetzten Einheiten vom Fronteinsatz erholen« konnten. Etwas sicherer war der Aufenthalt in der Pečinka-Grotte, einer fast waagrecht verlaufenden Karsthöhle, die erst von den Österreichern, dann von den Italienern als natürlicher Bunker genützt und ausgebaut wurde. Sie war mit einem großen Periskop zur Beobachtung der oberirdischen Umgebung bestückt und

Kriegsmuseum am Gipfel des Cerje

wurde als »Auge des Karstes« bezeichnet. »Unsere Höhlen [...] haben elektrisches Licht, Liegepritschen, Bodenroste, sehen wie Kasernenunterkünfte aus, mit eigenen Verschlägen für Kanzleien, Kommanden und Telephon«, heißt es in den Kriegserinnerungen des k. u. k. Frontoffiziers Kornel Abel.

Unweit der betreffenden Grotte trifft man auf die *Erzherzog-Joseph-Straße*, ein Werk rumänischer Infanteristen, deren Nachkommen am Denkmal zu Ehren des Habsburgersprosses noch heute regelmäßig Kränze niederlegen. Der steinerne Thron nebenan ist Svetozar Borojević von Bojna gewidmet, der die 5. k. u. k. Armee während aller zwölf Isonzoschlachten kommandierte. Er war Angehöriger der serbischen Minderheit in Kroatien, mit serbisch-orthodoxem Religionsbekenntnis, und galt als besonders rücksichtsloser Heerführer. An der Front selbst ließ er sich nie blicken. Nach Kriegsende 1918 bot er sich zum Marsch auf Wien zur Niederschlagung der Republik an, wozu es aber mangels kaiserlichem Befehl nicht mehr kam. Auch der neu gegründete SHS-Staat hatte für den Feldmarschall keine Verwendung, weshalb er 1920 in Klagenfurt einem Schlaganfall erlag.

Vor der Jama Pečinka

Ein denkwürdiger Ort befindet sich zwei Kilometer nördlich von Kostanjevica. Es ist der 433 m hohe Fajtji hrib, zentraler Schauplatz der 9. Isonzo-Schlacht von 31. Oktober bis 4. November 1916, an der 225 italienische und 150 österreichische Bataillone beteiligt waren. Dabei gelang dem italienischen Heer ein Frontdurchbruch, indem sie den von den Österreichern besetzten, strategisch wichtigen Hügel eroberten und bis Kostanjevica vorstießen. Kurz vor dem Zusammenbruch stehend, konnten sich die österreichischen Verbände noch einmal sammeln und den Gegner zurückschlagen. Bilanz der Kämpfe, die den Frontverlauf kaum veränderten: 27.000 Tote und mindestens doppelt so viele Schwerverwundete.

Zwei Hügelkuppen weiter, am Gipfel des Cerje, steht ein bombastisches *Denkmal für die Verteidiger der slowenischen Erde*. Es ist einem historischen Festungsturm nachempfunden und hat offensichtlich Anleihe bei der italo-faschistischen Architektur genommen. In dem fünfstöckigen Bau soll ein Kriegsmuseum eingerichtet werden, das, so der Begleitfolder, »die Verteidigung des slowenischen Volkes vor den Eroberern durch die verschiedenen historischen Epochen [...], angefangen beim ersten Weltkrieg, Kampf gegen den Faschismus und zweiten Weltkrieg bis hin zum letzten Krieg zur Verselbständigung von Slowenien« dokumentiert.

Lokvica | Loquizza Seghetti

Ein schöner Brunnen, ein kleiner Weiher und eine 200jährige, gemauerte Zisterne mit Stiegenabgang weisen das Dorf als Oase am wasserarmen Karstplateau aus. Entsprechend umkämpft war der Ort im 1. Weltkrieg, was die Vertreibung der Bewohner und die Zerstörung ihrer Häuser zur Folge hatte.

EINKEHR:

Turistična kmetija Marušič. Surrealistische Skulpturen aus Kriegsschrott schmücken den Gastraum, Franz Joseph I. und Sissi die Wände. Teran, *pršut* und Co. schmecken trotzdem, allerdings nur am Wochenende. Einfache Zimmer. 00386 31 314480 oder 00386 31 370237

XXVI. IM FELDE
Wanderung von Brje pri Komnu zum Monte San Leonardo

Bei dieser etwa halbtägigen Wanderung nähert man sich dem Triestiner Karst »von hinten«, d. h. von Slowenien aus, wodurch sich ein interessanter Perspektivenwechsel ergibt und die Möglichkeit zum Vergleich der Landschaften dies- und jenseits der Grenze besteht. Vorherrschendes Thema ist der 1. Weltkrieg, der allenortes seine Spuren in Form von Befestigungen, Ruinen und Soldatenfriedhöfen hinterlassen hat.

Von Brje pri Komnu, einem verwinkelten Dorf mit etlichen Beispielen historischer Karstarchitektur, wandert man zwischen steingefassten Weingärten, Wiesen und Feldern Richtung Italien. Man gelangt in den Wald und folgt einer alten Militärstraße im Marschtempo zur Staatsgrenze. Nur kurz ist der Anstieg zum Hügelkamm, ehe man Anschluss an das markierte Wegenetz des *Club Alpino Italiano* findet. Eine unergründliche Grotte und die bemoosten Reste einer militärischen Anlage liegen auf dem Weg zum Monte San Leonardo, auf dessen Gipfel der Krieg nur die Grundmauern einer alten Wallfahrtskirche übriggelassen hat. Flach neigt sich das Land Richtung Küste, steil fällt es ab nach Slowenien. Glänzt im Süden das Adriatische Meer, ist es im Nordwesten die verschneite Alpenkette. Und wie in der Toskana sitzen die slowenischen Dörfer auf den Hügeln des *Kras*.

Man wechselt abermals das Staatsgebiet und kehrt auf schönen Kulturwegen ins Tal zurück, wo es im Umkreis von Brje gleich vier k. u. k. Soldatenfriedhöfe zu besichtigen gibt. Eingebettet in Weinkulturen und Weideland sind es besonders stimmungsvolle und wohltuend zurückhaltende Gedenkstätten. Nicht die Heldenverehrung steht hier im Vordergrund, sondern die Trauer um sinnlos vergeudetes Leben.

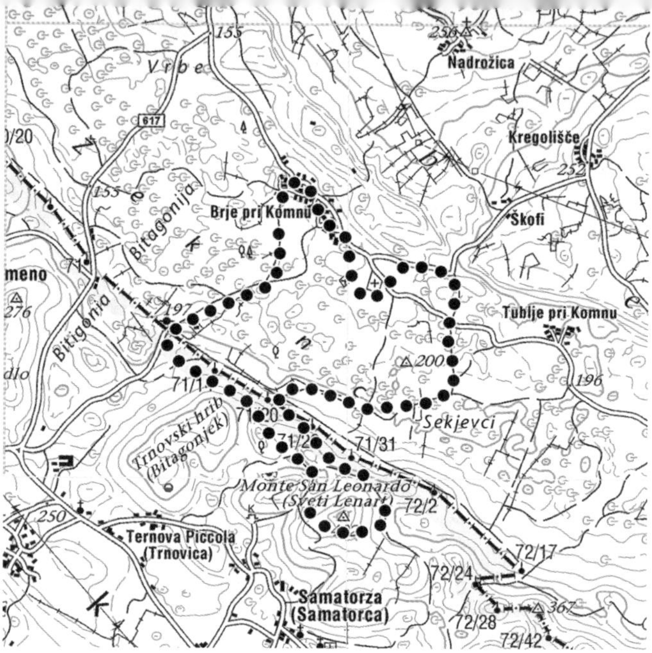

HINWEISE ZUR WANDERUNG

LÄNGE: 10 km

HÖHENDIFFERENZ: 240 m ↑ ↓

GEHZEIT: knapp 4:00 Std.

ANFORDERUNGEN: gering

ORIENTIERUNG: schwierig

KARTE: Izletniška karta »Primorje in Kras«, 1:50.000, Geodetski zavod Slovenije oder Tabacco-Wanderkarte »Carso Triestino e Isontino«, 1:25.000

EINKEHRMÖGLICHKEIT: Brje pri Komnu

ANFAHRT: Man nimmt auf der slowenischen A3 die Abfahrt »Sežana« und folgt der Straße Nr. 204 bis Dutovlje. Weiter auf der Straße Nr. 618 bis Krajna vas, wo man links abbiegt und einem Sträßchen über Pliskovica, Veliki dol und Tublje bis Brje pri Komnu folgt.

WEGBESCHREIBUNG

Ausgangspunkt ist **Brje pri Komnu** südlich von Gorjansko. Man geht vom »Dorfplatz« am westlichen Ortsrand (**Brunnen, Bushaltestelle**) auf einem ansteigenden Sträßchen Richtung Südwesten, passiert kurz darauf das **Haus Nr. 20** und hält sich bei der darauffolgenden Gabelung links. Man erreicht eine Querstraße, geht links und biegt sofort in einen **Güterweg** nach links. Kurz darauf eine Gabelung; man hält sich links. Schöner mauergesäumter Weg zwischen Wiesen und Weingärten mit Blick auf das Dorf. Eine Abzweigung nach rechts wird ignoriert. Nach 15 Min. ein Querweg; man geht rechts. Knapp 1 km auf **straßenbreitem Weg**, sanft ansteigend, stets die Richtung beibehaltend und vorbei an einem verlassenen **Gebäude** bis zur Staatsgrenze. Weiter auf breitem Weg bis zu einem **Hinweisschild »Confine di Stato«**, wo man sich nach links wendet (**markierter Weg Nr. 3**). Bei der darauffolgenden Gabelung folgt man der Markierung nach rechts. 20minütiger, etwas eintöniger und mühseliger Anstieg im Wald, erst auf schnurgeradem **Forstweg**, dann auf schmalem **Steig** mit gelegentlichen Blicken ins Tal. Der Weg senkt sich wieder und trifft auf einen breiten **Querweg.** Hier biegt man, die Markierung verlassend, nach rechts. Nach 300 m ein breiter Querweg; man wendet sich scharf nach links (Markierung). Kurz darauf passiert man rechter Hand die **Grotta Ternovizza**; geradeaus weiter auf markiertem Weg Nr. 10. Schöner Weg, der bald an den **Ruinen** einer militärischen Anlage aus dem 1. Weltkrieg vorbeiführt und auf einen breiten Querweg trifft. Man geht rechts (**Weg Nr. 10**) und nimmt nach 250 m eine Abzweigung nach links (**Weg Nr. 10**). 15 Min. steiler Anstieg bis zum **Gipfel des Monte San Leonardo** (1:30 Std.). Schönes Panorama.

Steiler Abstieg in nördlicher Richtung auf dem **Weg Nr. 10a** bis zu einem Querweg; man geht links (**Weg Nr. 3**). Gleich darauf ignoriert man eine undeutlich markierte Abzweigung nach rechts. Geradeaus weiter bis zu einer Wegkreuzung (**Hinweisschild »Confine di Stato«**). Man geht rechts in einen abwärts führenden Weg (**Hinweispfeil »Brje«**), der bald nach rechts dreht. Weiter auf dem Hauptweg bergab, eine Abzweigung nach links Richtung Brje ignorierend, bis zu einer weiteren **Hinweistafel »Confine di Stato«**. Die Richtung beibehaltend und die **Staatsgrenze** überschreitend weiter zu Tal. Undeutliche Abzweigungen nach links werden ignoriert. Der Weg verbreitert sich und dreht nach Norden. Eine erste breite Abzweigung nach links wird ignoriert. Bei einer kleinen **Fichtenkultur** ignoriert man eine zweite Abzweigung nach links. Steinmauern, Wiesen, Felder. Bald darauf eine Gabelung, man geht links, und der Weg vereinigt sich nach wenigen Metern mit einem von rechts kommenden breiten Weg. Man geht geradeaus und trifft bald darauf auf die **Straße**; auf dieser nach links.

Nach 300 m überschreitet man eine kleine **Kuppe** und wendet sich 50 m danach (vis-à-vis eines rostigen Wassertanks) in eine undeutliche Fahrspur nach rechts. Der Weg wird deutlicher, steigt an und führt in den Wald. Weiter zwischen Steinmauern und vorbei an einem großen Feld bis zu einem **Sträßchen**; auf diesem nach links. Bald darauf erscheint rechter Hand ein **Soldatenfriedhof**, zu welchem man absteigt, um ihn zu besichtigen. Auf dem Stichweg zurück zur Straße; auf dieser 20 m Meter nach rechts, dann scharf nach links in die Zufahrt zu einem Weingarten. Man folgt der Fahrspur, die zwischen Weingärten zur Hauptstraße führt; auf dieser nach rechts bis zum Eingang eines **2. Soldatenfriedhofs**. Besichtigung.

Man verlässt den Friedhof, geht links und biegt unmittelbar nach der Friedhofsmauer nach links in einen Pfad. Der Weg führt zu einem **Weingarten**, welchen man rechts umgeht. Man durchschreitet ein Gatter, geht auf einem Querweg wenige Schritte nach rechts, um sofort nach links zu biegen und auf einem kaum sichtbaren Pfad eine kleine Kuppe zu überschreiten. Man erreicht einen breiten Querweg, geht links und gelangt zu einem weiteren **Soldatenfriedhof**. Ein vierter **Friedhof** befindet sich 100 m weiter. Besichtigung. Zurück auf dem Zufahrtsweg bis zur Straße; auf dieser nach links. Am **Ortsbeginn** von **Brje** eine Gabelung; man hält sich links und gelangt, sich stets links der Hauptstraße haltend und auf diese Weise den alten **Ortskern** durchschreitend, zum Ausgangspunkt der Wanderung zurück (3:45 Std.).

AM WEGE

Brje pri Komnu | Boriano | Berie

Scheinbar im Abseits, ist der Ort dennoch verkehrsgünstig gelegen. Mit Nova Gorica, Sežana und Monfalcone befinden sich gleich drei Wirtschaftszentren und damit zahlreiche Arbeitsmöglichkeiten in Reichweite. Also halten sich Abwanderung und Überalterung in Grenzen und sind die Häuser, von ein paar malerischen Ruinen abgesehen, vielfach gut in Schuss. Neben den Pendlern, die den Großteil der Erwerbstätigen ausmachen, hat Brje auch zwei erfolgreiche Unternehmer hervorgebracht. Es sind dies der Steinmetz Aleš Tragin, der von der steigenden

Bei Brje pri Komnu

Nachfrage nach händisch gemeißelten Marmorportalen lebt, sowie der Weinbauer Marko Fon, der besten Teran, Malvazija und Vitovska produziert. Ausschließlich handverlesen und aufwändig gekeltert, wird sein Wein von Qualitätshändlern dies- und jenseits der Grenze geschätzt. Während Tragin mehrere Familienmitglieder beschäftigt (und den Großteil der Handarbeit selbst erledigt), bearbeitet Fon seine Weingärten im Alleingang. Ab-Hof-Verkauf gehört daher nicht zum Konzept, potenzielle Kunden werden sogar abgewimmelt. Wanderer können ihren Alkoholbedarf aber in den beiden *osmice* oder bei den Nebenerwerbsbauern des Dorfes decken, die von ihrem herben Tropfen gern eine Kostprobe abgeben. Wer Glück hat, ergattert sogar ein Stück hausgemachten Schinken.

Orte der Einkehr sind auch die vier k. u. k. Soldatenfriedhöfe östlich des Dorfes. Sie wurden jeweils in einer kleinen Doline angelegt und stellen damit quasi umgekehrte Feldherrnhügel dar. Tatsächlich sind die Gräberfelder alles andere als Stätten der Heldenverehrung. Anstelle heroisierender Monumente, wie man sie von anderen Soldatenfriedhöfen kennt, erinnern schlichte Betonkreuze an insgesamt rund 6.000 Gefallene. Ein

Dorfbrunnen von Brje pri Komnu

Großteil der Kreuze ist im Lauf der Jahrzehnte verrottet oder ganz verschwunden, und so symbolisieren die entstandenen Lücken das Massensterben umso eindringlicher. An einigen Kreuzen treten die Armierungseisen hervor, was unwillkürlich an verstümmelte Extremitäten denken lässt. Berührend sind vor allem die erhalten gebliebenen Namensschilder. Es sind kleine verzinkte Blechtafeln, in die man mit krakeliger Kurrentschrift die Personendaten der Toten eingeätzt hat. »920 Inf. Frey Nikolaus I R 80 + 26. 6. 917« und »1035 Korp. Ktonowski Ladislaus I R 80 + 28. 6. 917« steht da zu lesen oder einfach nur »693 Unbekan[n]t«. Für höherrangige (oder wohlhabendere?) Militärs wurden da und dort individuelle Grabsteine aufgestellt, darunter das jüdische Grabmal für »Kdr. Asp. Erwin Kornfeld«, gestorben am 23. Juni 1916.

Die meisten der hier bestatteten Soldaten starben im Militärkrankenhaus von Brje, das die kaiserliche Armee für die

Verwundeten der Isonzo-Front eingerichtet hatte. Zu diesem Zweck waren alle Häuser geräumt und die Bewohner »evakuiert«, das heißt vertrieben worden. Die hier durch Wundbrand, Thyphus oder Ruhr zugrunde gingen, waren gegenüber den Soldaten, die an der Front von Gewehrkugeln, Granatsplittern oder Bomben zerfetzt wurden, geradezu privilegiert. Denn diese Gefallenen erhielten in den seltensten Fällen ein »Ehrengrab«, sie wurden bestenfalls notdürftig verscharrt. »In kurzen Kampfpausen, in der Nacht, oder wenn der Herrgott einen dichten Nebel schickte, legte, ja warf man die Leichen in die hastig aufgebrochene Grube, Kalk drauf, der die Gesichter verätzte, Erde und Steine drüber«, beschreibt Kornel Abel die Gepflogenheiten in seinen Kriegserinnerungen *Karst – ein Buch vom Isonzo*. Manchmal wurden die Toten zum Stellungsbau verwendet: »Die [Kameraden- und Feindesleichen, Anm.] baut man in die Brustwehren ein, denn sie sind leichter aufzuschichten als der schwere, zäh im Boden haftende Stein, und sie schützen auch besser als der splitternde Karst.« Unzählige Tote blieben oft wochenlang zwischen den Linien liegen. »Die Leichen schwollen auf bis zum Bersten, mit kürbisgroßen Köpfen und quellenden Augen. Dann wurden sie immer kleiner, Tag für Tag flacher und dürftiger. Bis die Montur nur mehr klägliche Haufen deckte; auch sie schwanden mit jedem Tag und wurden von Wind und Wetter vertragen.«

Stilisiert der patriotisch gesinnte und deutschnationale Autor auch seine Kameraden zu posthumen Verteidigern des Vaterlandes hoch, kann man ihm doch in einem recht geben: »Darum soll man nur behutsam durch dieses Gelände gehen und zusehen, wohin man seinen Fuß setzt. Ja, man sollte es tief innen spüren, wann man die Grenze überschreitet, die das Reich des Todes von den Bezirken des Lebens trennt. Denn vielleicht ist gerade dort, wo man sich über einen grünumsproßten Fleck freut, ein Soldatenleben zu Ende gegangen.«

EINKEHR:

Kmetija Frankič-Peloz. Ambitionierter Weinbauer mit schönen Gasträumen und angenehmen Zimmern. 00386 5 7668771, www.frankic-peloz.si.

XXVII. AM SONNENHANG
Rundwanderung bei Malchina

Unversehrte Ortsbilder sind im Triestiner Karst eine Seltenheit, umso erfreulicher sind die Erscheinungsbilder von Slivia und San Pelagio nördlich von Aurisina. Beide Dörfer haben zumindest im Kern ihre Ursprünglichkeit bewahrt und profitieren außerdem von der privilegierten Lage mit Meerblick. Das Flair dieser Orte und die Schönheit der sie umgebenden klassischen Karstlandschaft machen den Reiz dieses kurzen und familienfreundlichen Rundganges aus. Einziger Nachteil ist der Autobahnlärm, der die Wanderer anfänglich begleitet, wofür man aber im zweiten Teil, der durch stille Gegenden an der Grenze zu Slowenien führt, reich entschädigt wird. Aufgrund der bequemen Wege über sonnenverwöhnte Hänge empfiehlt sich die Tour nicht zuletzt für die kalte Jahreszeit.

HINWEISE ZUR WANDERUNG

LÄNGE: 10 km

HÖHENDIFFERENZ: 100 m ↑ ↓

GEHZEIT: knapp 4:00 Std.

ANFORDERUNGEN: gering

ORIENTIERUNG: einfach

KARTE: Tabacco-Wanderkarte »Carso Triestino e Isontino«, 1:25.000

EINKEHRMÖGLICHKEIT: Malchina, San Pelagio

ANFAHRT: Man nimmt auf der Autostrada A4 die Abfahrt »Sistiana«, nimmt die erste Abzweigung nach rechts (Wegweiser »Sistiana«) und biegt in Sistiana auf der ersten Querstraße SR1 wieder nach rechts. Bei der darauf folgenden Kreuzung biegt man nach rechts und folgt der Straße, zunächst die Autobahn, dann die Eisenbahn querend, bis Malchina.

WEGBESCHREIBUNG

Ausgangspunkt ist der **Agriturismo Mezzaluna** in **Malchina**. Man wendet sich rechts des Eingangs in den markierten **Weg Nr. 31**.

Waldweg bei Malchina

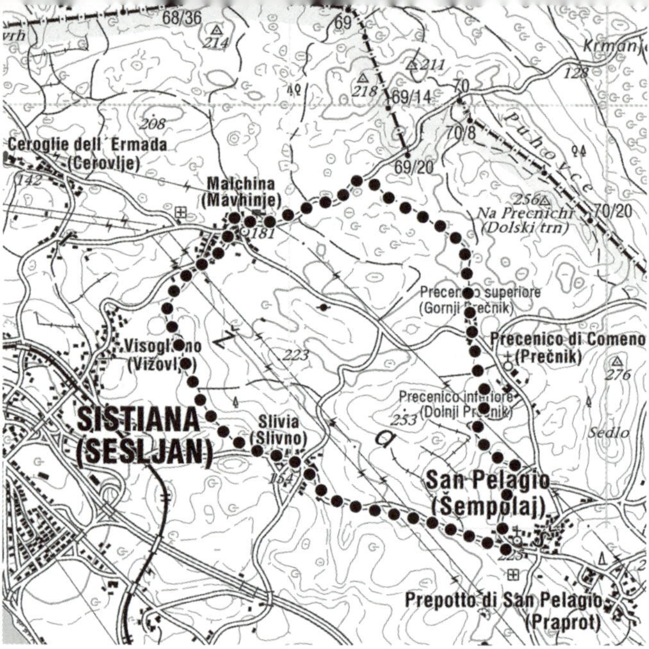

Bequemer, leicht abschüssiger Weg durch typische Karstvegetation, die bald Blicke zum Meer freigibt. Nach 30 Min. beginnt der Weg allmählich anzusteigen, um zwischen Weingärten und mauergesäumten Wiesen nach **Slivia** zu führen. Beim ersten Haus Nr. 6 gabelt sich der Weg; man geht links und gelangt zur **Kirche** (0:45 Min.).

Vorbei an der Kirche bis zur **Hauptstraße**, welche man quert. Geradeaus weiter, einige Villen passierend, bis zum Ortsende. Hier biegt man nach rechts in den **Weg Nr. 33.** Der Weg schlängelt sich im lichten Eichenwald am Sonnenhang entlang bis zu einem markierten Querweg; hier geht man links (**Weg Nr. 32**). Man erreicht bald darauf **San Pelagio** und begibt sich zur **Kirche** (1:45 Std.).

Man wendet sich zur benachbarten **Trattoria** und geht links an dieser vorbei in ein Gässchen. Gleich darauf eine kleine Kreuzung; man geht geradeaus. Der Asphalt endet am **Ortsrand**, das Sträßlein biegt nach rechts und führt als geschotterter Fahrweg in den Wald (**Markierung**). Nach 300 m eine Gabelung; man biegt nach links, die Markierung verlassend, und trifft kurz darauf auf einen markierten Querweg; auf diesem nach links. Kiefernwald. Bei einer leicht versetzten Wegkreuzung (eine blaue Markierung weist hier nach links) geht man geradeaus. Bei der darauffolgenden Abzweigung geht man rechts, den Hauptweg verlassend (beide Wege markiert). Man folgt der Markierung bis **Precenico Superiore** (2:45 Std.), wo man auf der **Straße** nach rechts biegt, um sich nach 30 m nach links zu wenden.

Der Asphalt endet, weiter auf einem geschotterten **Güterweg** (Markierung). Bei einer großen Weggabelung (Markierung in beiden Richtungen) hält man sich links, bei der darauffolgenden Gabelung wieder links, nunmehr den **Weg Nr. 3** einschlagend. Schöner breiter Weg in fast ebenem Gelände. Nach ca. 20 Min. trifft man auf einen noch breiteren Querweg und geht auf diesem, die Markierung verlassend, nach links. Man erreicht **Malchina** (3:30 Std.).

Bei der ersten Wegkreuzung am Ortsrand geht man links. Man passiert die **Kirche**, geht bei einer Querstraße rechts und biegt nach 50 m nach links (Wegweiser »Visogliano«). 500 m Asphalt bis zum Ausgangspunkt (3:45 Std.).

AM WEGE

Malchina | Mavhinje

Wie die benachbarten Dörfer Medeazza/Medjevas, Ceroglie/Cerovlje und Visogliano/Vižovlje, wurde auch Malchina am 16. August 1944 von den Nationalsozialisten niedergebrannt. Anschließend trieben diese sämtliche Männer des Dorfes zusammen, um sie nach Deutschland zu deportieren. Es war dies die Rache für einen Partisanenangriff auf die für den Nachschub wichtige Eisenbahnlinie bei Moschenizze. Trotz der Zerstörungen, die nur teilweise rückgängig gemacht werden konnten, ist das Ortsbild nicht ohne Reiz. Eine Handvoll bescheidener Häuser umringt lose den Dorfplatz, den ein mächtiger Glockenturm überragt, der wie die dazugehörige Kirche aus dem 18. Jahrhundert stammt und seit der letzten Renovierung viel Patina angesetzt hat. Vis-à-vis fällt das ehemalige Rathaus mit einer steinernen Außentreppe und zwei Arkadenbögen auf, neben dem ein Brunnen in Bassena-Manier vor sich hin plätschert. Zur angenehmen Atmosphäre tragen auch eine alte Linde und ein hoher Kastanienbaum bei, in dessen Schatten gelegentlich stimmungsvolle Konzerte veranstaltet werden. Vielleicht wurde bei einem solchen Anlass das Weinglas auf dem Dach der Telefonzelle vergessen.

Dorfplatz von Malchina

Ein denkwürdiger Ort ist auch die aufgelassene Volksschule, die mit ihrer schmutziggelben Fassade und einem fünfzackigen Stern geradezu realsozialistischen Charme besitzt. Sie ist nach Josip Murn (1879–1901) alias Aleksandrov benannt, der zu den bedeutendsten slowenischen Lyrikern gezählt wird und eine Reihe schwermütiger Naturgedichte hinterlassen hat. Wie für den Wanderer schrieb er Texte wie diese: »Durchweicht / von frühem Regen der Weg. Vom Wasser / und der Schwarzerde dort und von den Wiesen / steigt Dunst auf. Zur Rechten der Fichtenhang / zur Linken der Bergsteig, rostrot, verborgen / gleich einem Fuchsbalg […]« *as*

EINKEHR:

La Mezzaluna. Beliebter Agriturismo mit viel rustikalem Schnickschnack und esoterischem Einschlag. Speis und Trank sind dennoch passabel. 0039 040 291529, www.mezzaluna.it

Slivia | Slivno

Umrahmt von Weinterrassen und dem Meer zugewandt, ist es ein besonders sonniger Ort, und wenn günstiger Wind das

Gedröhn der nahen Autobahn verbläst, kommt zur schönen Lage noch die Ruhe hinzu. Auch im Ortskern dominiert das Grün in Gestalt alter Bäume und üppiger Gärten, die von hohen Steinmauern begrenzt werden. Engstehende Häuser mit hellen Marmorportalen und massiven Kaminen, darunter eine steingedeckte Außenküche, *spahnjenca* genannt, sowie mehrere stattliche Brunnen aus einer Zeit, in der noch jeder Tropfen Wasser kostbar war, vermitteln den Eindruck eines fast intakten Karstdorfes. Allerdings sind die meisten »historischen« Gebäude das Ergebnis des Wiederaufbaus nach dem 1. Weltkrieg. Das trifft auch auf die Kirche zu, die einen sehenswerten Barockaltar besitzt und an der Vorderseite von einer imposanten Statue des Heiligen Blasius bewacht wird. Als einer der Vierzehn Nothelfer schützt dieser zwar vor Blasenleiden, Blutungen, Zahnschmerzen, Geschwüren und der Pest, nicht aber vor der Bauwut, die am östlichen Ortsrand grassiert. Weil dagegen auch kein Kraut gewachsenen ist (nicht einmal im Karst!), schieben sich immer mehr protzige Neubauten ins Bild und wird man den Postkartenblick auf das Dorf nicht mehr lange genießen können.

Keine Villa, aber Mut besaß ein Zahnarzt, der 1898 in Slivia geboren wurde: Dorče Sardoč, Mitbegründer und zentrale Figur der slowenischen Widerstandsbewegung TIGR. Er wurde 1940 beim sogenannten 2. Triestiner Prozess wegen der Beteiligung an Anschlägen auf italienische Faschisten zum Tode verurteilt, kurz vor der Hinrichtung aber zu lebenslanger Haft begnadigt. Seine Lebenserinnerungen *Tigrova sled*, die Spur des Tigers, geben Einblick in das gefahrvolle Leben eines national beseelten Rebellen. *as*

EINKEHR:

Osteria Sardoč. Traditionelles Gasthaus im Ortszentrum, das es bis zu einer Empfehlung im Slow-Food-Führer *Osterie d'Italia* gebracht hat. 0039 040 200146. Temporär geöffnet haben außerdem drei *osmice*, in denen hauseigene Weine und einfache Imbisse angeboten werden. Die Adressen: *Ada Cante,* Slivia Nr. 25; *Giovanni Kralj*, Slivia Nr. 9; *Iztok Peric*, Slivia Nr. 2/A. www.osmice.net

Pfarrhaus von San Pelagio

San Pelagio | Šempolaj

Obwohl hier bereits die Römer siedelten und, wie Archäologen vermuten, einen Minervatempel errichteten, fand das Dorf erst 1421 seine erste schriftliche Erwähnung. Rund 150 Jahre später erlangte es als Kirchenzentrum einige Bedeutung, wovon noch heute das schöne alte Pfarrhaus zeugt. Es stammt aus dem Jahr 1566 und gehört zu den besterhaltenen Steinhäusern des Carso Triestino. Noch älter ist der Glockenturm, der um 1500 erbaut wurde; die Kirche selbst stammt in ihrer heutigen Form aus dem Jahr 1780. Der wohlproportionierte Bau markiert einen stimmungsvollen Dorfplatz mit einem ehrwürdigen Brunnen und einer blumengeschmückten Bildstockmadonna, die von einer Handvoll Kastanienbäumen beschattet werden. Von hier führen zwei enge Gassen in den alten Ortskern, der von einer Reihe historischer Häuser, darunter die *Adamičeva domačija* (Haus Nr. 26) mit einem Steinpranger an der Außenseite, geprägt ist. Es sind Gebäude aus der Zeit, als San Pelagio noch von der Seidenraupenzucht lebte, während heute der Weinbau im Vordergrund steht.

Zu besichtigen gibt es auch das Geburtshaus von Alojz Rebula, einem hochdekorierten slowenischen Schriftsteller der

Gegenwart. Viele seiner sprachgewaltigen Romane sind im Raum Triest angesiedelt und thematisieren das Verhältnis von slowenischer Identität und Christentum. Aufgrund seiner katholischen Überzeugung fiel er im kommunistischen Jugoslawien in Ungnade, um erst in den 1990er Jahren rehabilitiert und mehrfach ausgezeichnet zu werden. Eine weitere Gedenktafel erinnert an Albin Škerk (1921–1995), der auf Seiten der jugoslawischen Partisanen kämpfte und sich später als Abgeordneter der *Partito Comunista Italiano* im italienischen Parlament für die Rechte der slowenischen Minderheit stark machte.

Östlich der Kirche findet die Dorfidylle ein jähes Ende: Ein heruntergekommenes Partisanendenkmal, zerfetzte Plakatwände und eine Müllinsel umrahmen einen großen Parkplatz, der zugleich den werdenden Müttern als Treffpunkt dient. Die stark frequentierte Straßenkreuzung verweist auf die Nähe des Dorfes Prepotto/Praprot, das zum Mekka der Häuselbauer geworden ist. Über die fortschreitende Zersiedelung vermag selbst der Blick zur silbrigen Adria nicht hinwegzutrösten. Wer jung ist, wartet daher auf den Bus nach Triest, der Rest vernebelt sich die Sinne im Gasthaus am Ortsrand. *as*

EINKEHR:

La Betola. Winzige Trattoria vis-á-vis der Kirche mit ebensolchen Portionen und Preisen. 0039 040 2024266

Trattoria Gruden. Dorfkneipe für Leute ohne Ansprüche. 0039 040 200151

Terra del Carso. Biologischer Agriturismo mit Übernachtungsmöglichkeit. 0039 040 201056, www.agriturismiradovic.com

2845
FOJBE
VETRO

SCHWARZE LÖCHER

Ende des 19. Jahrhunderts beschäftigte sich der Reiseschriftsteller Heinrich Noé mit den für den Karst typischen Felsspalten, »die sich häufig gegen unten hin flaschenförmig in gewaltige Hohlräume erweitern«. In der Umgebung von Triest besichtigte er zahlreiche solcher Schächte, »welche eine Tiefe von siebzig, hundert Metern und darüber haben und zu deren Boden die Wände lotrecht hinabführen«. Weiters wusste Noé zu berichten, dass »solch ein Schacht in slovenischer Sprache *fojba* heißt«. Während das Naturphänomen der Karstschlünde einst hauptsächlich für den Geologen von Interesse war, löste das Thema *foibe* in den vergangenen Jahren erbitterte Diskussionen auf politischer Ebene aus, denn bei den gegen Ende des 2. Weltkriegs in Istrien und in der nordöstlichen Grenzregion Italiens von jugoslawischen Partisaneneinheiten verübten Morden benutzten die Täter die Karstspalten zur Beseitigung der Getöteten.

Dass die tragischen Ereignisse um die *foibe* Eingang in die Geschichte bzw. in die kollektive Erinnerung gefunden haben, dazu bedurfte es zuerst des italienischen Faschismus, des Überfalls Hitlerdeutschlands und seiner Verbündeten auf Jugoslawien sowie der daraus erwachsenden Partisanenbewegung. Die Auflösung des habsburgischen Vielvölkerstaates, die geopolitische Neuordnung des nordadriatischen Raumes und die Annexion des vormals österreichischen Küstenlandes an das Königreich Italien hatten die Nationalitätenkonflikte zwischen Italienern und Slowenen bzw. Kroaten verschärft. Als Folge des 1. Weltkrieges musste Österreich Julisch Venetien, Triest mit der istrischen Halbinsel, Zara sowie einige Inseln Dalmatiens an Italien abtreten. In Triest selbst, vor allem aber in den umliegenden Karstdörfern lebte eine starke slowenischsprachige Volksgruppe, der von Habsburger Seite eigene Schulen und Kultureinrichtungen zugestanden worden waren. Noch bevor die Grenzen zwischen dem Königreich Italien und dem jungen Königreich der Serben, Kroaten und Slowenen im Friedensvertrag von Rapallo im November 1920 endgültig festgelegt wurden, begann die italienische Militärverwaltung mit der Italianisierung der neuen Provinzen. Am 13. Juli 1920 steckten italienische Faschisten den *Narodni dom*, eine slowenische Kultureinrichtung in Triest, in Brand. Dabei kamen mehrere Menschen ums Leben. Bereits im September 1920 hatte Mussolini in Pula die faschistische Nationalitätenpolitik so dargestellt: »Wenn wir einer Rasse begegnen wie der slawischen – minderwertig und barbarisch – ist ihr gegenüber nicht die Zuckerbrotpolitik anzuwenden, sondern die der Peitsche.« Zugleich forderte er mehr »Lebensraum« für das italienische Volk, der auf Kosten der Slowenen und Kroaten geschaffen werden sollte: »Ich denke, es können bedenkenlos 500.000 barbarische Slawen für 50.000 Italiener geopfert werden.«

Nach seiner Machtübernahme legalisierte Mussolini Gewaltmaßnahmen gegenüber der slowenischen und kroatischen Minderheitenbevölkerung. Sein Regime verfolgte eine Politik der »Entnationalisierung«, es kam zur Schließung slowenischer und kroatischer Schulen, Kultureinrichtungen und Sparkassen. Die Italianisierung slawischer Vor- und Nachnamen wurde energisch vorangetrieben, und schlussendlich war sogar die Verwendung der Minderheitensprache in der Öffentlichkeit und während des Gottesdienstes verboten. Die Angehörigen der Minderheit sollten letztendlich auf die eigene »minderwertige« nationale Identität verzichten und die »höherwertige« italienische Kultur annehmen.

In der Zwischenkriegszeit hatten wegen politischer Verfolgungen, ökonomischer Benachteilungen und kultureller Repressalien mehr als 100.000 Slowenen und Kroaten das italienische Königreich bereits verlassen. Nachdem Mussolinis Schwarzhemden immer gewaltbereiter auftraten und die Assimilierungsmaßnahmen zusehends an Schärfe gewannen, änderten die Vertreter der Minorität ihre politische Strategie. Anstelle des legalen politischen Kampfes setzten slowenische und kroatische Untergrundorganisationen verstärkt auf terroristische Aktionen. Vor allem die Mitglieder der antifaschistischen TIGR (Abkürzung für Triest, Istrien, Gorica, Reka) kämpften seit 1924 mit spektakulären Methoden gegen die andauernde Unterdrückungspolitik. Zu ihrem Repertoire gehörten Brandstiftung, Bombenanschläge und Attentate auf italienische Faschisten. Letztendlich ging es den Minderheitenvertretern nicht mehr um die Erlangung der nationalen Autonomie, sondern um die Loslösung von Italien.

Am 6. April 1941 überfielen die Achsenmächte ohne Kriegserklärung Jugoslawien, woraufhin Slowenien zwischen dem Deutschen Reich, Italien und Ungarn aufgeteilt wurde. Italien erhielt das westliche Slowenien mit der Hauptstadt Ljubljana sowie Teile Dalmatiens. Alles Slowenische in der neu geschaffenen *Provincia di Lubiana* sollte ausgelöscht werden, wie dies Italiens Innenminister am 24. August 1942 unverhohlen formulierte: »Das Problem mit der slowenischen Bevölkerung ist auf folgende Weise zu lösen: 1) durch Vernichtung, 2) durch Umsiedlung und 3) durch Beseitigung gegnerischer Elemente.« Gegen Oppositionelle und Kämpfer der stetig wachsenden Partisanenbewegung ging die italienische Besatzungsmacht mit aller Härte vor. Nachdem antifaschistische Widerstandskämpfer das italienische Militär zusehends in Atem hielten und eine slowenische Partisanenpatrouille fast bis Triest vordrang, befahl General Alberto Ferroro »die vom Kommunismus infizierten Dörfer zu verbrennen, die Einwohner, soweit es sich um wehrfähige Männer handelt, als Geiseln zu nehmen und alle anderen – Alte, Frauen, Kinder – zu internieren oder zu verbannen«. Der Präfekt von Triest schlug im Kampf gegen die Partisanen, ähnlich wie während des italienischen Eroberungskrieges in Abessinien 1936/37, den Einsatz von Giftgas vor.

Pietro Brignoli, Militärkaplan bei den italienischen Besatzungstruppen, notierte in der Zeit vom 16. Juli bis 12. November 1942 sämtliche Übergriffe seiner Einheit auf die slowenische Zivilbevölkerung in sein Tagebuch. Zwei Tage kommentierte er folgendermaßen: »19. Juli: Noch vier Erschossene im selben Dorf. Weswegen? Ganz einfach: Ein hoher Offizier aus dem Armeekorps war am Morgen zum Oberst auf Visite gekommen und hatte ihm vorgeworfen, zu milde zu verfahren. Alle vier umklammerten den Kaplan und brüllten wie verwundete Tiere. - 21. Juli: Achtzehn Erschossene in einem anderen Dorf. Einer der achtzehn bat die anderen still zu sein und sprach kurz zu ihnen in ihrer Sprache. Ich erteilte ihnen die Absolution und Kommunion. Das Exekutionskommando bestand gewöhnlich aus Schwarzhemden, die in der Stadt politisch Verurteilte erschossen, nachdem sie den Regeln gemäß verurteilt worden waren; also lauter unempfindliche Leute: Die Verurteilten wurden mit dem ersten Schuss hingerichtet.«

Man schätzt die Zahl der in der *Provincia di Lubiana* von den Faschisten ermordeten slowenischen Zivilisten auf 6.000, die der hingerichteten Partisanen auf 900 und die der getöteten Geiseln auf 1.000 Personen; an die 30.000 nichtitalienische Zivilisten wurden in Lager deportiert, u. a. in das berüchtigte Konzentrationslager auf der Insel Rab. Die italienischen Offiziere, die für die Grausamkeiten an der Zivilbevölkerung verantwortlich waren, wurden nie vor Gericht gestellt. Nach dem Krieg sammelte die *United Nations War Crimes Commission* Beweise über von italienischen Militärs begangene Kriegsverbrechen. Die von der Kommission akribisch recherchierten Dossiers bzw. Täterlisten liegen bis heute unbearbeitet im UN-Archiv in New York.

Am 8. September 1943, nach der Entmachtung und Verhaftung Mussolinis, unterzeichnete Italien den Waffenstillstand mit den USA und Großbritannien. Die italienischen Truppen zogen sich aus den besetzten Gebieten zurück. Bis zum Einmarsch der deutschen Truppen entstand für kurze Zeit ein Machtvakuum, in das auch die Ereignisse um die *foibe* in Istrien fielen. Während italienische Soldaten und die Verwalter des Faschismus den chaotischen Rückzug antraten, versuchten Partisaneneinheiten, die herrenlos gewordenen Gebiete zu besetzen, um für die bevorstehende deutsche Okkupation gerüstet zu sein. Gleichzeitig entlud sich der Volkszorn gegen die in Istrien verbliebenen Repräsentanten und Kollaborateure des Faschismus, aber auch gegen arglose Italiener. Keineswegs waren die Übergriffe derart spontan, wie sie später gerne dargestellt wurden. Augenzeugen berichteten vom sogenannten *Omnibus des Todes*, der die verhafteten Personen von verschiedenen Orten abholte. Insgesamt wurden rund 400 Personen ermordet und in istrische *foibe* geworfen. Anfang Oktober 1943 rückten deutsche Militäreinheiten in Istrien ein und zerschlugen die Widerstandsbewegung auf der Halbinsel. Unmittelbar danach begannen Feuerwehrleute mit der Exhumierung der *foibe*-Opfer, deren Fotos als willkommenes Propagandamaterial in ganz Italien Verbreitung fanden.

Nach der Kapitulation Italiens besetzten Hitlertruppen Julisch Venetien (zusammen mit den Provinzen Udine und Ljubljana) und unterstellten das Gebiet als Operationszone *Adriatisches Küstenland* der Verwaltung des Deutschen Reiches. Unerbittlich bekämpften sie nicht nur die Partisanen und ihre Unterstützer; unter Mithilfe faschistischer Kollaborateure deportierten sie beinahe alle im annektierten Gebiet lebenden Juden in nationalsozialistische Vernichtungslager. Ungezügelte Strafexpeditionen gegen die Zivilbevölkerung, Plünderungen, Vertreibungen und Verwüstungen standen im Namen der »Bandenbekämpfung« an der Tagesordnung. Als Vergeltungsmaßnahmen für Sabotageakte und Partisanenaktivitäten wurden etwa die Karstdörfer Strmec, Lokve, Komen und Rihemberk von den gefürchteten SS-Karstjägern niedergebrannt, ein Großteil der Dorfbewohner wurde ermordet.

Am 1. Mai 1945 befreite die jugoslawische Armee unter Tito die Stadt Triest und Umgebung von der deutschen Schreckensherrschaft. Tags darauf trafen auch die alliierten Armeen in Triest ein, die aber unter Zurücklassung eines kleinen Truppenkontingents sofort nach Norden zogen, der Roten Armee entgegen. Bis zum 12. Juni 1945, dem endgültigen Eintreffen der Alliierten und der darauffolgenden Aufteilung der befreiten Gebiete in eine Zone A (Julisch Venetien mit Triest) unter westalliierter Verwaltung und einer Zone B mit dem slowenischen Karst und Istrien unter Einfluss Jugoslawiens, wurden die Städte Triest und Görz von der jugoslawischen Befreiungsarmee verwaltet. Die Mehrheit der slowenischen und kroatischen Bevölkerung begrüßte den jugoslawischen Einmarsch und erhoffte sich nach über 20 Jahren des Terrors eine Neuregelung der Staatsgrenzen. Der Großteil der italienischen Bevölkerung stand der Titoarmee reserviert gegenüber, zumal sie befürchtete, die Herrschaft über die 1918 angeschlossenen Gebiete an Jugoslawien zu verlieren.

Im Mai 1945 hielt Marschall Tito vom Balkon der Universität in Ljubljana eine Ansprache, in der er unmissverständlich zu verstehen gab, dass »die Hand der Gerechtigkeit, die Rächerhand unseres Volkes, die große Mehrheit von ihnen [den Verrätern, Anm.] bereits erreicht hat, und nur einem kleinen Teil der Verräter ist es gelungen, unter dem Schutz von Gönnern aus unserem Land zu fliehen. Diese Minderheit wird unsere Berge und unsere blühenden Felder nie wieder sehen.« Titos Rede bestätigte, dass die politische Führung gewillt war, die Gegner der Kriegszeit zu beseitigen. Neben Anhängern des faschistischen Regimes wurden auch jene Personen verfolgt, die sich zur Italienzugehörigkeit der von Jugoslawien beanspruchten Gebiete bekannten. So verhafteten und töteten Titos Leute nicht nur italienische Faschisten und Kollaborateure des Naziregimes, sondern auch antifaschistische, nichtkommunistische Widerstandskämpfer und Zivilisten, von denen angenommen wurde, dass sie gegen den Anschluss an Jugoslawien oder eine revolutionäre Umgestaltung der Gesellschaft waren. Die mitunter willkürlichen Festnahmen wurden meist von der Geheimen Staatspolizei, nach während des Krieges erstellten Listen, durchgeführt. So kam es vor, dass stadtbekannte Faschisten unbehelligt blieben, während vehemente Gegner des Mussoliniregimes oder der Nazidiktatur inhaftiert oder gar ermordet wurden. Ebenso kam es zu individuellen Racheakten oder kriminellen Delikten, die den Eindruck erweckten, dass neben der offiziellen Befehlsstruktur von Partei und Geheimdienst noch ein informelles, unkontrollierbares Netzwerk existierte.

Viele der Ermordeten beseitigten die Täter in den *foibe* des Karsts. Historische Quellen geben die Zahl der *infoibati* mit 500 bis 1.500 Toten an. Während Jugoslawien die alleinige Hoheit über die Region ausübte, eine Zeit, die bei der italienischen Bevölkerung als die »schrecklichen 40 Tage« in der kollektiven Erinnerung haften geblieben ist, wurden insgesamt 17.000 Personen festgenommen. Dazu werden auch die entwaffneten und in jugoslawische Kriegsgefangenenlager gebrachten italienischen Soldaten gezählt, deren große Mehrheit in den folgenden Monaten oder Jahren aus der Gefangenschaft heimkehrte. 4.000 bis 5.000 Personen, vorwiegend Italiener aus den Regionen Trieste und Gorizia, gelten als vermisst; sie sind wahrscheinlich umgekommen. Von den Alliierten im Jahre 1946 eingeleitete Untersuchungen zu den während der jugoslawischen Alleinherrschaft begangenen Gewalttaten ergaben 865 Tote, davon wurden 464 Leichen, von denen gut die Hälfte Soldaten waren, in insgesamt 48 *foibe* gefunden. Während seriöse Daten von insgesamt 1.500 bis 2.000

Infoibati in Istrien, Triest und Julisch Venetien ausgehen (eine vom friulanischen *Institut zur Geschichte der Befreiungsbewegung* durchgeführte Forschung gibt für Trieste 601 und für Gorizia 332 getötete Personen an), kursieren in der italienischen Öffentlichkeit Zahlen zwischen 10.000 und 30.000 ermordeten Italienern. Trotz gegenteiliger Quellenlage hält sich die weitverbreitete Meinung, dass es sich bei den *foibe*-Morden um einen an Italienern begangenen Massenmord handle. Um die These vom versuchten Genozid zu untermauern, wurden alle nichtitalienischen *foibe*-Opfer ausgeklammert. Verschwiegen wird die Tatsache, dass die *foibe* von den jugoslawischen Machthabern auch dazu benutzt wurden, um darin antikommunistisch eingestellte Slowenen und Kroaten zu beseitigen. Zudem praktizierten schon die Faschisten und Nationalsozialisten die »Entsorgung« ihrer getöteten Feinde in den berüchtigten Karstspalten. Aus den bestehenden Namenslisten geht hervor, dass außer unschuldigen Zivilpersonen viele der *foibe*-Toten nicht deshalb hingerichtet wurden, weil sie Italiener, sondern weil sie maßgeblich an Verbrechen im Namen des Faschismus beteiligt waren. Während sich faschistische Kriegsverbrecher nach Kriegsende kaum vor italienischen Gerichten verantworten mussten, wurden gegen die *Infoibatori* nicht nur in Triest, sondern auch in Jugoslawien Prozesse angestrengt. Zwischen 1946 und 1949 wurden in Triest 70 Personen wegen ihrer Teilnahme an den *foibe*-Morden vor Gericht gestellt.

Nach Titos Bruch mit Stalin war der Westen aus strategischem Interesse an guten Beziehungen zu Jugoslawien interessiert, weshalb bis zum Zerfall Jugoslawiens die *foibe*-Frage eine untergeordnete Rolle spielte. Ebenso wenig Interesse zeigten Italiens Kommunisten an einer Aufklärung des *foibe*-Dramas, hatte doch ein Teil der italienischen Partisanen einen Anschluss der Region an das sozialistische Jugoslawien favorisiert. Auch hätte das Eingestehen der *foibe*-Morde eine Illoyalität gegenüber Tito bedeutet. Seit einiger Zeit aber werden in Italien die *foibe*-Verbrechen und Massenvertreibungen aus Istrien und Dalmatien mit großer Vehemenz diskutiert.

Die italienische Regierungskoalition der Mitte-Rechts-Parteien führte im Jahr 2005 mit großer Mehrheit und Zustimmung des linken Flügels einen *foibe*-Gedenktag ein, nicht zuletzt mit der politischen Absicht, den Mythos von *resistenza* und Antifaschismus zu verdrängen. Der diesbezügliche Antrag wurde von Gianfranco Fini, dem Vorsitzenden der rechtsextremen *Alleanza Nazionale*, eingebracht. Laut Gesetzestext gehe es darum, die Erinnerung an die »Tragödie aller Opfer der *foibe*, an den Exodus derjenigen, die in Istrien, Fiume und Dalmatien im Zweiten Weltkrieg ihre Heimat verloren haben und an die komplexe Problematik der italienischen Ostgrenze« wachzuhalten. Der »Nationale Tag der Erinnerung« (*Il giorno del ricordo*) wurde auf den 10. Februar, den Jahrestag der Unterzeichnung des Pariser Friedensvertrages von 1947, gelegt. Der zeitliche Bezug zum Friedensvertrag von Paris irritierte wiederum die slowenische Öffentlichkeit, da Italien möglicherweise die darin vereinbarten Grenzen in Frage stellen könnte. Postwendend setzte das slowenische Parlament einen Nationalfeiertag fest, der an die Rückkehr der Primorska zu Slowenien und die durch Italiens Faschisten erlittenen Leiden erinnern sollte.

Am Abend des 10. Februar 2005 strahlte die italienische Rundfunkanstalt RAI den Spielfilm *Il cuore nel pozzo* (Das Herz in der Grube) aus. Die Produktion des Filmes, der vorgibt, die Geschichte der *foibe*-Massaker sowie die Vertreibung der Italiener aus Istrien darzustellen, geschah ebenfalls auf Initiative der *Alleanza Nazionale*. 10 Millionen Menschen verfolgten die Erstausstrahlung des Films. Er erzählt von der Vertreibung und Ermordung der italienischen Bevölkerung durch Tito-Einheiten. Die Partisanen werden als Bande skrupelloser Trunkenbolde und Vergewaltiger dargestellt, die ausschließlich von Rache und Hass auf alles Italienische getrieben werden. Maurizio Gasparri, Mitglied der *Alleanza Nazionale* und Minister für Telekommunikation (2002–2006), zog in einem Interview mit *La Stampa* Parallelen zwischen den *foibe*-Morden und dem Holocaust: »Wenn wir einen Dokumentarfilm machen, in dem gezeigt wird, wie die Leichen exhumiert werden, dann erregen wir nur Abscheu. Meiner Ansicht nach ist es wirksamer, einen Spielfilm zu machen, der die Geschichte einer jener armen Familien erzählt. Das sind große Tragödien. Wie die des Holocaust oder die von Anne Frank.« In einer diplomatischen Note bezeichnete der damalige slowenische Außenminister Ivo Vajgl den Film als »Geschichtsfälschung, der ein Volk in Schuldige verwandelt, das seine ganze Geschichte hindurch der Aggressivität der benachbarten Völker ausgesetzt war«. Trotz der Bedenken lief der Film wenige Wochen nach seiner Ausstrahlung in Italien, mit Untertiteln auch im slowenischen Fernsehen.

Am 10. Februar 2007 wurde die *foibe* von Basovizza als nationales Denkmal eingeweiht. Dabei handelt es sich um keine wirkliche Karsthöhle, sondern um einen aufgelassenen Bergwerksschacht. Bis jetzt gibt es noch keine eindeutigen Belege, ob in diese Grube tatsächlich Leichen geworfen wurden. Es existieren lediglich slowenische Unterlagen, die besagen, dass bei einem Massenprozess in der Nähe von Basovizza 150 Angehörige der Finanzpolizei sowie des Polizeipräsidiums mehrheitlich zum Tode verurteilt wurden. Über den Verbleib der Verurteilten ist nichts bekannt. Insofern handelt es sich bei Basovizza eher um einen symbolischen Gedenkort.

Anlässlich der dritten Wiederkehr des *Nationalen Tages der Erinnerung* bezeichnete der italienische Staatspräsident und ehemalige Kommunist Giorgio Napolitano die *foibe*-Toten als Opfer einer »hasserfüllten und blutrünstigen Erhebung«. Weiters sprach er von »Barbarei«, »slawischer Blutrünstigkeit« und einem »slawischen Anschlussplan, der sich im Friedensvertrag von 1947 durchsetzte und die unheilvollen Züge eines Aktes der ethnischen Säuberung annahm«. Im selben Atemzug versprach er, sich gegen »Formen der diplomatischen Verdrängung« einzusetzen. Die Rede vermittelte der italienischen Öffentlichkeit einmal mehr den Eindruck, Italien sei nicht wegen seines gewaltsamen Imperialismus und der bis 1943 bestehenden Allianz mit Hitler-Deutschland als Verlierer aus dem Krieg hervorgegangen. Die Äußerungen Napolitanos hatten eine scharfe Reaktion des kroatischen Präsidenten Stjepan Mesić zur Folge. Während die slowenische Regierung dem italienischen Präsidenten eine Protestnote übersandte, bezichtigte Mesić seinen Amtskollegen Napolitano des »Rassismus und Revanchismus«, hatte dieser doch unverhohlen den Friedensvertrag von 1947 in Frage gestellt.

Werner Koroschitz

XXVIII. HOHLWELT
Rundwanderung bei Gabrovizza

Von oben betrachtet, wirkt das Gebiet um Sgonico, einem zentralen Ort am Carso Triestino, fast langweilig, und auch der Blick auf die Wanderkarte verspricht wenig Interessantes. Vor Ort erweist sich das als falsch, zeigt doch hier das Karstplateau besonders viele Facetten.

Zum Auftakt durchmisst man eine fast unwirtliche, zerklüftete Landschaft mit unzähligen Trichtern und Höhlen, von denen die *Grotta Noè*, ein scheinbar bodenloser Schlund, die eindrucksvollste ist. Bizarre Felsformationen, wahre Kunstwerke der Erosion, und eine weitere Höhle, die Grotta Azzurra, liegen auf dem Weg nach Samatorza. Ein mittelalterliches Kirchlein und ein kleiner Friedhof bilden den Rast- und Wendepunkt. Anfangs durch lichten Wald (mit Blick auf die Adria), dann zwischen steingefassten Weingärten, wandert man weiter nach Sales, dem hübschesten Dorf im Umkreis. Gut erhaltene Steinhäuser laden zum Rundgang, ein freundlicher Winzer zu Speis und Trank. Entsprechend gestärkt, nimmt man den letzten Abschnitt in Angriff. Es ist geprägt von kleinen Äckern sowie ausgedehnten Wiesen, die, heute eine Seltenheit, als Weideland rekultiviert wurden. Glückliche Kühe und Schweine beobachten den Wanderer, ehe dieser, ein letzten Umweg nehmend, in der Grotta del Orso am Ortsrand von Grabovizza vom Erdboden verschluckt wird.

HINWEISE ZUR WANDERUNG
LÄNGE: 15 km [13 km]
HÖHENDIFFERENZ: 120 m ↑ ↓
GEHZEIT: knapp 4:30 Std. [4:00 Std.]
ANFORDERUNGEN: mittel
ORIENTIERUNG: mittel
KARTE: Tabacco-Wanderkarte »Carso Triestino e Isontino«, 1:25.000
EINKEHRMÖGLICHKEIT: Bristie, Sales, Gabrovizza

Wind und Wasser als Bildhauer: Felsformation bei Samatorza

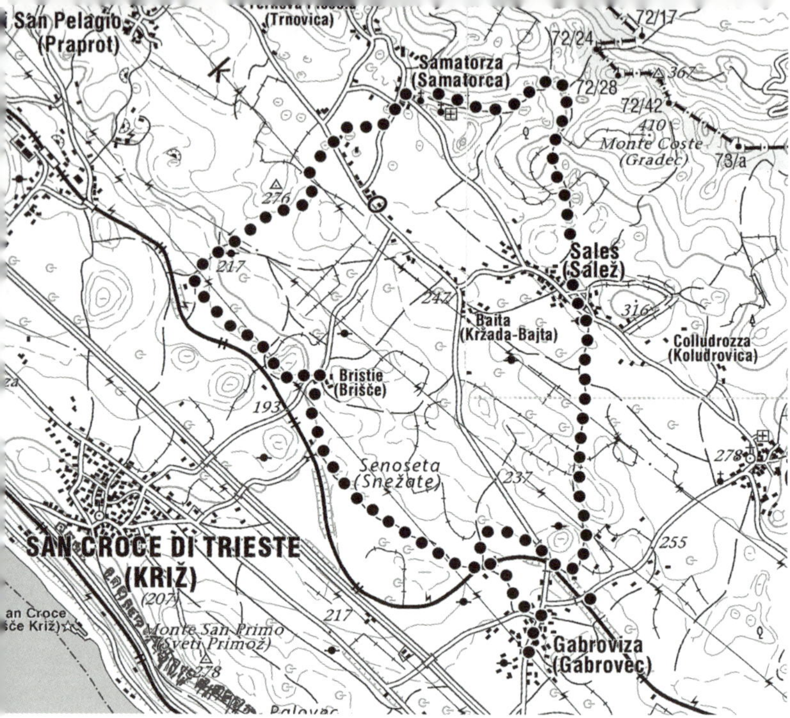

ANFAHRT: Man nimmt auf der Autostrada A4 die Ausfahrt »Sgonico« und folgt dem Wegweiser »Sgonico«, die Autobahn sofort überquerend, 1 km bis Gabrovizza.

WEGBESCHREIBUNG

Ausgangspunkt ist der südliche Ortsrand von **Gabrovizza** bei Sgonico. Man wandert von der **Trattoria Sociale** auf der Hauptstraße Richtung Ortsmitte und erreicht nach 100 m einen kleinen Park mit **Partisanendenkmal**. Hier wendet man sich nach links in ein Sträßlein (**Markierung Nr. 19**). Nach weiteren 100 m eine Gabelung; man geht rechts, die Markierung verlassend. Der Asphalt endet sofort; weiter auf einem Schotterweg bis zur **Bahntrasse**. Man überquert die Geleise auf eigene Gefahr und wendet sich auf einem breiten, deutlich markierten **Querweg** nach links. Nach 30 m eine Gabelung; man geht rechts (**Markierung Nr. 19**). Bequemer, fast ebener Weg zwischen Dolinen und Trockenmauern, teils im Offenen, teils im lichten Wald. Links und rechts des Weges mehrere kleine Höhlen und Einsturztrichter. Nach 30 Min. trifft man bei einem **verfallenen Haus** an der Bahnlinie auf einen Querweg und geht rechts. Der (weiterhin markierte) Weg verbreitert sich und mündet in ein Sträßchen, auf dem man die Siedlung **Bristie** durchschreitet (1:00 Std.).

Beim **Agriturismo Briščak** wendet man sich auf einer **Landstraße** nach links. Nach gut 100 m biegt man nach rechts in einen **Güterweg** (**Markierung**). Der Weg trifft bald wieder auf die Bahn, begleitet diese kurz und gabelt sich. Man bleibt vorerst neben den Geleisen, nimmt aber bald darauf eine Abzweigung nach rechts (**Markierung**). Der Weg steigt leicht an und führt, nachdem man bei einer Wegkreuzung geradeaus gegangen ist, zur **Grotta Noè** (1:20 Std.). Schöner Rastplatz.

Weiter auf dem markierten Pfad bis zu einer großen **Wegkreuzung**, wo man sich nach rechts in einen breiten Schotterweg wendet (**markierter Weg Nr. 10**). Nach gut 5 Min. eine Gabelung; man hält sich links (Weg Nr. 10).

Schöner Pfad, der zwischen markantem Gestein gemächlich ansteigt und rechts an einer bewaldeten Hügelkuppe vorbeiführt. [Kurz darauf empfiehlt sich ein Abstecher nach links (Weg Nr. 35) zur **Grotta Azzurra**, die man nach 350 m in einer Doline links des Weges findet.]. Weiter auf dem markierten Weg Nr. 10 bis zur **strada provinciale Nr. 6**. Man quert die Straße und geht, die Markierung verlassend, in eine **Hauszufahrt**, die sich gleich darauf zum Fußweg verjüngt. Weiter auf stark verwachsenem Pfad zwischen Steinmauern bis zu einer **Querstraße**; auf dieser nach links bis **Samatorza** (2:00 Std.).

In der Ortsmitte wendet man sich auf der **Straße** nach rechts und geht bis zu einer Gabelung am Ortsrand (**Bildstock**). Man hält sich links (**Markierung Nr. 45**) und erreicht das **Kirchlein Sant'Ulrico**.

Weiter auf dem **Weg Nr. 45**, der im Wald ansteigt und sich nach 15 Min. gabelt; man hält sich rechts (**Wegweiser »Percorso del Carso rurale«**). Kurz darauf wird eine Abzweigung nach links ignoriert. Beim darauffolgenden Querweg (**Hinweistafel »Confine di Stato«**) biegt der Weg Nr. 45 scharf nach links; man geht jedoch rechts. Der (ebenfalls markierte) Weg senkt sich bald und führt, erst im Wald, dann zwischen Weiden und Weingärten, nach **Sales** (3:00 Std.).

Von den ersten Häusern folgt man einem Sträßchen bergab bis zur **Hauptstraße**; auf dieser nach links (zuvor empfiehlt sich die Einkehr im **Agriturismo Škerlj** rechter Hand).

Nach 150 m wird eine Abzweigung nach links ignoriert. Nach weiteren 150 m biegt man nach rechts in einen **Feldweg**. Man folgt dem **markierten Weg** entlang großer Weiden bis zum **Ortsbeginn von**

Gabrovizza, von wo man einem Sträßchen bis zur **Hauptstraße** folgt, welche man überquert.

> **VARIANTE:** Man wendet sich auf der Hauptstraße nach links. 500 m Asphalt bis zum Ausgangspunkt (4:00 Std.).

Weiter auf breitem markierten Weg, der sich kurz darauf verjüngt und wieder zur **Hauptstraße** führt; auf dieser nach links. Nach 200 m biegt man nach links in einen Güterweg (Fahrverbotstafel). Nach 150 m wird eine **Grundstückszufahrt linker Hand** ignoriert. 30 m danach wendet man sich, die Markierung verlassend, nach rechts in einen undeutlichen Pfad. Man gelangt zum Rand einer tiefen Doline und steigt zum Eingang der **Grotta del Orso** ab. Besichtigung.

Zurück zum Hauptweg; auf diesem nach rechts. Beim darauffolgenden Querweg geht man links, um kurz darauf auf die **Bahntrasse** zu treffen. Man quert die Geleise und kehrt auf bereits bekanntem Weg zum Ausgangspunkt zurück (4:30 Std.).

AM WEGE

Gabrovizza | Gabrovec

Es ist kein Dorf, das einem lange in Erinnerung bleibt, dazu ist das Ortsbild zu gewöhnlich. Bei der Durchquerung dominieren nichtssagende und zum Teil hässliche Gebäude, nur abseits der Hauptstraße finden sich ein paar schön renovierte Steinhäuser. Dabei könnte der Ort ein Hort der Baukultur sein: Hier befand sich eine Maurerschule, deren Absolventen als Meister ihres Faches galten, und auch die Steinmetze von Gabrovizza hatten einen besonders guten Ruf. Auf deren Künste hat man bei der Errichtung des Partisanendenkmals am Dorfplatz weitgehend verzichtet: Als »Skulptur« dient ein verwitterter Kalksteinbrocken in der Form eines Herzens oder Hahns, je nach Betrachtungsweise. Hier wurde die 19. Brigade der Jugoslawischen Befreiungsfront gegründet und nach Srečko Kosovel, dem »Rimbaud Sloweniens«, benannt. Die Druckerei der Widerstandskämpfer war in einer Kaverne aus dem 1. Weltkrieg unweit des Ortes untergebracht.

»Tod dem Faschismus« in Sgonico bei Gabrovizza

EINKEHR:

Gostilna Trattoria Sociale bietet Hausmannskost »nach antiker Tradition«. Kinder können auf einem Plastikesel reiten. 0039 040 229168

Samatorza | Samatorca

Das Dorf liegt am Fuße des Monte San Leonardo und zerfällt in zwei Teile: Der erste liegt an der Hauptstraße und ist von hässlichen Neubauten charakterisiert, während sich im zweiten, von Gemüse- und Weingärten umgebenen Ortsteil, noch mehrere ursprüngliche Karsthäuser finden. Von hier ist es nur ein Katzensprung zum Kirchlein Sant'Ulrico/Sveti Urh, das in einer wunderbar stillen Ecke am Rande einer großen Doline liegt. Es geht auf das 15. Jahrhundert zurück und besitzt einen hübschen Giebel mit drei Glocken. Einen Besuch wert ist der kleine Friedhof, der durch eine eigene Pforte betreten werden kann, an deren Seitenwand ein paar ausgediente Grabsteine lehnen.

Eine weitere Sehenswürdigkeit ist eine Karsthöhle unweit des Dorfes mit dem vielversprechenden Namen *Grotta Azzurra.* Sie führt von einer Einsturzdoline rund 200 m in den Berg und kann, sofern man mit einer Taschenlampe ausgerüstet ist, ohne

Schwierigkeit begangen werden. Ihren Namen verdankt sie dem Einfall von diffusem Tageslicht, das den Fels bläulich schimmern lässt. Archäologische Funde belegen, dass die Grotte in der Steinzeit von Menschen bewohnt wurde. Der Grund dafür war wohl nicht nur die schöne »Beleuchtung«, sondern die Eigenschaft der Höhle als Wasserspender. Die machten sich auch österreichische Soldaten im 1. Weltkrieg zunutze, indem sie zwei unterirdische »Zisternen« errichteten, die bis heute erhalten geblieben sind. *as*

EINKEHR:

Azienda Agricola Colja. Aufwändig renoviertes Haus mit hohem Qualitätsanspruch. 0039 040 229326, www.colja.eu

Sales | Salež

Obwohl nur eine Straßensiedlung, überrascht Sales mit einem kompakten Ortsbild und dem Eindruck eines authentischen Bauerndorfs. Das liegt nicht nur am regen Traktorverkehr zwischen den mauergefassten Feldern und Weingärten, sondern auch an den Resten bäuerlicher Kultur – sei es ein großer Viehtrog da, sei es ein alter Heuwagen dort – die man allenthalben sieht. Und nicht zuletzt trägt das allgegenwärtige Farbenspiel von roter Erde und üppigem Grün zur Bilderbuchidylle bei.

Daraus zu schließen, dass die Mehrheit der Bewohner Bauern sind, wäre aber verfehlt – nur eine Handvoll lebt noch von der Landwirtschaft. Und bei näherem Augenschein zeigt die ländlich-heile Welt manchen Riss: frisch gepinselte Hammer-und-Sichel-Embleme, kaum verblasste Tito-Parolen und rote Stoffbahnen, die über die Straße gespannt sind, zeugen von fundamentaler Unzufriedenheit und linkem Widerstandsgeist. Sie knüpfen an eine Partisanentradition an, die hier wie fast überall im Triestiner Karst bis heute hochgehalten wird. Dazu passt das eigentümliche slowenischsprachige Denkmal im Ortszentrum, bestehend aus einem Stalagmiten, der wie ein mahnender Zeigefinger in die Höhe ragt, und einem verwitterten roten Stern, der die Gefallenen und Vermissten des bewaffneten Kampfes gegen Faschismus und Nationalsozialmus adelt. Das Monument stammt aus dem Jahr 1948 und hat acht Männer und eine Frau dem Vergessen entrissen.

Auf dem Weg nach Sales

Wenige Schritte vis-à-vis hat man dem bekanntesten slowenischen Grafikkünstler Lojze Spacal (1907–2000) einen Marmorbrunnen gewidmet, der zugleich Ausgangspunkt eines nach ihm benannten Wanderweges ist. Eine Informationstafel hebt seine antifaschistische Haltung hervor, für die der Künstler mehrmals verhaftet und in Arbeitslager in Süd- und Mittelitalien deportiert wurde. Vor diesem Hintergrund lässt sich aus den abgebildeten, scheinbar »harmlosen« Holzschnitten manch versteckte politische Botschaft herauslesen. *as*

EINKEHR:

Agriturismo Škerlj. Sympathischer Familienbetrieb, der auf artgerechte Tierhaltung Wert legt und seine Schweine im Wald herumlaufen lässt. Entsprechend gut schmecken der Prosciutto und die Haxen aus dem Ofen. Vom Feinsten sind auch der Malvasia und der Terrano aus eigener, naturnaher Produktion, jeweils in Eichenfässern gereift. Wer hier ein Wochenende oder einen Kurzurlaub verbringen will, ist in den drei kleinen Ferienwohnungen gut aufgehoben. 0039 040 229253, www.agriturismoskerlj.com

Glückliche Schweine im Wald bei Sales

Colludrozza | Koludrovica

Nur eine Viertelstunde von der empfohlenen Wanderroute entfernt und mit Sales durch einen angenehmen Feldweg verbunden, besteht die verschlafene Ortschaft nur aus einer Handvoll verstreuter Häuser. Zu besichtigen gibt es zwei besonders schöne Karstportale, das erste ist üppig mit Symbolen verziert, das zweite geht auf das Jahr 1793 zurück und ist viel schlichter gehalten. Steinerne Torbögen wie diese galten stets als Statussymbol und sind vor einigen Jahren wieder in Mode gekommen. Sie werden entweder renoviert oder – mehr oder weniger geschmackvoll – nach alten Vorbildern rekonstruiert. Gemeinsames Merkmal sind das eingemeißelte Baujahr des Hauses sowie ein religiöses Symbol in der Mitte. Nicht selten ist auch der Hausname eingraviert. Dazu kommen Ornamente aus Blumen und Reben, Herzen oder Sonnen. Verwendet wird weißer Karstmarmor, gelegentlich mit interessanten Einschlüssen von Fossilien.

Weitere Sehenswürdigkeiten sind eine schöne Glyzinie sowie ein überdachter Brunnen, der eher an ein Waschbecken denn an eine Tränke erinnert. Ein kleiner Hängeschrank verstärkt den Badezimmereffekt und stellt eine geheime Verbindung zum Bergdorf Chiout Zucuin im friulanischen Val Dogna her (vgl. *Die letzten Täler,* 2008). *as*

EINKEHR:

Agriturismo Živec. »Unsere außerordentlich gute Köchin Martina bereitet hervorragende *gnocchi di patate* zu, die mit Gulasch-, Bolognese- und Schweinsbratensauce oder mit Zwetschkenfüllung serviert werden. Auch unser Nudelteig wird ausschließlich hausgemacht.« Was die Homepage verspricht, kann von Freitag bis Sonntag auf seinen Wahrheitsgehalt überprüft werden. 0039 347 3166906, www.zivec.it

550 m

XXIX. LOKALRUNDE
Wanderung am Monte Lanaro

Mit 544 m ist der Monte Lanaro die höchste Erhebung des *Carso Triestino* und bietet von seinem Gipfel eine prächtige Aussicht. Ein Partisanendenkmal und eine rote Fahne weisen ihn aber auch als Ort des Widerstands aus. Ein weiterer Reiz der Wanderung besteht in den angenehmen Wegen zwischen Schafweiden und Weingärten sowie der Einbeziehung einer Reihe hübscher Dörfer mit netten Einkehrmöglichkeiten am Fuße des Berges.

Von Repen, dessen alte Häuser eine große Piazza umrahmen, gelangt man rasch nach Col am Fuße der schönen Wallfahrtskirche Monrupino. Der Tag ist lang, umso kürzer der Espresso. Zwischen moosbewachsenen Steinmauern führt der Weg in eine Senke, deren Wiesen noch heute den Schafen gehören. Fast unbemerkt wechselt man nach Slowenien, wo man in Voglje der Versuchung einer Weinverkostung nur mit Mühe widersteht. Weniger Willenskraft erfordert der gut einstündige, bequeme Anstieg im Wald, ehe einem die Triestiner Bucht und das slowenische Hinterland zu Füßen liegen. Ebenso leicht fällt der Abstieg ins Tal auf einer gepflasterten *mulattiera* aus dem 1. Weltkrieg. Krumme Gassen und alte Karsthäuser erwarten den Wanderer in Rupinpiccolo, das eine urige Dorfkneipe besitzt und den entsprechenden Umweg lohnt. Noch gemütlicher sind die beiden Buschenschänken in Sagrado, der vorletzten Station. Im Innenhof und unter Lauben schmeckt selbst der Teran wie Honigwein. Er ist nur der Aperitif zum guten Abendessen, das man sich, nachdem man etwas umständlich zum Ausgangspunkt zurückgekehrt ist, gewiss redlich verdient hat.

HINWEISE ZUR WANDERUNG
LÄNGE: 16 km
HÖHENDIFFERENZ: 290 m ↑ ↓
GEHZEIT: 5:30 Std.

 ‹‹ *Auf dem Weg zum Monte Lanaro*

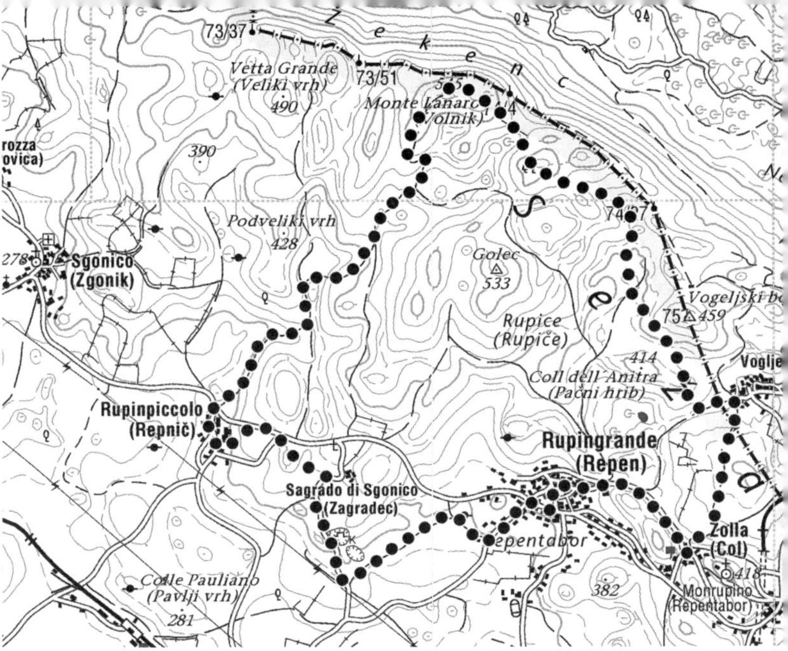

ANFORDERUNGEN: Ausdauer
ORIENTIERUNG: mittel
KARTE: Tabacco-Wanderkarte »Carso Triestino e Isontino«, 1:25.000
EINKEHRMÖGLICHKEIT: Col, Rupinpiccolo, Sagrado, Repen
ANFAHRT: Man folgt der slowenischen A3 bis zum Grenzübergang bei Sežana, passiert die Staatsgrenze nach Italien und nimmt sofort eine Abzweigung nach rechts (Wegweiser »Repen«). Nach 4 km eine Querstraße; man fährt rechts und biegt nach 500 m nach links ab. Nach 2 km hat man Repen erreicht, wo man das Auto im Zentrum abstellt.

WEGBESCHREIBUNG

Ausgangspunkt ist der **Dorfplatz** von **Repen**, den man, ausgehend von der **Gostilna Križman**, zu drei Viertel im Uhrzeigersinn umgeht. Man passiert das **Haus Nr. 81** und biegt nach 50 m nach links in ein ansteigendes Sträßchen (**Markierung**). Fünfminütiger Anstieg auf gepflasterter Straße bis zu einer Kreuzung **am oberen Ortsrand**, wo man sich, die Markierung verlassend, nach rechts wendet. 15 Min. Asphalt auf kaum befahrener **Straße** bis **Col** (0:25 Std.).

Bei den ersten Häusern eine Gabelung; man geht links, passiert eine **Trattoria** und wendet sich gleich darauf nach links in ein abschüssiges Sträßlein (**Fahrverbot, Markierung**). Der Fahrweg gabelt sich sofort, man hält sich links und gelangt auf breitem Weg in eine Senke. Man folgt der **Markierung** und wandert, erst zwischen Wiesen und Weiden, dann die **Staatsgrenze** zu Slowenien überschreitend, bis **Voglje** (0:50 Std.).

Man passiert die ersten Häuser und erreicht eine **Fünffachkreuzung**; auf dieser nach links, vorbei an der verwaisten **Grenzwache**, in einen ansteigenden Karrenweg (zuvor lohnt sich ein Abstecher nach rechts ins Dorfzentrum). Nach 50 m biegt der Hauptweg nach rechts; man geht geradeaus und betritt wieder italienisches Staatsgebiet (**markierter Weg Nr. 3**). Bereits nach 100 m folgt man, den Hauptweg verlassend, der Markierung nach rechts. Kurzer Anstieg bis zu einer **Hinweistafel »Confine di Stato«**, wo sich der Weg mit einem breiteren vereinigt. Man geht geradeaus, passiert eine große mauergefasste Weide und gelangt in den Wald. Bei der darauffolgenden großen **Gabelung** geht man rechts. Bequemer Weg, der nach 5 Min. auf einen Querweg trifft; man geht rechts, weiter der **Markierung Nr. 3** folgend (links der Weg Nr. 24). Angenehmer, stellenweise gepflasterter Waldweg, der allmählich etwas steiler ansteigt und sich verjüngt. Man erreicht einen Kammweg (**Hinweistafel »Confine di Stato«**) und geht rechts (Markierung). Schöner Weg über einen bewaldeten Gupf. Kurz danach folgt man der Markierung nach rechts. Kurzer Zwischenabstieg bis zu einer **Wegkreuzung**; man geht geradeaus (rechts weist ein Pfeil nach »Pliskovica«). Gut 15minütiger, etwas steilerer Anstieg bis zu einer Abzweigung, wo man, den Weg Nr. 3 verlassend, einer **rotgelben Markierung** nach links folgt. Kurzer Anstieg auf schmalem Kammweg bis zum Gipfel des **Monte Lanaro** (3:00 Std.). Schönes Panorama.

Vom Gipfel auf dem markierten **Weg Nr. 5** entlang einer Stromleitung bergab. 10 Min. auf breitem, teils betoniertem Weg bis zu einer **Wegkreuzung**. Man geht geradeaus (**orangeweiße Markierung**) und folgt einem Pfad, der bald wieder auf den Hauptweg **Nr. 5** trifft; auf diesem nach rechts (**Wegweiser »Sagrado«**). Bequemer Weg bis zu einer Gabelung; man hält sich rechts, den Hauptweg verlassend, jedoch weiter der **Markierung Nr. 5** folgend. Schöner gepflasterter Weg, der sich nach 20 Min. mit einem breiteren Weg vereinigt. Bei einer Gabelung kurz vor **Rupinpiccolo** hält man sich links. Am Ortsrand auf einem Fahrweg geradeaus, dann halblinks in eine Gasse, welcher man bis zur **»Hauptstraße«** im **Ortskern** folgt (4:00 Std.).

Am Monte Lanaro

Man geht wenige Meter nach rechts, wendet sich sofort nach links und passiert eine **Gostilna** sowie das **Haus Nr. 2**. Gleich darauf biegt man nach links in eine Hauszufahrt, die in einen Weg übergeht, auf dem man zwischen Mauern zur **»Hauptstraße«** zurückkehrt. Man geht rechts, wendet sich aber sofort nach links in eine ansteigende Straße (**Wegweiser »Sagrado«**). Nach 70 m (**Ortstafel**) biegt man nach links in einen Karrenweg, der nach weiteren 100 m bei einem aufgelassenen **Steinbruch** endet. Geradeaus weiter auf schmalem Pfad, der an der **Geländekante** oberhalb des Dorfes entlangführt. Man trifft auf einen geschotterten **Querweg** und geht auf diesem nach rechts. Kurzer Anstieg, dann fast eben bis zur **Straße**; auf dieser geradeaus. 350 m Asphalt entlang einer Reihe eingezäunter Grundstücke. An deren Ende verlässt man die Straße nach rechts und steigt weglos über eine steile **Böschung** zu einem Weingarten an, welchen man auf einer Traktorspur rechts umgeht. Man trifft auf ein **Sträßchen**, geht geradeaus und erreicht **Sagrado** (4:30 Std.). Einkehr.

Schafweide bei Col mit Blick auf Repentabor

Weiter auf einer **Schotterstraße** in westlicher (scheinbar »falscher«) Richtung. Der breite Fahrweg senkt sich, dreht bald nach links und führt nach 10 Min. zu einem **Steinbruch**, welchen man passiert. Nach weiteren 5 Min. biegt man nach links in einen Karrenweg (Fahrverbot). Man passiert einen aufgelassenen **Steinbruch** und folgt dem Hauptweg bis zu einer Gabelung; man hält sich rechts, erreicht einen **Teich** und geht rechts daran vorbei. Bei der darauffolgenden **Querstraße** am Ortsrand von Repen geht man links. Nach 250 m (vis-à-vis des Hauses Nr. 149) wendet man sich nach rechts in eine Fahrspur. Schöner Weg zwischen Gärten bis zu einer Kreuzung. Man geht geradeaus und erreicht den **Dorfplatz** von **Repen** (5:15 Std.).

AM WEGE

Repen | Rupingrande | Reippen

Das Dorf bildet mit Fernetti und Col die Gemeinde Monrupino, die kleinste der Provinz Triest. Um einen runden, zur Hälfte gepflasterten und zur Hälfte mit Gras bewachsenen Platz gruppieren sich zum Teil gut erhaltene Häuser im Baustil des

Karsts, in die auch neuere Gebäude recht stimmig eingewachsen sind. Am nördlichen Rand des Platzes eine alte Zisterne, Beispiel für die hier notwendige Kunst, in einer Landschaft ohne offene Wasserläufe und Quellen den Regen zu speichern. Unterhalb der Zisterne lädt ein aus Stein gehauener, auf einer Bank sitzender Trinker dazu ein, neben ihm Platz zu nehmen. In den *osmice* des Ortes – die Bezeichnung geht auf *osem*, slowenisch für acht zurück, das waren zur Habsburgerzeit die jährlich erlaubten Tage des Ausschanks in solchen Etablissements – kann heute die ganze Saison über getrunken werden. Ein typisches Karsthaus wurde zu einem Museum umgestaltet: ein verwunschener Hof hinter einer Mauer, im Parterre die Küche mit dem *fogolar*, der offenen Feuerstelle, ein Stall, im ersten Stock mit Originalmöbeln ausgestattete Wohnräume und der Heuboden. *Casa carsica*, April bis Oktober, nur sonn- und feiertags, 11.00–12.30 und 15.00–17.00 Uhr. *wb*

EINKEHR:

Hotel Ristorante Križman. Überdimensionierter Gasthof im Zentrum des Ortes mit traditionellem Speisenangebot und schlichten Zimmern. 0039 40 327 115, www.hotelkrizman.eu

Zolla | Col | Zoll

Seinen Namen verdankt das Dorf einer ehemaligen Zollstation der Grafen von Duino; die italienische Version, Zolla, wurde in den 1920er Jahren von den Faschisten eingeführt und kürzlich von der Gemeinde als amtliche Ortsbezeichnung wieder abgeschafft. Trotz des Zuzugs italienischer Bürger ist die Mehrheit der Bewohner nach wie vor slowenischsprachig. Der älteste Ortsteil liegt unterhalb der Kirche Monrupino/Repentabor, die auf einem markanten Felsen steht und für ihr schönes Panorama bekannt ist. Sie ist außerdem Schauplatz der *nozze carsiche*, slow. *kraška ohcet*, einer traditionellen Karsthochzeit, die hier alle zwei Jahre im Sommer zelebriert wird. Das Trachtenspektaktel dauert drei Tage, geht angeblich auf Gebräuche des 18. Jahrhunderts zurück und endet stets in einem kollektiven Besäufnis. Besonders trinkfreudig sind die Touristen, für die zu diesem Anlass fast jeder Haushalt in eine *osmica* umfunktioniert wird.

In Voglje

Eine Zeitreise ganz anderer Art erlebt man in der Senke unterhalb des Ortes. Auf großen Wiesen, die von moosbewachsenen Mauern umgeben sind, weiden hier, bewacht von langhaarigen Hunden, die Schafe wie vor hundert Jahren. Gelegentlich gewahrt man sogar einen Schäfer, der regungslos im Schatten einer Haselnuss verharrt. Wer sich den Herden nähert, erntet wütendes Gebell und finstere Blicke, weniger als potenzieller Viehdieb denn als Störenfried. Schwerer ist das Blöken der Schafe zu deuten. Angst? Unzufriedenheit? Gelächter?

EINKEHR:

Gostilna pod Tabrom. Einfache Gastwirtschaft mit schönem Sitzgarten. 0039 040 327120, www.alcastelliere.wpeople.it

Voglje | Vogliano

Das kleine slowenische Grenzdorf bezaubert mit einer Reihe unverfälschter Karsthäuser und mehreren alten Brunnen, die jeweils einen kleinen kommunikativen Platz markieren. Beim verwaisten Wachhäuschen am Ortsrand ist der geöffnete Grenzbalken zur melancholischen Skulptur verrostet.

EINKEHR:
Oštirjeva kmetija Vogl̲je. Aufwändig adaptiertes Haus mit schönen Laubengängen, imposantem Weinkeller und ebensolcher Schinkenkammer. Im hauseigenen Laden kann bester Teran gekostet und erworben werden. 00386 0 5 7346182

Rupinpiccolo | Repnič | Kleinreippen

Wie fast überall im Triestiner Karst spielt die Landwirtschaft hier kaum noch eine Rolle. Dennoch ist das Dorf bäuerlich geprägt, sind doch im Ortskern etliche historische Höfe erhalten geblieben und pflegen die Bewohner nach wie vor ihre kleinen Weingärten und Äcker für den Eigenbedarf. Dazu kommt ein letzter Vollerwerbsbauer, der von der Viehzucht lebt. Bis vor 30 Jahren wurden hier Hafer und Buchweizen angebaut und lieferten gezählte 61 Kühe Milch für den Triestiner Markt. Auch die Hühner- und Hasenzucht diente der Versorgung der Städter. Weil aber die Erträge kaum ausreichten, eine Familie zu ernähren, mussten sich viele Männer in den Steinbrüchen der Umgebung ein Zubrot verdienen und verdingten sich die Frauen als Hausgehilfinnen. Noch heute ist ein Großteil der arbeitenden Bewohner im Dienstleistungssektor beschäftigt.

Dass es auch bessere Zeiten gegeben hat, bezeugen die stattlichen Gebäude entlang der schmalen Gasse nördlich der Dorfstraße. Sie stammen aus dem 18. und 19. Jahrhundert und zeichnen sich durch Raffinessen aus, die über das Zweckmäßige weit hinausgehen. Es sind aber nicht nur Details wie eine Marmoraußentreppe mit ornamentverziertem Geländer, ein kunstvoll gemeißelter Fensterbogen oder bunt bemalte Dachziegel, die den Reiz von Repnič ausmachen, sondern vor allem das kompakte Ortsbild, mit dem es sich von den Nachbardörfern abhebt. Ihre Ursprünglichkeit verdanken die Häuser dem Umstand, dass das Dorf ab Mitte des 19. Jahrhunderts, nachdem die Viehwirtschaft einen massiven Einbruch erlitten hatte, mehrere Auswanderungswellen erlebte und die verbliebenen Bewohner kaum Mittel für Modernisierungen aufbrachten. Suchten die verarmten Bauern anfangs in den USA ihr Glück, verschlug es die Emigranten im 20. Jahrhundert mehrheitlich nach Lateinamerika und Australien.

In Rupinpiccolo

In den 1930er Jahren war es vor allem der Faschismus, der ganze Familien zur Flucht trieb. Bereits 1922 überfielen die Schwarzhemden den Ort und terrorisierten die slowenischsprachigen Bewohner. Es folgten mehrere faschistische Raubzüge und willkürliche Verhaftungen, die sich unter der deutschen Besatzung fortsetzten. Entsprechend breit war die Unterstützung der Befreiungsfront durch die Ortsbevölkerung. So schlossen sich nicht weniger als 30 Männer und Frauen den Partisanen an, von denen sieben ihr Leben lassen mussten. Der Kampf fand aber nicht nur in den Wäldern, sondern auch vor Ort statt: Anfang des Jahres 1944 wurde im Haus Nr. 11 eine slowenische Untergrundschule eingerichtet, um der Italianisierung durch die *Scuola elementare* entgegenzuwirken. Bis Kriegsende wurden die Kinder von Widerstandskämpfern unterrichtet, die auch Abendkurse für Erwachsene organisierten. Außerdem konnte sich im April 1944 der einzige Überlebende eines Massakers in Villa Opicina, bei dem die Deutschen 71 Geiseln erschossen, nach Rupinpiccolo retten, wo er von den Einheimischen vor den Nazis versteckt wurde. Vom antifaschistischen Geist zeugen noch heute vereinzelte Tito-Parolen und Hammer-und-Sichel-Graffiti.

EINKEHR:
Gostilna Batič. Eine Dorfkneipe wie vor 50 Jahren. An der Fassade verrostet eine Birra-Dreher-Reklame, und der Gastraum hat den Charme einer Arbeiterkantine in Weißrussland. Der *vino* kostet 50 Cent pro Glas und schmeckt auch so.

Sagrado | Zagradec

Der Ort besteht aus zwei großen Bauernhöfen, die beinahe zusammengewachsen sind und einander den Rücken zukehren. Beide produzieren tadellosen Wein, welchem man nebst typischen Karstgerichten in gemütlichen Gastgärten nach Herzenslust zusprechen kann.

EINKEHR:
Agriturismo/turistična kmetija Milič. Ursprünglich eine einfache *osmica*, hat sich das Haus zum professionellen Gasthof entwickelt, der neben guten Weinen und vielfältigen Speisen auch eine angenehme Übernachtungsmöglichkeit bietet. Zu den Spezialitäten des Hauses zählen das selbstgebackene Brot, *stracotto di maiale* und in Malvasia gegarte *salsice*. Das Fleisch stammt von hauseigenen Tieren, die in Sichtweite des Sitzgartens gehalten werden. Von den Strapazen der Mahlzeit kann man sich in den Fremdenzimmern im ehemaligen Heustadl erholen; gelegentlich gibt's auch Kulturprogramm. Fr, Sa, So, ganzjährig, 0039 040 229383
Agriturismo/turistična kmetija Ostrouška. Setzt wie die Nachbarn auf bodenständige Küche mit individuellem Einschlag. Ein Pluspunkt ist die große Weinlaube, unter der man vom vergorenen Rebensaft kaum genug kriegen kann. 0039 040 229594, www.ostrouska.it

XXX. KONTRASTPROGRAMM
Rundwanderung bei Villa Opicina

Als Verkehrsknotenpunkt und Hinterhof Triests ist Villa Opicina nicht unbedingt mit Schönheit gesegnet, bei näherem Augenschein zeigt es aber auch charmante Facetten. Vor allem im Zentrum des mehrheitlich slowenischen Ortes findet sich manche gemütliche Ecke. Die größte Überraschung ist aber, dass sich in unmittelbarer Nähe der Stadt eine weitgehend intakte Kultur- und Naturlandschaft erhalten hat.

Vom alten Bahnhof, der noch immer seiner einstigen Bedeutung nachtrauert, gelangt man unversehens in »klassisches« Karstland, wo ein Denkmal an die Ermordung faschistischer Kollaborateure durch kommunistische Partisanen erinnert. Ein Ort der Stille ist der kleine See am Grund des Dolinenkessels Percedol, zu dem man anschließend absteigt. Auf historischen Karrenwegen wandert man weiter zur *Riserva Naturale del Monte Orsario*, dessen Gipfel die Grenze zu Slowenien markiert und weite Blicke über den Karst und die Triestiner Bucht erlaubt. Noch schöner ist die Aussicht vom Kirchenhügel Monrupino, dem bedeutendsten Kulturdenkmal im Umkreis. Col heißt das Dorf zu seinen Füßen, wo eine kleine Trattoria zur Mittagspause lädt. Bizarre Felsen und antike Zisternen liegen am Weg zur Grotta Gigante, der größten Schauhöhle der Welt. Nach ihrer Besichtigung, einer Art Bergtour ins Innere der Erde, steht noch eine letzte Sehenswürdigkeit auf dem Programm: Die kunstvoll geschlichteten Trockenmauern, die den gesamten Weg nach Villa Opicina säumen und wohl zu den schönsten Bauwerken ihrer Art zählen. Ein Kleinod ist auch die Bahnhofskneipe, in welcher man am Ende der Wanderung allmählich wieder zu Kräften kommt.

Bahnübergang bei Villa Opicina

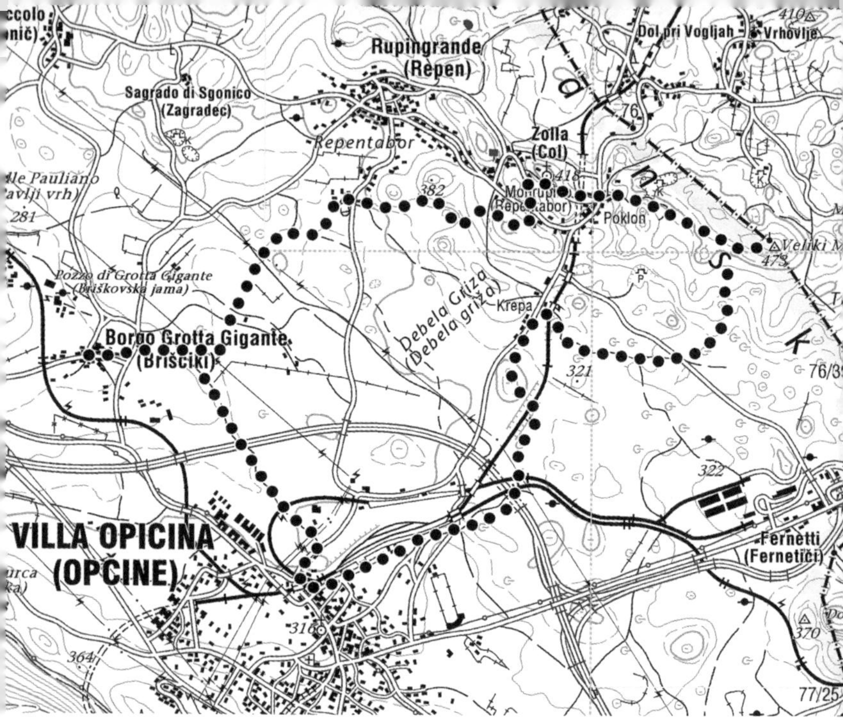

HINWEISE ZUR WANDERUNG

LÄNGE: 20 km

HÖHENDIFFERENZ: 240 m ↑ ↓

GEHZEIT: 6:00 Std.

ANFORDERUNGEN: Ausdauer

ORIENTIERUNG: schwierig

KARTE: Tabacco-Wanderkarte »Carso Triestino e Isontino«, 1:25.000

EINKEHRMÖGLICHKEIT: Col, Borgo Grotta Gigante, Villa Opicina

ANFAHRT: Man folgt der slowenischen A3 bis zum Grenzübergang bei Sežana, passiert die Staatsgrenze nach Italien und folgt der SS58 4 km bis zur großen Kreuzung im Zentrum von Villa Opicina. Hier fährt man rechts und biegt nach weiteren 500 m nach rechts Richtung *Stazione* ab.

WEGBESCHREIBUNG

Ausgangspunkt ist die **Stazione di Villa Opicina** im Norden der Ortschaft. Man wandert vom **Bahnsteig** rechts der Geleise in nordöstlicher Richtung und verlässt das Bahnhofsgelände nach ca. 300 m nach rechts durch ein **Gatter**. Nun wendet man sich nach links und geht auf einem geschotterten **Fahrweg** bis zu einer Straßenkreuzung; man geht geradeaus und folgt dem **Wegweiser »Foiba«** bis zur Gedenkstätte **Foiba 149** (0:20 Std.).

Weiter auf breitem Forstweg (**Markierung Nr. 43**), erst eine Hochspannungsleitung, dann **zwei Bahntrassen** unterschreitend. Kurz danach (der Weg hat zuvor eine scharfe Rechtskurve beschrieben) eine Wegkreuzung: man geht, die Markierung verlassend, nach links. Man überquert bald mittels **Steinbrücke** ein weiteres Bahngeleis und biegt kurz darauf nach rechts in einen abwärts führenden Pfad. Kurzer Abstieg bis zum Grund der **Doline Stagno Percedol** (0:45 Std.). Man umgeht den hier befindlichen Teich und steigt von einer Informationstafel auf einem breiteren Weg wieder an. Nach 150 m biegt der Weg nach links; hier geht man geradeaus und steigt auf kaum sichtbarem Pfad sowie die Richtung ungefähr beibehaltend bis zu einer **Straße** an; auf dieser nach rechts. Man passiert das **Ortsschild »Col«** und biegt nach ca. 100 m (Verkehrsspiegel) nach rechts in einen schmalen Pfad, welchem man bis zur (verschlossenen) **Grotta Lazzaro Jerko** folgt. Von hier steigt man 50 m weglos zu einem hohen **Bahndamm** an; auf diesem 300 m nach links bis zum Übergang eines Karrenweges, zu welchem man nach links absteigt, um auf ihm die Bahn zu unterqueren. Schöner, teilweise gepflasterter **»Römerweg«**, der sich im lichten Gehölz in östlicher Richtung dahinschlängelt. Nach gut 1 km passiert man die Einmündung des markierten **Weges Nr. 43** von rechts. Man geht geradeaus, lässt die Grotta di Perla sowie Caverna di Ciclami links liegen und trifft auf eine **Asphaltstraße**, welche man überquert (1:30 Std.).

Schöner, moderat ansteigender Weg (Nr. 43) in offenem Terrain. Auf einer **Hügelkuppe** nimmt man eine Abzweigung nach links. Kurz darauf ein Querweg (**Weg Nr. 3**); man geht rechts und folgt der Markierung Nr. 43 bis zum Gipfel des **Monte Orsario** (2:00 Std.). Militärische Ruinen; Aussichtsplattform.

Zurück zum **Weg Nr. 3**, welchem man nun in westlicher Richtung talwärts folgt. Nach 25 Min. gelangt man zu einer **Straßenkreuzung**; man geht geradeaus (**Wegweiser »Rocca di Monrupino«**) und hält sich bei der darauffolgenden Gabelung, die Markierung Nr. 3 verlassend, links. Ansteigendes Sträßchen. Nach 200 m nimmt man eine Abzweigung nach rechts und steigt zur **Kirche von Monrupino** an. Schöner Rundblick. Abstieg über einen Treppenweg westlich der Kirche zur Straße und auf dieser nach rechts bis ins Ortszentrum von **Col** (2:45 Std.) Einkehr in der **Trattoria pod Taborom**.

Zurück auf demselben Sträßchen. Nach 50 m eine Gabelung; man geht rechts, passiert bald darauf den **Friedhof** und gelangt zu einer Querstraße, welche man überquert. Vorbei am **Denkmal** für die Opfer des Faschismus, mehrere bizarre Felsformationen (**Tini di Monrupino**). Schmaler, **blau markierter Weg**, der sich durch lebhaft gegliedertes Gelände schlängelt. Man erreicht zwei antike **Zisternen** und biegt kurz danach nach links in einen leicht zu übersehenden Pfad (weiterhin blau markiert). Stets der undeutlichen Markierung folgend und dabei mehrere Richtungswechsel vollziehend bis zu einer **Querstraße** (Sportgelände, Ortstafel »Repen«).

Man biegt nach links und wendet sich nach 50 m nach rechts in einen Karrenweg (fehlende Markierung). Man passiert kurz darauf eine kleine »Ranch« und wendet sich beim darauffolgenden Querweg nach rechts. Beim nächsten Querweg geht man links (blaue Markierung). Wieder mehrere Richtungswechsel und teilweise sehr undeutliche Markierungen. Man unterschreitet schließlich zwei **Hochspannungsleitungen**, quert ein Sträßlein und wendet sich bei der darauffolgenden Wegkreuzung halbrechts (Markierung).

Bei der **Straßenkreuzung** am **Ortsbeginn** von **Borgo Grotta Gigante** (Ortstafel) geht man geradeaus. Nach 50 m verlässt man die Straße und folgt der **Markierung** nach rechts. Man gelangt zu einer weiteren Straßenkreuzung, geht geradeaus und folgt den Wegweisern bis zur **Grotta Gigante** (4:15 Std.).

Zurück zur **Straßenkreuzung** am **Ortsbeginn** von **Borgo Grotta Gigante** (Ortstafel). Man geht geradeaus und folgt dem markierten **Weg Nr. 26** in südöstlicher Richtung. Sehr schöner Weg in ebenem Gelände zwischen Dolinen, Wiesen und Trockenmauern. Autobahnlärm. Nach 20 Min. unterquert man die **Autobahn**. Wieder sehr schöner, kunstvoll angelegter Weg, der nach 15 Min. eine **Bahntrasse** quert und sich kurz darauf mit einer Asphaltstraße vereint. Geradeaus weiter bis zu einer Querstraße; man geht rechts, quert nach gut 200 m die Eisenbahn und wendet sich nach rechts. Die Straße gabelt sich, man hält sich links und trifft auf eine **Hauptstraße**; auf dieser nach links über die Bahnlinie bis zur nächsten Kreuzung. Hier geht man geradeaus und erreicht kurz darauf den Ausgangspunkt der Wanderung. Einkehr in der **Bar alla stazione** (5:45 Std.)

Bauernhof bei Col

AM WEGE

Villa Opicina | Opčine | Optschinach

Wer den Ort mit dem Auto durchquert, wird Opicina als ganz normales Straßendorf wahrnehmen, mit Lebensmittelläden und billigen Restaurants an der Straße, am Stadtrand der riesige LKW-Park- und Warenumschlagplatz *Autoporto di Fernetti*. Schon frühere Reisende durcheilten den erstmals 1308 urkundlich erwähnten Ort rasch, um durch die Felsen, das ist die slowenische Bedeutung des Ortsnamens, an die Geländekante zu kommen, von der aus Triest und die Küste bis Istrien sichtbar werden. Adalbert Joseph Krickel pochte hier auf seiner *Fußreise durch den größeren Theil der österreichischen Staaten* im November 1828 das Herz: »[…] und, wie durch einen Zauberschlag, sah ich nun das adriatische Meer, vom Sonnenglanze erhellt. Sah da hundert und hundert Schiffe, sah das lebhafte Triest. Wer, wie ich, noch nie ein Meer gesehen hat, muß erstaunen über diesen erhabenen Gegenstand der Schöpfung.« Ungefähr an dem Platz, von dem aus Krickel das Meer sah, steht heute ein Obelisk, der seit dem Jahr 1830 an die Eröffnung der wichtigen Handels-

Am Bahnhof von Villa Opicina

straße Richtung Österreich erinnert. Nach Nordwesten zweigt hier ein Fußweg ab, Ankunftsweg einer der beschriebenen Wanderungen, *strada Napoleonica* genannt, weil ungefähr auf dieser Höhe die napoleonischen Truppen im März 1797 Triest erreicht haben sollen. Der zweite Name des Wegs, *strada Vicentina*, ehrt den Konstrukteur der eigentlichen Straße, Ingeniere Vicentini, der 1821 eine befahrbare Verbindung mit Prosecco herstellen wollte, aber schon nach 200 m am Geldmangel scheiterte. Der Schwarzpinienwald, den der Weg durchquert, wurde im 19. Jahrhundert im Zuge eines ausgedehnten Wiederaufforstungsprogramms der kahlen Karsthöhen angelegt. Die Funktionen der Handelsstraße, an die der Obelisk erinnert, wurden alsbald von der Eisenbahn übernommen. Vom zentralen Kreisverkehr in Opicina, wo das alte Schild *strada per Vienna* in Richtung der slowenischen Grenze und des historischen Hinterlandes weist, erreicht man, vorbei an einer slowenischen Buchhandlung, den weitläufigen Bahnhof, dessen Stationsgebäude Baustile der österreichisch-ungarischen Monarchie, des Faschismus und der 1950er Jahre in sich vereinigt. 1906 eröffnet, verknoteten sich hier die staatliche Bahn in Richtung Jesenice und die ältere private Südbahn aus Ljubljana und Graz. Heute ist der Bahnhof kaum mehr von Bedeutung. Allemal einen Besuch wert ist das Bahnhofsrestaurant.

Am Rückweg zum Kreisverkehr passiert man die unscheinbare, St. Bartholomeus geweihte Pfarrkirche mit einem Kirchturm im österreichischen Barockstil, der 1819 fertiggestellt wurde. Vor der Kirche wird an ein Bombardement der Alliierten im Jahr 1944 erinnert, das zahlreiche zivile Opfer forderte. Gegen Ende des 2. Weltkriegs kam es in Opicina zu so heftigen Kämpfen zwischen den deutschen Besatzern und den Widerstandskämpfern, dass in einschlägigen Publikationen von der *battaglia di Opicina*, der Schlacht oder dem Gefecht von Opicina, berichtet wird. Schon als Mussolini 1938 eine demonstrative Fahrt hierher inszenierte, war der Ort spannungsgeladenes Terrain. Die Slowenen des Triestiner Karsts verstehen ihn als ihren Hauptort. Der Faschismus nahm zahlreiche Enteignungen von slowenischen Grundbesitzern vor, um Italiener anzusiedeln. Viele slowenische Organisationen hatten und haben hier noch heute ihren Sitz. Am zentralen Kreisverkehr befindet sich das slowenische Kulturhaus *Prosventni dom*, Sitz des slowenischen Kulturverbands *Tabor*, zu dem sich drei traditionsreiche Kulturvereinigungen1967 zusammenschlossen, mit einem vielfältigen Kulturprogramm, einer kleinen, sympathischen Bar an der Rückseite und der zweisprachigen, inzwischen etwas antiquiert anmutenden Aufschrift »Abrüstung – Friede – Koexistenz« an der restaurierten Fassade. Wieder Richtung Triest gehend passiert man die *Bar Vatta*, kann kurz darauf nach links in die *Via di Conconello* abbiegen, um das *Villagio del Fanciullo*, ein Kinderdorf, als Beispiel der italienischen Architektur der frühen 1950er Jahre zu besichtigen, und erreicht die Endstation der Straßenbahnlinie 2, deren Gebäude eine Remise, eine Werkstatt und die sympathische *Bar alla Tranvia* beherbergen. *wb*

Grotta Gigante | Briškovska jama

Nachdem man im neuen Eingangsgebäude auf den Beginn der Führung gewartet und dabei eine kleine höhlenkundliche Ausstellung besichtigt hat, steigt man durch einen langgezogenen Schlund über 500 feuchte Treppenstufen in die Tiefe. Bald öffnet sich von oben ein fast surrealer Blick in einen gigantischen Hohlraum, 65 m breit, 135 m lang und 107 m hoch, in den zwar nicht, wie die Prospekte behaupten, der gesamte Petersdom passen würde, denn dessen Kuppel ist 132 m hoch, der aber dennoch mit Recht den Titel »größte touristisch erschlossene Höhle der Welt« für sich in Anspruch nehmen kann.

Der Hohlraum wurde vor 10 Millionen Jahren von einem Fluss ausgewaschen. Dann begann das Wasser mit einer anderen Arbeit: Wie Hochhäuser einer Stadt auf einem fremden Stern stehen Stalagmiten eng beieinander. Das von der Decke und deren Stalaktiten tropfende Wasser braucht 10.000 Jahre, um aus gelösten Mineralien einen Meter Tropfstein aufzubauen. Weil es oft mal hier, mal da tropft, entstehen so komplexe und verspielte Gebilde wie »die Palme« oder wie der größte Stalagmit, die 12 m hohe Ruggero-Säule im Hintergrund der Höhle. Im erst 1957 eingeleiteten elektrischen Licht glitzern die Gebilde in verschiedenen Farben. Reiner Kalk färbt sie weiß, mitgeführtes Bauxit macht sie grauer, und Eisen ist für die rötliche Färbung verantwortlich. Die ganze Pracht entdeckte 1840 der Höhlenforscher Anton Federico Lindner, der sich auf der Suche nach dem Verlauf des unterirdischen Flusses Timavo vom heutigen Ausgang her abseilte. Seine Motive waren nicht nur wissenschaftlicher Natur, sondern hatten auch mit der Frage der Wasserversorgung von Triest zu tun, die aufgrund der Expansion der Stadt zu einem Problem geworden war.

Öffentlich zugänglich ist die Grotte seit 1908. Die feierliche Eröffnung am 15. Juli jenes Jahres muss beeindruckend gewesen sein. Tausende Kerzen erleuchteten den Raum, ein hundertflammiger Leuchter wurde hinabgelassen, und die örtliche Musikkapelle spielte Stücke aus Richard Wagners Oper *Siegfried*. Heute dient die Höhle auch prosaischeren Zwecken. In ihr stehen Sensoren zur Registrierung von Erdbeben, die mit dem zentralen Erdbebenforschungsinstitut in Rom verbunden sind, und

Auf dem Weg nach Villa Opicina

von der Decke hängen, von einer Plastikhülle geschützt, geodätische Pendel der Universität Triest. Sie messen die Dynamik der Erdkruste, die auch, wie das Meer bei Ebbe und Flut, der Anziehung des Mondes unterworfen ist, und sind so sensibel, dass sie den Einfluss registrieren, den das Gewicht des Schnees im Winter auf die Spannung der Erdkruste ausübt. Vom Boden der Höhle steigt man wieder bergan, genießt auf einer Terrasse namens *Belvedere* einen letzten schönen Blick, durchquert einen in den 1970er Jahren fertiggestellten Tunnel und wird stilecht vom Gerippe eines Höhlenbären verabschiedet, das allerdings aus einer anderen Grotte stammt.

Öffnungszeiten: Dienstag bis Sonntag, Juli und August täglich, obligatorische Führungen von Oktober bis März 10.00–16.00 Uhr zur vollen Stunde, April bis September halbstündlich bis 18.00 Uhr. *wb*

STADT DER VIELHEIT

Die Triestiner Friedhöfe beheimaten Tote italienischer, slowenischer, deutscher und österreichischer, serbischer, griechischer, jüdischer und armenischer Herkunft. Die Menschen kamen einst von weit her, aus dem ganzen Mittelmeerraum und aus den Ländern der österreichisch-ungarischen Monarchie ebenso wie aus der nächsten Umgebung, dem bäuerlich geprägten Umland, um hier Geschäfte zu machen oder zu arbeiten.

Vor dem 1. Weltkrieg ist Triest eine heterogene Stadt par excellence: Die Hälfte der Bewohner oder ihre unmittelbaren Vorfahren sind Einwanderer. Viele kommen aus den ärmeren Gebieten Italiens. 1910 leben hier mehr slowenisch sprechende Menschen als in Ljubljana. Die aus den deutschsprachigen Teilen der Monarchie und zum Teil auch aus Deutschland eingewandert sind oder sich kurzfristig als Beamte in der Stadt aufhalten, frequentieren den 1860 gegründeten Schillerverein. Die jüdische Gemeinschaft ist eine Heterogenität im Kleinen. All diese Lebenswelten durchdringen sich wechselseitig: Die Vielfalt der Küche, vom Gulasch bis zu den süditalienischen Speisen, vom Baccalà, ein von Seefahrern mitgeführter getrockneter Fisch, bis zum Wild aus dem slowenischen Hinterland, zeugt davon noch heute. Die Stadt war und ist ein Laboratorium der Vielheit, dessen Dynamik weit in die Umgebung ausstrahlt. Dieses Laboratorium produziert nicht nur kosmopolitische Figuren wie den weltoffenen Mäzen Baron Pasquale Rivoltella, dessen bedeutende Sammlungen der Kunst des 18. und 19. Jahrhunderts man im 1872 gegründeten *Museo Rivoltella* besichtigen kann, oder die vielfältige literarische Landschaft, die Angelo Ara und Claudio Magris in ihrem Buch *Triest. Eine literarische Hauptstadt in Mitteleuropa* beschreiben, sondern auch Kampf und Tod, eine Produktionsgeschichte, die von Rolf Wörsdörfer in dem Band *Krisenherd Adria 1915–1955* nachgezeichnet wird.

Erstmals urkundlich erwähnt 104 v. Chr. als Römerstadt *Tergeste*, später unter wechselnder Herrschaft der Ostgoten,

Byzantiner und Langobarden, schließlich ab 1203 venezianische Stadt und ab 1382 unter dem Schutz der Habsburger, war Triest immer eine eher unbedeutende Siedlung. Erst nachdem Kaiser Karl VI. Triest 1719 zum Freihafen erklärt hatte und während des großzügigen Ausbaus unter der Regierung Kaiserin Maria Theresias ab 1740, beginnt das Laboratorium der Vielheit zu entstehen, und das nicht nur im metaphorischen Wortsinn. Wie ein Laboratorium eine aseptische Kunstwelt darstellt, ist Triest nicht organisch aus dem Hinterland oder aus sich heraus gewachsen. Vielmehr schuf sich das Habsburgerreich seinen Adriahafen, und noch am Triest des 19. Jahrhunderts wird weitergebaut, um den Traum eines Zugangs zum Meer zu realisieren. Dieser Traum gehört dem ganzen Reich, weshalb man der Stadt »keine eigene nationale Physiognomie zubilligen« will und Triest »als anationale Stadt betrachtet«, wie Ara und Magris schreiben. Wer von Opicina aus die Schönheit des Golfs bewundert und dann mit der Straßenbahnlinie 2 nach Triest hinunter fährt, wird die artifizielle Anmutung der Stadt auch optisch empfinden.

Es dürfte also weniger auf einen multikulturellen als auf diesen anationalen Charakter zurückzuführen sein, dass sich seit dem Ende des 19. Jahrhunderts in Triest und Umgebung in rascher Folge zahlreiche politische Kräfte ablösen: zunächst noch Österreich-Ungarn, ab 1918 das monarchistische und dann das faschistisch-monarchistische Italien, ab 1943 die deutsche Besatzung (*Operationszone Adriatisches Küstenland*), ab 1945 die Besetzung durch Partisanen des titoistischen Jugoslawien und dann durch die Alliierten des 2. Weltkriegs. 1947 wird mit dem Pariser Friedensvertrag das *Territorio libero di Trieste* unter die Obhut der Vereinten Nationen gestellt, schließlich kommt die Zone A dieses Territoriums, also das von Amerikanern und Briten besetzte Triest und seine weitere Umgebung, 1954 provisorisch unter italienische Zivilverwaltung und erst 1975 mit dem Vertrag von Osimo definitiv zum heutigen Italien, während die Zone B, die von Jugoslawien besetzt worden war und Teile Istriens umfasste, an Jugoslawien fällt. Dazu sind auch die Einflüsse, die das Königreich Jugoslawien oder auch von 1943 bis Kriegsende der faschistische Reststaat *Repubblica Sociale Italiana* auf die Stadt ausüben, in Rechnung zu stellen.

Wenn es schon kompliziert ist, diese Geschichte in einem Absatz bündig zusammenzufassen, so gilt das umso mehr für die Geschichte der damit verbundenen Konflikte. Auf den ersten Blick erscheinen sie als Konflikte zwischen Nationalitäten. Bei näherem Hinsehen zeigt sich jedoch eine beschleunigte Dynamik vielschichtiger Prozesse, in denen nationale Einheiten entstehen, Realitätskraft entfalten und sich wiederum verwandeln. Offensichtlicher als anderswo sind diese Einheiten »vorgestellte Gemeinschaften« im Sinne des Soziologen Benedict Anderson: Nationen sind prinzipiell vorgestellt, »weil die Mitglieder selbst der kleinsten Nation nie alle anderen Mitglieder kennen, treffen oder auch nur von ihnen hören werden, aber doch im Bewusstsein von jedem das Bild der Gemeinschaft lebt«, so Anderson in seinem Buch *Die Erfindung der Nation.* »Vorgestellte Gemeinschaften« sind also zugleich Konstruktionen und Realitäten.

In Triest und im Karst demonstrieren gerade die nationalen Helden den konstruierten Charakter ihrer Nationen: »Anders als Nationalhelden anderswo in Europa, die schon immer a priori einer Nation angehören, für die oder in deren Namen sie ihre Heldentaten vollbringen, müssen sich die Heroen der julischen Mark erst einmal zu einem nationalen Bekenntnis durchringen«, schreibt Rolf Wörsdörfer. Nach Guglielmo Oberdan sind noch heute zahlreiche Plätze und Straßen in Italien benannt. Im Namen der italienischen Nation wirft er 1882, anlässlich des 500-Jahr-Jubiläums der Habsburgerherrschaft über die Stadt, eine Bombe auf Kaiser Franz Joseph, verfehlt ihn, tötet zwei andere Personen und wird im selben Jahr gehenkt. Guglielmo Oberdan hieß ursprünglich Wilhelm Oberdank. Trotz dieses deutschen Namens ist er gebürtiger Slowene. Die ohnehin schon hybride Person Oberdank wird eigentlich erst durch seine Tat wirklich zu Oberdan, also zu einem Italiener. Wie er hat auch der Dichter des Karsts, Scipio Slataper, einen slowenischen Vater. Von der Bildung her dem Deutschen nahe, geht Slataper in Ermangelung einer italienischsprachigen Universität zum Studium nach Florenz, wird dort von den feinen Leuten als sprachlicher Provinzler verachtet, kehrt zurück und fällt schließlich 1915 als italienischer Soldat im Karst. Hector Aron Schmitz, geboren 1861 in Triest als Sohn des Franz Schmitz und der Felice Moravia, hat in einem Internat bei Würzburg sein perfektes Deutsch gelernt und schreibt sich dann als Italo Svevo in die Kultur Italiens ein und zum bedeutendsten Romancier seiner Zeit hoch. Der Bergsteiger und Schriftsteller Julius Kugy schließlich vereint in sich drei Herkünfte in familiärer Hinsicht und wird deshalb noch heute als gewissermaßen transnationale Figur verehrt.

Oberdan und noch mehr Slataper sind unfreiwillige Zeugen dafür, dass die Bemühung um nationale Identität immer eine Täuschung voraussetzt und eine tiefe Enttäuschung mit sich bringt. »Die Identitätssuche impliziert, mehr oder minder bewusst, die erregte Erwartung, auf einen Wesenskern zu stoßen«, schreiben Ara und Magris, und sie zeigen, wie sehr sich insbesondere Triest diesbezüglich entzieht: »Alle Gruppen, die in Triest lebten, richteten ihren Blick auf ein fernes und nur in seiner phantastischen Projektion identifizierbares Vaterland«. Und gerade Slataper muss einsehen: »Das Vaterland existiert nirgendwo«.

Real wird die irreale Vorstellung erst, wenn Kämpfe um sie auszutragen sind. Als Gegner stehen einander in Triest Menschen gegenüber, die sich als Österreicher und Deutsche, als Italiener und Friulaner, als Slowenen und Slawen verstehen wollen. Aber die Ausgangslage ist kompliziert. Die ganze adriatische Küstenregion erscheint als »Völkermosaik«, so zitiert Rolf Wörsdörfer Karl von Czoernig, einen österreichischen Ethnographen und Statistiker des 19. Jahrhunderts. Und die genannten Namen bezeichnen Vorstellungen, die in sich selber höchst spannungsreich sind. Die Deutschsprachigen stellen bis 1918 eine kleine, kulturell eher abgeschottete bürokratische, wirtschaftliche und militärische Elite, ab 1943 ist Deutsch die Sprache grausamer Besatzer. Italien wiederum formiert sich erst spät zur Nation. Diese bleibt lange sprachlich ein heterogenes Patchwork von so unterschiedlichen Dialekten, dass die meisten Kinder noch in den 1950er Jahren das Hochitalienische wie eine Fremdsprache in der Schule lernen müssen. Gleich am Römischen Imperium will Mussolini kulturell anknüpfen. In den Trümmern seines Imperiums und abgeschnitten von allem bleiben dann die italienischen Triestiner zurück, die gerade begonnen hatten, ihrem venezianischen Dialekt zu entwachsen. Für die slowenisch Sprechenden schließlich ist die Situation noch vertrackter. Das Bemühen um die slowenische Nation konkurriert und kooperiert mit dem Formierungsprozess Jugoslawiens als Nation. Dieser ist sprachlich und kulturell viel schwieriger: Slowenisch, Kroatisch, Serbisch verweisen kulturell auf zum Teil griechische, zum Teil lateinische Wurzeln. Die quasi »österreichischen« Slowenen – Landschaft und Architektur werden noch die heutigen Wanderer oft an die Habsburgermonarchie denken lassen – treten erst 1918, und weniger aus nationalistischen Gründen als mit dem Motiv der politischen Einigung der Südslawen, in diesen Formierungsprozess ein. Er scheint später unter der Herrschaft Titos zu gelingen, ist aber, wie wir heute wissen, blutig gescheitert.

Es ist diese komplexe Situation, die in Triest und Umgebung schon ab 1848 zur Bildung zahlreicher nationaler Kampfvereine führte, aber keine eindeutige Formierung oder gar exklusive territoriale Verwurzelung der beteiligten Nationalismen zulässt. Damit werden die Kämpfe auf Dauer gestellt. Ständig neu müssen die Vorstellungen aus der Differenz zum jeweils anderen realisiert werden: Das italienische Bewusstsein entwickelt sich aus der »slowenischen Bedrohung«, die zugleich auch als soziale Bedrohung der reicheren Klassen durch das ländliche und städtische Proletariat interpretiert werden kann. Zu den reicheren Klassen zählen auch die Bewohner deutscher und griechischer Herkunft. Dass die Angst der Slowenen vor der italienischen und deutschen kulturellen Hegemonie einen Realitätskern hat, erweist sich spätestens mit dem 2. Weltkrieg. Nach 1918 sind jedenfalls die slawische und italienische Seite beim Produktionsprozess ihrer jeweiligen nationalen Einheit so stark aufeinander verwiesen, dass mit Rolf Wörsdörfer vom »Triestiner Knoten« gesprochen werden kann.

Ara und Magris illustrieren das sich zuspitzende Klima vor dem 1. Weltkrieg am Beispiel des Neubaus der slowenisch- und italienischsprachigen Grundschule von Roiano, eines Vororts von Triest. Der unbedachte Bau stand quer zur Stadtgrenze. Er wurde abgerissen und um einige Meter versetzt, weil man keine slowenischen Klassen im Stadtgebiet haben wollte.

Über das Groteske, das allen Nationalitätenkonflikten anhaftet, fegt der 1. Weltkrieg hinweg. Das Donnern der Kanonen aus den Gegenden von Monfalcone und Gorizia, aus dem Karst zwischen Doberdò und Konstanjevica ist auch in Triest zu hören. Das Hin und Her der zwölf Isonzoschlachten nimmt das Hin und Her der künftigen Grenzen und Demarkationslinien vorweg. Der 1. Weltkrieg ist hier, zumindest was die Protagonisten betrifft, kein klarer Kampf der Nationen. Im gesamten österreichisch-ungarischen Heer sprachen von 1.000 Soldaten 248 Deutsch, aber auch 25 Slowenisch und 13 Italienisch, am Isonzo waren 40 % der Soldaten slawischer Herkunft. Die Soldaten auf italienischer Seite wiederum, viele aus den Dörfern des Südens, konnten sich untereinander mit ihren unterschiedlichen Dialekten nur schwer verständigen. Und »national denkende Slowenen«, so schreibt Rolf Wörsdörfer, waren überhaupt »in der Lage, a posteriori auf zwei Seiten der Front präsent gewesen zu sein. Gegen Italien unterstützten sie Österreich-Ungarn, gegen Österreich-Ungarn hielten sie zu Serbien«.

Der 1. Weltkrieg hinterließ eine im italienischen Sinne bereinigte Flur: Ganz Istrien, ein Großteil des Hinterlands von Gorizia und Triest bis hinein in den Karst sind nun italienisches Territorium. Die seit 1922 an der Macht befindlichen Faschisten machen sich sogleich an die *bonifica etnica*. Zu den Methoden dieser Urbarmachung gehören die Schwächung der slowenischen Infrastruktur wie zum Beispiel des Genossenschaftswesens, die Italianisierung des Schulsystems, die Umbenennung von Fluren und Orten. 1938 wird als gewaltiges architektonisches Zeichen der faschistische Bau der Universität von Triest gesetzt, der die Stadt noch heute optisch beherrscht. Wirtschaftlich aber ist die Gegend seit 1918 von einem großen Einzugsgebiet und kulturell von ihrer Tradition abgeschnitten. Diese doppelte Leere schafft Platz für spektakuläre Ereignisse: Im Juli 1920 setzen Faschisten das Hotel *Balkan* an der Piazza Oberdan, als *Narodni dom* Kulturzentrum und Sitz verschiedener slowenischer Organisationen, in Brand. Der Name *Balkan* wird Symbol der faschistischen Erinnerungskultur, die Tat zu einem der mythologischen Gründungsakte einerseits der sogenannten Grenzlandfaschisten und andererseits des slowenischen Widerstands, der unter dem Namen TIGR (Trst, Istra, Gorica, Reka) in den 1920er Jahren als erste militante antifaschistische Organisation in Europa überhaupt entsteht. Im Karst, in dessen Kleinstädten sich in der Zwischenkriegszeit zunehmend Italiener ansiedeln und der sich landschaftlich kaum zu einer klaren Grenzziehung eignet, vervielfältigen sich die nationalen Grenzen. Es kommt zu Anschlägen des slowenischen Widerstands. Im September 1930 werden in einem ersten großen Prozess vier Mitglieder der Untergrundgruppe *Borba* zum Tode verurteilt. Aufgrund des Drucks der italienischen Kolonisation und des wirtschaftlichen Elends wandern, vor allem Ende der 1920er Jahre, viele Slowenen aus und treten zum Teil in Emigrantenvereinigungen ein, die wiederum politisch gegeneinander konkurrieren.

Mit dem 2. Weltkrieg tritt ein neuer Akteur auf die Bühne: das Deutsche Reich. Und es tut dies mit aller Macht: Im April 1941 wird das Königreich Jugoslawien überfallen und die Beute Slowenien mit dem Bündnispartner Italien geteilt. Während das Reich sich das jetzt sogenannte »Oberkrain« und die »Untersteiermark« einverleibt, erhält Italien ein weites Territorium bis Ljubljana, das *Provincia di Lubiana* genannt wird. Der deutsche Überfall war von höchster Brutalität. Ohne Kriegserklärung und daher auch ohne Warnung wurde am 5. April 1941 Belgrad bombardiert. Was im Film *Underground* von Emir Kusturica eine makabre Komik entfaltet, wenn etwa die Tiere des Belgrader Zoos durch die Stadt irren, kostet mehr Menschenleben als alle anderen deutschen Städtebombardements (Rotterdam, Coventry, Warschau) bis zu diesem Zeitpunkt zusammen genommen. Die brutale Eindeutschungspolitik in den vom Reich besetzten Teilen lässt viele Menschen in die *Provincia di Lubiana* fliehen, wo man zunächst eine »weichere« Strategie verfolgte. Die mitunter operettenhaften Züge des italienischen Faschismus – man denke an den Film *La vita é bella* von Roberto Benigni – dürfen aber nicht über seine Brutalität hinwegtäuschen. Mussolini zieht in Betracht, 30.000 Slowenen in Lager zu sperren. Auf der italienisch besetzten Insel Rab verhungern tausende Internierte.

Nach der Landung der Alliierten in Sizilien am 25. Juli 1943 brechen die inneren Widersprüche Italiens auf. Der Duce wird abgesetzt. In seinem Roman *Die Gefährten zur linken Hand* beschreibt George Tabori anhand eines kleinen italienischen Fischerdorfs das Machtvakuum, in dem es nun auch in Triest zu zahlreichen Gewalttaten kommt. Nach der Landung alliierter Truppen am Festland am 3. September erklärt die römische Regierung die bedingungslose Kapitulation. Die deutsche Wehrmacht marschiert ein, und Italien teilt sich in drei Teile: Im Norden die *Repubblica Sociale Italiana* mit Mussolini als Herrscher, den deutsche Fallschirmjäger aus seiner Haft in einem Hotel am Campo Imperatore in den Abruzzen befreit hatten, innerhalb der *Repubblica Sociale Italiana* Gebiete unter direkter deutscher Besatzung, so auch die *Operationszone Adriatisches Küstenland* einschließlich der *Provincia di Lubiana*, im Süden die von den Alliierten besetzten Gebiete, weiterhin unter der formellen Regierung des Königs. Aus der Sicht der italienischen Soldaten ist der Übergang in Italien katastrophal, weil der König nicht einmal ordentlich zu kapitulieren weiß und überstürzt aus Rom in den Süden flieht. Im ausbrechenden Chaos werden 600.000 italienische Soldaten unversehens zu deutschen Kriegsgefangenen und viele, wie zum Beispiel auf den griechischen Inseln, als Verräter erschossen.

Zum paradigmatischen Ort in Triest nach dem deutschen Einmarsch wird die *Risiera di San Sabba*, heute ein Nationaldenkmal. Die alte Reismühle von 1913, ein klassisches Industrieensemble mit bis zu sechs Etagen, wird 1943 zum Straflager 339. Durch den Schornstein zieht der Rauch aus einem Krematorium. Etwa 4.000 Personen werden erschlagen, erschossen oder vergast. Eisenbahnzüge beliefern von hier aus die größeren Vernichtungslager im Norden. Die SS-Mannschaft (*Einsatzkommando Reinhard*) steht unter dem territorialen Oberkommando des Höheren SS- und Polizeiführers Odilo Globocnik, gebürtiger Triestiner mit österreichischen Wurzeln, zuvor in Kärnten Gau-Propagandaleiter, der schon in seinem slowenischen Namen als Person alle Widersprüche der Region zur Darstellung bringt.

Den deutschen Besatzern erwachsen zunächst in den jugoslawischen, dann auch in den italienischen Partisanen zunehmend kampfstärkere Gegner. In Jugoslawien hat die Niederlage des Königreichs seine innere Zerrissenheit offengelegt. Das nationalsozialistische Marionettenregime in Kroatien und die serbischen Tschetniks, Freischärlertruppen, die auf das 19. Jahrhundert zurückgehen, beginnen mit ihrem Terror. Die kommunistischen Partisanen unter Tito werden so zu einer neuen, der Identität Gesamtjugoslawiens verpflichteten Kraft. Nach der Absetzung Mussolinis erstarken die italienischen Partisanen. Sie finden Zulauf auch von geflohenen italienischen Kriegsgefangenen oder von Arbeitern der Schiffswerft in Monfalcone, die im ersten größeren Kampf des italienischen Widerstands bei Gorizia im September 1943 die anrückenden deutschen Besatzer heroisch, aber letztlich erfolglos aufzuhalten versuchen. Die weiter nördlich von slowenischen Partisanen errichtete »Republik von Kobarid« kann sich immerhin zwei Monate lang halten.

Innerhalb des Widerstands existiert eine schwierige Vielheit. Die italienische Partisanenbewegung in der Gegend war mindestens dreigeteilt: Die Osoppo-Brigaden, erkennbar an einem grünen Taschentuch und dem Alpini-Hut, stehen sowohl liberalen Strömungen als auch dem politischen Katholizismus nahe, die Garibaldi-Brigaden demonstrieren mit dem roten Taschentuch und dem Barett ihre unmittelbare Bindung an die kommunistische Partei, die GAP (*Gruppi d'azione patriottica*) sind kleine, recht unabhängige Kampfgruppen von bis zu fünf Personen, die in der Regel mit den *Garibaldini* zusammenarbeiten. Die Spannungen zwischen den Osoppo- und den Garibaldi-Brigaden kulminieren im Massaker von Canebola: Eine größere GAP-Einheit überfällt im Februar 1945 das dortige Osoppo-Kommando und erschießt in der Folge mehr als ein Dutzend Kämpfer. Auch der Bruder des Poeten Pier Paolo Pasolini, Guido Pasolini, wird ermordet.

Die jugoslawischen Partisanen sind weitaus geschlossener und verfügen auch über die bessere Infrastruktur, über Waffen, Druckereien, Lazarette. Aber auch die jugoslawischen Partisanen haben ein Problem: Sie stehen zwischen zwei widersprüchlichen Zielen, nämlich den Zielen des proletarischen Internationalismus auf der einen Seite und nationalen, gesamtjugoslawischen Motiven auf der anderen Seite. Im Verhältnis zu den italienischen Kämpfern gewinnen schließlich die letzteren die Oberhand: »Zieht euch hinter den Isonzo zurück, und dann sind wir wieder Brüder«, so zitieren Ara und Magris Worte, die Josip Smodlaka, Kommissar des Äußeren in der jugoslawischen Partisanenführung, an den italienischen Widerstand gerichtet hat.

Nach der Befreiung Belgrads im Oktober 1944 erwachsen der neue jugoslawische Staat und seine Institutionen aus dem Widerstand der Partisanen. Im Frühjahr 1944 wird die Geheimpolizei OZNA (*Organ Zaštite Naroda*, also Abteilung für Volksschutz) gegründet, über die bald der Spruch »OZNA sve dozna«, »OZNA erfährt alles«, im Umlauf ist. Instrument der Konstruktion eines neuen Staates, widmet sie sich nicht nur der »Abrechnung«, sondern gerade auch der gleichsam vorsorglichen Verfolgung möglicher künftiger Feinde, in Triest dann während der sogenannten »vierzig Tage« (Mai bis Juni 1945), der Besetzung der Stadt durch Jugoslawien. Der Terror der OZNA, der heute noch ungerechtfertigter Weise mit dem Widerstand der Partisanen vermischt wird, hatte aber seine fatalste Wirkung nach Innen: Die Geheimpolizei wurde, so schreibt Rolf Wörsdörfer, zu einem »Staat im Staate, der begann, die nach einem langen Befreiungskrieg eben erst errichteten Volksrepubliken und die sie tragende, noch weitgehend egalitäre und bis zu einem gewissen Grad auch ›basisdemokratische‹ Partisanengesellschaft aufzufressen.«

Die erste Nachkriegszeit erlebt zunächst den Zerfall pluriethnischer Verhältnisse in Gestalt mehrerer gegenläufiger Emigrationen: Italienischsprechende Menschen fliehen aus den nunmehr jugoslawischen Zonen, die slowenischen Arbeiter verlassen die Werften von Monfalcone. Die italienischen Flüchtlinge werden zum Teil in eigenen Dörfern angesiedelt, die auch architektonisch von Interesse sind, wie zum Beispiel das für istrische Fischer geplante Villaggio del Pescatore in der Nähe der Timavo-Mündung. Neben den insgesamt 17 realisierten Siedlungen dieser Art hat man sogar an den Bau eines *Pola Nova* oder einer großen *città giuliana* in einer menschenleeren Gegend gedacht, ein Plan, den in anderer Weise und an einem anderen Ort Jugoslawien verwirklicht hat, nämlich mit dem Bau von Nova Gorica als Parallelstadt zu Gorizia. Selbst in Rom existieren istrisch-dalmatinische Viertel. Umgekehrt trieben die Verhältnisse im frühen Nachkriegsjugoslawien auch viele slowenischsprechende Menschen zur Flucht nach Triest.

Die Absurdität all dieser Trennungen und Bewegungen trieb ein österreichisches Komitee zur Befreiung Triests, von dem Ara und Magris erzählen, 1945 auf die Spitze. Aber immerhin hat die Nostalgie, die viele im Karst und in Triest noch heute dazu veranlasst, Bilder des österreichischen Kaisers Franz Joseph an die Wand zu hängen, einen eigentlich internationalistischen Charakter. In Zeiten der EU-Mitgliedschaft Italiens und Sloweniens, der abgebauten Grenzkontrollstellen, des regen italienischen Tourismus im Karst und des slowenischen Tourismus in Triest scheint das Faktum vollends absurd zu sein, dass es 1953 noch einmal zu einer nationalistischen Eskalation zwischen Italienern und Slowenen kam: Truppenbewegungen an den Grenzen, sechs Tote bei Ausschreitungen in Triest. Jugoslawien, das Land der »sechs Republiken, fünf Nationen, vier Sprachen, drei Religionen, zwei Schriften und einer Partei«, verbrauchte die aus dem Sieg über den Nationalsozialismus bezogenen identitätsbildenden Kräfte endgültig und zerfiel in einem Bürgerkrieg der Nationalismen in seine Teile. Die Absurdität, dass dieser ganz in der Nähe, also mitten in Europa, und am Ende des 20. Jahrhunderts möglich war, ist auch eine Mahnung für Triest und den Karst: Eine lebbare, offene, produktive Vielheit muss immer wieder neu gesichert werden.

Wilhelm Berger

XXXI. DAS LETZTE TAL
Rundwanderung im Val Rosandra

Mit dem Val Rosandra besitzt Triest ein Naturreservat und Naherholungsgebiet, um das man die Einheimischen nur beneiden kann. Seine Wildheit bildet einen so scharfen Kontrast zur Stadt und ihrem weitgehend »domestizierten« Hinterland, dass der Wanderer fast unvermittelt in eine andere Welt versetzt wird. Zwar gibt es auch hier einige Zeugnisse menschlicher Zivilisation, doch muten diese vor der dramatischen Felskulisse fast unwirklich an.

In Bagnoli, der Partisanenhochburg am Eingang des Tales, empfiehlt sich die Dorfbar zur Stärkung, ehe man sich auf den Weg begibt. Man nimmt kurz Anlauf und schraubt sich in zwei Etappen nach San Lorenzo am Abbruch des Karstplateaus hoch. Eine Aussichtswarte und die alte Trasse der Bahn nach Rijeka liegen am Weg. Auf schmalem Pfad entlang der Felskante genießt man tiefe Blicke in den Canyon und auf die Bucht von Triest. Seltene Blumen bevölkern den steinigen Boden. Ein Schwenk nach Norden führt nach Draga Sant'Elia, wo man mit guter Pasta und bestem Teran versorgt wird. Nach dem Abstieg nach Botazzo, dem melancholischen Grenzort am Grunde des Tales, darf man sich auf ein großartiges Finale freuen: die Schluchtenwanderung entlang des Torrente Rosandra, der da über eine Felswand stürzt und dort manchen schönen Gumpen herausgebildet hat. Weitere Sehenswürdigkeiten sind ein Steinkirchlein mit Aussicht und die Reste einer römischen Wasserleitung, die einen bis zum Stadtrand begleiten.

HINWEISE ZUR WANDERUNG
LÄNGE: 12 km
HÖHENDIFFERENZ: 380 m ↑ ↓
GEHZEIT: 4:30 Std.
ANFORDERUNGEN: gering
ORIENTIERUNG: einfach

« Val Rosandra mit Blick auf Triest

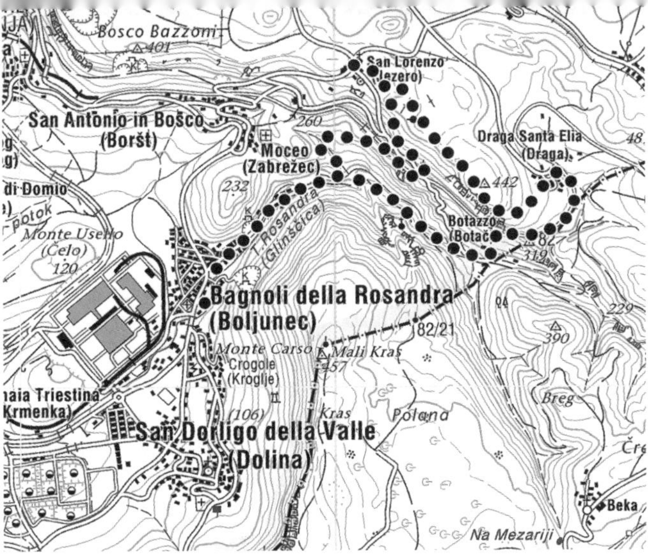

KARTE: Tabacco-Wanderkarte »Carso Triestino e Isontino«, 1:25.000
EINKEHRMÖGLICHKEIT: Bagnoli della Rosandra, Bagnoli superiore, San Lorenzo, Draga Sant'Elia
ANFAHRT: Man nimmt auf der slowenischen A1 die Autobahnabfahrt »Kastelec«, folgt von dort dem Wegweiser bis Socerb. Die Straße senkt sich. Man passiert die Staatsgrenze zu Italien, biegt kurz darauf nach rechts und folgt der SR11 über Dolina bis Bagnoli della Rosandra.

WEGBESCHREIBUNG

Ausgangspunkt ist der **Hauptplatz** von **Bagnoli**, wo man sich rechts einer Bar in ein Sträßchen wendet und auf diesem Richtung Val Rosandra wandert. 15 Min. Asphalt bis **Bagnoli superiore**, wo sich die Straße gabelt; man geht links (Fahrverbotstafel) und erreicht gleich das **Rifugio Premuda**. Von hier folgt man dem markierten **Weg Nr. 15**, der erst über ein Brücklein führt und sich dann gabelt; man hält sich links (**Wegweiser »Vedetta di Moccò«**). Steiler Anstieg im Wald. Nach 15 Min. nimmt man eine Abzweigung nach rechts. Bald darauf ein Querweg; man geht rechts (ein kurzer Abstecher nach links führt nach San Antonio mit Blick auf Triest). Kurz darauf biegt der markierte Weg nach links; man geht auf unmarkiertem »Trampelpfad« geradeaus und steigt zu einem breiten **Querweg** an (Infotafel). Hier geht man rechts und gelangt gleich darauf zur **Vedetta di Moccò** (0:45 Std.).

Zurück zur **Infotafel**. Man wendet sich nach rechts und folgt dem **Weg Nr. 15** weiter im Wald bergauf bis zur alten **Bahntrasse**; auf dieser nach rechts. Man durchschreitet **zwei Tunnels** und biegt bei einer Kreuzung scharf nach links. Kurzer steiler Anstieg auf einem asphaltierten **Sträßchen**. Bald darauf verlässt man die Straße und folgt der **Markierung Nr. 15** nach rechts. Weiter im Wald bergauf, einen blauweiß markierten Weg kreuzend, bis zur **Trattoria Al Pozzo** in **San Lorenzo** (1:45 Std.). Schöne Aussichtsterrasse.

Auf der Querstraße nach rechts bis zu einem **Kirchlein**; man geht rechts, durchschreitet einen Schranken und wendet sich sofort nach rechts, um dem markierten **Weg Nr.** 1 zu folgen. Man erreicht die Geländekante und folgt dieser auf einem schmalen Steig in sanftem Auf und Ab. Schöne Blicke. Nach 30 Min. senkt sich der Weg. Etwas mühseliger steiniger Abstieg (Trittfestigkeit!) bis zu einer Weggabelung unterhalb einer **Telefonleitung**. Hier geht man links und erreicht nach 10 Min. **Draga Sant'Elia** (2:45 Std.). Einkehr in der **Locanda Da Mario**.

Vom Gasthaus 100 m weiter der Markierung folgend bis zur alten **Bahntrasse**; auf dieser nach rechts. 10 Min. in großem Bogen bis zu einem **Tunnel**, den man durchschreitet. Nach einem weiteren **Tunnel** wendet man sich sofort nach links in den **Weg Nr. 1** (Wegweiser). Steiler Abstieg bis zur Häusergruppe **Bottazzo** (3:10 Std.).

Im »Ortszentrum« biegt man auf einem Fahrweg nach rechts. Nach 100 m wendet man sich nach links und folgt der **Markierung** auf die andere Seite des Baches. Der Weg steigt kurz an und führt oberhalb des Flusses talauswärts. Spektakuläre Schluchtenlandschaft auf gut ausgebautem Wanderweg. Lohnender Abstecher zum **Kirchlein Santa Maria in Siaris** links oberhalb des Weges. Zurück auf dem Hauptweg passiert man bald einige schöne Badeplätze sowie Reste eines römischen Aquädukts, ehe man in **Bagnoli superiore** eintrifft. Zurück zum Ausgangspunkt auf bereits bekanntem Wege (4:30 Std.).

Partizanski club in Bagnoli della Rosandra

AM WEGE

Bagnoli della Rosandra | Boljunec

Steuert man den Ort mit dem Auto von Triest kommend an, ist zuvor ein gründliches Studium der Straßenkarte empfohlen: Das unüberschaubare Straßennetz im Südosten der Stadt ist für Ortsfremde eine navigatorische Herausforderung. Mit Glück erreicht man nach wenigen Kilometern den Parkplatz des *Sprejemni center/Centro visite* von Bagnoli della Rosandra. Neben der Touristeninformation und einer Ausstellung zur *Riserva naturale della Val Rosandra* beherbergt der etwas überdimensionierte Mehrzweckbau außerdem das Theater *France Prešeren* des hier ansässigen gleichnamigen slowenischen Kulturvereins. Nicht gerade besucherfreundlich sind die Öffnungszeiten des Büros: In den Wintermonaten bis Ende März sind touristische Informationen nur samstags und sonntags sowie an Feiertagen von 9.00 bis 13.00 Uhr, im Sommer zusätzlich nachmittags von 14.30 bis 17.30 Uhr erhältlich.

Das Ortsbild von Bagnoli, dessen historischer Kern sich dank des Campanile der Kirche aus dem Jahr 1663 leicht ausmachen lässt, findet in keinem Architekturführer Erwähnung. Im

Halbkreis am Fuße des Monte San Michele angeordnet, besteht Bagnoli aus zwei Ortshälften: dem baulich homogeneren oberen Teil namens Bagnoli superiore/Gornji Konec, am Eingang zum Val Rosandra gelegen, und dem architektonisch durchwachsenen unteren Hauptort, an den sich im Nordwesten gesichtslose Einfamilienhäuser reihen, die weniger einem organischen Ortsbild als vielmehr dem Geschmack des jeweiligen Bauherrn verpflichtet sind. Der Hauptplatz, an dessen Stirnseite sich die zentrale Dorfbar mit sympathischer Bedienung und der *Partizanski klub* befinden, ist mit der Zunahme des Individualverkehrs zum ständig überfüllten Parkplatz degradiert worden. Es ist zu hoffen, dass er nach seiner Sanierung die Funktion als Dorfplatz wieder zurückgewinnt.

Folgenschwere Konsequenzen für die Entwicklung von Bagnoli hatte die Umwidmung landwirtschaftlicher Nutzflächen in der Ebene westlich des Ortes zur Industriezone: Wo von der bäuerlichen Bevölkerung einst Felder bestellt wurden und Weingärten die Landschaft prägten, stehen heute auf einer Fläche von 530.000 m^2 Fertigungshallen des größten Schiffsmotorenherstellers Europas. Im Jahr 1999 wurde das ehemalige Werk der *Grandi Motori Trieste* von der finnischen Gruppe *Wärtsilä* erworben, das nach seiner Erweiterung heute 1.500 Leute beschäftigt. Bagnoli, dessen bebaute Fläche nicht einmal der Hälfte jener des Werksgeländes entspricht, stieg auf diese Weise zum wirtschaftlichen Zentrum der Gemeinde Dolina/San Dorligo della Valle auf. Gleichzeitig ist es Ausgangspunkt für Freizeitaktivitäten im Naturreservat Val Rosandra, das an Wochenenden von erholungssuchenden Triestinern bevölkert wird. Nicht zuletzt ist Bagnoli seit Jahrhunderten auch kulturelles und politisches Zentrum der *brežani*, der slowenischsprachigen Bevölkerung dieser Uferregion am Karstrand.

Ausgrabungen auf den felsigen Anhöhen in der Umgebung von Bagnoli superiore brachten Funde steinzeitlicher Besiedelung zutage, archäologisch reichhaltiger sind Spuren der Römer ab dem Jahr 178 v. Chr.: Neben Münzen, Keramik und Steinurnen einer Grabstätte zur Feuerbestattung gibt es Reste einer gemauerten Wasserleitung zu besichtigen. Lateinischen Ursprungs ist

Bagnoli della Rosandra

auch der Name *Balneolum*, der einen Ort am Wasser bezeichnet, wovon sich auch der slowenische Name *Bolùn*, der seit dem 17. Jahrhundert in Verwendung ist, ableitet. Der amtliche Name Bagnoli della Rosandra ist jüngeren Datums und geht auf das königliche Dekret Nr. 800 aus dem Jahr 1923 zurück. Durch solche und ähnliche Maßnahmen der faschistischen Regierung sollte das Gebiet, in dem die slowenische Bevölkerung die Mehrheit stellte, italianisiert werden. So geschehen auch mit dem Nachbarort und Gemeindesitz Dolina, das per Verordnung in San Dorligo della Valle umbenannt wurde. Nach Interventionen von Gemeindevertretern und einer Petition an das römische Parlament trägt der Ort seit dem Jahr 2000 wieder seinen ursprünglichen Namen Dolina, die amtliche Bezeichnung der Gemeinde blieb unverändert.

Über mangelnden Gehorsam und Eigensinn der *brežani* wird schon aus früheren Jahrhunderten berichtet: Ob als Untertanen

Draga Sant'Elia: Berlusconi als verrottete Faschingsfigur

der Bischöfe von Triest oder als Leibeigene der Herren von Socerb probte die geknechtete Bevölkerung immer wieder den Aufstand, manchmal auch den bewaffneten. Zwar wurden die Bauern seit dem Ende der Feudalherrschaft im Jahr 1848 von Leibeigenschaft und Zehent befreit, jedoch änderte sich nur wenig an den Besitzverhältnissen. So blieben auch die Getreidemühlen, die sich im Laufe der Jahrhunderte zu einem wichtigen Wirtschaftszweig im Val Rosandra entwickelten, weiterhin im Besitz des Triestiner Adels und der Kirche, bis nach dem 1. Weltkrieg ihr Niedergang einsetzte und um 1950 alle Mühlräder stillstanden.

Trotz schwieriger wirtschaftlicher Zeiten nützte die Bevölkerung die gewonnene Freiheit und setzte, beseelt von nationalem Erwachen, neue gesellschaftliche Akzente: 1869 wurde die *Brežanska čitalnica*, der regionale Leseverein, gegründet; es folgten der slowenische Gesangsverein im Jahr 1893 sowie der Kulturverein *France Prešeren* im Jahr 1901, alle mit Sitz in Bagnoli. Zeitgenössische Zeitungen berichten von über 2.000 Besuchern, die 1870 an der Eröffnungsfeier der Bibliothek teilnahmen. Die Begeisterung erinnert den Berichterstatter eher an einen *tabor*, wie die Volksversammlungen zur Stärkung des nationalen slowenischen Bewusstseins im 19. Jahrhundert genannt wurden, denn an die Inauguration einer lokalen Bücherei. Chöre und Theatergruppen aus den benachbarten Orten gaben sich ebenso die Ehre wie die zahlreich erschienene slowenische und kroatische Prominenz aus Triest und Istrien.

Neben kulturellen Organisationen waren in Bagnoli auch mehrere Wirtschaftsvereine tätig, denen die Abhaltung monatlicher Markttage oblag. Im Jahr 1910 wohnten in Bagnoli 871 Personen, davon 835 Slowenen, drei Deutsche sowie 34 Fremde unterschiedlicher Herkunft. Heute bekennen sich etwa 70 Prozent der knapp 1200 Einwohner zur slowenischen Volksgruppe, die slowenische Sprache wird im Alltag gepflogen und ist im öffentlichen Raum auch sichtbar.

Unübersehbar ist auch der rote Stern am Vereinsgebäude des *Partizanski klub/Club partigiano* am Hauptplatz. Im Jahr 1986 als Teil der Dachorganisation der *Associazione Nazionale Partigiani d'Italia* gegründet, ist er der Tradition des Antifaschismus und der Erinnerung an den bewaffneten Widerstand gegen Nationalsozialismus und Faschismus im Triestiner Karst verpflichtet. Allein unter der Bevölkerung von Bagnoli forderten die Kämpfe 22 Todesopfer, an die das Partisanendenkmal an der Hauptstraße am westlichen Ortsrand erinnert. Es wurde im Jahr 1947 errichtet und war das erste seiner Art in dieser Region. Insgesamt verloren 208 Männer der Gemeinde San Dorligo della Valle als Partisanen ihr junges Leben, deren Namen auf dem im Jahr 1975 enthüllten, zentralen Denkmal von Dolina vor dem Vergessen bewahrt werden.

Heute gestaltet sich das Zusammenleben der italienischen und der slowenischen Volksgruppe friedlich und der Alltag beschaulich, wovon man sich beim Besuch in einer der beiden Dorfbars ein Bild machen kann. *ek*

Santa Maria in Siaris

Val Rosandra | Glinščica | Rosandratal

Auch geübte Karstwanderer werden vom schluchtartigen Taleinschnitt am Rande des *Carso Triestino*, der auf einzigartige Weise mediterrane Karstformen mit alpiner Morphologie verbindet, überrascht sein. Auf engstem Raum finden sich hier klare »Gebirgsbäche«, die bei Starkregen zu bedrohlichen Wildbächen anschwellen können, umgeben von vertikalen Felsformationen und mächtigen Schuttkegeln, wie man sie aus den Kalkalpen kennt, neben unerschlossenen Höhlensystemen, Kavernen und unterirdischen Wasserläufen. Durch das Wechselspiel kontinentaler, trocken-kalter Luftmassen und feucht-warmer Ströme aus dem Süden entsteht ein Mikroklima, das die Entwicklung endemischer Tier- und Pflanzenarten begünstigt. Hier kollidiert die eisige Bora mit dem Wüstenwind Scirocco und geht das Naturreservat des Val Rosandra scheinbar nahtlos in die angrenzende Industrielandschaft aus Tanklagern und Fabriksanlagen über. Die soziale, kulturelle und politische Entwicklung dieses Abschnitts des Triestiner Hinterlandes ist nicht minder wechselhaft: K. u. k. Monarchie, Faschismus, Nationalsozialismus, *Operationszone Adriatisches Küstenland*, Widerstands- und Partisanenkampf, Transitzone zwischen Ost und West sowie nationale Konflikte zwischen der italienischen und der slowenischen Volksgruppe lauten die Schlagworte für die historischen Verwerfungen der vergangenen 100 Jahre.

Tektonische Brüche und Faltungen in Verbindung mit Erosion durch Wasser, Wind und chemische Verwitterung sind die formgebenden geomorphologischen Faktoren dieser Region. Wasserundurchlässige Schichten aus Flysch, Sandstein und Schwemmmaterial machen das Val Rosandra zum Unikat: einem Karsttal mit oberirdischem Wasserlauf.

Die Karstforschung, die ihren Ursprung in Triest hat, weshalb hier auch vom »Klassischen Karst« die Rede ist, unterscheidet zwischen oberirdischen und unterirdischen Karsterscheinungen. Das Val Rosandra ist besonders im vegetationsfreien Gelände reich an geomorphologischem Anschauungsmaterial: Durch Korrosion, d. h. durch die Lösung des Kalkgesteins durch kohlensäurehältiges Wasser, entsteht im Zeitraum von mehreren tausend Jahren ein Mikrorelief aus Steinrinnen, den sogenannten Karren unterschiedlichster Ausformungen. Im Einzelnen treten sie als Kamenitza, Trittkarren, Trichterkarren, Rillenkarren, Rinnenkarren, Rundkarren, Mäanderkarren, Dachkarren oder Napfkarren in Erscheinung. Am Ende der Korrosion stehen schließlich Schutt- oder Steinfelder aus verwittertem und zertrümmertem Kalkgestein, das sich vom festen Untergrund gelöst hat. Im Val Rosandra tragen gleich mehrere Bergkuppen den entsprechenden Fachbegriff im slowenischen Namen: *Griža*, übersetzt, Steinfeld. Dolinen und Poljen, ebenfalls aus dem Slowenischen entlehnte Bezeichnungen für oberirdische Karstformen und anderswo dominierendes Landschaftselement, kommen im Val Rosandra nicht vor.

Groß und vielfältig ist hingegen der unterirdische Karstformenschatz. Bis heute wurden über 100 Grotten, Höhlen, Schlünde und unterirdische Gänge auf einer Länge von 12 km entdeckt. Mit der wissenschaftlichen Erforschung der Höhlensysteme wurde im Jahr 1890 begonnen, nachdem man beim Bau der Eisenbahn durch das Rosandratal auf einen Höhleneingang oberhalb von Botazzo gestoßen war. Die heute als *Grotta delle Finestre*, slow. *Botaška pečina* bekannte Karsthöhle zählt neben der *Grotta degli Orsi* am Monte Carso/Griža zu den von Speläologen am gründlichsten erforschten Höhlen im Tal. Eine touristische Nutzung ist derzeit nicht geplant, Informationen und Bildmaterial stehen aber im Informationszentrum in Bagnoli zur Verfügung.

Reichhaltig und differenziert ist auch die Tier- und Pflanzenwelt im Val Rosandra: Die hohe Biodiversität ist das Ergebnis des Wechselspiels zwischen kontinentalem und mediterranem Klima sowie der stark gegliederten Geländeform. Auf kleinstem Raum sind hier mehr als 1.000 Pilzarten verbreitet, wachsen 980 Pflanzenarten und sind 450 verschiedene Flechten und Moose bekannt. Den 130 Vogelarten bieten Insekten, Amphibien und Kriechtiere reichlich Nahrung; Fledermäuse finden Lebensraum in Höhlen und Felsnischen. Die Karstlandschaft ist von der Art der Bewirtschaftung und dem Einfluss des Menschen geprägt, weshalb die Vegetation im Laufe der Jahrhunderte starken Veränderungen unterworfen war: Der ursprüngliche Eichenwald fiel der extensiven Weidewirtschaft zum Opfer, wurde großflächig gerodet und von steppenartigen, trockenen Wiesen abgelöst. Im 19. Jahrhundert scheiterten mehrere Aufforstungsversuche mit Laubbäumen, bis der Forstinspektor von Triest, Josef Ressel, alte Baumbestände der Schwarzkiefer entdeckte und diese dem österreichischen Forstamt zur Anpflanzung empfahl. Die genügsame Föhrenart, die sogar in kalkigen Felsrissen gedeiht, fand rasch Verbreitung und ist bis heute die vorherrschende Baumart im Triestiner Karst. Seit dem Niedergang der Weidewirtschaft nach dem 2. Weltkrieg wurden große Flächen des Karstplateaus von Buschvegetation zurückerobert und droht alte Kulturlandschaft allmählich zu verwachsen.

Einem Keil gleich spaltet der Rosandrabach den Kalkstein unterhalb des 30 Meter hohen Wasserfalls Supet zwischen dem Monte Stena (dt. Wand) im Nordosten und dem Monte Carso im Südwesten. Er wird im lokalen slowenischen Dialekt folgerichtig als Klinšica (*klin* = der Keil) bezeichnet. Die Ende des 19. Jahrhunderts eingeführte »hyperkorrekte« slowenische Schreibweise Glinščica (*glina* = Lehm) hingegen führt auf eine falsche etymologische Fährte. Der Torrente Rosandra, so die italienische

Am Rosandrabach

Bezeichnung des Flusses, hat seinen Ursprung in Slowenien und wird von den Quellen der namensgebenden Glinščica und des Rižnik gespeist. Vom Grenzweiler Botazzo/Botač bis zur Geländekante, die einige hundert Meter talabwärts die geologische Trennlinie zwischen der wasserundurchlässigen Flyschzone und dem wasserlöslichen Kalkstein markiert, entwässert der Fluss in sanftem Gefälle den einst landwirtschaftlich genutzten Talboden. Unterhalb des Wasserfalls wird der Bach zwischen Engstellen und Schluchten beschleunigt, kreist in Becken und Wannen, wird von unter- wie oberirdischen Zu- und Abflüssen gespeist sowie zu zahlreichen Richtungswechseln gezwungen. Bei Bagnoli am Talausgang ist der Torrente Rosandra in Trockenzeiten nur noch ein Rinnsal.

Oberirdische Wasserläufe und schützende Höhlen spielten für die Besiedelung des Rosandra-Tales eine entscheidende Rolle:

Auf dem Gebiet des heutigen Naturreservats sind etwa 40 Fundorte aus prähistorischer Zeit bekannt. Spuren von Neandertalern und Hominiden aus der Bronze- und Eisenzeit wurden in der *Caverna degli Orsi* (Bärenhöhle) am Monte Carso gesichert. Aus vorrömischer Zeit stammen auch die *castellieri*, Reste befestigter Anlagen am Monte San Michele und dem Monte Carso bei Bagnoli, die dem antiken illyrischen Stamm der Histrier zugeschrieben werden. Sie wurden um 170 vor Christus von den Römern unterworfen, die in den darauffolgenden 600 Jahren die Geschicke dieser Region bestimmten und Land und Leute prägten. Aus dem ersten nachchristlichen Jahrhundert stammen die gemauerten Überreste der ersten »kommerziellen« Nutzung des Rosandra-Baches in Form einer Wasserleitung zur Fließwasserversorgung Triests. Das Meisterwerk römischer Baukunst, das auf einer Strecke von 14 Kilometern ein Gefälle von nur 100 Metern überwindet und dabei mehrere Erhebungen umgeht, maß 160 cm in der Höhe und 55 cm in der Breite und brachte es auf einen Durchfluss von 5.800 Kubikmeter Wasser pro Tag.

Im Frühmittelalter wurde das dünn besiedelte Rosandratal hauptsächlich als Weideland genutzt. Erst im Spätmittelalter gewann es im Zuge der wachsenden Handelstätigkeit zwischen dem Süden und dem Norden an Bedeutung zurück. Säumer und Lasttiere waren auf ihrem Weg von der Adria in den Norden, wo Salz, Öl und Wein gegen Getreide und Eisenprodukte gehandelt wurden, auf Wasser angewiesen, daher führten die Saumpfade stets entlang von Wasserläufen. Die heutigen Burgruinen des Castello di Moccò/Muhov grad, Fünfenberg und Tabor bei Draga Sant'Elia sowie Strmec bei Socerb stammen aus der Mitte des 13. Jahrhunderts und wurden in erster Linie zu Überwachungszwecken errichtet. Salzschmuggel war im 16. Jahrhundert Anlass für kriegerische Auseinandersetzungen zwischen der Republik Venedig und der autonomen Stadt Triest. An der Grenze gelegen, geriet das Val Rosandra immer wieder zwischen die Fronten der beiden Machtzentren, dabei wurde im Jahr 1511 das Castello di Moccò dem Erdboden gleichgemacht.

Unversehrt thront hingegen die Kirche Santa Maria in Siaris/Sveta Maria na Pečah/Heilige Maria am Stein auf einem Schuttkegel über der südlichen Talseite. Die einschiffige Stein-

Grenzübergang in Botazzo

kirche stammt aus dem Jahr 1267 und befand sich einst unter der Obhut der Bruderschaft *dei Battuti*. Heute verläuft unterhalb des Sakralbaues der Wanderweg Nr. 1, der von Bagnoli zum Weiler Botazzo im Talschluss führt. Wo früher tausende Pilger Trost gesucht haben mögen, nehmen heute nur noch vereinzelte Wanderer den steilen Aufstieg zur meist verschlossenen Kirche auf sich.

Bessere Zeiten haben auch die Getreidemühlen gesehen, die fünf Jahrhunderte an den Wasserläufen des Rosandratals klapperten. Efeubewachsene Mauerreste in der Nähe von Botazzo zeugen vom einst bedeutendsten Wirtschaftszweig im Tal, dem Mühlenwesen. 32 Mühlen, einige mit bis zu vier Wasserrädern betrieben, wurden im Laufe der Jahrhunderte erbaut. Sie befanden sich im Besitz weltlicher und kirchlicher Gutsherren aus Triest, wurden nach ihnen benannt und von einer Generation zur anderen vererbt. Die angestellten Müller genossen hohes gesellschaftliches Prestige, sie verstanden sich nicht nur auf das Mahlen von Korn, sondern auch auf das Behauen von Mühlsteinen und das Bearbeiten von Holz. Ihre Frauen waren vielfach mit dem Mehlhandel in Triest und seiner Umgebung betraut und mit ihren Packeseln oft mehrere Tage unterwegs. Seine Blütezeit erreichte das Mühlenwesen im 19. Jahrhundert: Im Jahr 1817 waren allein in der Umgebung von Bagnoli, bei einer Einwohnerzahl von 654 Personen und 120 Wohnhäusern, 14 Mühlen in Betrieb. Nach Einführung der Mühlensteuer und der Wassernutzungsabgabe sowie dem Aufkommen moderner dampf- und strombetriebener Mühlen gerieten die Müllerfamilien im Val Rosandra zunehmend unter Konkurrenzdruck. Nach und nach wurden die Wassermühlen stillgelegt, die meisten stellten ihren Betrieb in den 1950er Jahren für immer ein.

Im Gegensatz zum Berufsstand des Müllers war die Tätigkeit der Wäscherinnen von geringem Ansehen und wurde von den ärmsten Frauen aus den Dörfern des Val Rosandra ausgeübt. Wohlhabende Triestiner ließen ihre Wäsche zur Reinigung ins Tal bringen. Im Bachlauf der Rosandra kauernd, spülten die Frauen die zuvor in Aschenlauge ausgekochten Wäschestücke im fließenden Wasser. Erkältungen, Rückenschmerzen und Rheuma waren die Folge. Mit dem Einzug der Waschmaschine in die Haushalte in den 1960er Jahren verschwanden auch die Wäscherinnen.

Seit der Ernennung des Val Rosandra und seiner Umgebung zum Naturpark *Riserva naturale* im Jahr 1996, steht die touristische Nutzung im Vordergrund. Das Gebiet ist mit einem dichten Netz von markierten Wanderwegen überzogen. Einer der populärsten, stark frequentierten Wege verläuft auf der ehemaligen Bahnlinie Triest-Hrpelje in Slowenien. Das 20 km lange Bauwerk überwindet einen Höhenunterschied von 490 Metern und durchmisst dabei auf halber Höhe den schönsten Teil des Val Rosandra. Die Strecke beginnt auf Meeresniveau beim Bahnhof San Andrea im Stadtgebiet von Triest und dockt in Hrpelje bei Divača an die damals wichtige transistrische Bahnlinie Ljubljana–Pula an. Strategische Überlegungen waren ausschlaggebend für den Bau der Eisenbahn, die auf kürzestem Weg Triest mit dem k. u. k.-Kriegshafen in Pula verband. Die Grundsteinlegung erfolgte im Jahr 1885, die feierliche Eröffnung nach einer Bauzeit von weniger als zwei Jahren. Etwa 2.600 Arbeiter waren mit der Errichtung von sieben Viadukten, fünf Überführun-

Alte Bahntrasse im Val Rosandra

gen, sechs Brücken, der Sprengung von fünf Tunneln und dem Bau mehrerer mächtiger Stützmauern beschäftigt. An manchen Stellen beträgt die teils in Fels gehauene, teils natürlichen Gegebenheiten folgende Strecke die für Eisenbahnen größtmögliche Steigung von 33 Promille: Nicht zuletzt aufgrund der engen Kurvenradien brachten es die oft von zwei Dampflokomotiven gezogenen Frachtzüge lediglich auf eine Höchstgeschwindigkeit von 30 km/h.

In der Zwischenkriegszeit, unter italienischer Verwaltung, erfreute sich die Bahn bei den Triestinern großer Beliebtheit. Es galt als chic, mit den *littorine*, modernen Dieselloks, eine Reise nach Istrien zu unternehmen. Während des 2. Weltkrieges, vor allem nach der Kapitulation Italiens im September 1943, war die Bahn mehrmals Ziel von Sabotageakten durch Partisanen, wodurch die Verbindung immer wieder unterbrochen und der deutsche Nachschub gestört wurde. Nach Kriegsende leiteten die schwierigen und langwierigen Grenzverhandlungen zwischen Italien und Jugoslawien das Ende der Bahn durch das Val Rosandra ein; die beschlossene Grenzziehung brachte schließlich das Aus: Die Strecke war zur Sackgasse geworden, beim Bahn-

Wasserfall im Rosandratal

hof im Grenzort Draga Sant'Elia war Endstation. Im Dezember 1958 fuhr der letzte Zug durch das Rosandratal, acht Jahre später war der Gleiskörper vollständig entfernt.

Heute gehört die einstige Bahntrasse Wanderern, Spaziergängern, Joggern und Radfahrern, die von keiner Grenzkontrolle mehr angehalten oder behindert werden. Zudem sind von hier aus die vertikalen Felswände des Monte Stena erreichbar, die bereits in den 1920er Jahren unter Federführung von Emilio Comici für den Klettersport erschlossen wurden. Der Alpinismus in Triest nahm somit seinen Anfang im Val Rosandra, wo von der *Società Alpina delle Giulie* im Jahr 1940 auch das *Rifugio Mario Premuda* errichtet wurde. Es beherbergt die *Kletterschule Emilio Comici* und ist mit einer Seehöhe von nur 82 m das tiefstgelegene Schutzhaus Italiens. *ek*

EINKEHR:

Trattoria Al pozzo / Pri vodnjaku, San Lorenzo/Jezero. Von der Aussichtsterrasse des sonst schmucklosen Restaurants überblickt man bei deftiger Kost und solidem Hauswein das Val Rosandra und den Golf von Muggia. 0039 04 0228211

Locanda Mario, Draga Sant'Elia. Angenehmes Lokal mit Gastgarten nahe der ehemaligen Bahntrasse Triest–Hrpelje. Ambitionierte Küche mit vielfältigem Pastaangebot. Ein Wermutstropfen sind die überhöhten Preise. 0039 04 0228193

XXXII. EINMAL RILKE UND ZURÜCK
Wanderung von San Giovanni al Timavo nach Duino

Es ist ein einzigartiges Naturschauspiel, das sich in San Giovanni, dem Ausgangspunkt der Wanderung, bietet: Wie aus plötzlich geöffneten Schleusen tritt hier der legendäre Timavo, ein unterirdischer Karstfluss slowenischer Herkunft, an mehreren Stellen aus dem Boden. An der Quelle noch heftig brodelnd, dann schlagartig zur Ruhe gekommen, begleitet er den Wanderer ein Stück des Weges, ehe er sich bei Monfalcone ins Meer verabschiedet. Kein mediterranes Idyll, sondern die melancholische Stimmung eines proletarischen Ortes, der seine Blütezeit längst hinter sich hat, herrscht in Villaggio del Pescatore, der nächsten Station.

Über ein menschenleeres Karstplateau führt der Weg nach Duino, das seinen Ruf als mondäner Badeort in die Gegenwart herübergerettet hat. Vorbei an den Behausungen wohlhabender Leute gelangt man zum *Castello* der Familie Thurn und Taxis, dessen Besichtigung man sich aber für später aufhebt. Denn zuvor lockt der prominente *Sentiero Rilke* hoch über der Steilküste. Obwohl von Heerscharen von Touristen frequentiert, ist die Schönheit des kaum einstündigen Weges überwältigend. Mächtige Klippen ragen fast senkrecht aus dem Meer und fügen sich, mit dem Golf von Triest als Hintergrund, zu dramatischen Bildern. Ebenso vielfältig ist die Flora, die sich auf den weißen Felsen angesiedelt hat und im Herbst in allen Farben spielt. Auch auf dem Rückweg genießt man ständig wechselnde Szenen, weshalb man bemüht ist, die Ankunft in Duino möglichst lang hinauszuzögern. Dort angekommen, lohnt der Besuch des Schlosses vor allem wegen seiner prächtiger Lage. Weniger eindrucksvoll ist die Ausstellung zur Geschichte des Hauses, und wie in der Geisterbahn fühlt man sich beim Abstieg in den Bunker aus dem 2. Weltkrieg. Grund genug, Rilkes Sommerfrische bald den Rücken zu kehren und im Hafen von Duino ein Glas (oder zwei) auf den Dichter zu heben.

HINWEISE ZUR WANDERUNG
LÄNGE: 10 km
HÖHENDIFFERENZ: 130 m ↑ ↓
GEHZEIT: 3:00 Std.
ANFORDERUNGEN: gering
ORIENTIERUNG: leicht
KARTE: Tabacco-Wanderkarte »Carso Triestino e Isontino«, 1:25.000
EINKEHRMÖGLICHKEIT: Villagio del Pescatore, Duino
BUSVERBINDUNG: Stündlicher Busverkehr entlang der Küstenstraße zwischen San Giovanni al Timavo und Duino (auch sonn- und feiertags).
ANFAHRT: Man nimmt auf der Autostrada A4 die Ausfahrt »Monfalcone est« und folgt der SS 14 (Wegweiser »Sistiana, Miramare «) bis San Giovanni al Timavo.

WEGBESCHREIBUNG

Ausgangspunkt ist die Einmündung der SS 55 in die SR 14 an der Kirche von **San Giovanni al Timavo**. Man folgt unterhalb der Straße (wo sich die Quellen des Timavo befinden) dem markierten **Weg Nr. 1**, der erst als geschotterter Fahrweg den linken Arm des Flusses begleitet und dann als Sträßchen an allerlei Gebäuden und einer Bootswerft vorbei nach **Villaggio del Pescatore** führt (0:30 Std.).

Man passiert den **Bootshafen**, ignoriert eine Abzweigung zum **Campo sportivo** und gelangt ins Ortszentrum. Einkehr in der **Bar Sport** am Dorfplatz. Weiter am Kai entlang bis zur **Kirche**. Hier folgt man der Straße nach links, um bei der nächsten Kreuzung scharf nach rechts zu biegen (Markierung). Man passiert ein **Betriebsgelände** und erreicht bei einem aufgelassenen Steinbruch einen **Pescaturismo**. Kurz davor verlässt man den Fahrweg und biegt – den **Durchstieg** eines Zaunes nehmend – scharf nach links (Markierung). Kurzer Aufstieg zu einer flachen **Hügelkuppe**, wo man bei der ersten Abzweigung der Markierung nach rechts folgt. Schmaler Pfad bis zu einem breiten Querweg; auf diesem nach rechts. Stets der teilweise etwas undeutlichen Markierung folgend über ein kleines Karstplateau bis zu den ersten Häusern von **Duino**. Der Weg mündet in eine Straße; auf dieser, die Richtung beibehaltend und eine aufgelassene Kaserne passierend, bis zu einer Querstraße vor dem Eingangstor zum **Castello** von **Duino** (1:15 Std.).

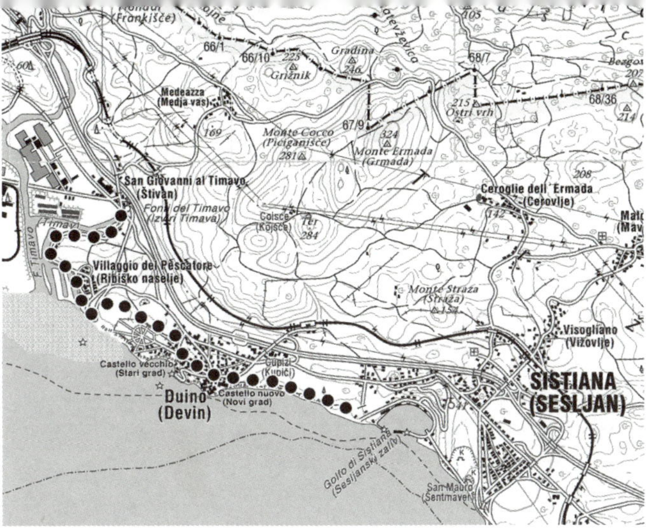

Man wendet sich nach links, biegt nach 200 m nach rechts und steigt zu einem Aussichtsplatz über der Steilküste an. Hier wendet man sich nach links und folgt dem **Sentiero Rilke** hoch über den Klippen von Duino. Spektakulärer Panoramaweg bis zum **Rifugio Rilke** oberhalb der Bucht von Sistiana (2:00 Std.).

Zurück nach **Duino** auf demselben Weg. Besichtigung des **Schlosses**. Abstieg zum kleinen **Hafen von Duino**; Einkehr.

Die Rückkehr nach San Giovanni al Timavo erfolgt auf bereits bekanntem Wege (wobei man am westlichen Ortsrand von Duino nach links zum Meer absteigen und sich auf schmalen Pfaden entlang des Strandes bis zum Steinbruch beim Villaggio del Pescatore durchschlagen kann) oder mit dem städtischen **Bus Nr. 44**. Haltestelle an der Hauptstraße in Duino.

AM WEGE

San Giovanni al Timavo | Štivan

Nur einen Steinwurf von der stark frequentierten Küstenstraße entfernt liegt ein geheimnisvoller Ort: die Quellen des Timavo, slow. Timava, der manchmal als kürzester Fluss der Welt bezeichnet wird. Allerdings wird seine Länge gleich von mehreren Flüssen unterboten und stellt der Timavo nur die Fortsetzung eines langen unterirdischen Wasserlaufes dar. Es ist dies die Reka, die in den Grotten von Škocjan in Slowenien in der

San Giovanni al Timavo

Unterwelt verschwindet, um auf einer Länge von mindestens 38 Kilometern den Karst zu unterqueren (der genaue Verlauf ist unbekannt) und am Fuße des Monte Ermada in Italien erneut zu »entspringen«. Das Naturschauspiel, das sich dabei bietet, hat bereits die römischen Dichter Vergil und Plinius inspiriert, und bis heute kann man sich seinem Zauber nur schwerlich entziehen. Im Schatten riesiger Platanen bricht der Fluss an vier Stellen aus dem Fels, vereinigen sich seine kräftigen Arme sofort zum Strom und strebt dieser majestätisch der Adria zu. Wie in *Auportus*, dem Ursprung der Ljubljanica, sollen auch hier, am *lacus Timavi*, Jason und seine Argonauten Station gemacht haben. Damals galt der Fluss als heilig und floss noch »aus sieben Mündern«. Auf die Bedeutung des Hafens im Altertum verweisen Reste eines Mitra-Tempels, römische Mosaike und eine Römerstraße in unmittelbarer Nähe. Von hier führten die Wege nach *Tergeste* (Triest) und Aquileia und wurden die Provinzen nördlich des Karsts mit Waren beliefert; entsprechend umkämpft war der Verkehrsknotenpunkt über die Jahrhunderte. So wurden das im 9. Jahrhundert errichtete Benediktinerkloster und die dazugehörige Kirche gleich mehrmals niedergebrannt, bis der

Ort 1290 unter die Herrschaft des Grafen von Duino geriet und es in der Folge zu beachtlicher wirtschaftlicher Blüte brachte. Wichtigste Einkommensquellen waren, neben dem Handel und dem Transportgewerbe, verschiedene Mühlen, Sägewerke und Ölpressen an den Ufern des Flusses. Erst im 18. Jahrhundert, mit dem Aufstieg von Triest, begann der Niedergang des Hafens von San Giovanni, der mit der vollständigen Zerstörung im 1. Weltkrieg seinen Abschluss fand. Bei der Bombardierung der Ortschaft blieb, von den Grundmauern der Kirche abgesehen, kaum ein Stein auf dem anderen, selbst der Friedhof wurde vollständig ausradiert. Und da die öffentlichen Gebäude und Wohnhäuser später andernorts neu errichtet wurden, zeugen vom historischen Ort nur noch schriftliche Dokumente.

Was heute an Kulturdenkmälern besichtigt werden kann, wurde rekonstruiert. Es sind dies die gotische Kirche San Giovanni in Tuba, die auf vorchristlichen Fundamenten sowie Fragmenten einer Kapelle aus dem 5. Jahrhundert steht, in der sich einst Reliquien des Evangelisten Johannes befanden. Ihre heutige Form geht auf einen Erweiterungsbau im 12. Jahrhundert zurück, der um 1400 »modernisiert« wurde, und beeindruckt durch ein besonders schlankes Kirchenschiff sowie einen schmucklosen Glockenturm aus grob behauenen Steinen. Nach längeren Niederschlägen spiegelt sich das Kirchengebäude in einem Ring aus Wasser, was seine vertikale Wirkung noch verstärkt. Nur halb so viel Aura besitzt die 1932 errichtete Kirche oberhalb der Straße. Sie ersetzt die ehemalige Dorfkirche und versucht mit romanischen Stilelementen, eine mittelalterliche Herkunft vorzutäuschen. Bemerkenswert ist aber der steinerne Friedensengel an der Fassade. Er ist das Werk des slowenischen Bildhauers France Gorše, der an der Isonzofront auf Seite der Italiener gekämpft hatte, nach 1945 nach Amerika emigrierte und seinen Lebensabend in Suetschach/Sveče in Kärnten verbrachte. Ein paar Schritte weiter verherrlicht ein faschistisches Denkmal die Gefallenen der 3. Armee Italiens.

Folgt man dem Timavo Richtung Meer, erweist sich sein Ufer, nachdem man ein betoniertes Wehr hinter sich gelassen hat, als eigentümliche Mischung aus unberührter Natur und verwahrloster *Gstättn.* Zwischen Schilf und Trauerweiden finden sich verfallene Fischerhütten und improvisierte Anlegestellen, die von hässlichen Schwimmvögeln, Warzenenten genannt, bewohnt werden. Absurde Warnschilder zieren leerstehende Lagerhallen, Efeu und Waldrebe überwuchern Garagen, eine LKW-Plane hängt im Geäst. Sie dient einem kettenrauchenden Angler als Regenschutz, der eine Bierdose zuerst als Aschenbecher benutzt und diese dann unter dem Protest eines Möwenschwarms im Röhricht entsorgt. Gegen das unentwegte Geklingel einer Bootswerft bellt ein Schäferhund vergeblich an. Das Gebäude vis-à-vis, vielleicht das Haus eines verschollenen Seemanns, steht zum Verkauf. Eine verrostete Schiffsschraube im Gras und der Blick auf das schwarze Wasser sind im Preis inbegriffen. Die vorbeitreibende Plastikflasche ist slowenischer Herkunft (*Radenska*) und stammt vielleicht aus Škocjan.

Villaggio del Pescatore | Ribiško naselje

Wer mit dem Auto anreist, wird den Ort als anonyme Reihenhaussiedlung wahrnehmen, die rund um einen großen touristischen Bootshafen errichtet wurde; wer sich aber zu Fuß, von San Giovanni al Timavo kommend, nähert, gewahrt den eigentlichen historischen Kern. Er liegt am Fuße des Karsthügels Promontorio Bratina und stellt eine einfache Arbeitersiedlung aus den 1950er Jahren dar. Es sind bescheidene, seriell hergestellte Unterkünfte, jede mit eigenem Garten und einigen wenigen individuellen Gestaltungselementen. Zweck der Siedlung, die vom italienischen Staat auf enteignetem Boden errichtet wurde, war die Unterbringung istrianischer Flüchtlinge. Die meisten von ihnen waren zuvor in äußerst prekären Verhältnissen, im sogenannten *silos* in Triest, einem umfunktionierten Getreidespeicher hinter dem Bahnhof, untergebracht gewesen.

In ihrer Autobiografie *Wassergrün: Eine Kindheit in Istrien* schildert Marisa Madieri die Verhältnisse im Flüchtlingsquartier: »Es war ein riesengroßes Gebäude. Das Erdgeschoss, der erste und zweite Stock waren fast vollkommen dunkel. Im Obergeschoss kam Licht durch große Dachfenster, die man aber nicht öffnen konnte. Auf jedem Stockwerk war der Raum durch dünne Holzwände in viele kleine Boxen unterteilt. Sie reihten sich

Am Ortsrand von Villaggio del Pescatore

wie Bienenwaben aneinander. Alle hatten eine Nummer, einige sogar einen Namen, wie eine Villa. Das *silos* ließ an eine nächtliche und rauchige Fegefeuer-Landschaft denken. Aus den kleinen Verschlägen stiegen Kochdünste und andere Düfte in die Luft, die alle zusammen einen typischen, unbeschreiblichen Geruch bildeten. Eine süßliche und abgestandene Mischung aus Suppe, Kohl, Gebackenem, Schweiß und Krankenhaus.« Wer hier hauste, wurde gesellschaftlich geächtet und trachtete, die Wohnadresse vor seinen Bekannten geheimzuhalten. Erst 1960, 15 Jahre nach Kriegsende, wurde den letzten Insassen eine neue Bleibe zugewiesen.

Im Gegensatz zur Flüchtlingssiedlung Borgo San Mauro bei Sistiana wurden in San Marco del Timavo, wie Villaggio del Pescatore damals noch hieß, ausschließlich Fischer angesiedelt, die hier ähnliche Bedingungen wie in ihrer Heimat vorfinden sollten. Das verwaiste *Centro cooperativo pescatori Istriani* erinnert an die Zeit, als noch über 40 Immigranten ihrem angestammten Beruf nachgingen, während heute nur noch zwei Fischer ihre Netze auswerfen. Die ursprüngliche Siedlung expandierte rasch und bildet heute ein eigenwilliges und gar nicht reizloses

Fischerboote in Villaggio del Pescatore

Häuseragglomerat. Zwar können die Gebäude ihren Plattenbau-Charakter kaum verbergen, aufgrund der kommunikativen Anordnung entsteht aber doch Atmosphäre. Das Zentrum besteht aus einem großem Dorfplatz mit Brunnen, dem sich mehrere Bars und – außergewöhnlich für ein 300-Seelen-Dorf in diesen Breiten – ein Lebensmittelgeschäft zuwenden. Hinzu kommen ein nettes modernes Kirchlein, mehrere unkonventionelle, vage an Friedrich Hundertwasser erinnernde Häuser und, nicht zuletzt, der Hafen mit eigenem Fischgeschäft. Eine Brücke verbindet das Dorf mit einer Insel, auf der sich große Sportplätze und Freizeitanlagen befinden, die im Sommer massenhaft Besucher anziehen.

Außerhalb der Saison ist ein Spaziergang im Hafen jedenfalls ein Erlebnis. An einem schönen Frühlings- oder Herbstvormittag kann man hier ungestört die salzige Meeresluft genießen und zwischen den Segeljachten sogar ein paar authentische Fischerboote entdecken, die mit einem Gewirr aus Seilen, Körben, Schläuchen und verschiedenen Gerätschaften beladen sind. Gelbe und rote Bojen schaukeln mit schillernden Reflexen im Wasser, Netze trocknen in der Sonne wie in alten Zeiten. Beaufsichtigt wird die Szenerie von verwitterten Männern, die im Schatten kleiner Pinien auf ihren Sitzbänken festgewachsen sind und vielleicht von einem letzten großen Fang träumen. Auf einen solchen warten wohl auch die mageren Katzen, denen man im Schatten eines Schiffwracks einige Essensreste hingestellt hat.

Noch etwas herber ist die Idylle südöstlich des Dorfes: hier endet die Straße in einem wüsten *piazzale*, der von einer stillgelegten Fabrik und einem aufgelassenen Steinbruch begrenzt wird. An dieser Stelle wurden die versteinerten Überreste des besterhaltenen Dinosauriers Italiens gefunden. Es handelt sich um den *Tethyshadros insularis*, einen Hadrosaurier mit Entenschnabel und einer Länge von nur vier Metern, was auf eine sogenannte Inselverzwergung zurückzuführen ist. Das Tier ist rund 7.000.000 Jahre alt und kann im *Museo di Storia Naturale* in Triest besichtigt werden. Unweit der Fundstelle tummeln sich zwischen ausrangierten LKW-Reifen und verrosteten Relikten der Konsumgesellschaft die Angler und Sonnenanbeter am betonierten Strand. Für die passende Beschallung sorgen ein Schwimmbagger sowie der rege Bootsverkehr. Kein besserer Platz, sich Otis Reddings schönstes Lied in Erinnerung zu rufen: »I'm sittin' on the dock of the bay / Watching the tide roll away …« *as*

EINKEHR:

Bar Sport. Netter Treffpunkt am Dorfplatz mit historischen Fotos an den Wänden. 0039 040 208965

Ristorante Il Gabbiano. Die große Gaststätte wirkt von außen wie eine Touristenfalle, bietet aber tadellose und preiswerte Fischgerichte. 0039 040 208145

Al Pescaturismo. Beliebtes Fischlokal inmitten einer Mülldeponie. 0039 040 209846, www.alpescaturismo.it

Duino | Devin

Der Ort, der mit Aurisina eine von rund 8.700 Bewohnern besiedelte Gemeinde bildet, erscheint zunächst als unattraktiver Häuserbrei, den man auf der SS 14 schnell durchquert, um nach Triest zu gelangen. Der Blick über den Golf von Triest, der sich bald nach Duino öffnet, ist aber atemberaubend, und hat im Eröffnungsjahr 1928 das Magazin *Life* veranlasst, die Küstenstraße als »schönste Straße Europas« zu bezeichnen. Als Wanderer kann man dieses Bild von Duino aus vorweg genießen und hinausblicken »bis dahin, wo der Glanz des Himmels sich mit dem Glanze des Wassers eint«, wie die Autorin Helene Stöckl vor hundert Jahren ergriffen anmerkte.

Wer sich von der Küstenstraße zum Ufer begibt, findet einen kleinen Bootshafen mit zwei schön gelegenen, aber überteuerten Restaurants vor. Duino war schon zu altösterreichischen Zeiten ein beliebter Badeort und noch früher ein Hafen, der sogar Triest Konkurrenz machte. Sein eigentlicher Anziehungspunkt ist aber das Neue Schloss, das man durch ein imposantes Tor betritt. Der markante Turm im Zentrum der Anlage, von dem aus man den ganzen Golf überblicken kann, integriert die Reste eines römischen Wachturms. Davon zeugt auch eine Steintafel, die an Kaiser Diokletian (245–312 n. Chr.) erinnert. Die pittoresken Ruinen der alten Burg, in denen nächtens eine »weiße Dame«, die von ihrem Ehemann im Zorn die Klippen hinunter geworfene Esterina da Portole, herumirren soll, erheben sich auf einer schwer zugänglichen Klippe. Der Park, Mitte des 19. Jahrhunderts angelegt, wurde im 20. Jahrhundert durch Prinz Raimund von Thurn und Taxis in seine heutige Form gebracht.

Hier, in »diesem immens ans Meer hingetürmten Schloss, das wie ein Vorgebirg menschlichen Daseins mit manchem seiner Fenster (darunter mit einem meinigen) in den offensten Meerraum hinaussieht, unmittelbar ins All möchte man sagen«, wie er in einem Brief schrieb, verfasste Rainer Maria Rilke im Winter 1912 Teile seiner *Duineser Elegien*. Rilke war Gast von Marie von Thurn und Taxis-Hohenlohe, einer leidenschaftlich gebildeten Adeligen, der Gabriele d'Annunzio den Titel »letzte italienische Renaissancefürstin« verleihen sollte. Sie korrespondierte viele Jahre mit Rilke, ihre Erinnerungen an den Dichter

Schloss Duino

sind in Buchform publiziert. Marie führte die Tradition ihrer Mutter Teresa fort, die im Schloss einen bedeutenden Salon etabliert hatte. Über die Jahre waren hier Franz Liszt, Johann Strauss, die Schauspielerin Eleonora Duse und die Dichter Paul Valéry, Victor Hugo und Mark Twain zu Gast. Der Physiker Ludwig Boltzmann starb 1906 im Schloss, und 1914 reiste Erzherzog Franz Ferdinand von hier aus nach Sarajevo. Natürlich waren die Nachbarn aus Miramare, Maximilian und Charlotte, des öfteren zu Besuch, und auch Kaiserin Elisabeth, die berühmte Sissi, genoss die Aussicht auf das Meer. Die weltoffene Haltung der Schlossbesitzer, deren Familie ihren Reichtum vor allem durch die Organisation des Postdienstes im Heiligen Römischen Reich erlangt hatte (von daher noch heute das Wort Taxi und dessen häufige Farben Schwarz und Gelb, die damaligen Reichsfarben), kam zuletzt zum Ausdruck, als Fürst Raimund nach dem Auszug des alliierten Kommandos 1954 als erstes die Fahne des Verein-

Am Rilkeweg bei Sistiana

ten Europa hissen ließ. Besagter Raimund machte sich auch als Mäzen verdient, unter anderem für ein internationales Gymnasium in Duino und das Internationale Institut für theoretische Physik in Triest.

Die magische Atmosphäre des Ortes muss von jeher inspirierend gewesen sein. Alasia da Sommaripa (1578–1626) verfasste hier um 1607 das erste Italienisch–Slowenische Wörterbuch, wovon eine Gedenktafel links vom Schlosseingang kündet. Dante Alighieri soll auf dem Felsen links der Burgruine einige Zeilen seiner *Göttlichen Komödie* verfasst haben. Und Prinzessin Maria Bonaparte, Urgroßnichte Napoleons, durch die Heirat ihrer Tochter Evgenia mit dem Fürsten Don Raymund della Torre e Tasso Familienmitglied derer von Duino, war eine enge Freundin von Sigmund Freud und Mitgründerin der *Société psychanalytique de Paris*. Durch die Bezahlung der »Reichsfluchtsteuer« ermöglichte sie Freud die Flucht vor den Nazis. Dass sie auch fotografisch talentiert war, zeigen ihre Portraitaufnahmen, die im Schloss zu sehen sind.

Das Interieur des Schlosses, wie man es heute besichtigen kann, steht in einem merkwürdigen Kontrast zur geschichtlichen

Aufladung des Ortes. Zwar zeugen zahlreiche antike Vasen und Musikinstrumente von der Sammelleidenschaft des Adels. Aber abgesehen von der imposanten Treppe, einem Meisterwerk des bedeutenden Renaissance-Architekten Andrea Palladio, macht es einen gemütlichen und wohnlichen Eindruck: im Parterre links vom Eingang der verspielte Grottensaal, in dem man nicht sicher ist, ob man sich auf den Sitzmöbeln niederlassen darf, gleich nach dem Eingang rechts ein großes, wunderschönes Puppenhaus, Geschenk von Kaiserin Eugénie, Gemahlin von Napoleon III., dann der Stammbaum der Besitzer, der sogar Prince Charles of Wales als entfernten Verwandten ausweist (er war hier zweimal zu Gast), und allerlei alte Ansichtskarten und Fotos. Im Halbstock blickte Fürstin Teresa aus ihrem Bett auf den Golf. Im ersten Stock finden sich die Bibliothek und der Rote Salon mit dem Hammerklavier von 1810, auf dem Franz Liszt musizierte, zugleich das Lieblingszimmer von Rilke.

Im 1. Weltkrieg wurde die Schlossanlage durch Artilleriebeschuss beschädigt, ab 1944 ließen die Nationalsozialisten durch Zwangsarbeiter einen Bunker in den Felsen unterhalb des Schlosses graben, von dem aus ein U-Boot-Stützpunkt in Sistiana verteidigt werden sollte. Der heute im Bunker ausgestellte Kriegsschrott lohnt kaum den Abstieg in 18 Meter Tiefe. Nach Kriegsende bis 1954 war das Schloss Sitz des alliierten Kommandos und der Regierung des Freien Staates Triest. *wb*

XXXIII. ÜBER DER KÜSTE
Wanderung von Aurisina nach Villa Opicina

So behutsam das Land westlich von Monfalcone ins Meer eintaucht, so entschlossen entsteigt es den Fluten südöstlich der Industriestadt. Die hier beginnende Steilküste bestimmt den Verlauf und Charakter dieser ebenso bequemen wie erhebenden Wanderung am äußersten Rand des Triestiner Karsts.

Ausgangspunkt ist der Römersteinbruch von Aurisina, den man zunächst umrundet, um sich dann unvermittelt auf den Klippen über dem Meer wiederzufinden. Von den Dolomiten bis Istrien reicht das Panorama. Einem felsigen Kamm folgend, erreicht man den kühn angelegten *Sentiero dei Pescatori*, der einen lohnenden Abstecher zum Ufer (und im Sommer ein erfrischendes Bad) erlaubt. Nächste Station ist ein Wasserturm aus dem 19. Jahrhundert, der den Wald überragt und vom begehbaren Dach aus den Blick nach Norden eröffnet. In Santa Croce, hoch über der Küste, erwarten den Wanderer verwinkelte Gassen, eine freundliche Bar sowie ein hübscher Friedhof mit Meeresblick. Ein schöner Aussichtspunkt liegt auch auf dem schattigen Weg nach Prosecco, das man nur streift, um sich auf verwunschenen Pfaden nach Contovello, einem malerischen Dorf mit wunderbaren Weinterrassen, durchzuschlagen. Tief unten lockt Schloss Miramare zur Besichtigung. Über Schleichwege gelangt man schließlich zur *strada Napoleonica*, auf der man im lichten Kiefernwald und mit Blick auf Triest nach Villa Opicina promeniert. Den vergnüglichen Abschluss bildet die holprige Fahrt mit der *Tranvia*, der legendären Straßenstandseilbahn von Triest, ins Zentrum der Stadt.

HINWEISE ZUR WANDERUNG

LÄNGE: 22 km

HÖHENDIFFERENZ: 250 m ↑ 100 ↓ [200 m ↑ 300 m ↓]

GEHZEIT: 6:00 Std. [5:15 Std.]

ANFORDERUNGEN: mittel

Weingarten bei Contovello mit Blick auf Triest

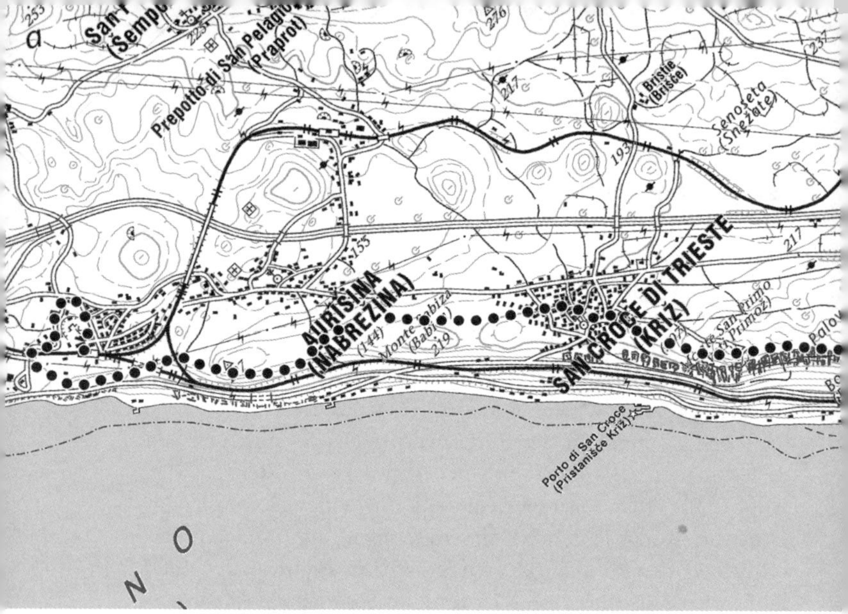

ORIENTIERUNG: mittel

KARTE: Tabacco-Wanderkarte »Carso Triestino e Isontino«, 1:25.000

EINKEHRMÖGLICHKEIT: Santa Croce, Contovello, Triest

BAHNVERBINDUNG: Straßenbahn von Villa Opicina zur Piazza Oberdan in Triest; Regionalzug von Triest nach Aurisina oder Miramare (häufige Verbindungen, siehe ww.oebb.at).

ANFAHRT: Man nimmt auf der Autostrada A4 die Abfahrt »Sistiana«, nimmt die erste Abzweigung nach rechts (Wegweiser »Sistiana«) und biegt in Sistiana auf der ersten Querstraße SR1 nach links. Man unterquert nach 500 m ein Eisenbahnviadukt und biegt nach einem weiteren Kilometer nach rechts Richtung *Stazione Bivio di Aurisina* ab. Achtung: NICHT zu verwechseln mit der *Stazione Aurisina* nordöstlich der Autobahn!

WEGBESCHREIBUNG

Ausgangspunkt ist der **Bahnhof Bivio di Aurisina**. Man verlässt die Bahnstation und wendet sich vor dem Eingang der **Cava Romana** nach rechts, um den Steinbruch gegen den Uhrzeigersinn zu umrunden. Man geht dabei stets entlang der Umzäunung, erst auf der Straße, dann auf geschottertem Fahrweg, bis man auf ein Quersträßchen trifft; auf diesem nach links bis zur Bahn, dann weiter bis zu einem **Durchlass**. Man unterquert die Geleise, erreicht eine Kreuzung und

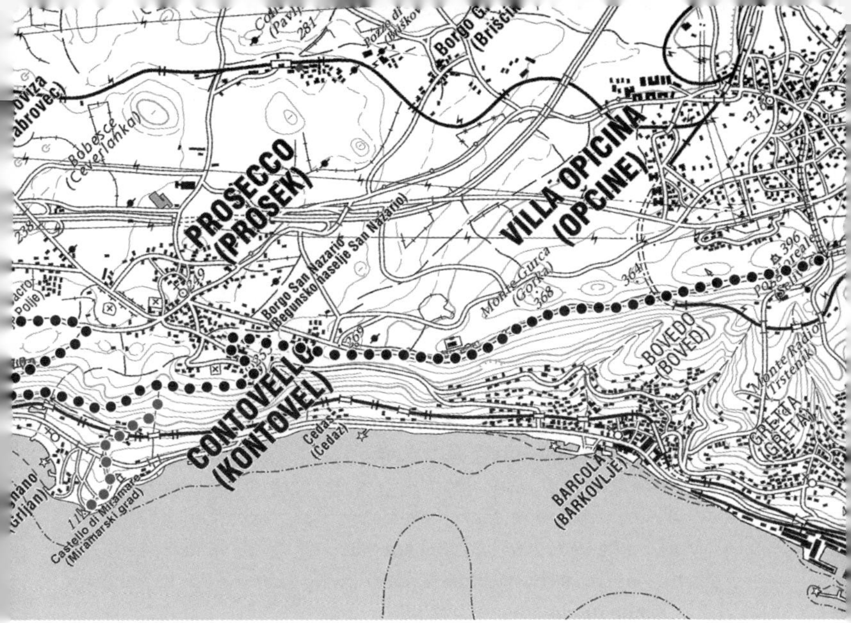

geht geradeaus in einen geschotterten Fahrweg entlang eines Zaunes. Nach 100 m klettert man nach links durch eine **Zaunlücke** und folgt einem Pfad unterhalb einer **Stromleitung** bis zu einer Wegkreuzung. Man geht geradeaus in den markierten **Weg Nr. 1** und erreicht kurz darauf einen **Aussichtspunkt** (0:20 Std.). Klippen, Blick auf Triest und Miramare.

> **VARIANTE** für den Fall, dass die Zaunlücke verbarrikadiert wurde: Man unterquert die Geleise, erreicht eine Kreuzung und wendet sich halbrechts in einen geschotterten Fahrweg (Markierung). Vorbei an einigen **Wohnhäusern**. Der Weg führt in ein Wäldchen. Nach 30 m biegt man nach links in einen markierten Pfad, welchem man bis zu einem Querweg an der **Geländekante** oberhalb der Küste folgt; auf diesem nach links (Markierter Weg Nr. 1). Der Weg senkt sich und führt etwas mühselig unterhalb einiger Villen zu einem breiten Querweg; auf diesem links bergauf. Bei einer Mehrfachkreuzung geht man rechts, um kurz darauf einen **Aussichtspunkt** zu erreichen (0:30 Std.). Klippen, Blick auf Triest und Miramare.

Weiter auf schönem Steig, den felsigen **Kamm** über der Küste entlang. Nach gut 15 Min. gelangt man zur Abzweigung des **Sentiero dei Pesca-**

tori nach rechts. Empfehlenswerter, aber kräfteraubender Abstecher zum Meer (Bademöglichkeit, Bar, hin und zurück gut 1:00 Std.).

Weiter auf markiertem Weg Nr. 1; erst die **Bahn** überquerend, dann auf bequemem **Panoramaweg** Richtung Südosten. Nach 20 Min. folgt man, den Hauptweg verlassend, der Markierung nach links in einen ansteigenden Pfad. Beim darauffolgenden Querweg (Markierung) geht man links, weiter bergauf bis zu einem **Aussichtsturm** (1:30 Std.).

Nach der Besteigung führt die Markierung auf bequemem Forstweg zwischen hohen Kiefern und stets in Kammnähe bis zu den ersten Häusern von **Santa Croce** (2:00 Std.).

Auf der ersten Asphaltstraße geradeaus. Die Straße biegt kurz darauf nach links; 10 m danach wendet man sich scharf nach rechts, die Markierung verlassend. Vorbei am Haus Nr. 33 bis in den alten Ortskern, wo man sich, nach der Einkehr in der **Trattoria Bar La Lampara**, zur Kirche begibt.

Von der Kirche weiter in südöstlicher Richtung, die **Tabacchi** passierend und der Markierung folgend, bis zum **Kirchlein San Rocco**. Man wandert rechts daran vorbei und gelangt bald zum südöstlichen Ortsrand. Beim letzten **Haus Nr. 167** geht man, den Weg Nr. 1 verlassend, halbrechts in einen Waldweg (**gelbrote Markierung**). Bei einer Gabelung hält man sich links (Markierung). Angenehmer Anstieg im lichten Wald (schöner Rastplatz!), bis man erneut auf den **Weg Nr. 1** trifft; man geht rechts und erreicht den Aussichtspunkt **Vedetta Slataper** (2:45 Std.).

Auf steinigem Pfad gut 15 Min. weiter bergab bzw. fast eben bis zu einem breiten Querweg; man geht links und hält sich bei der darauffolgenden Gabelung (beide Wege markiert) rechts. Bequemer Weg unter Kiefern, stets die Richtung beibehaltend und der Markierung folgend. Nach 20 Min. ignoriert man eine Abzweigung nach links zu einer **Azienda agricola** (3:45 Std.) und trifft nach 50 m auf einen breiten geschotterten Querweg (davor eine Art **»Verkehrsinsel«**); auf diesem nach rechts, die Markierung verlassend (Fahrverbotstafel). Man passiert kurz darauf das **Anwesen Nr. 617**. Der Weg senkt sich allmählich, und man ignoriert eine Abzweigung nach rechts. Man tritt aus dem Wald, Blick auf Miramare, weiter bergab, dann Abstieg in westlicher (scheinbar »falscher«) Richtung auf historischem **Treppenweg.** Man trifft auf einen breiten Querweg und wendet sich auf diesem nach links, anfangs bequem den Hang entlang. Der Weg dreht nach rechts. 10minütiger steiler Anstieg auf betonierter Fahrspur bzw. asphaltiertem **Sträßchen**. Der Asphalt endet. Nach gut 100 m nimmt man eine Abzweigung nach rechts und steigt auf einem anfangs gepflasterten, breiten Weg im Wald bergab. Man unterquert eine **Stromleitung** und ignoriert gleich darauf (am Ende einer Steinmauer) eine undeutliche Abzweigung nach links. Nach weiteren 20 m wendet man sich nach links in einen ansteigenden Pfad. Kurzer Anstieg unterhalb bzw. zwischen verwahrlosten terrassierten Gärten, dann fast eben mit Blick aufs Meer bis zu einer leicht versetzten kleinen **Wegkreuzung**. Man geht geradeaus und trifft kurz darauf auf eine asphaltierte **Querstraße**; auf dieser nach rechts (nicht den markierten Treppenweg nehmen!).

VARIANTE: 20minütiger Abstieg auf markiertem Treppenweg bis zum **Bahnhof** von **Miramare**. Man unterquert die Bahn, wendet sich auf einer Querstraße nach rechts und gelangt zum Eingang des Schlossparks von **Miramare** (4:30 Std.). Abstieg durch den Park bis zum Schloss. Am Uferweg nach links bis zur **Küstenstraße**, wo sich eine Bushaltestelle befindet (5:15 Std.).

Der Asphalt endet bald, weiter auf ebenem geschotterten Fahrweg bis zu einer Gabelung. Man hält sich links und wandert auf schmalem, bald tunnelartig verwachsenem Pfad zwischen terrassierten Gärten. Der Weg steigt an und trifft auf ein **Sträßchen**; auf diesem weiter bergauf. In einer Linkskurve geht man geradeaus in einen Pfad in **Richtung Kirche** von **Contovello**. Anstieg über einen **Treppenweg**, an dessen oberem Ende nach rechts bis zu den ersten Häusern des Dorfes. Von dort durch verwinkelte Gassen bis zur **Kirche** (4:30 Std.). Lohnender Rundgang im Ortskern. Trinkwasser am Platz vor der Kirche.

Von der **Kirche**, der Markierung folgend, bergab zu einer breiteren **Straße**, welche man quert (100 m links die **Bar Trattoria Da Luciano**). Man folgt der Markierung durch eine **Wohnsiedlung** bis zum Haus Nr. 469. 50 m danach weist die Markierung nach links (um kurz darauf auf die Hauptstraße zu stoßen); man geht jedoch geradeaus. Der Asphalt endet; weiter auf geschottertem Fahrweg entlang eines hohen Zaunes. Der Weg dreht nach rechts, weiter bis zum letzten **Haus Nr. 607**, welches man passiert, um sich am Ende der Gartenmauer nach links in einen undeutlichen Pfad zu wenden.

Steilküste und Muschelbänke bei Aurisina

Man gelangt zur **Geländekante** und folgt einem Steig nach links. Der schmale Weg senkt sich kurz, steigt neuerlich an und gabelt sich bald darauf. Man hält sich rechts und steigt zu einem **Aussichtspunkt** an. Schöner Blick auf Contovello und Triest. Weiter entlang der **Geländekante** bergab, bis man auf eine **Asphaltstraße** trifft; auf dieser nach rechts. Trinkwasserbrunnen. Breite Straße, die kurz darauf in eine Promenade unter steilen Felswänden übergeht. Bald endet der Asphalt, und man setzt die Wanderung auf der **strada Napoleonica** fort. Bequemer, leicht ansteigender Panoramaweg. Nach 20 Min. empfiehlt es sich, auf den Parallelweg links oberhalb des Hauptweges auszuweichen. Auf diesem bis zum **Obelisken** an der Hauptstraße bei **Villa Opicina** (6:00 Std.). Man wendet sich nach links und erreicht nach 100 m die **Straßenbahn-Haltestelle**.

20minütige Fahrt bis zur **Piazza Oberdan** in Triest. Von dort 10 Min. zu Fuß bis zum **Hauptbahnhof**. Rückfahrt mit dem Regionalzug nach Bivio di Aurisina.

AM WEGE

Aurisina | Nabrežina | Nabresina

»Von Sessana bis Nabresina durchzieht die Bahn einen der rauhesten, ödesten Theile des Karstes«, heißt es in einem Bahnreiseführer aus dem 19. Jahrhundert über den letzten Abschnitt der 1857 in Betrieb genommenen sogenannten Karstbahn von Ljubljana nach Triest. Es war dies neben der Semmeringbahn der kühnste und schwierigste Eisenbahnbau der österreichisch-ungarischen Monarchie, der den Staat in eine schwere Finanzkrise stürzte und ihn in der Folge zwang, die Strecke für Jahrzehnte privaten Betreibern zu überlassen. 13 Jahre lang waren bis zu 18.000 Arbeiter unter größten Entbehrungen damit beschäftigt gewesen, nach den Plänen des Österreichers Carl Ghega und des Italieners Hermenegild von Francesconi auf einer Länge von 142 km schwierigstes Terrain, wie Sümpfe, Schluchten und Gebirgszüge, zu überwinden und dafür zehn gewaltige Viadukte, acht längere Tunnel und unzählige Dämme zu errichten. Nicht weniger aufwändig gestaltete sich die Wasserversorgung der Strecke, für die u. a. bei Prosecco die längste Wasserleitung des Kaiserreichs und bei Aurisina ein riesiges Pumpwerk gebaut wurden, welches zugleich Triest mit Trinkwasser belieferte.

Hier befindet sich auch eines der eindrucksvollsten Bauwerke der Karstbahn, ein 650 m langer Viadukt mit 44 Steinbögen, der – im Gegensatz zur Brücke von Borovnica – beide Weltkriege überstanden hat. Als Baumaterial diente der in der *Cava Romana* von Aurisina abgebaute, besonders erosionsbeständige Marmor-Muschelkalk, der bereits in Aquileia und später in Venedig Verwendung gefunden hatte. Auch das österreichische Parlamentsgebäude wurde aus dem hier gebrochenen Naturstein errichtet. Vor dem 1. Weltkrieg arbeiteten bis zu 4.000 Steinhauer und -metze verschiedenster Nationen in Aurisina, das zu dieser Zeit auch ein bedeutendes kulturelles Zentrum war. Das änderte sich in der Zwischenkriegszeit, als die brutale Italianisierung der Faschisten die meisten Intellektuellen und viele einheimische Slowenen in die Flucht trieb. Ein Übriges taten die Nationalsozialisten, indem sie hunderte

Friedhof von Santa Croce

potenzielle Partisanen nach Deutschland deportierten und damit den beginnenden bewaffneten Widerstand erst recht herausforderten. Nach 1945 zwang die wirtschaftliche Not viele Familien in die Emigration nach Übersee. Auch die später wieder in Betrieb genommenen Steinbrüche boten aufgrund der Technisierung nur noch wenige Arbeitsplätze.

Die Eisenbahnbrücke von Aurisina überspannt ein zerklüftetes Plateau, das die Reisenden vor 150 Jahren als pure Steinwüste wahrnahmen. »In Millionen von kaum fußhohen Blöcken und Spitzen starrt überall das weißgraue Gestein auf, so weit das Auge reicht«, so der zitierte Reiseführer. »Hie und da sprosst dazwischen Haidekraut, Farrenkraut, Haidegestrippe. Wo in einer Vertiefung ein wenig Gras wächst, hat man diese Oase mit einer Mauer umgeben, um sie vor der einherbrausenden Bora zu schirmen.« Entsprechend trist stellten sich hier die Siedlungen dar: »Die Häuser der armen Karstbewohner […] sind von der ärmlichsten Beschaffenheit. Elende Steinhütten, aus denen nur die Thüre den Rauch ins Freie lässt, und darinnen Menschen, die im Schmutze, in der engsten Gemeinschaft mit ihren Schweinen leben, sich von halbrohen Kartoffeln, schlechtem Brei und noch schlechterem Brote nähren […].«

Ganz anders, nämlich ästhetischer Art, ist das Elend der Behausungen, die sich heute in der Umgebung des Steinbruchs von Aurisina dem Wanderer in den Weg stellen und ihn zu beschwerlichen Umwegen nötigen. Selbst die Bahn scheint ihren Anblick zu scheuen, wenn sie sich für zwei Kilometer tief in den Felsen gräbt und erst bei Santa Croce »den offenen Steilrand erreicht, wo der Karst in einer Absenkung von 500 Fuß in die See hinabtaucht. Vor uns liegt nun der weite, blaue Spiegel des Adriatischen Meeres. Von leiser Brise bewegt, strömt es brandend gegen den Fuß des Gebirges. […] Ein Bild von überraschender Schönheit, bei dessen Anblick uns die Heine'schen Verse von den Lippen strömen: ›Thalatta! Thalatta! Sei mir gegrüßt, Du ewiges Meer!‹«

Santa Croce | Križ

Von gesichtslosen Wohnanlagen und Villen umgeben, überrascht Santa Croce mit einem hübschen Ortskern, in dem sich traditionelle Karsthäuser mit urbanen Elementen mischen. Es liegt gut 200 m über dem Meeresspiegel und wird als höchstgelegenes Fischerdorf am Golf von Triest bezeichnet, obwohl der Fischfang heute keine Rolle mehr spielt. Aber noch in den 1950er Jahren lebten einige Familien von den sich regelmäßig vor der Küste einfindenden Thunfischschwärmen, die mit kleinen Booten gejagt wurden. Der Transport oblag den Frauen, die den Fang in Körben vom Hafen ins Dorf schleppten und den steilen Aufstieg in einer halben Stunde schafften.

Eine Provokation für Immobilienmakler muss der Friedhof von Sante Croce sein: Sanft geneigt, der Sonne und dem Meer zugewandt, ist er der mit Abstand privilegierteste Platz im Ort. Die kreuz und quer stehenden Grabsteine zeugen von der mehrheitlich slowenischen Einwohnerschaft, auch wenn viele Namen italianisiert wurden. Nicht selten findet man sowohl die slawische als auch die italienische Version eines Familiennamens Seite an Seite. Ausschließlich slowenischsprachig ist das stolze Partisanendenkmal mit der (sinngemäß übersetzten) Inschrift »Gefallen sind wir für die Freiheit und aus Überzeugung. Der Kampf geht weiter!«

EINKEHR:

Trattoria La Lampara. Sympathischer Familienbetrieb im Ortszentrum, der sich auf einfache Fischgerichte spezialisiert hat und auch Übernachtungsmöglichkeiten bietet. 0039 040 220352 oder 0039 349 1014580, www.triesteturismo.net/obrati/de/2

Osteria Il Pettirosso. Fischlokal an der Straße unterhalb des Dorfes, das durch Veit Heinichen zu literarischen Ehren gekommen ist. Emilio, der Wirt und Koch, versteht sich auf die kreative Zubereitung verschiedenster Meeresbewohner. 0039 040 220619

Agriturismo Bibc. engagiert geführter biologischer Bauernhof mit ausgezeichneter bodenständiger Küche, hauseigenen Weinen und gemütlicher Unterkunft. 0039 040 220722, www.bibc.it

Miramare | Miramar

Schloss und Park wurden von einem Habsburger erbaut, der, wie auch Kronprinz Rudolf, etwas aus der Art geschlagen war. Erzherzog Maximilian, Bruder von Kaiser Franz Joseph, hatte schon als Generalgouverneur der Lombardei für die damalige Zeit moderne Ideen verfolgt. Als Konteradmiral führte er Panzerung und Dampfantrieb in der österreichischen Kriegsmarine ein, und zwar gegen den Widerstand höherer Militärs, die später sogar dem Hinterladergewehr und dem Flugzeug misstrauisch gegenüber stehen sollten. Maximilians Neuerung ermöglichte 1866 den auf vielen Gemälden festgehaltenen Rammstoß der *SMS Ferdinand Max* und entschied die Seeschlacht von Lissa gegen Italien und für Österreich. 1864 ließ sich der merkwürdige Habsburger mit französischer Hilfe zum Kaiser von Mexiko ausrufen. Der Versuch, Mexiko nach seinen Ideen umzubauen, endete im Bürgerkrieg. Nach dem Abzug der Franzosen und dem Sieg seines populären Gegners Benito Juarez wurde er 1867 standrechtlich erschossen. Auf Manets Gemälde *Die Erschießung Kaiser Maximilians* tragen die mexikanischen Schützen französische Uniformen, was ihren von Maximilian so empfundenen Verrat symbolisiert. Dagegen hat es sich als Legende erwiesen, dass Maximilians Lieblingslied, *La Paloma* von Sebastian de Yradier – tatsächlich dasselbe, das noch Freddy Quinn interpretierte – während seiner Hinrichtung gespielt worden ist.

Strada Napoleonica bei Villa Opicina

Dabei hätten Maximilian und seine Gemahlin Charlotte, Tochter des Belgischen Königs Leopold I., in Miramare bleiben und in aller Ruhe die prächtige Aussicht auf den Golf und die Stadt Triest genießen können, die sich von den Terrassen des Schlosses aus bietet. Das Gebäude wurde 1856 im Stil der Spätrenaissance erbaut. Wer sich vom Haupteingang her, die ehemaligen Stallungen passierend, nähert, sieht je nach Einstellung die Kopie eines englischen Landsitzes oder eine prächtig weiße Normannenburg. Das Innere mutet düsterer an. In den Privatgemächern des Herzogpaares spielte sich ein keineswegs glückliches Eheleben ab, denn Maximilian hatte zahlreiche Liebesaffären. An manchen Möbeln im Schloss kann man noch den mexikanischen Adler sehen, der, fast wie ein Omen, ein Reptil im Schnabel zerbeißt. Weiters sind ein großes, von einem rotseidenen Baldachin geschütztes Ehebett, das Napoleon III. dem Herzogpaar zur Hochzeit geschenkt haben soll, sowie der Thronsaal, mit 10 m Höhe der größte Raum des Schlosses, von Interesse. Maximilians Gemahlin Charlotte, die noch vor der Erschießung ihres Gemahls nach Europa zurück gekehrt war, um Hilfe für den bedrängten Maximilian zu organisieren, wohnte noch längere Zeit im Schloss. Sie verfiel dem Wahnsinn und soll sich in einer eigentlich tröstlichen Umnachtung weiterhin als amtierende Kaiserin von Mexiko gesehen haben. Seither, so schreibt Constantin Christomanos 1892, ist Miramare »erfüllt mit der dunklen Trauer der Vereinsamung«. Der Teil der ersten Etage, den Amadeus von Savoyen von 1930 bis 1937 bewohnt hat, ist nüchtern möbliert. Amadeus war der Sohn des Emanuel Philibert, das ist jener Herzog, der noch heute als Leiche die Totenparade von Redipuglia kommandiert.

Die Bibliothek im Schloss beinhaltet 7.000 literarische, geographische, historische, botanische und kunstgeschichtliche Bände in verschiedenen Sprachen sowie einen Globus von Joseph Jüttner. Dieser stammt von Bord der Fregatte *Novara*, auf der Maximilian einige Weltreisen unternahm. Von ihnen hat der wissenschaftlich interessierte Erzherzog zahlreiche exotische Pflanzen mitgebracht, deren Nachkommen im Schlosspark zu bewundern sind. Unter den Pergolas tun sich schöne Perspektiven aufs Meer, auf Becken, Springbrunnen und Statuen auf. Der Park hat eine Fläche von 22 Hektar. Miramare ist ein 33 Hektar großes Meeresreservat vorgelagert, exemplarisch für eine aus Karstgestein geformte Küstenzone. Im Schlosspark sind das Besucherzentrum des Reservats im sogenannten *castelletto* sowie der kleine *parco tropicale* einen Augenschein wert, in dessen Gewächshäusern man freundschaftlichen Kontakt zu Papageien und Kolibris findet, die einen auf Augenhöhe umschwirren. Eine Sphinx bewacht die Einfahrt in den kleinen Hafen und blickt melancholisch in die Ferne. *wb*

Contovello | Kontovel

Während sich die Nachbardörfer zwischen Sistiana und Triest hinter die Abbruchkante des Karstplateaus zurückgezogen haben, sitzt Contovello weithin sichtbar und wie gemacht für den Fremdenverkehr auf einer Schulter über dem Meer. Touristische

In Contovello

Einrichtungen sucht man dennoch vergeblich, nicht einmal eine Bar findet sich im alten Ortskern. Vielmehr scheinen die Einheimischen bemüht, die Reize des Dorfes möglichst zu verbergen, indem sie die hübsche Piazza vor der Kirche vollparken und einige der historischen Häuser sträflich verfallen lassen. Gut versteckt ist auch der Zugang zu den alten Kulturwegen zwischen den steilen Weinterrassen unterhalb des Dorfes. Wer ihn entdeckt, findet sich in einer Landschaft wieder, die an die Schönheit der Cinque Terre heranreicht und ein traumhaftes Panorama bietet. Auch der wunderbare Aussichtspunkt auf dem Felsen südöstlich von Contovello ist nur auf Schleichwegen erreichbar, weil hier der markierte Küstenwanderweg auf eine öde Asphaltstraße ausweicht.

Diese führt durch den von hässlichen Wohnanlagen geprägten Ortsteil Borgo San Nazario, der in den 1950er und -60er Jahren für Exilanten aus der Umgebung von Koper aus dem Boden gestampft wurde, wodurch sich die ethnische Zusammensetzung der Gemeinde Prosecco deutlich zugunsten der Italiener verschob. Bis 1945 waren 92 Prozent der Bevölkerung slowenischsprachig gewesen.

Mit der Tranvia nach Triest

Tranvia di Opicina | Openski tramvaj

Die Straßenbahnlinie ist heute weniger ein Massenverkehrsmittel als ein Kulturdenkmal. Seit 1902 verbindet sie das Hinterland mit dem Triestiner Zentrum. 1913 zählte man 460.000 Fahrgäste. Unter der Woche pendelten slowenische Hafenarbeiter und Hausbedienstete ein, am Wochenende strebten Ausflügler bergwärts und ins Freie. Daran erinnern sogar einige slowenische und italienische Volkslieder. In einem, das ein zwar spektakuläres, aber harmloses Bremsversagen in den Anfangszeiten besingt, wird die Straßenbahn sogar mit der Bora, dem Fallwind, verglichen. Volkstümlich nennt man die Linie 2 überhaupt *il tram*, auch deshalb, weil sie als einzige von einem ausgedehnten Netz mit zehn Linien übriggeblieben ist. Teile des Wagenmaterials kann man im Eisenbahnmuseum am Campo Marzio in Triest bewundern. Museal, aber neu restauriert sind die Wagen der Line 2: Fünf Triebwagen aus dem Jahr 1935, zwei aus dem Jahr 1942 und ein original wiederhergestellter Wagen aus dem Eröffnungsjahr bewältigen auf 5,7 km Streckenlänge 340 Höhenmeter. Dass die Wagen Führerstände vorne und hinten, aber nur auf einer Seite Türen haben, ist eine straßenbahnerische Besonderheit. Bergwärts gesehen befinden sich alle Haltestellen links. Von der Piazza Oderdan fährt man rumpelnd durch enge Straßenschluchten, die an eine südamerikanische Stadt denken lassen. An der Station Piazza Scorcola wird hinten ein flacher, von einem zwischen den Geleisen laufenden Seil gezogener Wagen angekoppelt. Während dieser, vom Fahrer ferngesteuert, den Triebwagen hochschiebt, wird am anderen Ende des Seils der von der Station Vetta Scorcola kommende Gegenzug von einem ebensolchen, vorne angekoppelten Wagen gebremst. Damit zur Standseilbahn geworden, überwindet die Tram 26 % Steigung auf 800 m Länge. Diese etwas zeitraubende Operation gibt auch den 20minütigen Rhythmus des Fahrplans vor. Dann geht es rasch in einem weiten Bogen auf einer Überlandstrecke mit einer maximalen Steigung von 8 % voran: Rechts wurden schon zuvor der monströse Bau der Universität und große Teile des Zentrums sichtbar, links funkelt jetzt das Meer herauf. Vorbei an der Haltestelle beim Obelisken erreicht man die Endstation, in der sich auch Remise und Werkstatt befinden, und nimmt einen Kaffee in der netten *Bar alla Tranvia*, in der man auch informative Bücher zur Lokalgeschichte erstehen kann. *wb*

SCIROCCO
LIBECCIO
BORA
GRECO
MAESTRO
N

PIRANO
GRADO
BARBANA
AQUILEIA

ORTSREGISTER

Z

AUTOREN

Gerhard Pilgram, geb. 1955, Kulturmanager, Autor und bildender Künstler, Geschäftsführer des Universitätskulturzentrums UNIKUM. Publikationen u. a.: Kärnten. Unten durch, Klagenfurt 1998; Verschütt gehen, Klagenfurt 2002; Slowenien entgegen, Klagenfurt 2004; Das Weite suchen, Klagenfurt 2006 (alle gemeinsam mit Wilhelm Berger und/oder Gerhard Maurer); Die letzten Täler, Klagenfurt 2008; Le ultime valli, Udine 2010; Über die Zäune, Klagenfurt 2011.

Wilhelm Berger, geb. 1957, Sozialwissenschaftler und Philosoph, ao. Univ.-Prof. und Prodekan der Fakultät für Interdisziplinäre Forschung und Fortbildung (Klagenfurt – Graz – Wien). Forschungsaufenthalte und Lehraufträge u. a. in Paris, Berlin, Rom, Wien und Graz. Buchveröffentlichungen u. a.: Die Organisation der Philosophen (gemeinsam mit Peter Heintel); Frankfurt a. M. 1998; Kärnten. Unten durch, Klagenfurt 1998 (gemeinsam mit Gerhard Pilgram und Gerhard Maurer); Unmögliches Werden. Denkfiguren, Portraits, Gespräche über das Fremde (gemeinsam mit Klaus Ratschiller und Esther Schmidt), Wien 2003; Slowenien entgegen, Klagenfurt 2004; Das Weite suchen, Klagenfurt 2006 (gemeinsam mit Gerhard Pilgram und Gerhard Maurer); Philosophie der technologischen Zivilisation, München 2006; Die letzten Täler, Klagenfurt 2008; Le ultime valli, Udine 2010; Über die Zäune, Klagenfurt 2011.

Werner Koroschitz, geb. 1961, lebt und arbeitet als freiberuflicher Historiker in Villach. Wissenschaftliche Leitung des Vereines Industriekultur und Alltagsgeschichte. Zahlreiche Publikationen und Ausstellungen zu kultur- und zeitgeschichtlichen Themen, u. a.: Werkstatt Villach, Villach 2000; Alles Dobratsch, Villach 2002; Heiß umfehdet, wild umstritten, Villach 2005; Der Onkel aus Amerika, Villach 2006; Ein korrekter Nazi, Villach 2006; Baby an Bord, Wien 2007; Wir gehörten hierher, Bad Eisenkappel 2008; Die letzten Täler, Klagenfurt 2008; Le ultime valli, Udine 2010; Über die Zäune, Klagenfurt 2011.

ORTS- & WEGBESCHREIBUNGEN
Gerhard Pilgram (ohne Kennzeichnung)
Wilhelm Berger (wb), Werner Koroschitz (wk)

KOAUTOREN & -AUTORINNEN
Emil Krištof (ek), Annemarie Pilgram (ap), Antonietta Spizzo (as)

LEKTORAT & KORREKTUREN
Annemarie Pilgram, Helga Rabenstein

ÜBERSETZUNGEN & RECHERCHEN
Andrea Wernig

WEGRECHERCHE UND ORTSERKUNDUNGEN
Wilhelm Berger, Werner Koroschitz, Emil Krištof, Gerhard Pilgram

FOTOS
Gerhard Pilgram
Bildbearbeitung: Mark Duran

KARTENGRAFIK
Digitales Kartenmaterial: SINERGISE, laboratorij za geografske informacijske sisteme, d.o.o., Teslova ulica 30, 1000 Ljubljana, Slovenija
Bearbeitung: Emil Krištof

BUCHGESTALTUNG
Emil Krištof, Gerhard Pilgram

TESTWANDERER & -WANDERINNEN
Karen Asatrian, Jens Donner, Elisabeth Frysak, Stefan Gfrerrer, Jacob Guggenheimer, David Guttner, Tina Hofstätter, Edith Kapeller, Bernhard Kuschey, Kirstin Mertlitsch, Moreno Miorelli, Katharina Müller, Tina Perisutti, Dietmar Pickl, Annemarie Pilgram, Lisa Proprentner, Marion Pruckner, Johannes Puch, Klaus Ratschiller, Reinhard Reich, Robert Schabus, Martin Schöffmann, Sabrina Scumaci, Ernst Seppele, Patricia Tassotti, Bärbel Tietze, Walter Tietze, Inge Vavra, Andrea Wernig

LITERATUR

Luisa Accati, Renate Cogoy (Hg.), Das Unheimliche in der Geschichte. Die Foibe. Beiträge zur Psychopathologie historischer Rezeption, Berlin 2007.

Dario Alberi, Istria. Storia, Arte, Cultura, Trieste 1997.

Christine Casapicola (Hg.), Wein für Wien, Wasser für Štanjel, Klagenfurt/Celovec 2010.

Anton Gosar, Slowenien: Reiseführer, Ljubljana 1999.

Claudio Magris und Angelo Ara, Triest. Eine literarische Hauptstadt in Europa, Wien 1999.

Marija Mitrovič, Geschichte der slowenischen Literatur. Von den Anfängen bis zur Gegenwart, Klagenfurt/Celovec 2001.

Andreas Moritsch, Das nahe Triestiner Hinterland. Zur wirtschaftlichen und sozialen Entwicklung vom Beginn des 19. Jahrhunderts bis zur Gegenwart, Wien, Köln, Graz 1969.

Andreas Moritsch, Alpen-Adria. Zur Geschichte einer Region, Klagenfurt/Celovec, Ljubljana/Laibach, Wien/Dunaj 2001.

Klaus D. Olof, Miloš Okuka (Hg.), Traumreisen und Grenzvermessungen. Reisende aus fünf Jahrhunderten über Slowenien, Klagenfurt/Celovec 1995.

Trevor Shaw, Foreign Travellers in the Slovene Karst, Ljubljana 2008.

Michael Wedekind, Nationalsozialistische Besatzungs- und Annexionspolitik in Norditalien 1943 bis 1945, München 2003.

Johann Weichard von Valvasor, Die Ehre Deß Hertzogthums Crain, Nürnberg 1689.

Lojze Wieser (Hg.), Europa erlesen. Karst, Klagenfurt 1997.

Rolf Wörsdorfer, Krisenherd Adria 1915–1955. Konstruktion und Artikulation des Nationalen im italienisch-jugoslawischen Grenzraum, Paderborn 2004.

Gerhard Pilgram | Gerhard Maurer
VERSCHÜTT GEHEN – Wandern und Einkehren rund um den Dobratsch
Hg: Verein Industriekultur und Alltagsgeschichte – VIA
272 Seiten
Drava Verlag/Založba Drava 2002, Klagenfurt–Wien/Celovec–Dunaj
www.drava.at
ISBN 978-3-85435-391-1
EUR 18,–

Gerhard Pilgram | Wilhelm Berger | Gerhard Maurer
SLOWENIEN ENTGEGEN – Zu Fuß von Klagenfurt nach Ljubljana
Hg: Universitätskulturzentrum UNIKUM, www.unikum.ac.at
312 Seiten mit Farbteil
Drava Verlag/Založba Drava 2004, Klagenfurt–Wien/Celovec–Dunaj
www.drava.at
ISBN 3-85435-425-8
EUR 25,–

Gerhard Pilgram | Wilhelm Berger | Werner Koroschitz | Annemarie Pilgram-Ribitsch
Die letzten Täler
Wandern und Einkehren in FRIAUL
DRAVA | UNIKUM

Friaul abseits touristischer Trampelpfade erleben: DIE LETZTEN TÄLER lenkt den Blick auf die verborgenen Schönheiten Friauls und lädt zu 24 Wanderungen durch die eigenwilligen Kulturlandschaften entlang der Grenze zu Slowenien. Ausführliche Orts- und Wegbeschreibungen, kulturhistorische Hintergrundinformationen und gastronomische Tipps. Ein Wander-Reise-Lesebuch für Neugierige.

Chiout di Gus, Cicigolis, Clabuzzaro, Mersino, Mogessa di là, Monte Prat, Montefosca, Pedrosa, Prossenico, Punta Barene, Stavoli, Stermizza, Stremiz, Topolò ... DIE LETZTEN TÄLER führt in die entlegendsten Dörfer Friauls und eröffnet den Reisenden eine unbekannte Welt. Auch prominente Orte wie Venzone, Cividale oder Grado erscheinen in ungewohntem Licht.
Eine Entdeckung.

Pressestimmen zu den Wander-Reise-Lesebüchern des UNIKUM:
»... Unsentimentale, exakte Kartographie ...«

Der Standard, Wien

»Nichts könnte in einem stärkeren Kontrast zu den gängigen Reisebildbänden stehen.«

DIE ZEIT, Hamburg

»DIE LETZTEN TÄLER liest sich wie eine Offenbarung. Ein Reisebuch voller Spürsinn«

Die Presse, Wien

DIE LETZTEN TÄLER – Wandern und Einkehren in Friaul ist auch in italienischer Übersetzung von Antonietta Spizzo erhältlich:
LE ULTIME VALLI – Camminate di confine in Friuli Venezia Giulia.
Forum Edizioni, 2010

ÜBER DIE ZÄUNE | O PLOTOVIH | SUI RECINTI
Hg: Universitätskulturzentrum UNIKUM, www.unikum.ac.at
142 Seiten, Hardcover
Drava Verlag/Založba Drava 2011, Klagenfurt–Wien/Celovec–Dunaj
www.drava.at
ISBN 978-3-85435-629-5
EUR 24,80

Der Zaun ist ein höchst doppeldeutiges menschliches Artefakt: Er zieht die Grenze zwischen Heimeligem und Unheimlichem, Vertrautem und Fremdem, zwischen »Mein« und »Dein« ...

Das Autorenteam der UNIKUM-Wander-Reise-Lesebücher widmet sich diesmal dem scheinbar banalen Thema der Umzäunung und Begrenzung: Während Wilhelm Berger die philosophischen und politischen Aspekte ausleuchtet und Werner Koroschitz die zeitgeschichtlichen sowie alltagskulturellen Dimensionen erörtert, bringt Gerhard Pilgram die Ästhetik des Zaunes mittels Farbfotografien zur Darstellung.

ATLAS
Atlas der besonderen Orte • Atlas posebnih krajev • Atlante dei luoghi particolari
Drava